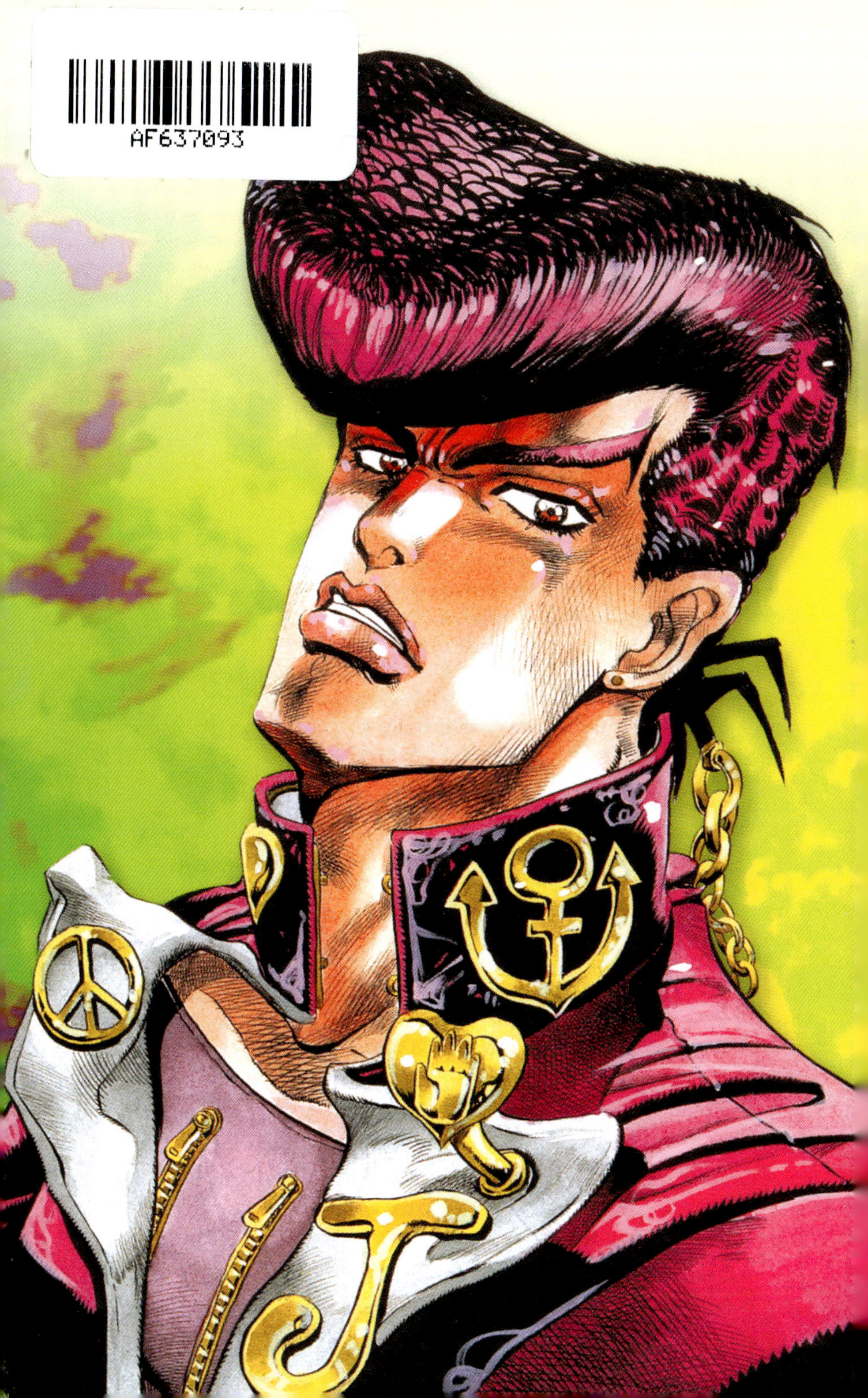

HIROHIKO ARAKI

Araki wurde am 7. Juni 1960 in der Stadt Sendai, Präfektur Miyagi, Japan geboren. Er ist Sternzeichen Zwillinge und hat Blutgruppe B.

1980 nahm er am Nachwuchswettbewerb des Weekly Shonen Jump teil und gewann mit dem One-Shot „Buso Poker“ (Poker Under Arms) den 20. Tezuka-Preis in der 2. Kategorie (die 1. Kategorie war in dem Jahr wie so oft unbesetzt).

In der ersten Ausgabe von Shonen Jump 1981 feierte er dann mit demselben Werk sein Debüt als Mangaka. In Ausgabe 42 des Jahres 1983 startete seine erste Serie „Mashonen Bi Ti“ (COOL SHOCK B.T.). Ab Ausgabe 45 des Jahres 1984 erschien seine zweite Serie „Bao Raihosha“ (Baoh), und ab Doppelausgabe 1/2 des Jahres 1987 schließlich „JoJo no Kimyou na Bouken“ (JoJo’s Bizarre Adventure), das schnell eine riesige Fangemeinde um sich scharen konnte. Derzeit veröffentlicht er im Ultra Jump Magazin „JoJo’s Bizarre Adventure Part 9: The JOJOLands“.

JOJO'S BIZARRE ADVENTURE

PART 4

DIAMOND IS UNBREAKABLE

01

JoJo's Bizarre Adventure Part 4

Diamond is Unbreakable

01

Inhalt

- Jotaro Kujo begegnet Josuke Higashikata: Teil 1 — 007
- Jotaro Kujo begegnet Josuke Higashikata: Teil 2 — 031
- Jotaro Kujo begegnet Josuke Higashikata: Teil 3 — 053
- Josuke Higashikata trifft Angelo: Teil 1 — 075
- Josuke Higashikata trifft Angelo: Teil 2 — 095
- Josuke Higashikata trifft Angelo: Teil 3 — 114
- Josuke Higashikata trifft Angelo: Teil 4 — 133
- Josuke Higashikata trifft Angelo: Teil 5 — 155
- Die Nijimura-Brüder: Teil 1 — 175
- Die Nijimura-Brüder: Teil 2 — 195
- Die Nijimura-Brüder: Teil 3 — 215
- Die Nijimura-Brüder: Teil 4 — 235
- Die Nijimura-Brüder: Teil 5 — 255
- Die Nijimura-Brüder: Teil 6 — 275

- Nachwort von Hirohiko Araki — 294
- Skizzen — 298

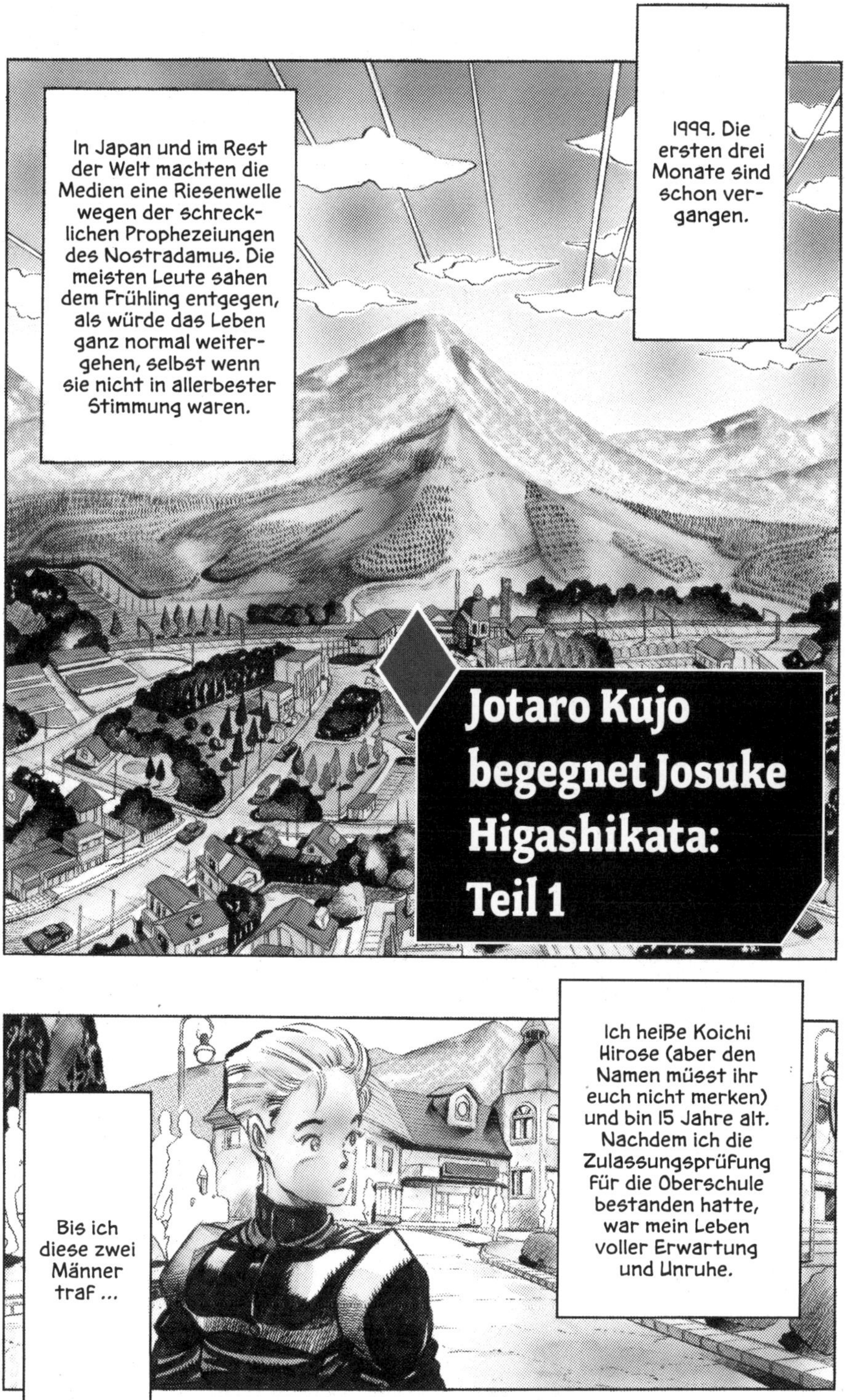
1999. Die ersten drei Monate sind schon vergangen.
In Japan und im Rest der Welt machten die Medien eine Riesenwelle wegen der schrecklichen Prophezeiungen des Nostradamus. Die meisten Leute sahen dem Frühling entgegen, als würde das Leben ganz normal weitergehen, selbst wenn sie nicht in allerbester Stimmung waren.
Jotaro Kujo begegnet Josuke Higashikata: Teil 1
Ich heiße Koichi Hirose (aber den Namen müsst ihr euch nicht merken) und bin 15 Jahre alt. Nachdem ich die Zulassungsprüfung für die Oberschule bestanden hatte, war mein Leben voller Erwartung und Unruhe.
Bis ich diese zwei Männer traf ...

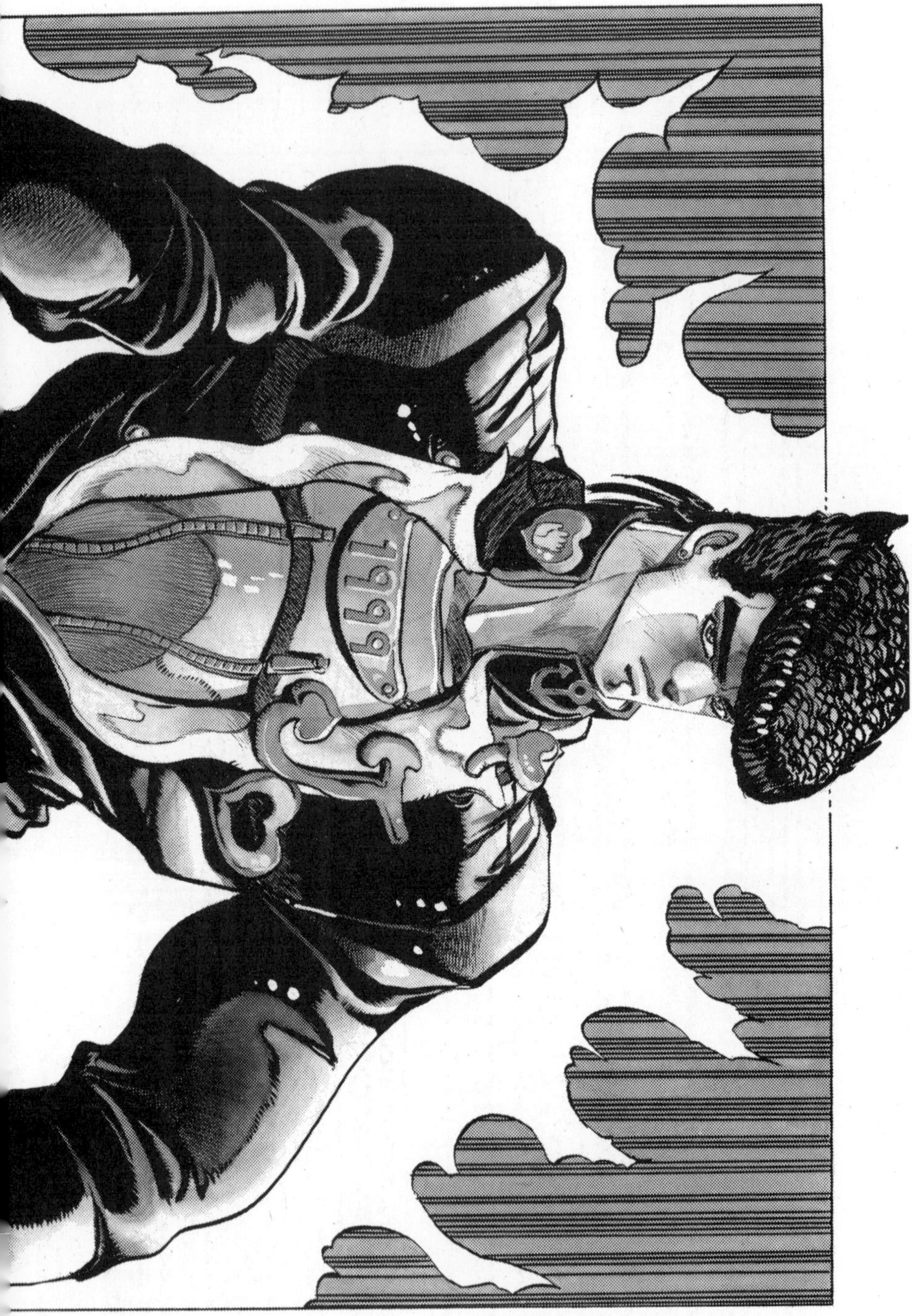

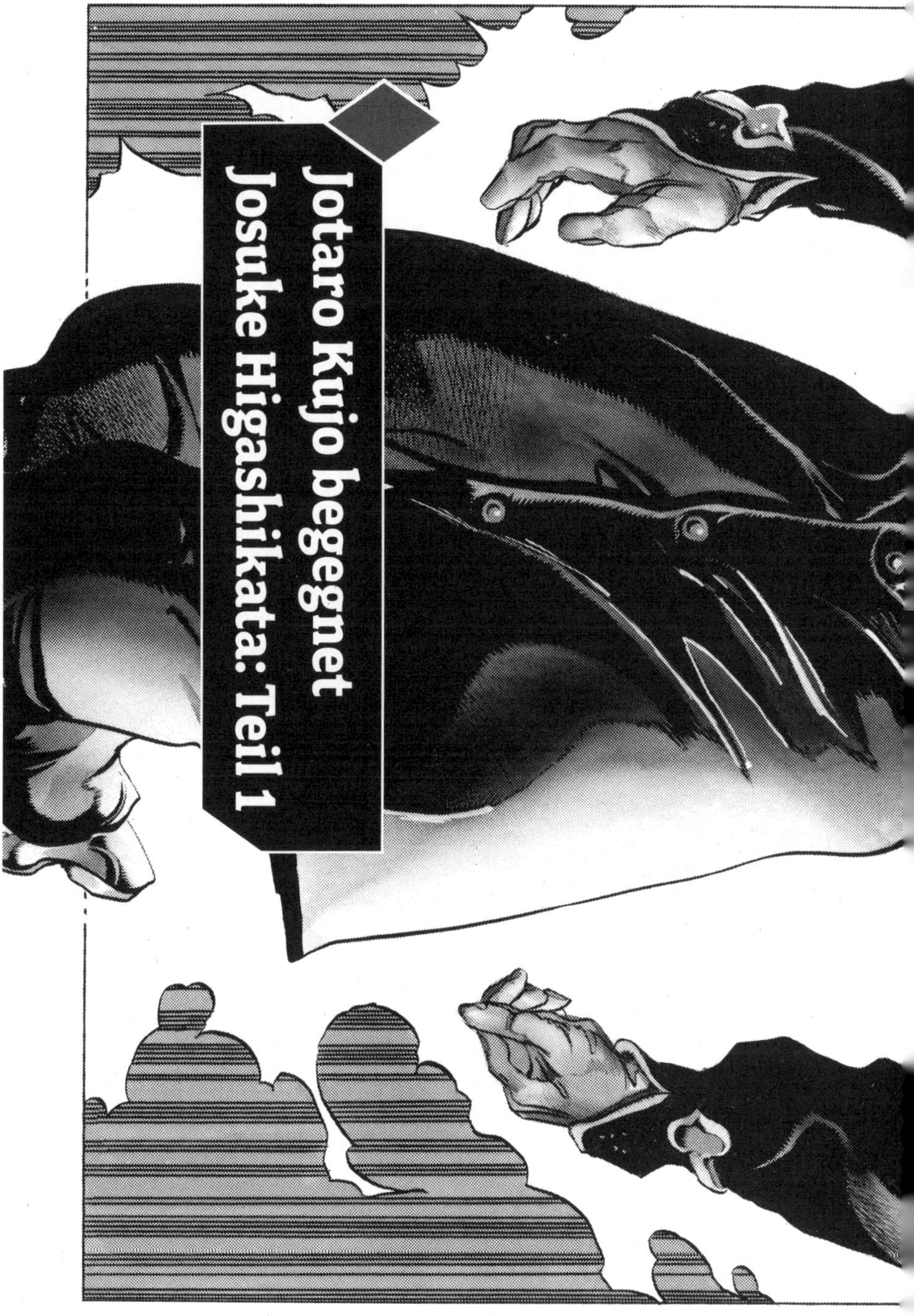
Jotaro Kujo begegnet
Josuke Higashikata: Teil 1

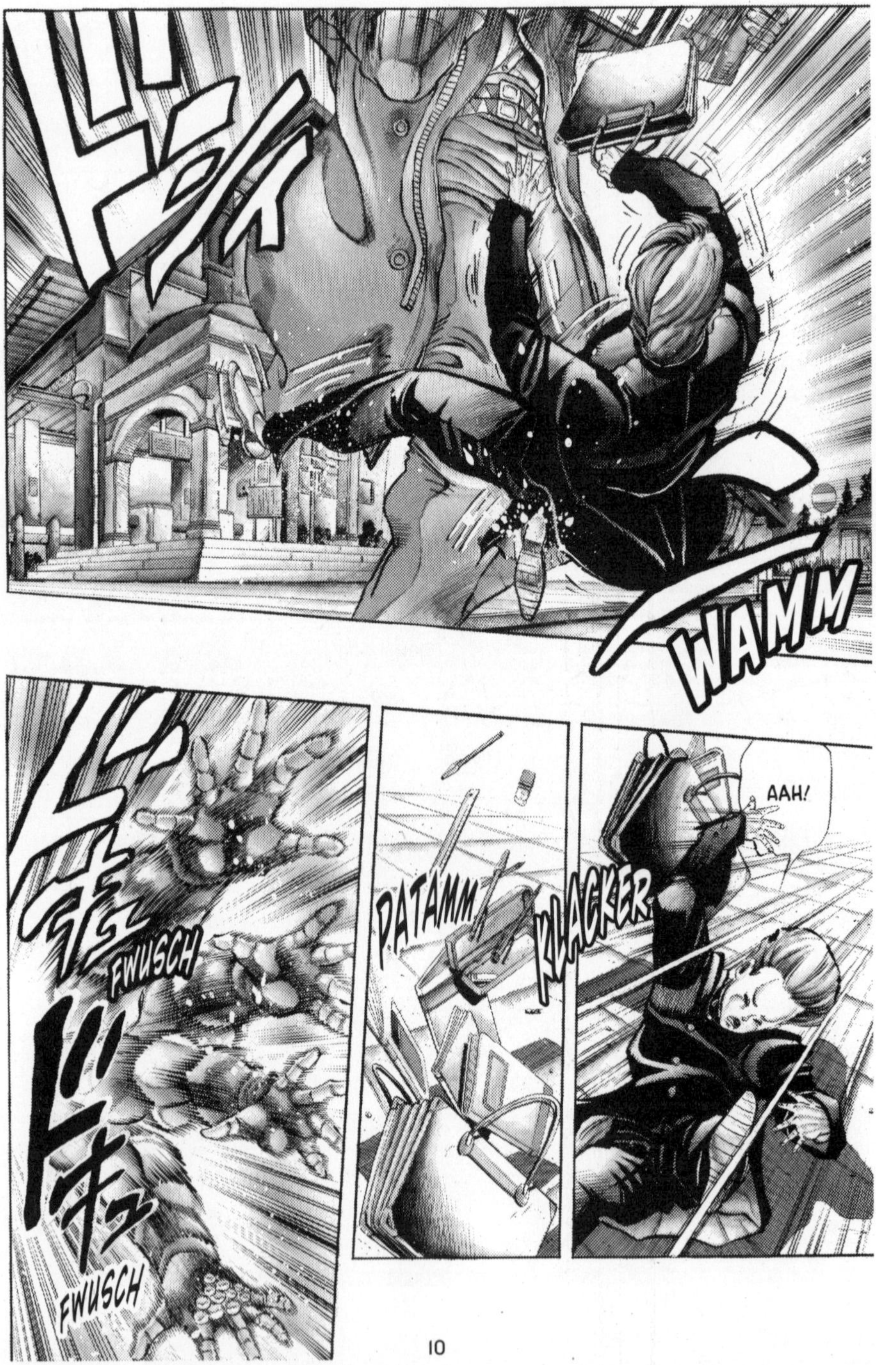
WAMM
AAH!
KLACKER
PATAMM
FWUSCH
FWUSCH

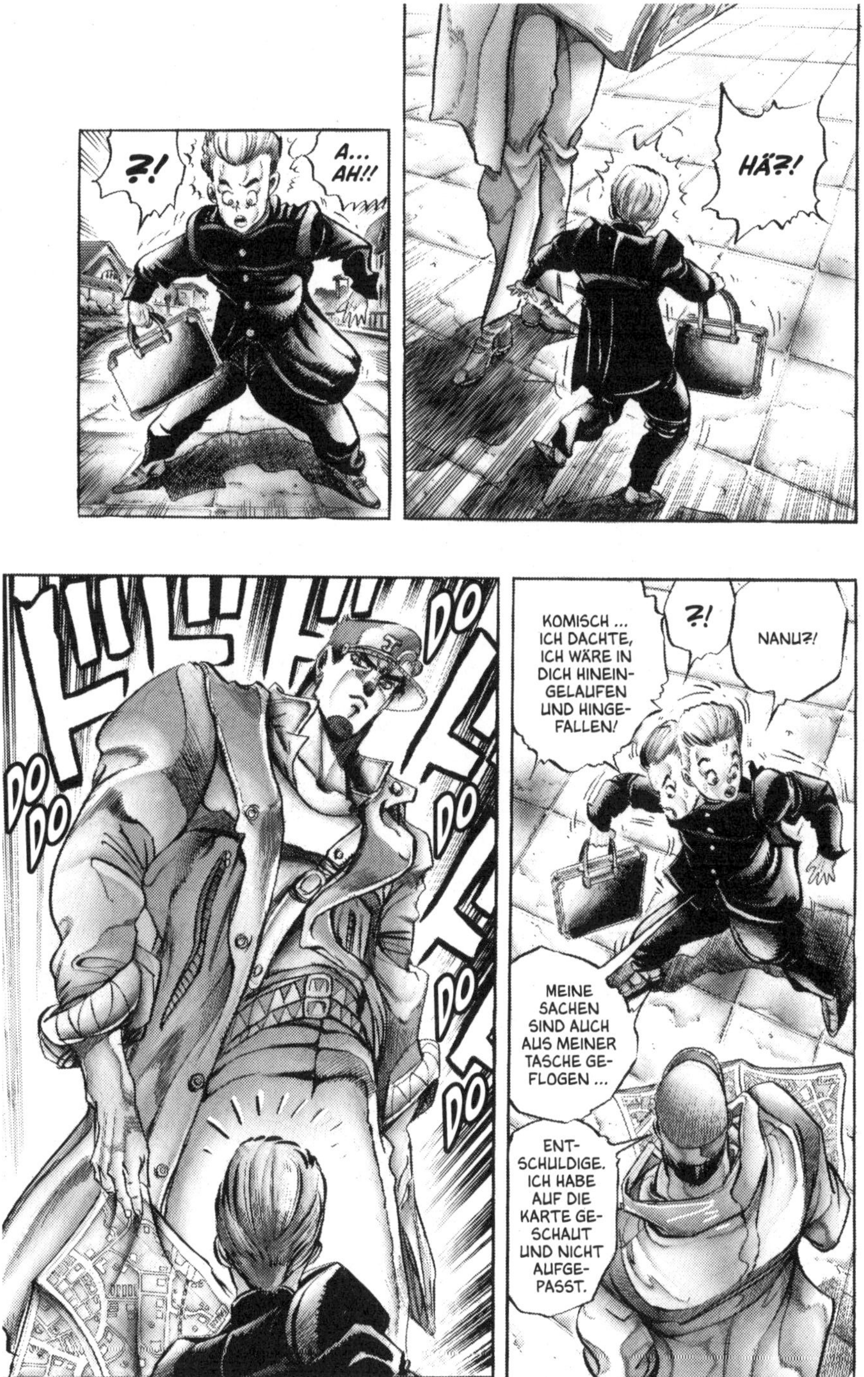
HÄ?!
A...
AH!!
?!
NANU?!
?!
KOMISCH ... ICH DACHTE, ICH WÄRE IN DICH HINEIN-GELAUFEN UND HINGE-FALLEN!
MEINE SACHEN SIND AUCH AUS MEINER TASCHE GE-FLOGEN ...
ENT-SCHULDIGE. ICH HABE AUF DIE KARTE GE-SCHAUT UND NICHT AUFGE-PASST.
DO
DO DO
DO
DO
DO

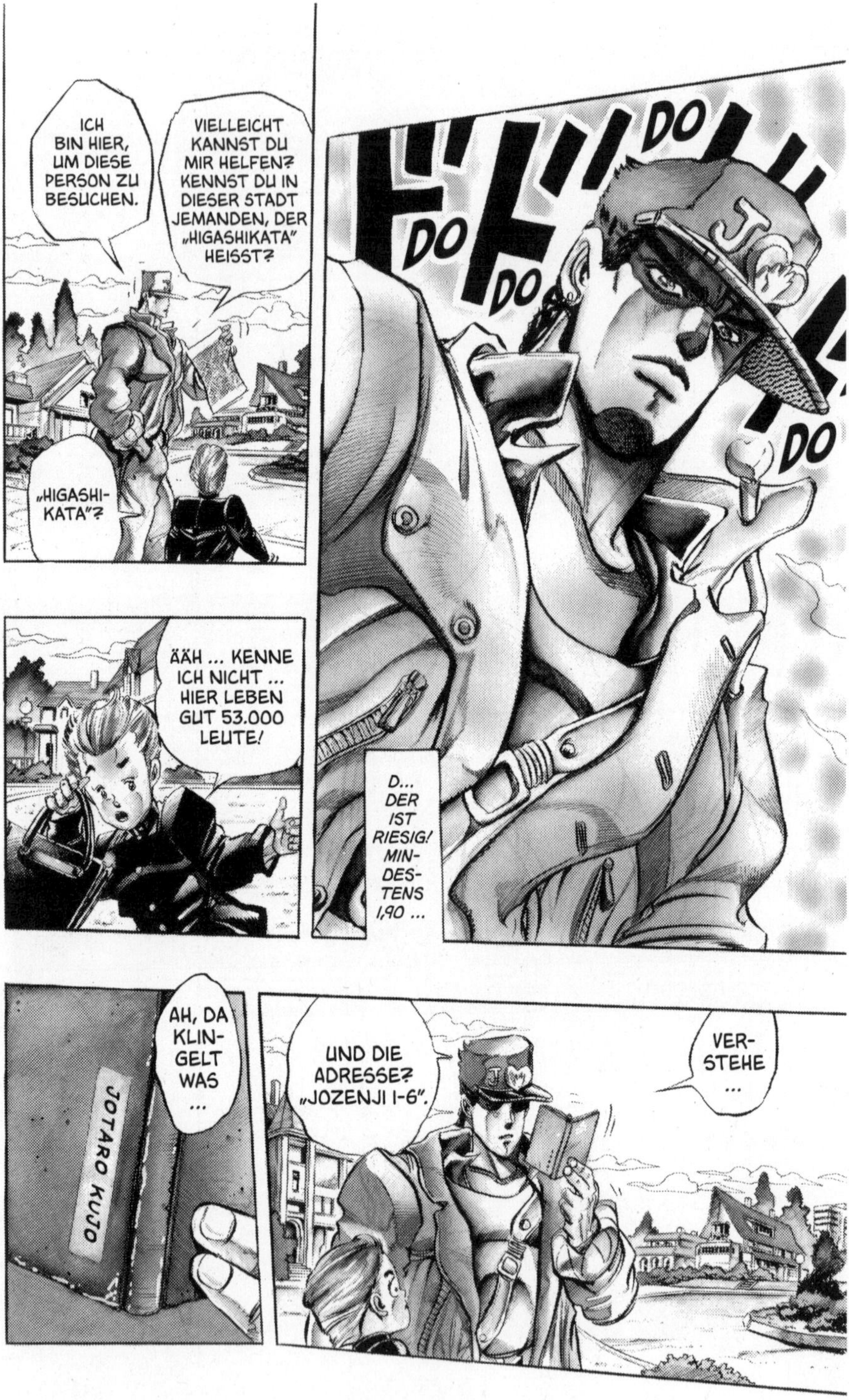

DO DO DO DO DO
D... DER IST RIESIG! MINDESTENS 1,90 ...
VIELLEICHT KANNST DU MIR HELFEN? KENNST DU IN DIESER STADT JEMANDEN, DER „HIGASHIKATA" HEISST?
ICH BIN HIER, UM DIESE PERSON ZU BESUCHEN.
„HIGASHIKATA"?
ÄÄH ... KENNE ICH NICHT ... HIER LEBEN GUT 53.000 LEUTE!
VERSTEHE ...
UND DIE ADRESSE? „JOZENJI 1-6".
AH, DA KLINGELT WAS ...
JOTARO KUJO

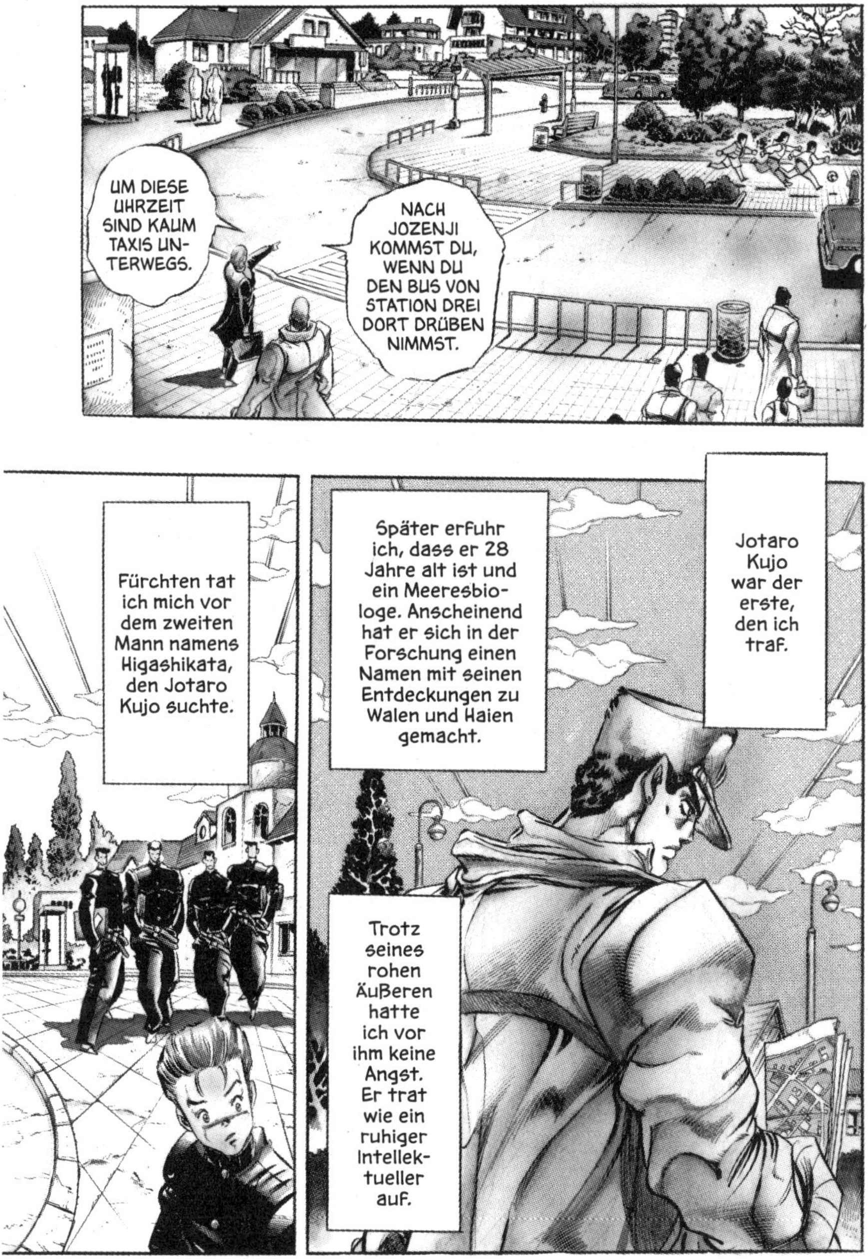
NACH JOZENJI KOMMST DU, WENN DU DEN BUS VON STATION DREI DORT DRÜBEN NIMMST.
UM DIESE UHRZEIT SIND KAUM TAXIS UNTERWEGS.
Jotaro Kujo war der erste, den ich traf.
Später erfuhr ich, dass er 28 Jahre alt ist und ein Meeresbiologe. Anscheinend hat er sich in der Forschung einen Namen mit seinen Entdeckungen zu Walen und Haien gemacht.
Trotz seines rohen Äußeren hatte ich vor ihm keine Angst. Er trat wie ein ruhiger Intellektueller auf.
Fürchten tat ich mich vor dem zweiten Mann namens Higashikata, den Jotaro Kujo suchte.

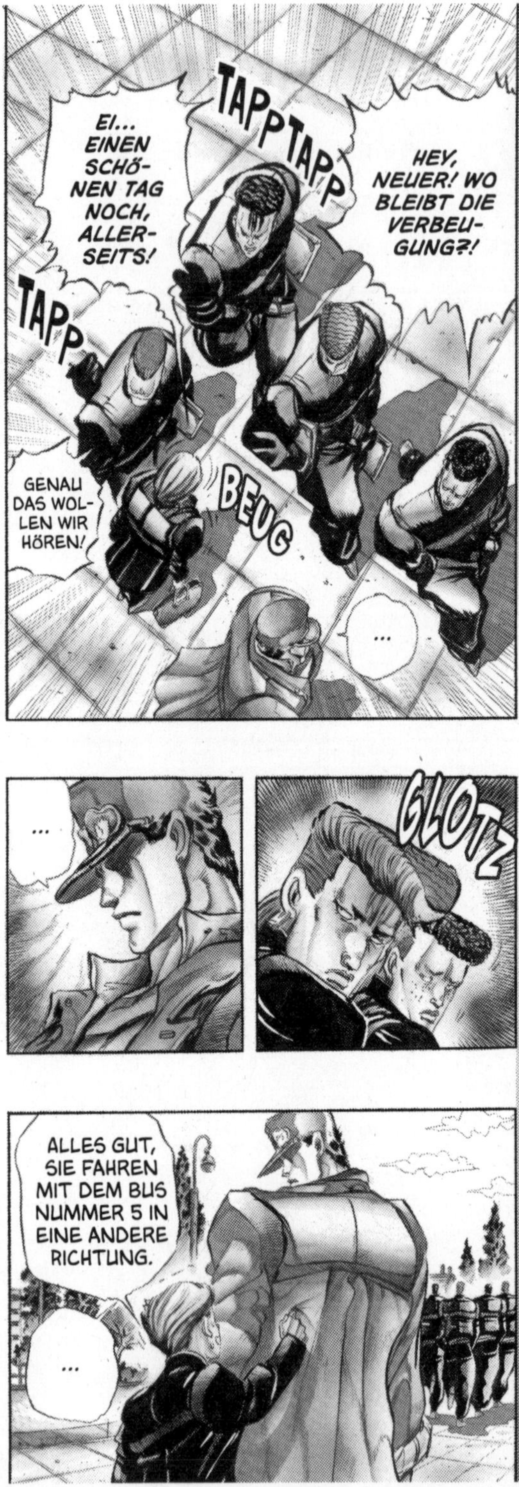

PART 4

DIAMOND IS UNBREAKABLE

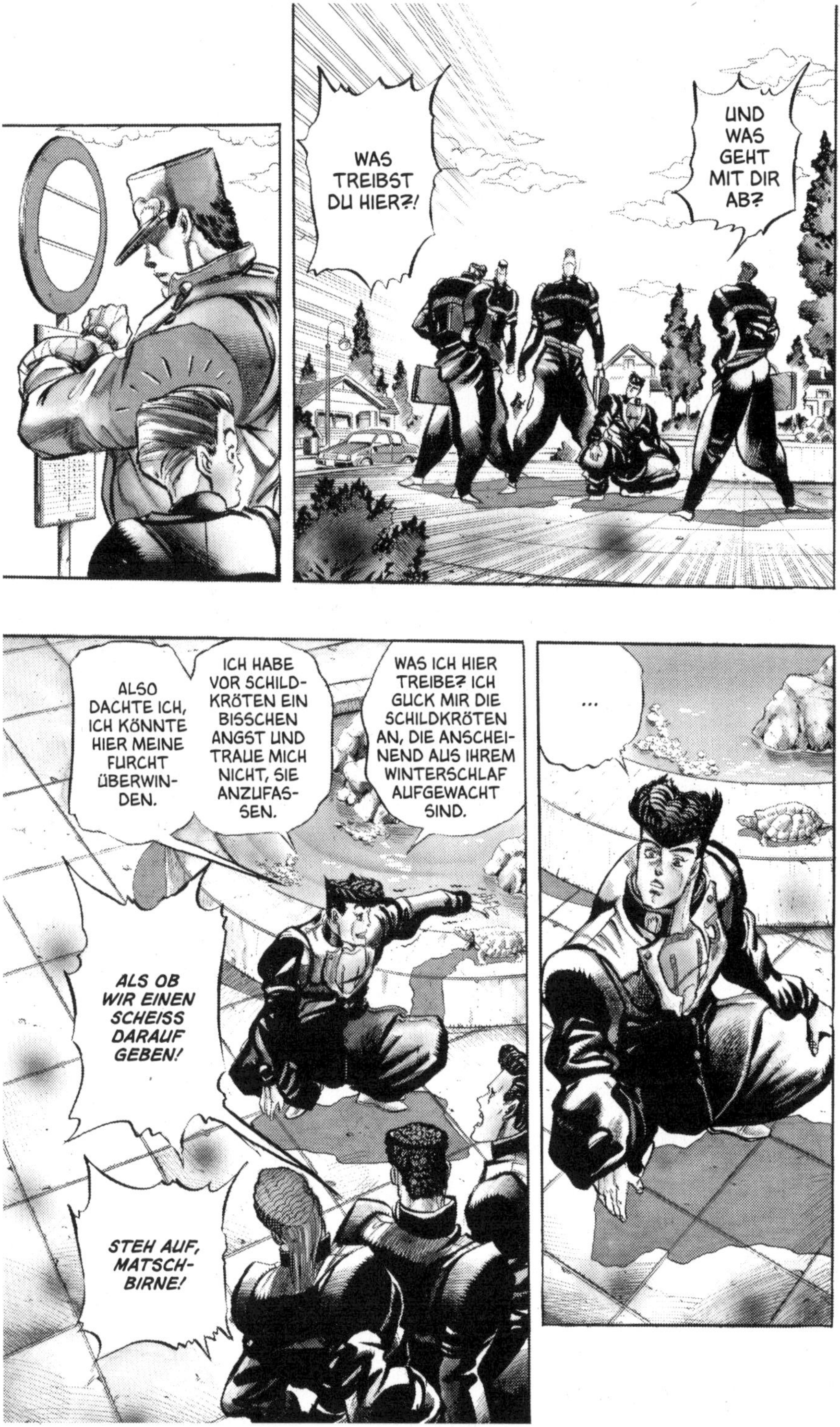
UND WAS GEHT MIT DIR AB?
WAS TREIBST DU HIER?!
...
WAS ICH HIER TREIBE? ICH GUCK MIR DIE SCHILDKRÖTEN AN, DIE ANSCHEINEND AUS IHREM WINTERSCHLAF AUFGEWACHT SIND.
ICH HABE VOR SCHILDKRÖTEN EIN BISSCHEN ANGST UND TRAUE MICH NICHT, SIE ANZUFASSEN.
ALSO DACHTE ICH, ICH KÖNNTE HIER MEINE FURCHT ÜBERWINDEN.
ALS OB WIR EINEN SCHEISS DARAUF GEBEN!
STEH AUF, MATSCHBIRNE!

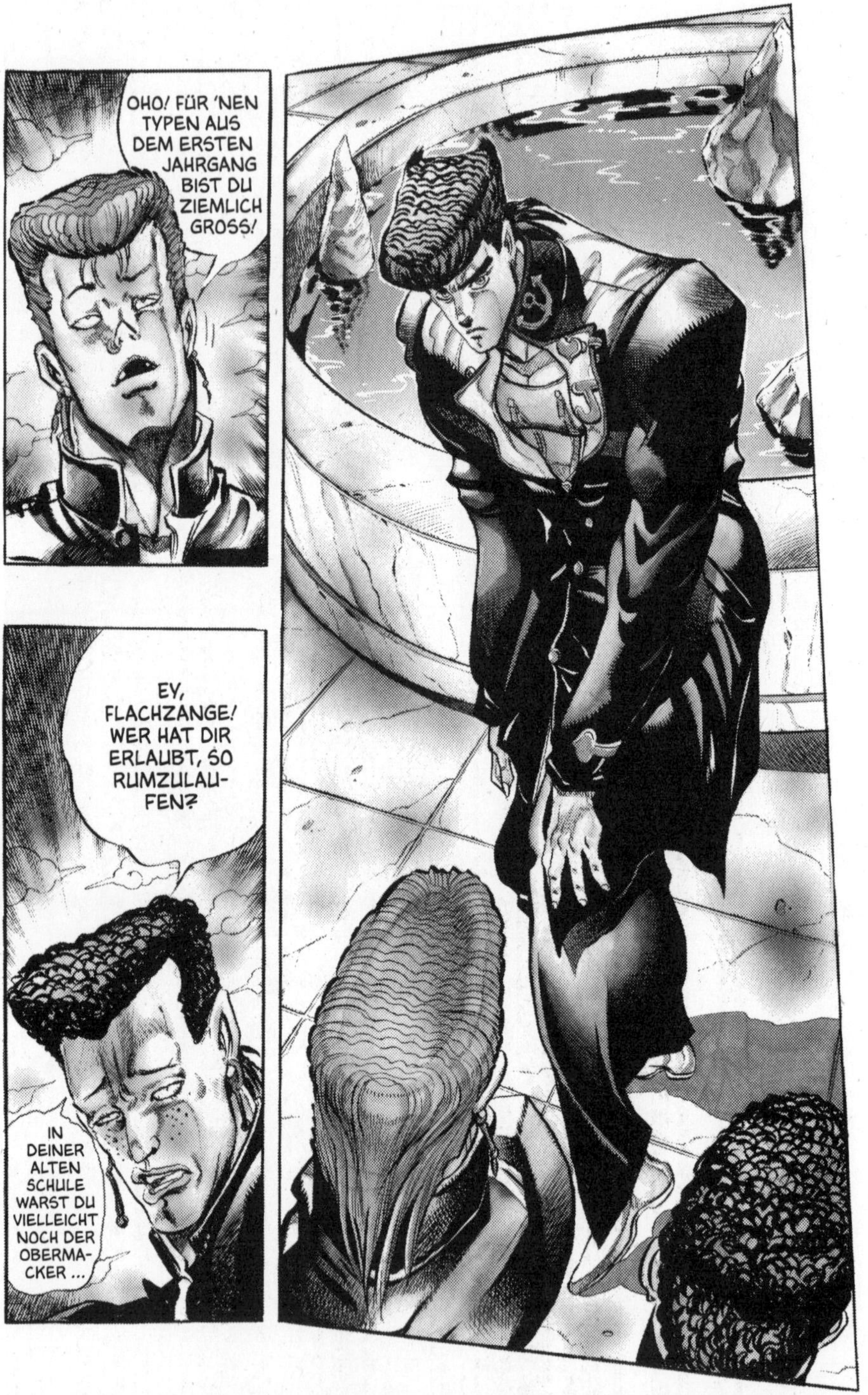
OHO! FÜR 'NEN TYPEN AUS DEM ERSTEN JAHRGANG BIST DU ZIEMLICH GROSS!
EY, FLACHZANGE! WER HAT DIR ERLAUBT, SO RUMZULAU-FEN?
IN DEINER ALTEN SCHULE WARST DU VIELLEICHT NOCH DER OBERMA-CKER ...

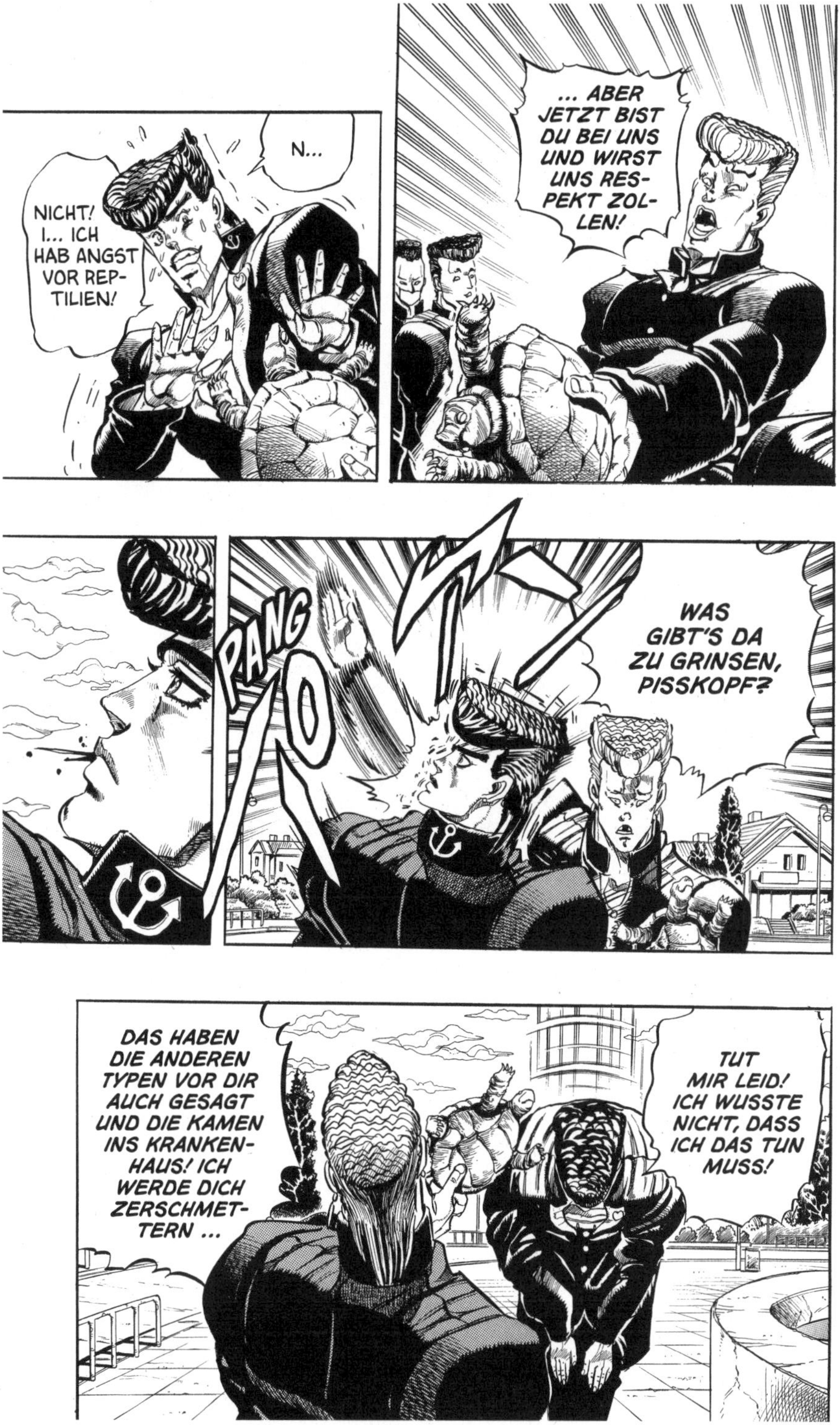
... ABER JETZT BIST DU BEI UNS UND WIRST UNS RES-PEKT ZOL-LEN!
N...
NICHT! I... ICH HAB ANGST VOR REP-TILIEN!
WAS GIBT'S DA ZU GRINSEN, PISSKOPF?
PANG
TUT MIR LEID! ICH WUSSTE NICHT, DASS ICH DAS TUN MUSS!
DAS HABEN DIE ANDEREN TYPEN VOR DIR AUCH GESAGT UND DIE KAMEN INS KRANKEN-HAUS! ICH WERDE DICH ZERSCHMET-TERN ...

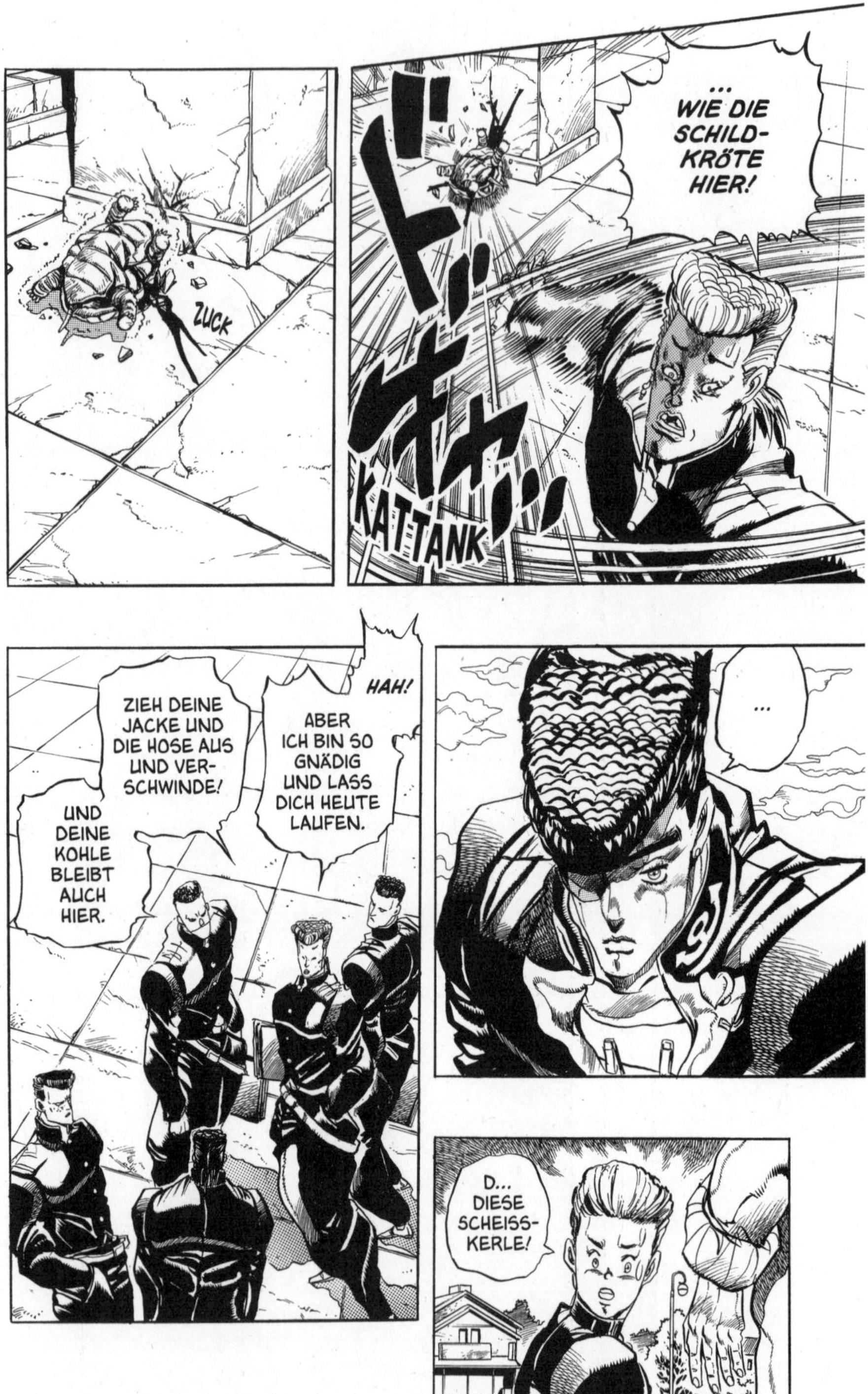
... WIE DIE SCHILD-KRÖTE HIER!
KATTANK
ZUCK
...
HAH!
ABER ICH BIN SO GNÄDIG UND LASS DICH HEUTE LAUFEN.
ZIEH DEINE JACKE UND DIE HOSE AUS UND VER-SCHWINDE!
UND DEINE KOHLE BLEIBT AUCH HIER.
D... DIESE SCHEISS-KERLE!

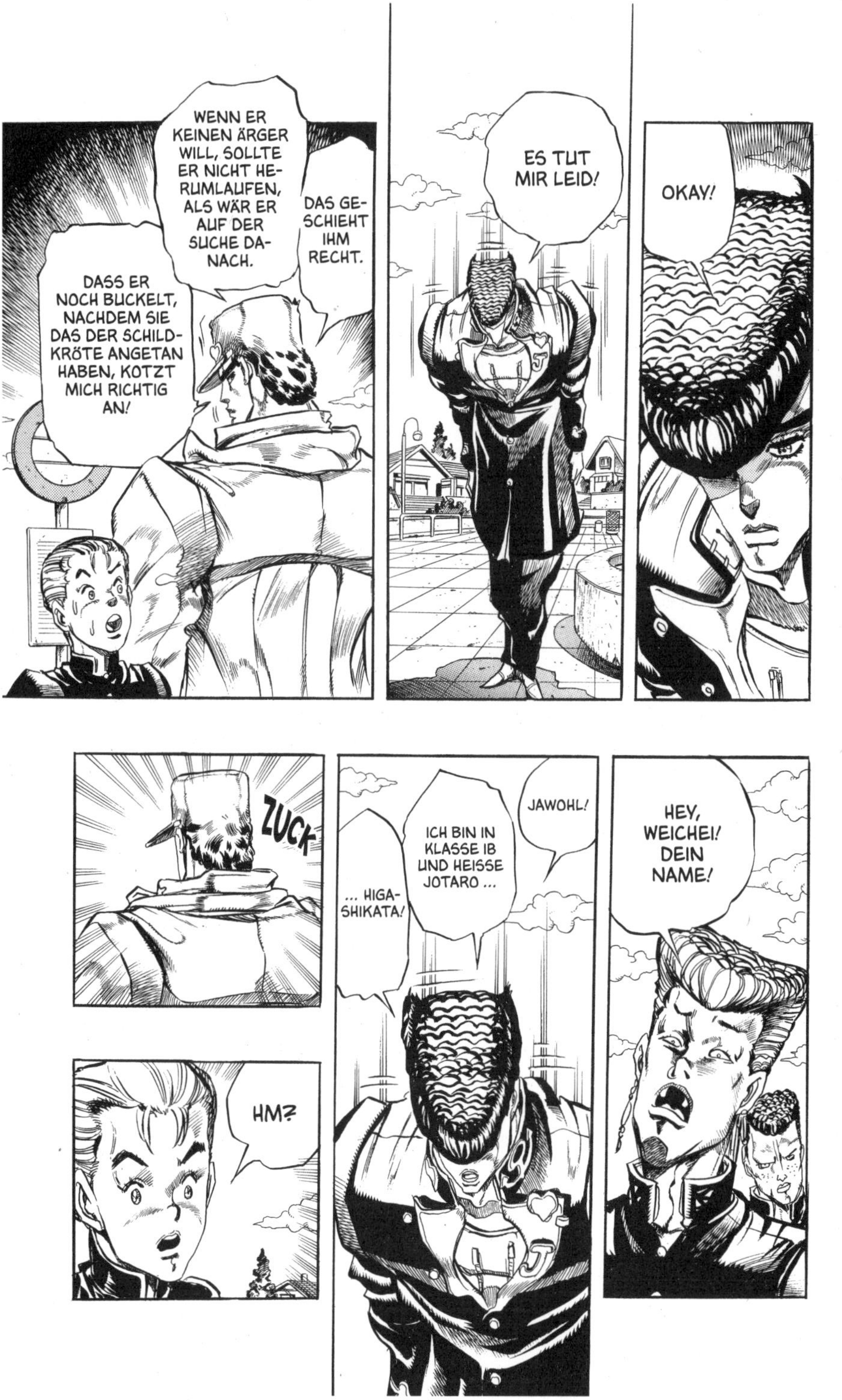
OKAY!
ES TUT MIR LEID!
DAS GESCHIEHT IHM RECHT.
WENN ER KEINEN ÄRGER WILL, SOLLTE ER NICHT HERUMLAUFEN, ALS WÄR ER AUF DER SUCHE DANACH.
DASS ER NOCH BUCKELT, NACHDEM SIE DAS DER SCHILDKRÖTE ANGETAN HABEN, KOTZT MICH RICHTIG AN!
HEY, WEICHEI! DEIN NAME!
JAWOHL!
ICH BIN IN KLASSE IB UND HEISSE JOTARO ...
... HIGASHIKATA!
ZUCK
HM?

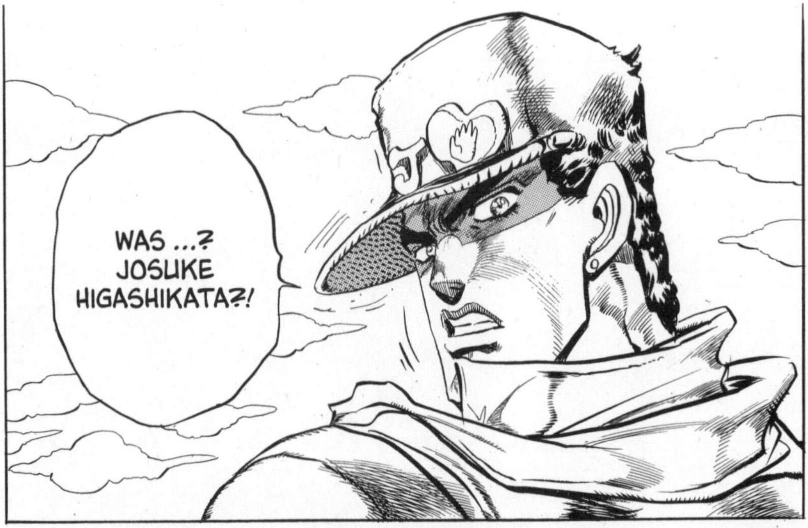

* DAS „SUKE" (助) IN „JOSUKE" KANN AUCH WIE „JO" GELESEN WERDEN.

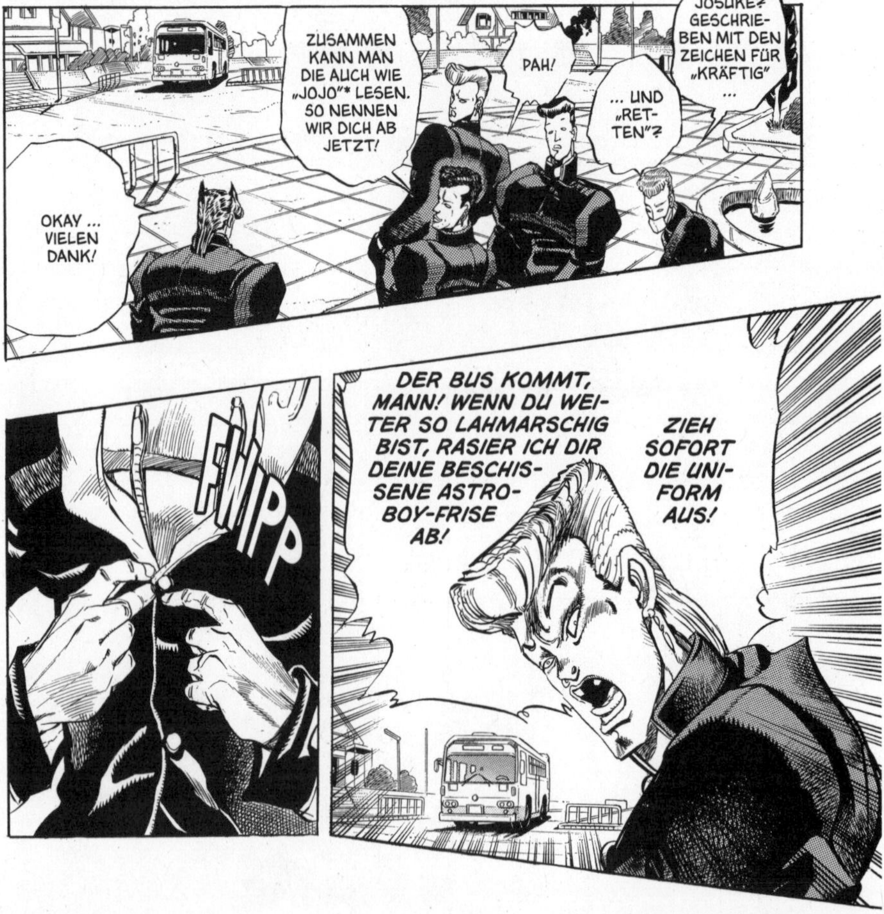

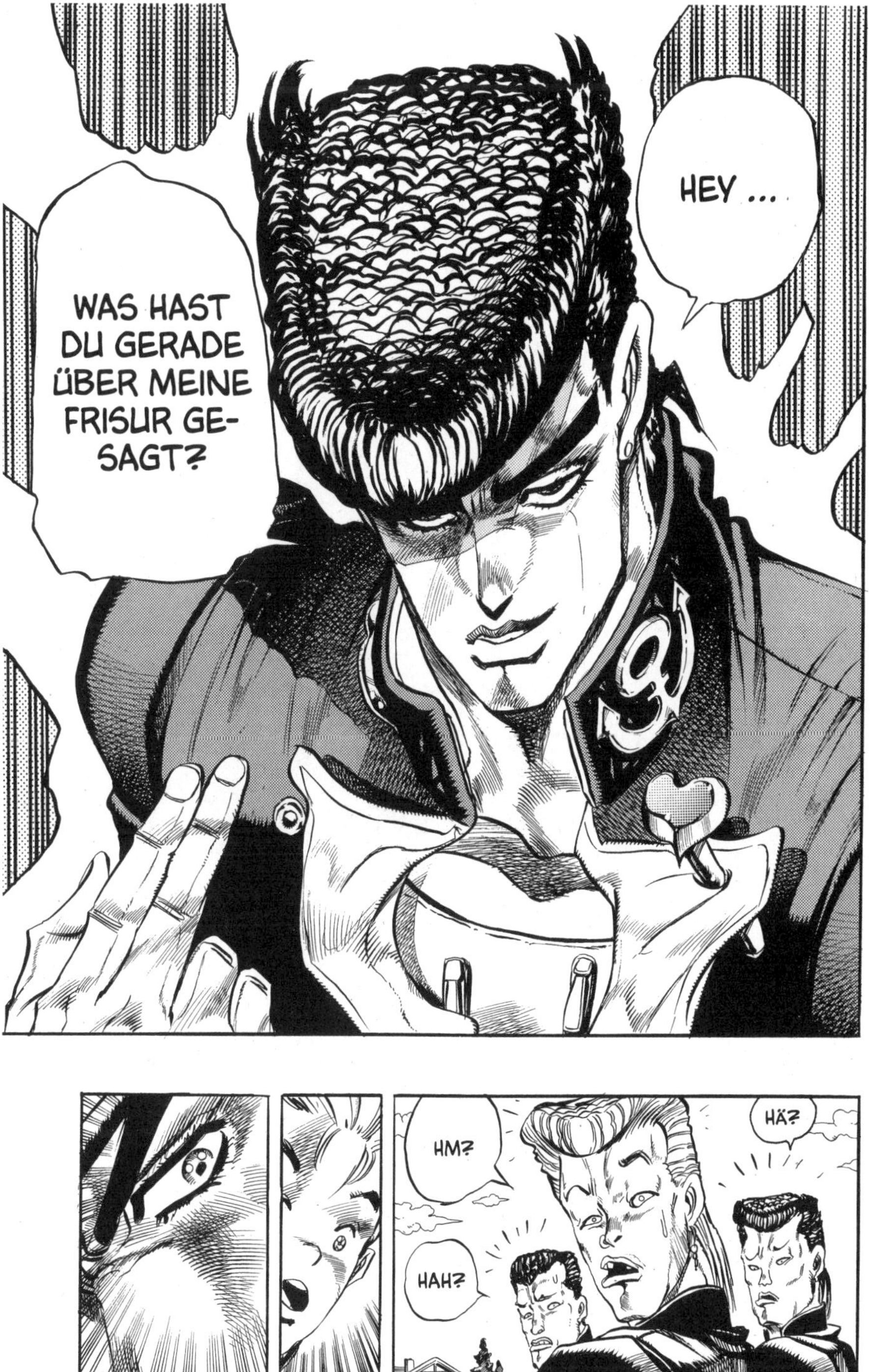
HEY ...
WAS HAST DU GERADE ÜBER MEINE FRISUR GE-SAGT?
HÄ?
HM?
HAH?

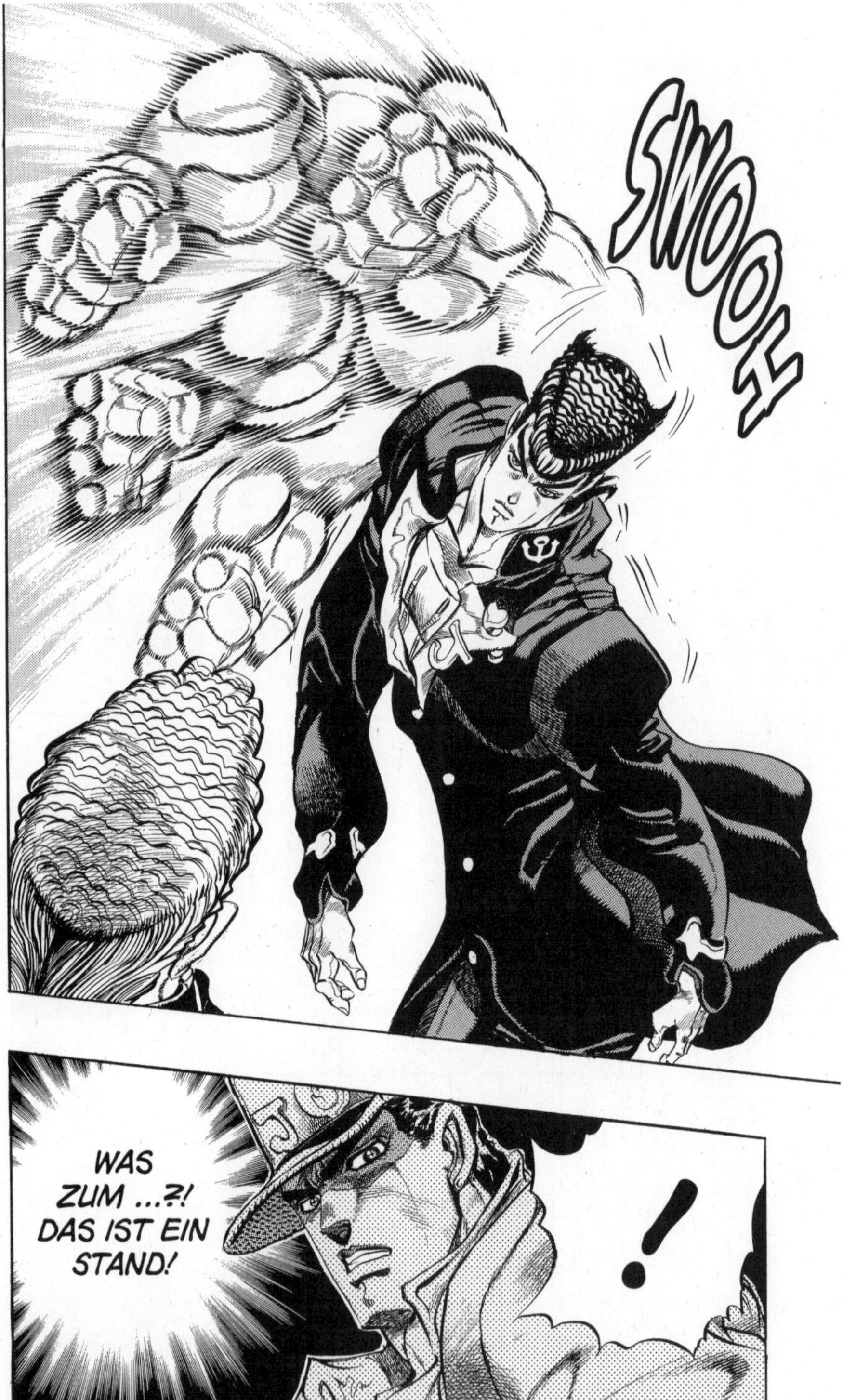
SWOOOH
WAS ZUM ...?! DAS IST EIN STAND!
!

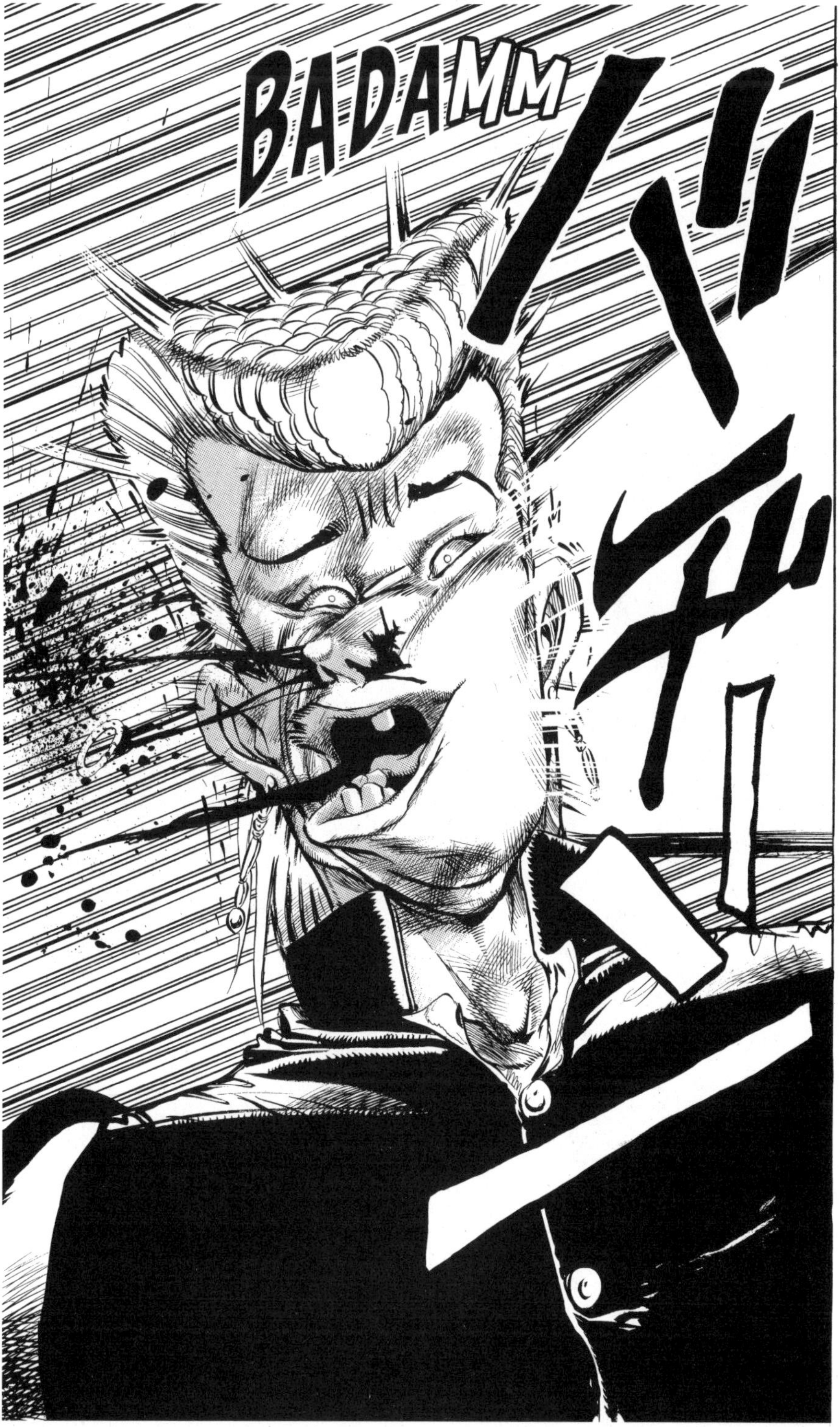
BADAMM

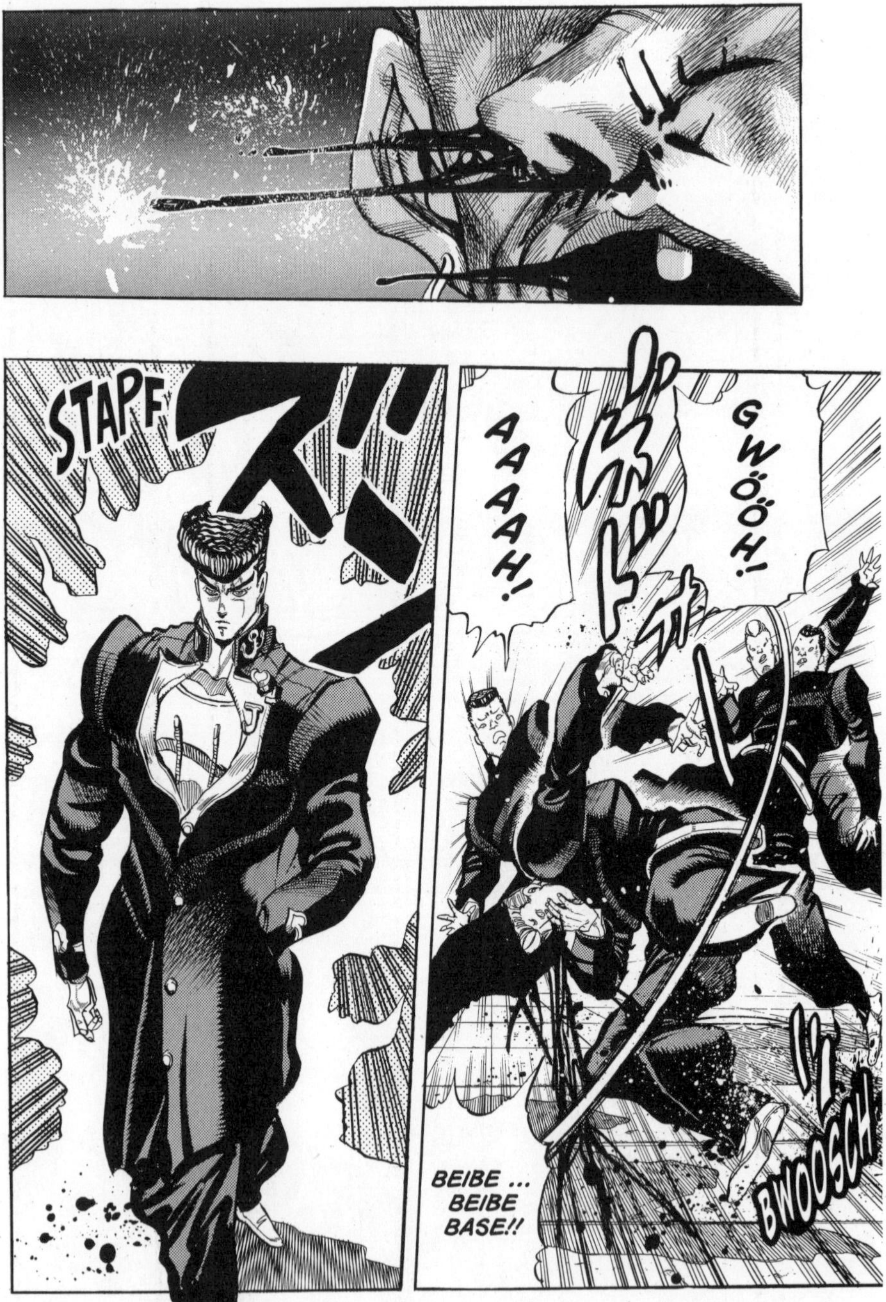
GWÖÖH!
AAAAH!
BEIBE … BEIBE BASE!!
BWOOSCH
STAPF

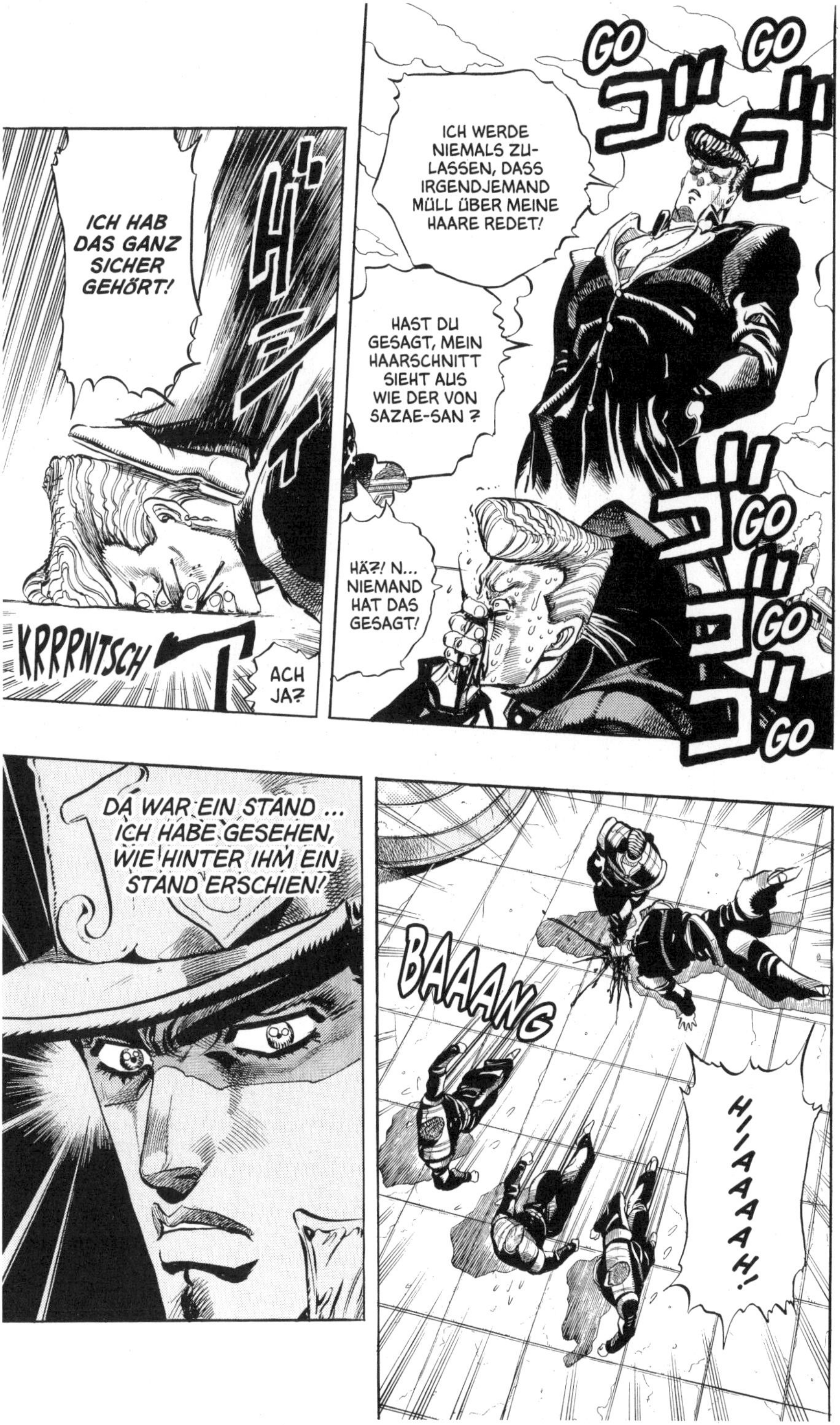
GO GO
ICH WERDE NIEMALS ZULASSEN, DASS IRGENDJEMAND MÜLL ÜBER MEINE HAARE REDET!
HAST DU GESAGT, MEIN HAARSCHNITT SIEHT AUS WIE DER VON SAZAE-SAN ?
HÄ?! N... NIEMAND HAT DAS GESAGT!
GO GO GO
ICH HAB DAS GANZ SICHER GEHÖRT!
ACH JA?
KRRRNTSCH
HIIAAAAAH!
BAAAANG
DA WAR EIN STAND ... ICH HABE GESEHEN, WIE HINTER IHM EIN STAND ERSCHIEN!

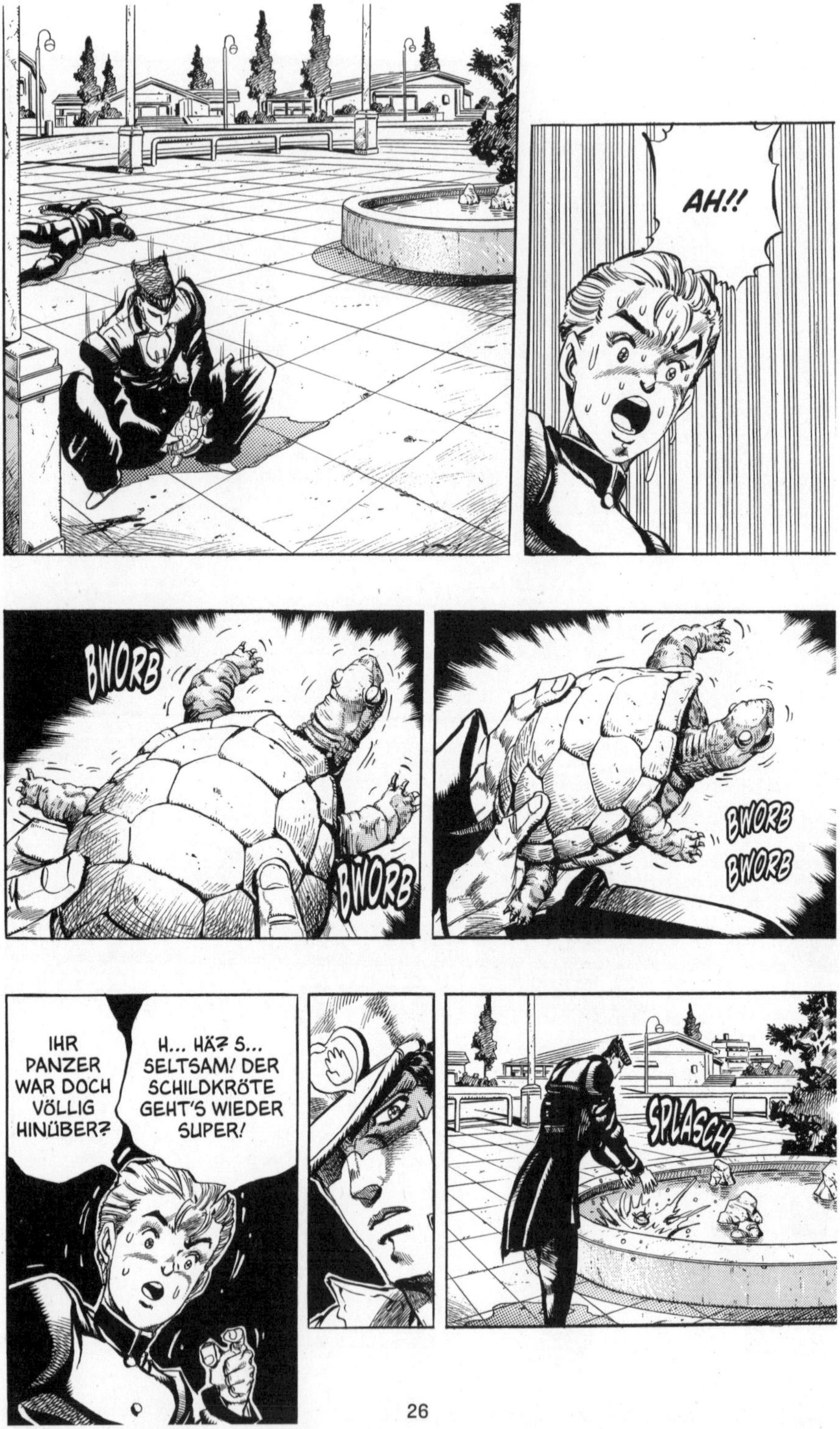
AH!!
BWORB
BWORB
BWORB
BWORB
SPLASCH
H... HÄ? S... SELTSAM! DER SCHILDKRÖTE GEHT'S WIEDER SUPER!
IHR PANZER WAR DOCH VÖLLIG HINÜBER?

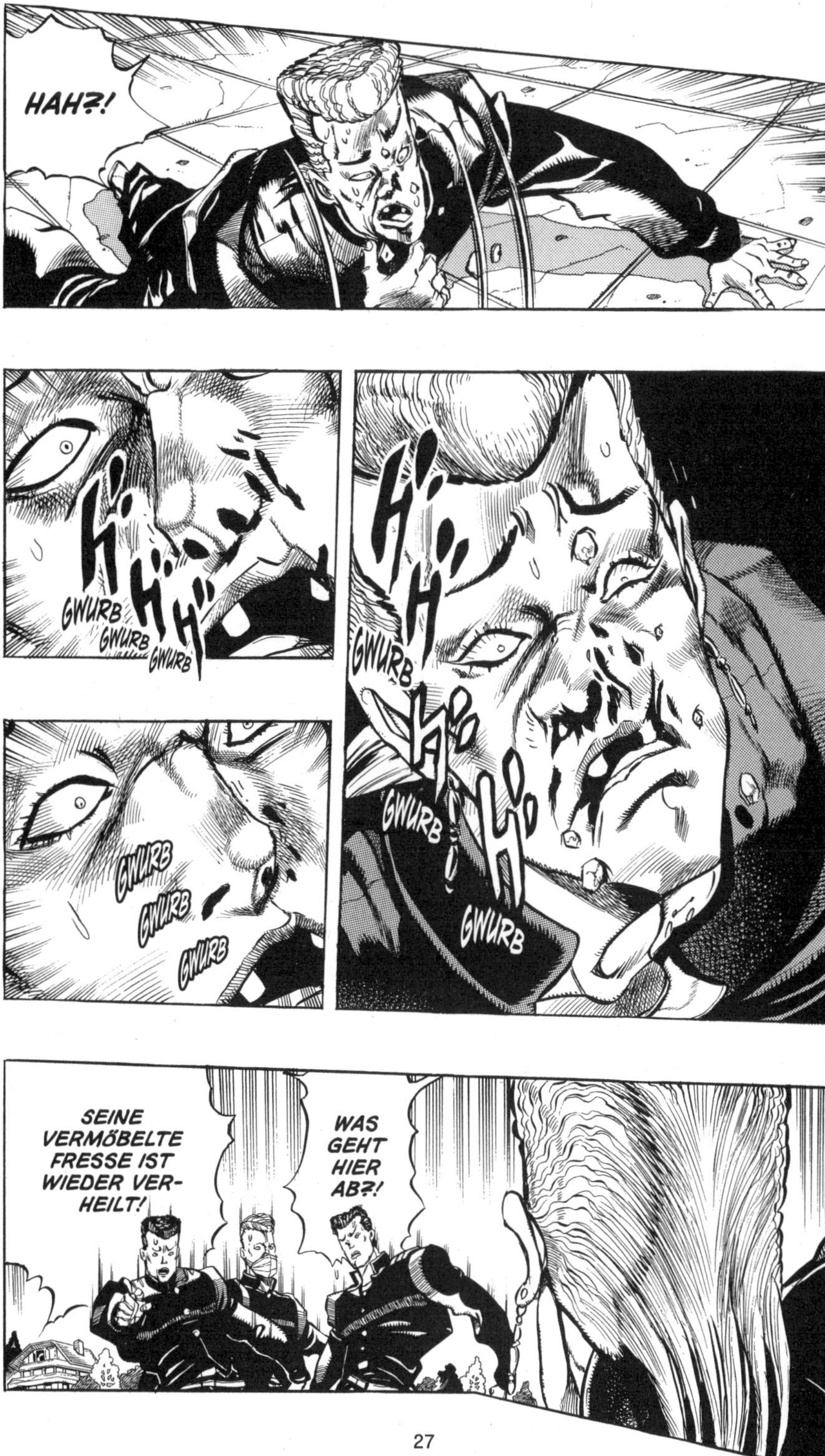
HAH?!
H H H
GWURB GWURB GWURB
H H H
GWURB
GWURB
GWURB GWURB GWURB
SEINE VERMÖBELTE FRESSE IST WIEDER VERHEILT!
WAS GEHT HIER AB?!

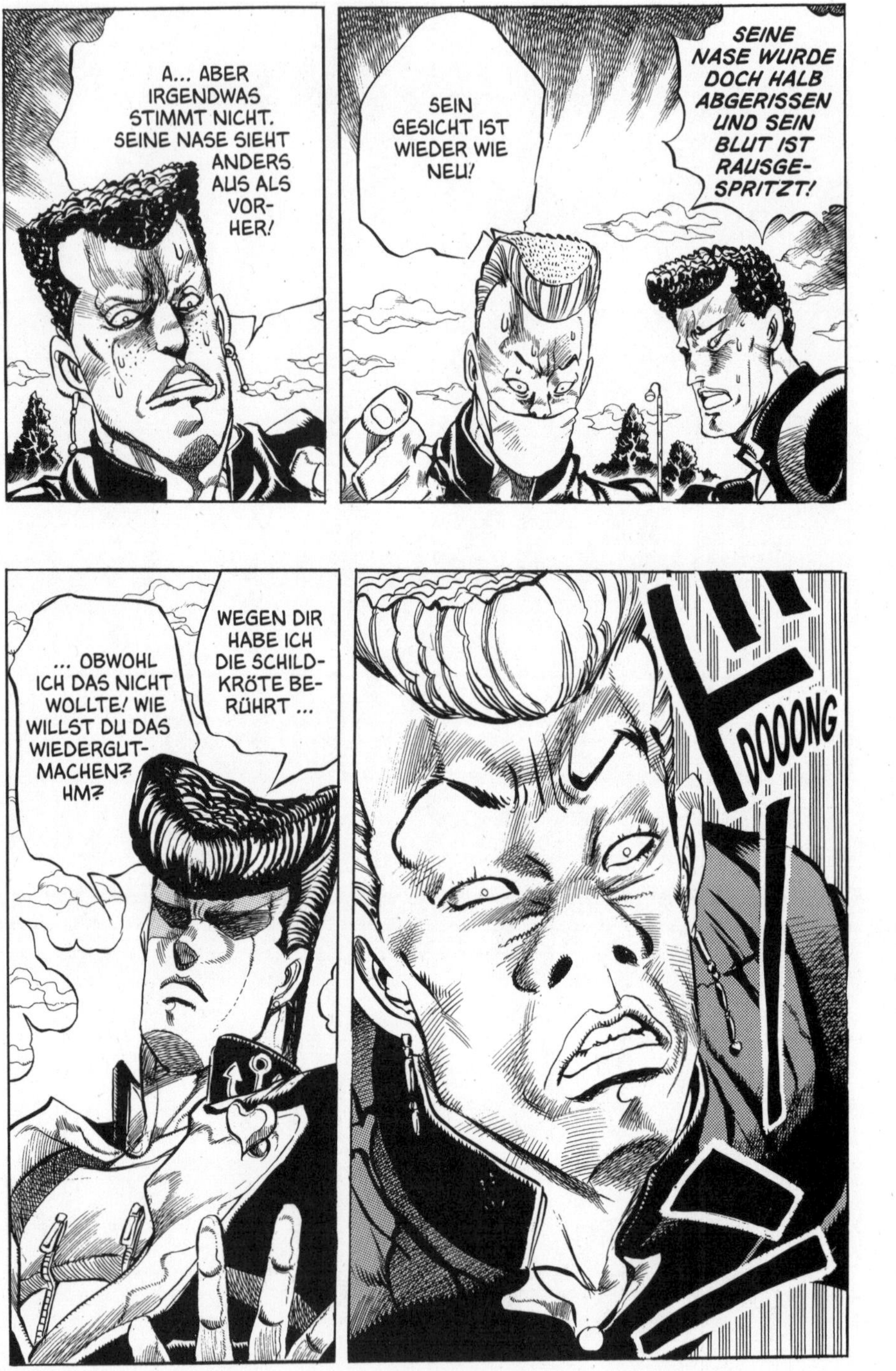
A... ABER IRGENDWAS STIMMT NICHT. SEINE NASE SIEHT ANDERS AUS ALS VOR-HER!
SEINE NASE WURDE DOCH HALB ABGERISSEN UND SEIN BLUT IST RAUSGE-SPRITZT!
SEIN GESICHT IST WIEDER WIE NEU!
WEGEN DIR HABE ICH DIE SCHILD-KRÖTE BE-RÜHRT ...
... OBWOHL ICH DAS NICHT WOLLTE! WIE WILLST DU DAS WIEDERGUT-MACHEN? HM?
DOOONG

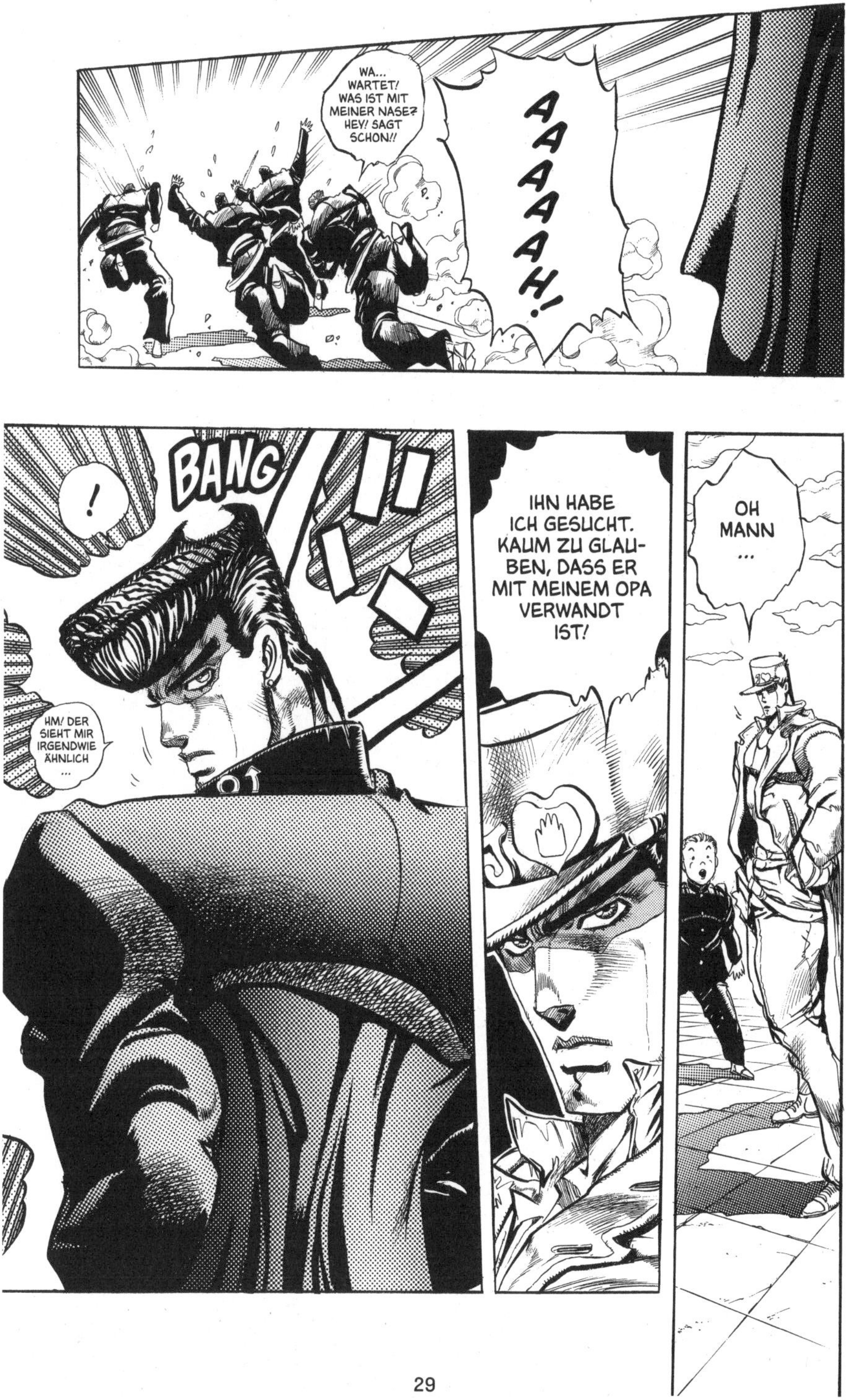
AAAAAAH!
WA... WARTET! WAS IST MIT MEINER NASE? HEY! SAGT SCHON!!
OH MANN ...
IHN HABE ICH GESUCHT. KAUM ZU GLAU-BEN, DASS ER MIT MEINEM OPA VERWANDT IST!
BANG
!
HM! DER SIEHT MIR IRGENDWIE ÄHNLICH ...

JOJO'S BIZARRE ADVENTURE

PART 4

DIAMOND IS UNBREAKABLE

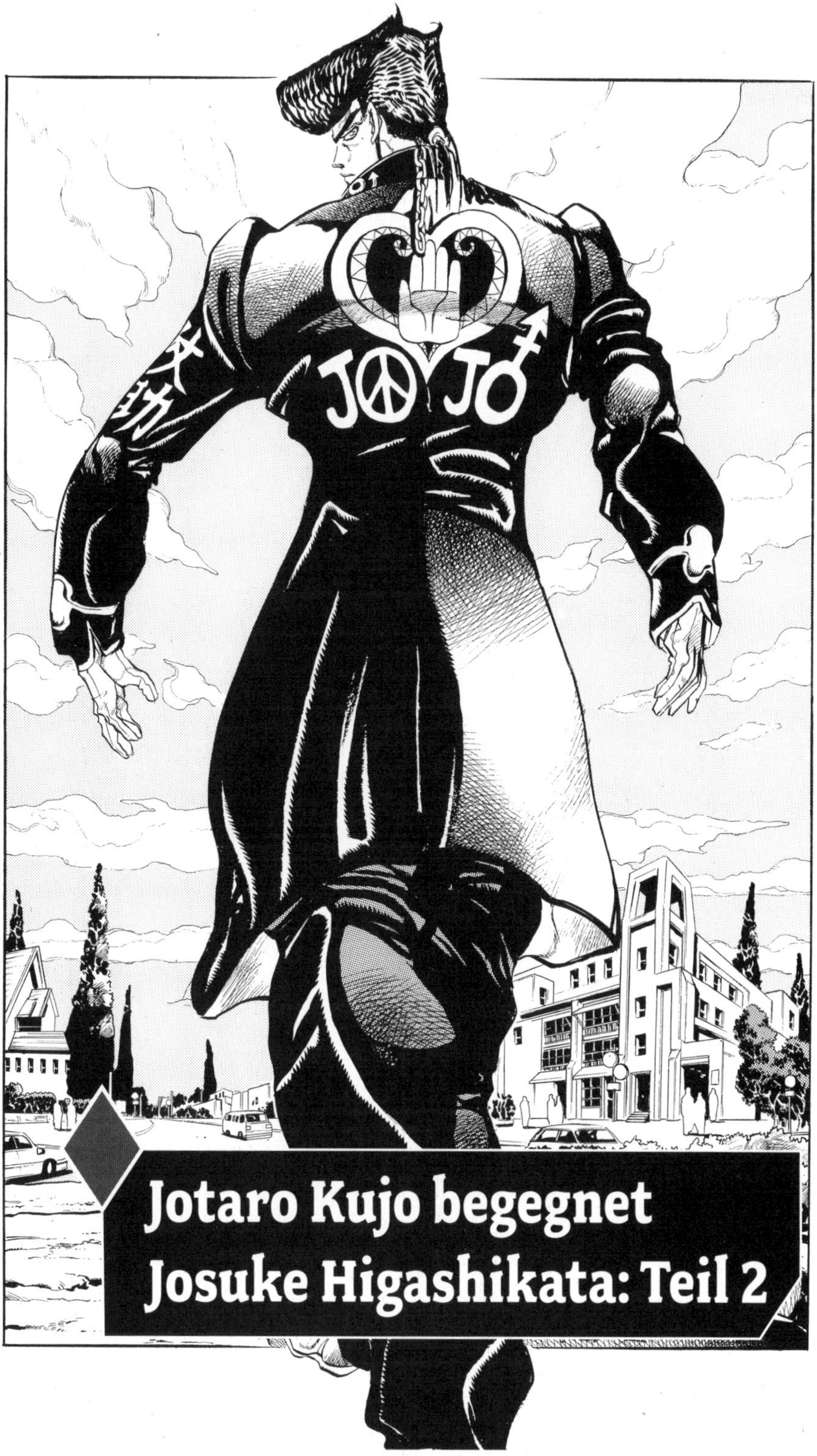

Jotaro Kujo begegnet Josuke Higashikata: Teil 2

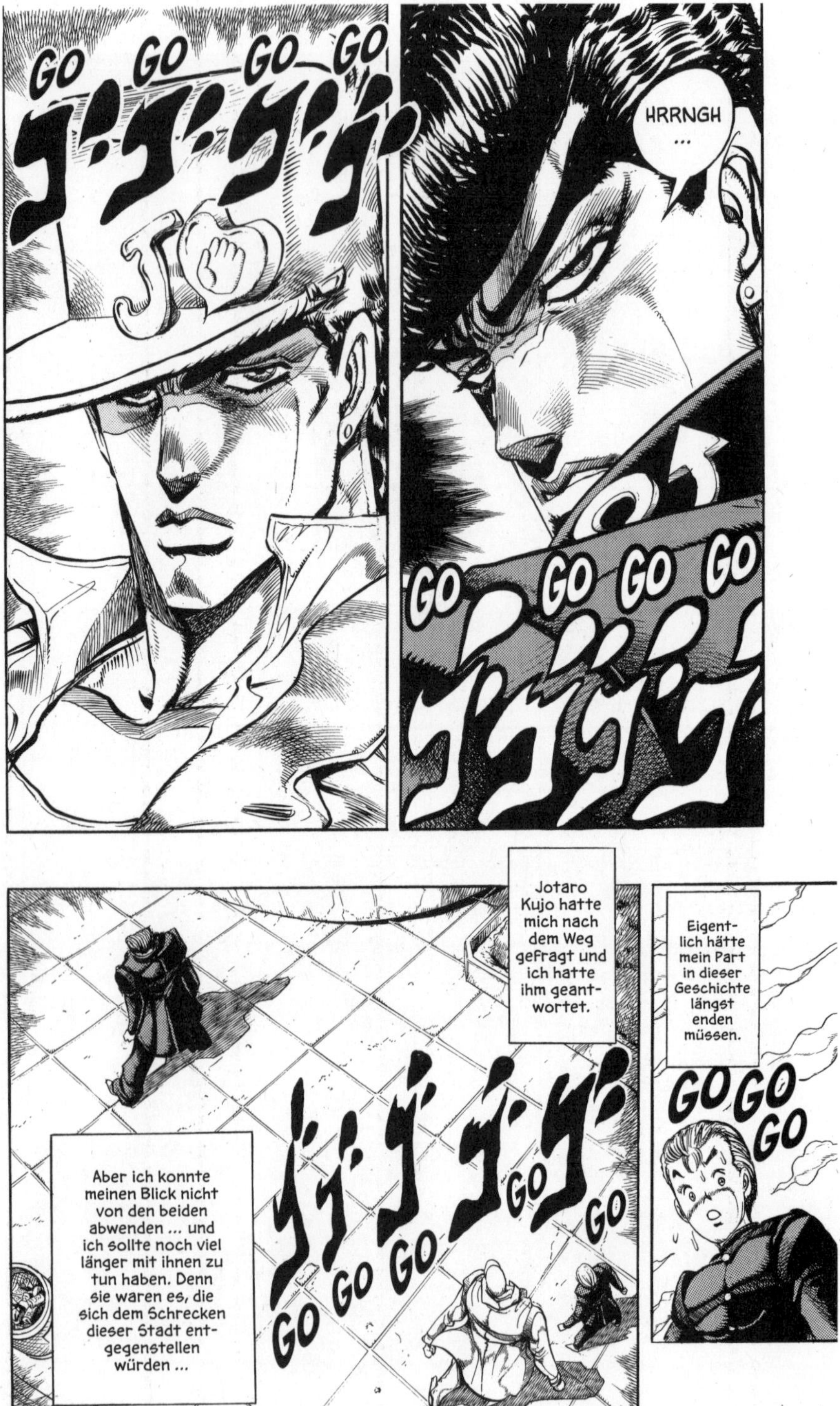
HRRNGH ...
GO GO GO GO
GO GO GO GO
Eigentlich hätte mein Part in dieser Geschichte längst enden müssen.
GO GO GO
Jotaro Kujo hatte mich nach dem Weg gefragt und ich hatte ihm geantwortet.
GO GO GO GO GO GO
Aber ich konnte meinen Blick nicht von den beiden abwenden ... und ich sollte noch viel länger mit ihnen zu tun haben. Denn sie waren es, die sich dem Schrecken dieser Stadt entgegenstellen würden ...

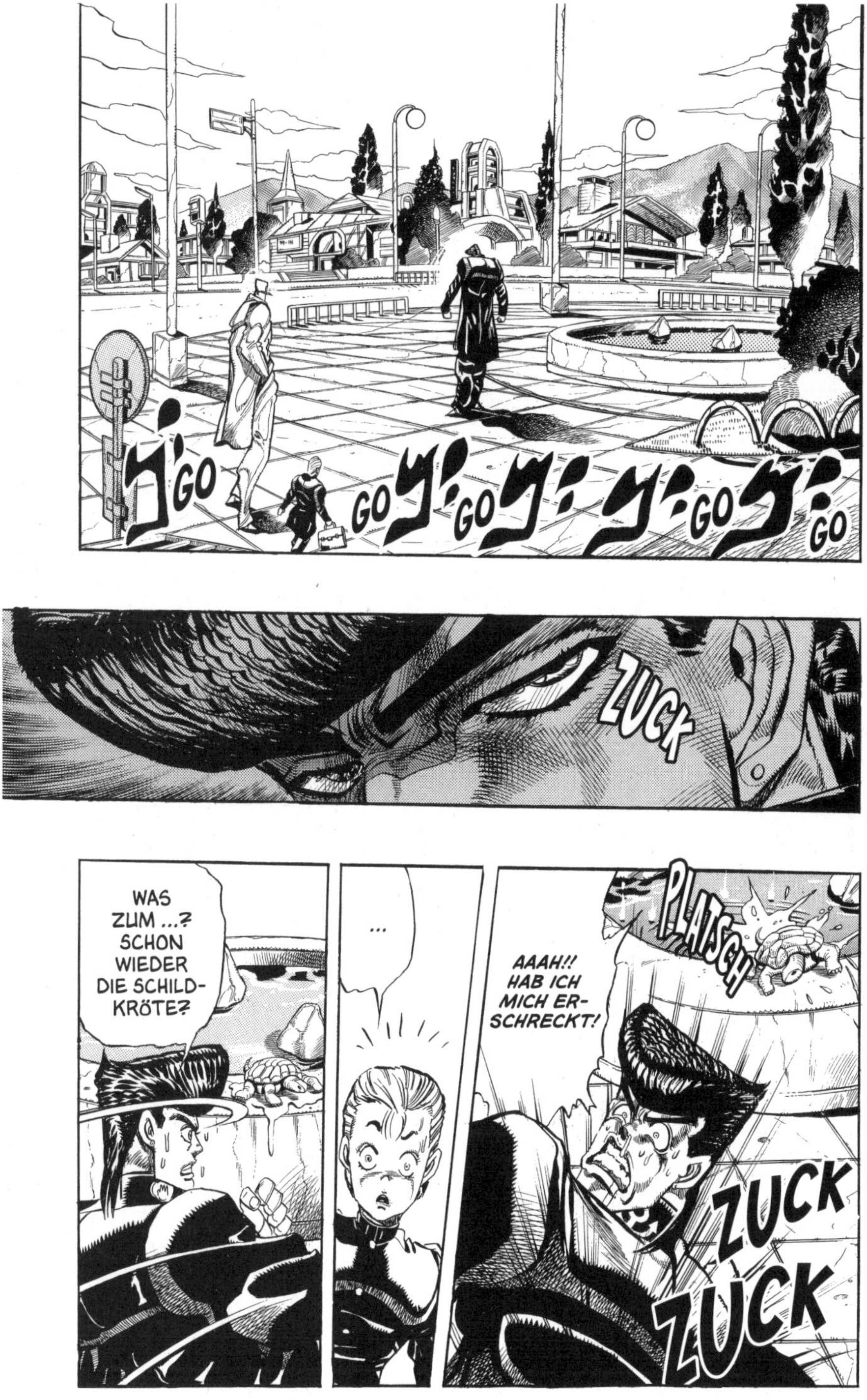
GO GO GO GO GO GO
ZUCK
PLATSCH
AAAH!! HAB ICH MICH ER-SCHRECKT!
ZUCK ZUCK
...
WAS ZUM ...? SCHON WIEDER DIE SCHILD-KRÖTE?

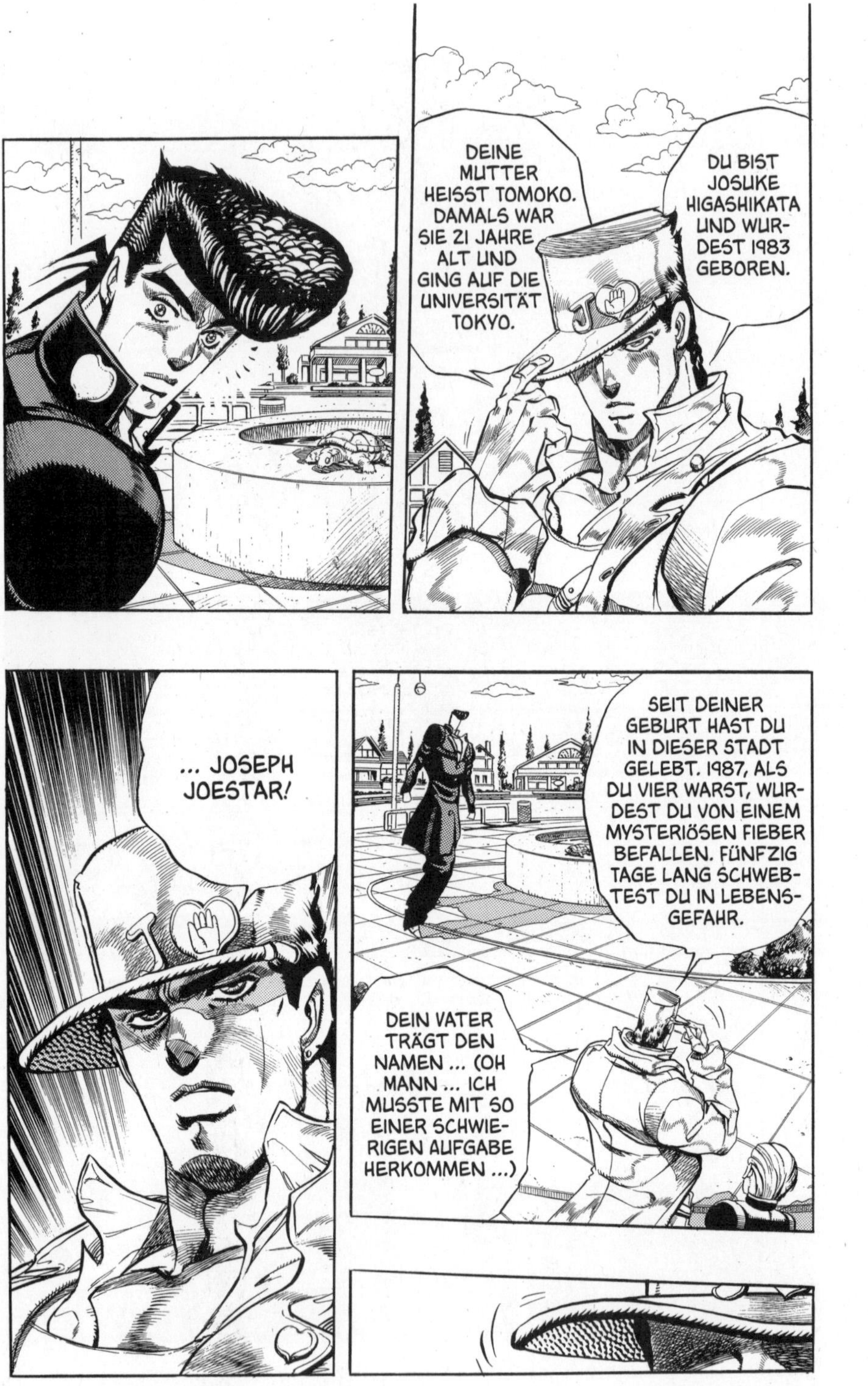
DU BIST JOSUKE HIGASHIKATA UND WURDEST 1983 GEBOREN.
DEINE MUTTER HEISST TOMOKO. DAMALS WAR SIE 21 JAHRE ALT UND GING AUF DIE UNIVERSITÄT TOKYO.
SEIT DEINER GEBURT HAST DU IN DIESER STADT GELEBT. 1987, ALS DU VIER WARST, WURDEST DU VON EINEM MYSTERIÖSEN FIEBER BEFALLEN. FÜNFZIG TAGE LANG SCHWEBTEST DU IN LEBENSGEFAHR.
DEIN VATER TRÄGT DEN NAMEN ... (OH MANN ... ICH MUSSTE MIT SO EINER SCHWIERIGEN AUFGABE HERKOMMEN ...)
... JOSEPH JOESTAR!

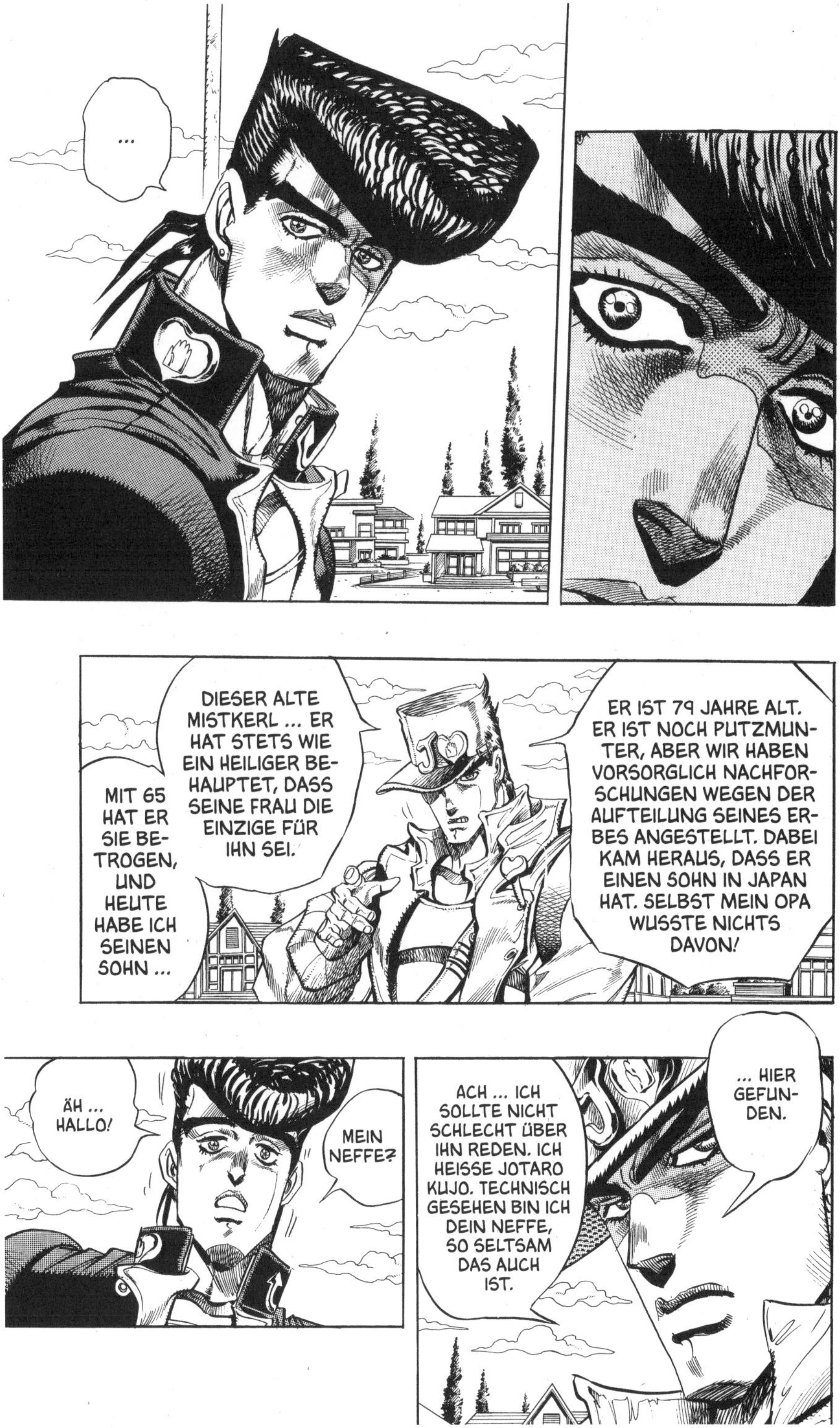
...
ER IST 79 JAHRE ALT. ER IST NOCH PUTZMUNTER, ABER WIR HABEN VORSORGLICH NACHFORSCHUNGEN WEGEN DER AUFTEILUNG SEINES ERBES ANGESTELLT. DABEI KAM HERAUS, DASS ER EINEN SOHN IN JAPAN HAT. SELBST MEIN OPA WUSSTE NICHTS DAVON!
DIESER ALTE MISTKERL ... ER HAT STETS WIE EIN HEILIGER BEHAUPTET, DASS SEINE FRAU DIE EINZIGE FÜR IHN SEI.
MIT 65 HAT ER SIE BETROGEN, UND HEUTE HABE ICH SEINEN SOHN ...
... HIER GEFUNDEN.
ACH ... ICH SOLLTE NICHT SCHLECHT ÜBER IHN REDEN. ICH HEISSE JOTARO KUJO. TECHNISCH GESEHEN BIN ICH DEIN NEFFE, SO SELTSAM DAS AUCH IST.
MEIN NEFFE?
ÄH ... HALLO!

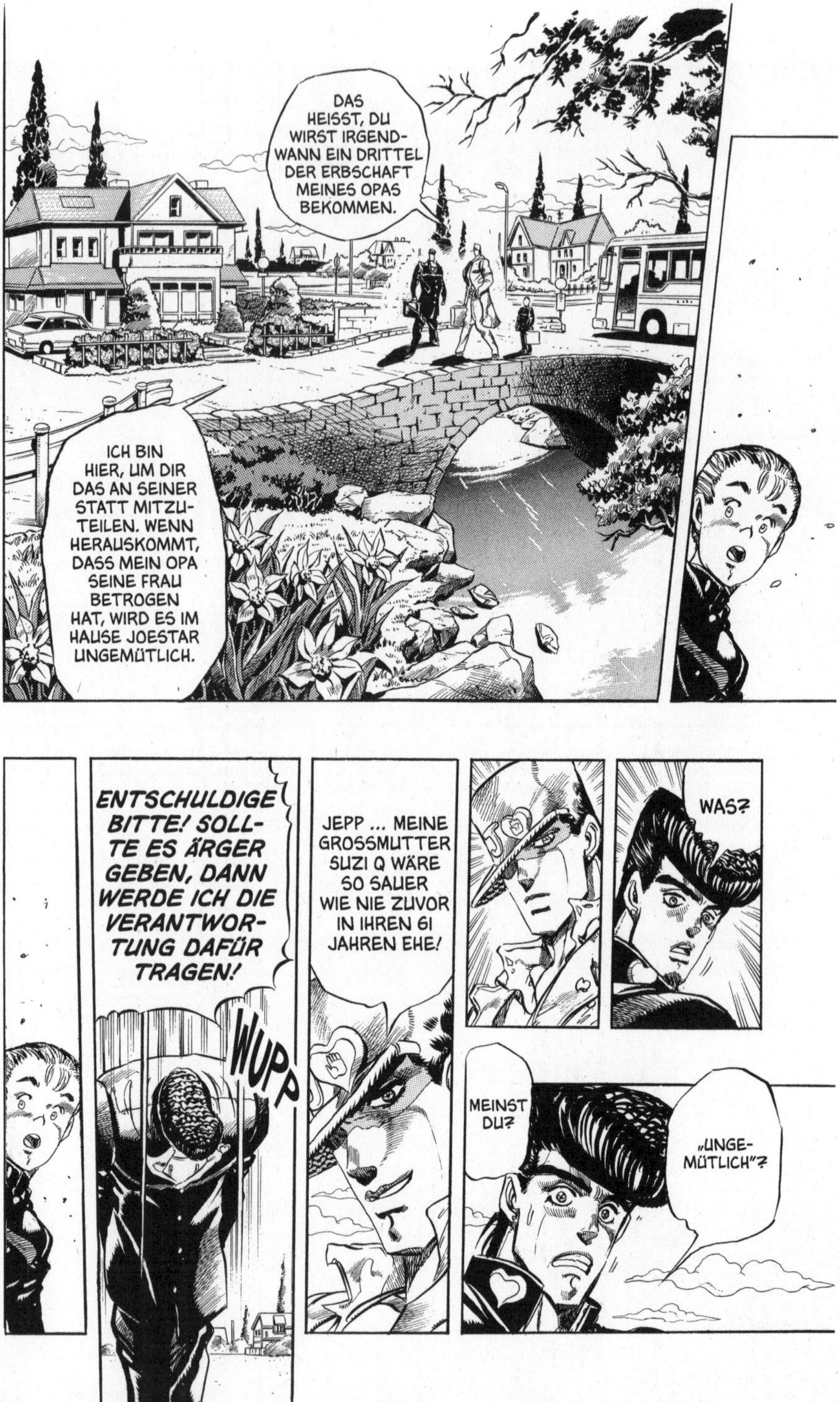
DAS HEISST, DU WIRST IRGENDWANN EIN DRITTEL DER ERBSCHAFT MEINES OPAS BEKOMMEN.
ICH BIN HIER, UM DIR DAS AN SEINER STATT MITZUTEILEN. WENN HERAUSKOMMT, DASS MEIN OPA SEINE FRAU BETROGEN HAT, WIRD ES IM HAUSE JOESTAR UNGEMÜTLICH.
ENTSCHULDIGE BITTE! SOLLTE ES ÄRGER GEBEN, DANN WERDE ICH DIE VERANTWORTUNG DAFÜR TRAGEN!
WUPP
JEPP ... MEINE GROSSMUTTER SUZI Q WÄRE SO SAUER WIE NIE ZUVOR IN IHREN 61 JAHREN EHE!
WAS?
MEINST DU?
„UNGEMÜTLICH"?

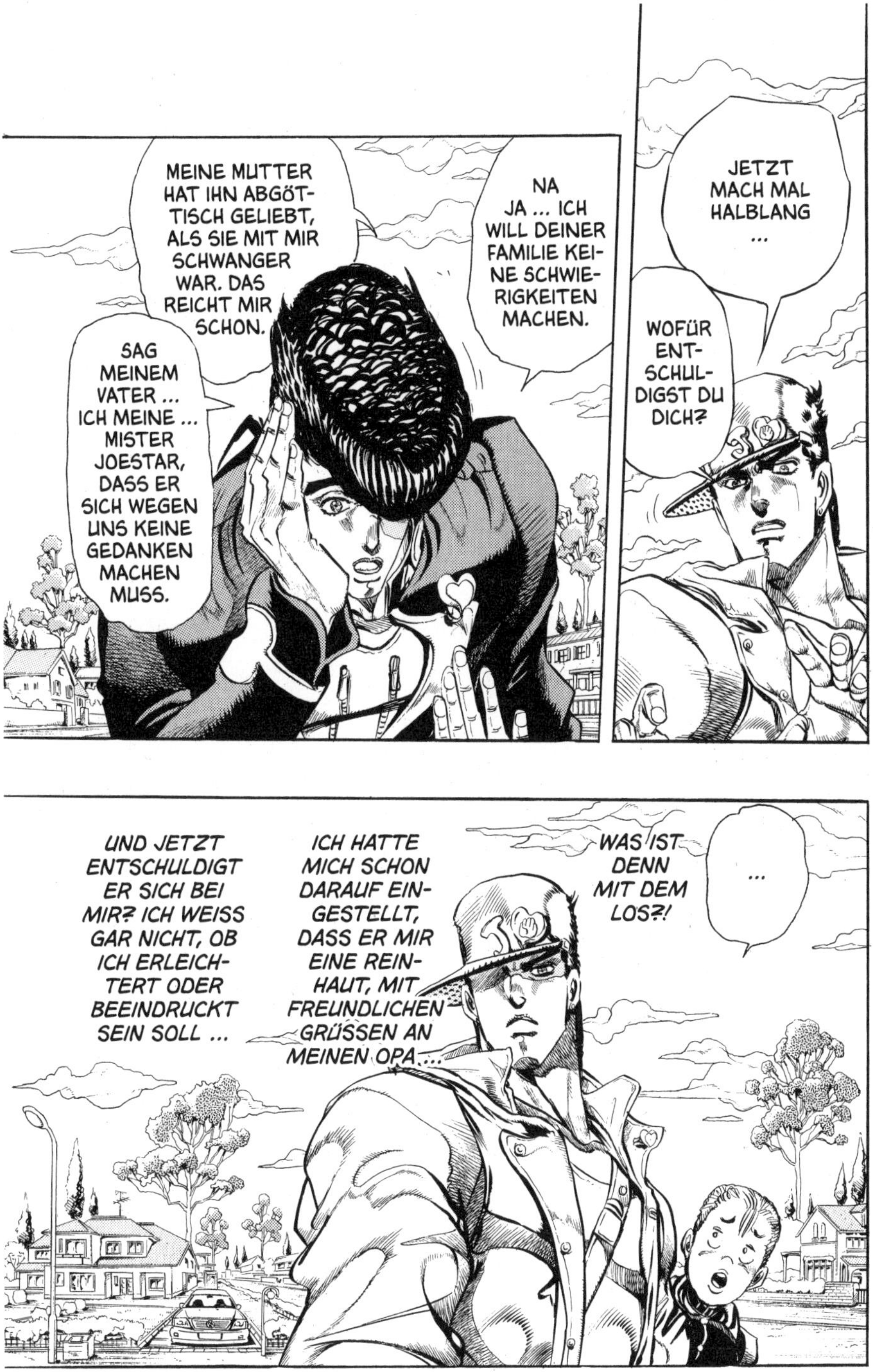

JETZT MACH MAL HALBLANG ...
WOFÜR ENTSCHULDIGST DU DICH?
NA JA ... ICH WILL DEINER FAMILIE KEINE SCHWIERIGKEITEN MACHEN.
MEINE MUTTER HAT IHN ABGÖTTISCH GELIEBT, ALS SIE MIT MIR SCHWANGER WAR. DAS REICHT MIR SCHON.
SAG MEINEM VATER ... ICH MEINE ... MISTER JOESTAR, DASS ER SICH WEGEN UNS KEINE GEDANKEN MACHEN MUSS.
...
WAS IST DENN MIT DEM LOS?!
ICH HATTE MICH SCHON DARAUF EINGESTELLT, DASS ER MIR EINE REINHAUT, MIT FREUNDLICHEN GRÜSSEN AN MEINEN OPA ...
UND JETZT ENTSCHULDIGT ER SICH BEI MIR? ICH WEISS GAR NICHT, OB ICH ERLEICHTERT ODER BEEINDRUCKT SEIN SOLL ...

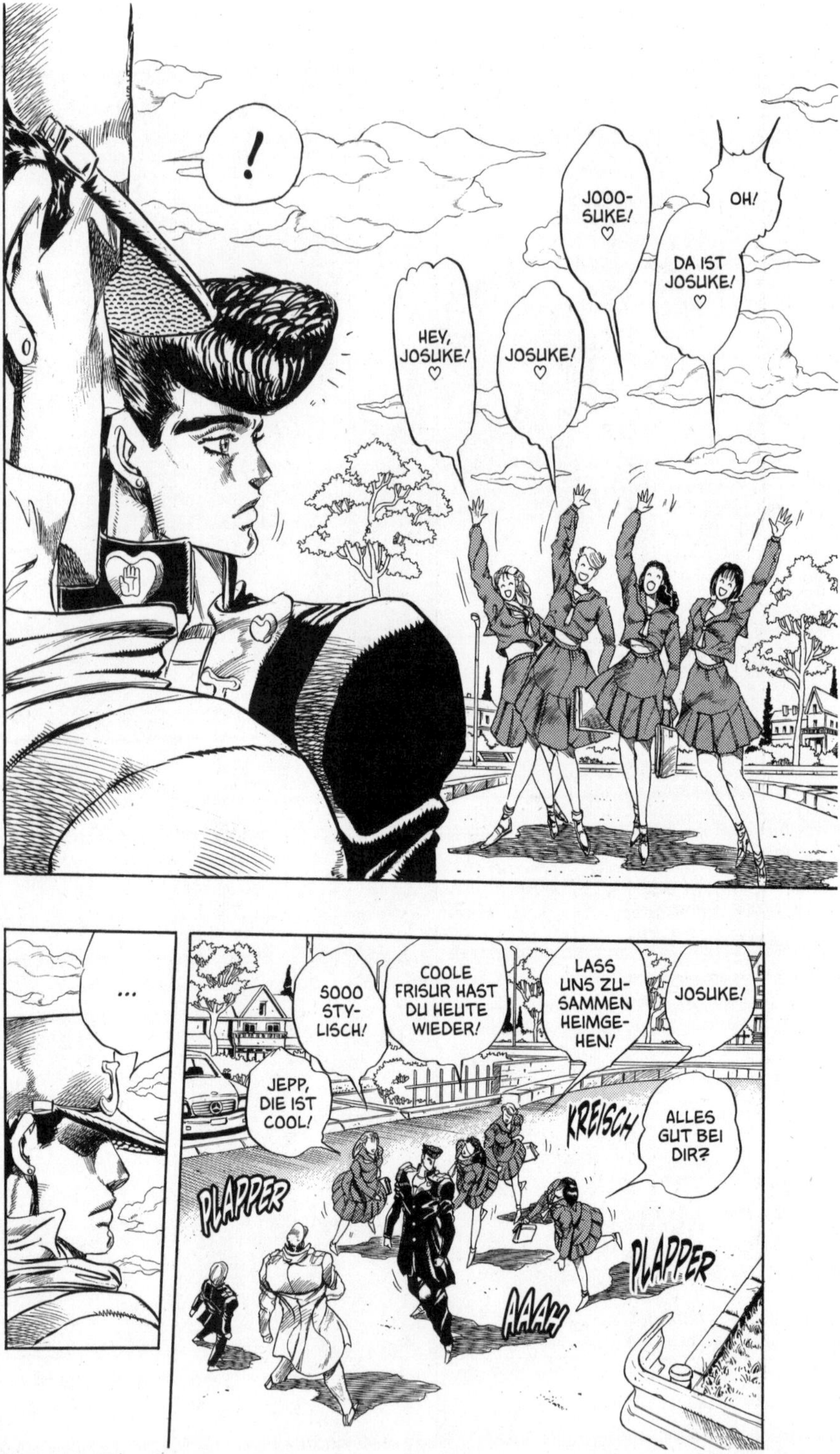
OH!
DA IST JOSUKE! ♡
JOOO-SUKE! ♡
JOSUKE! ♡
HEY, JOSUKE! ♡
!
JOSUKE!
LASS UNS ZUSAMMEN HEIMGEHEN!
COOLE FRISUR HAST DU HEUTE WIEDER!
SOOO STYLISCH!
ALLES GUT BEI DIR?
KREISCH
JEPP, DIE IST COOL!
PLAPPER
PLAPPER
AAAH
...

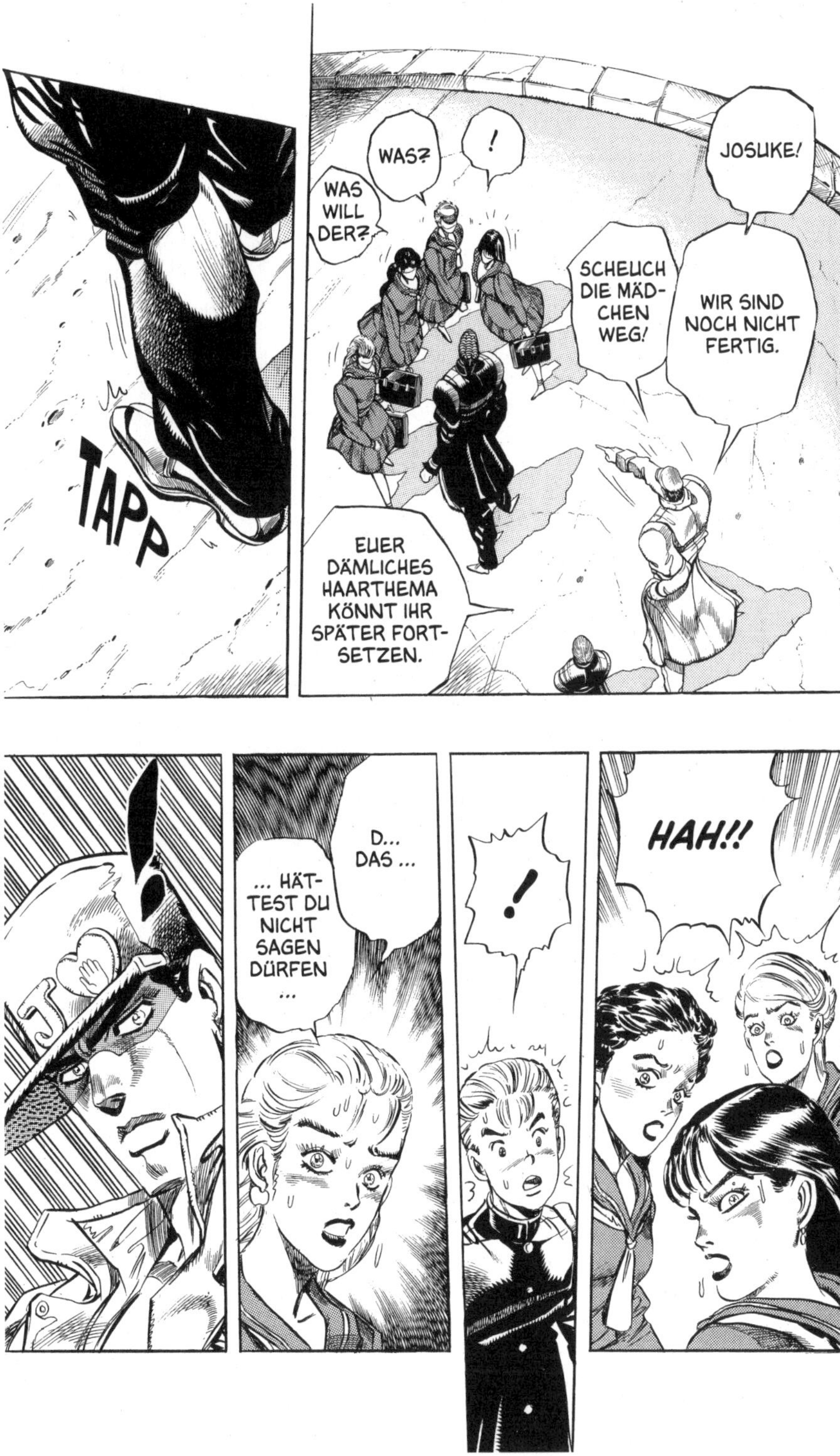
JOSUKE!
WIR SIND NOCH NICHT FERTIG.
SCHEUCH DIE MÄDCHEN WEG!
!
WAS?
WAS WILL DER?
EUER DÄMLICHES HAARTHEMA KÖNNT IHR SPÄTER FORTSETZEN.
TAPP
HAH!!
!
D... DAS ...
... HÄTTEST DU NICHT SAGEN DÜRFEN ...

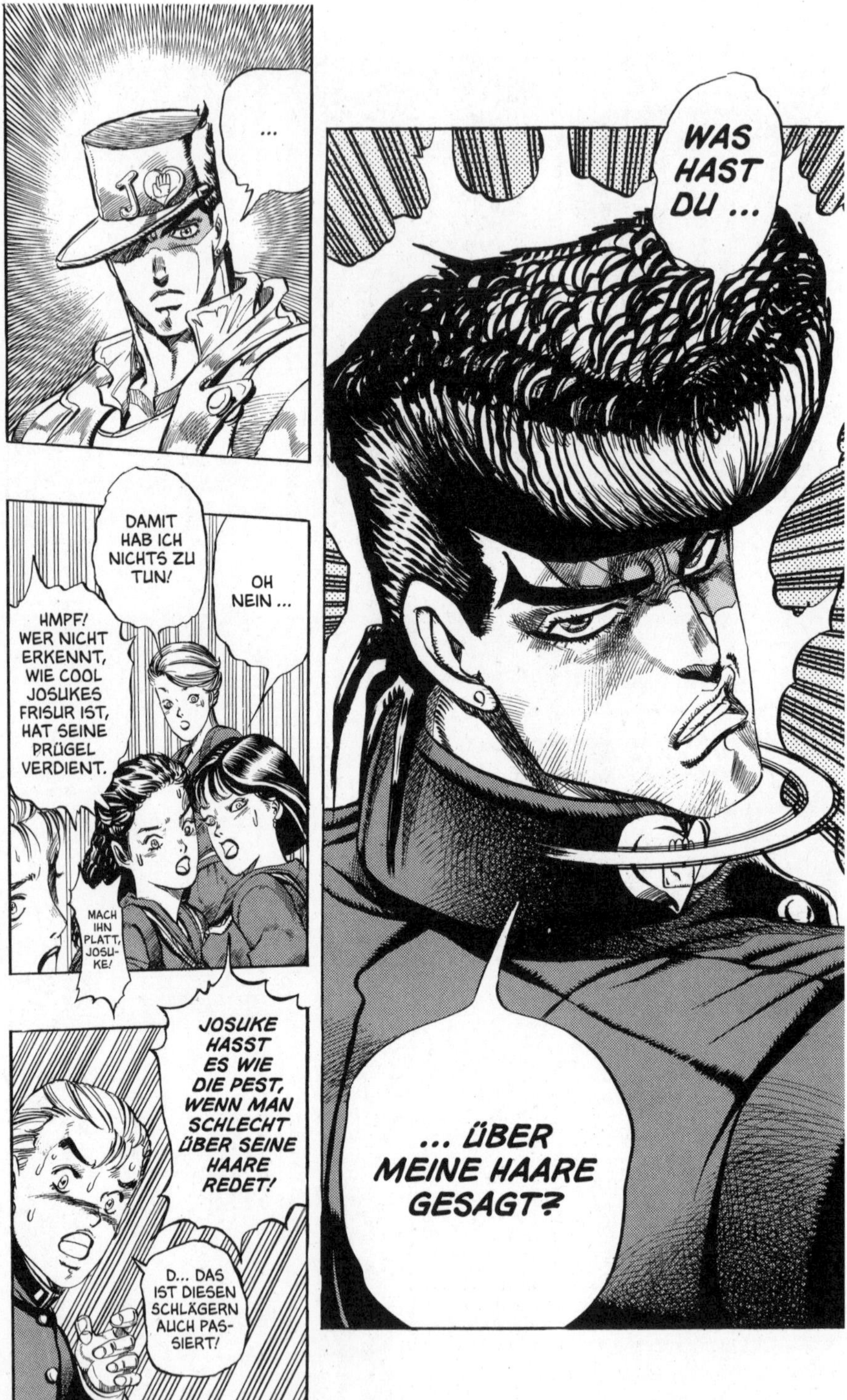

WAS HAST DU ...
... ÜBER MEINE HAARE GESAGT?
...
OH NEIN ...
DAMIT HAB ICH NICHTS ZU TUN!
HMPF! WER NICHT ERKENNT, WIE COOL JOSUKES FRISUR IST, HAT SEINE PRÜGEL VERDIENT.
MACH IHN PLATT, JOSU-KE!
JOSUKE HASST ES WIE DIE PEST, WENN MAN SCHLECHT ÜBER SEINE HAARE REDET!
D... DAS IST DIESEN SCHLÄGERN AUCH PAS-SIERT!

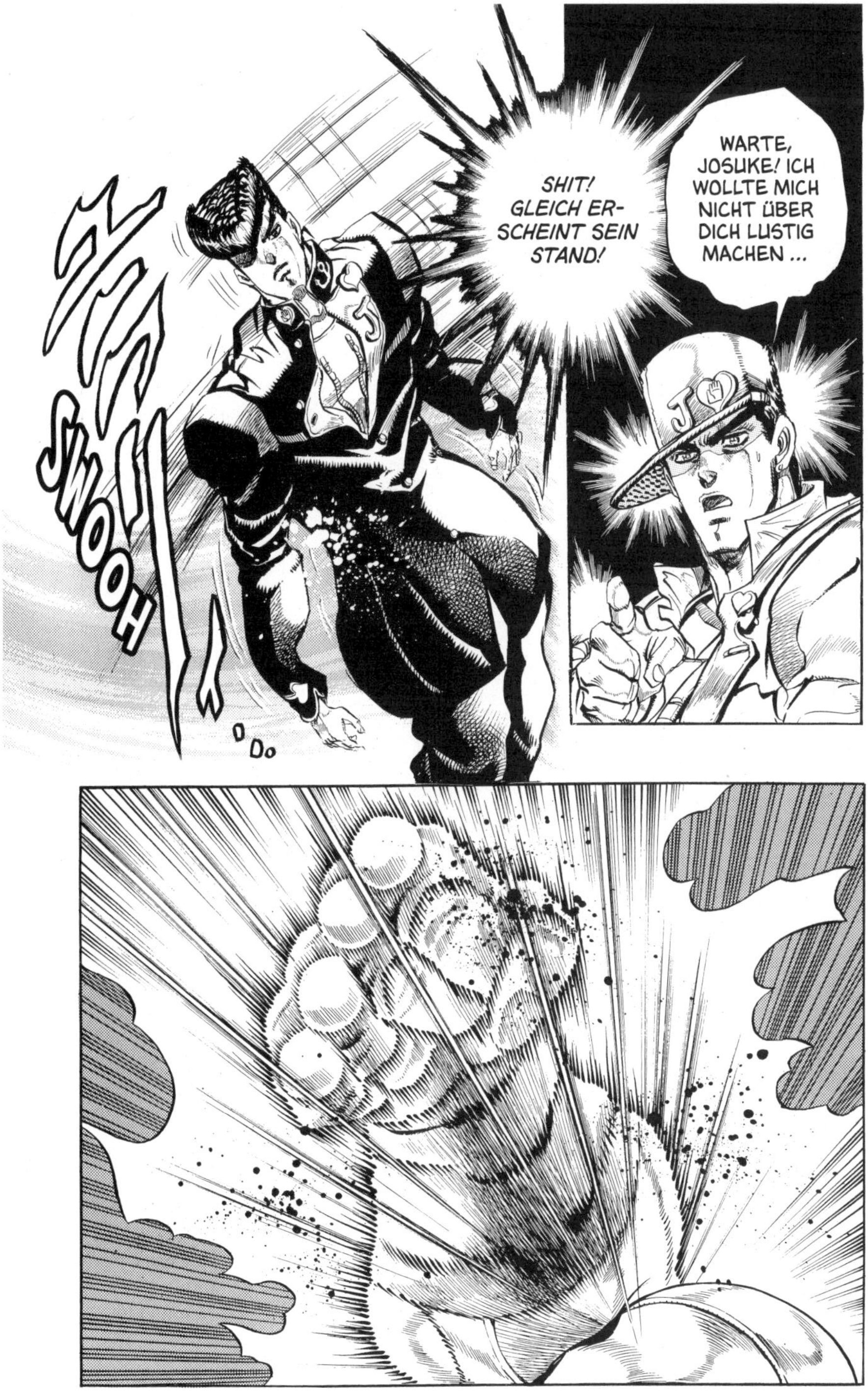
WARTE, JOSUKE! ICH WOLLTE MICH NICHT ÜBER DICH LUSTIG MACHEN ...
SHIT! GLEICH ER-SCHEINT SEIN STAND!
SWOOH
D Do

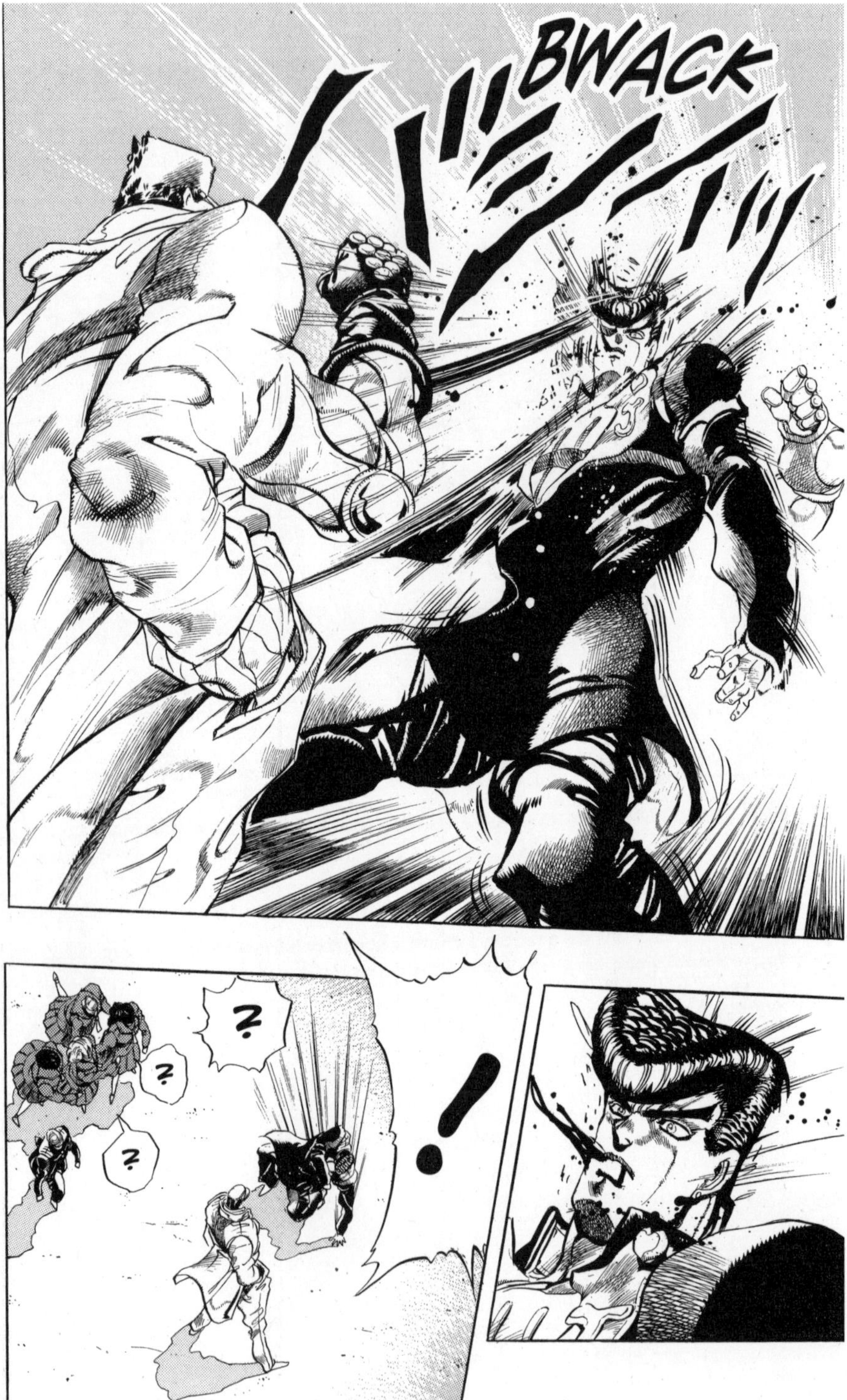
BWACK
?
?
?
!

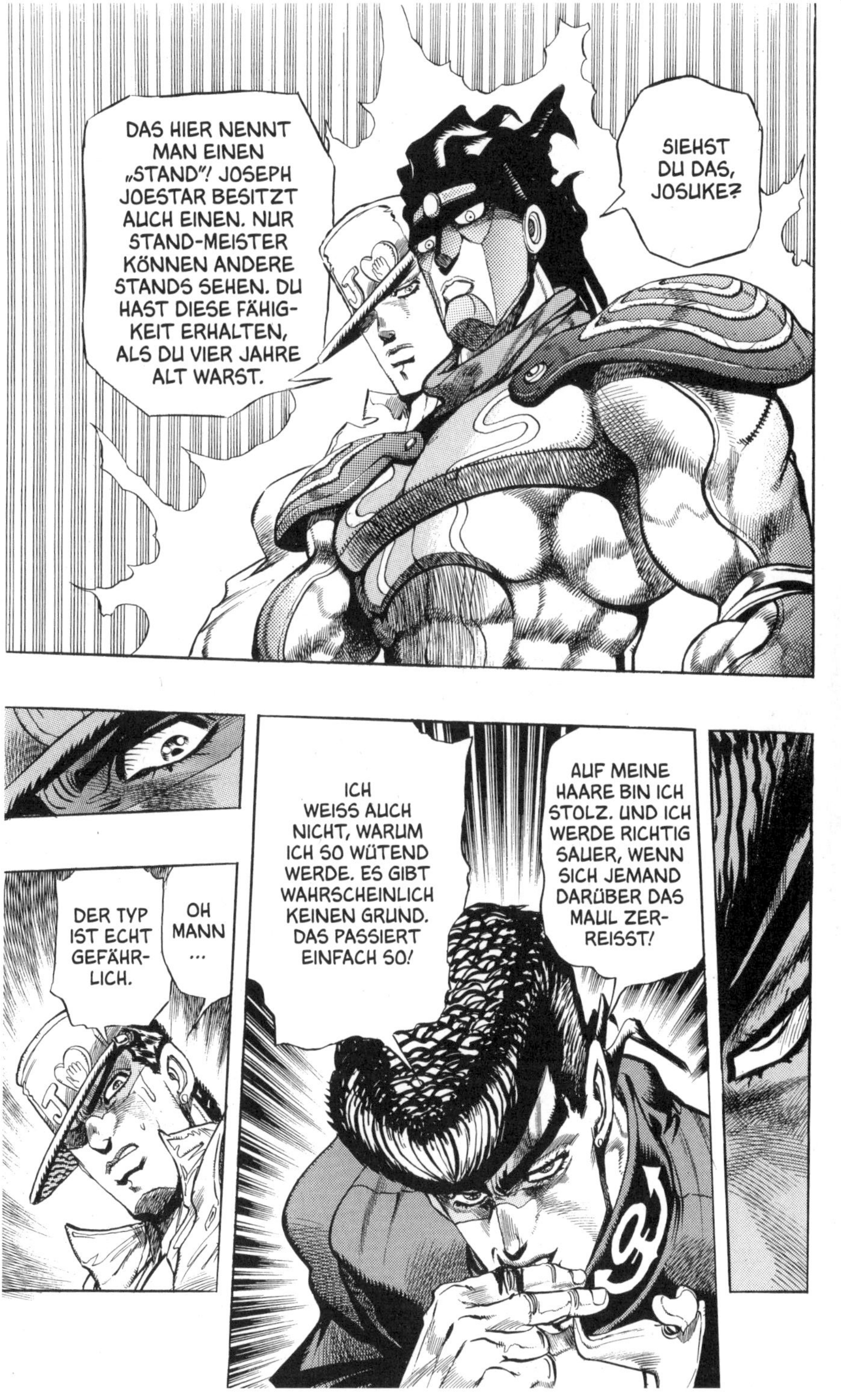
SIEHST DU DAS, JOSUKE?
DAS HIER NENNT MAN EINEN „STAND"! JOSEPH JOESTAR BESITZT AUCH EINEN. NUR STAND-MEISTER KÖNNEN ANDERE STANDS SEHEN. DU HAST DIESE FÄHIGKEIT ERHALTEN, ALS DU VIER JAHRE ALT WARST.
AUF MEINE HAARE BIN ICH STOLZ. UND ICH WERDE RICHTIG SAUER, WENN SICH JEMAND DARÜBER DAS MAUL ZERREISST!
ICH WEISS AUCH NICHT, WARUM ICH SO WÜTEND WERDE. ES GIBT WAHRSCHEINLICH KEINEN GRUND. DAS PASSIERT EINFACH SO!
OH MANN ...
DER TYP IST ECHT GEFÄHRLICH.

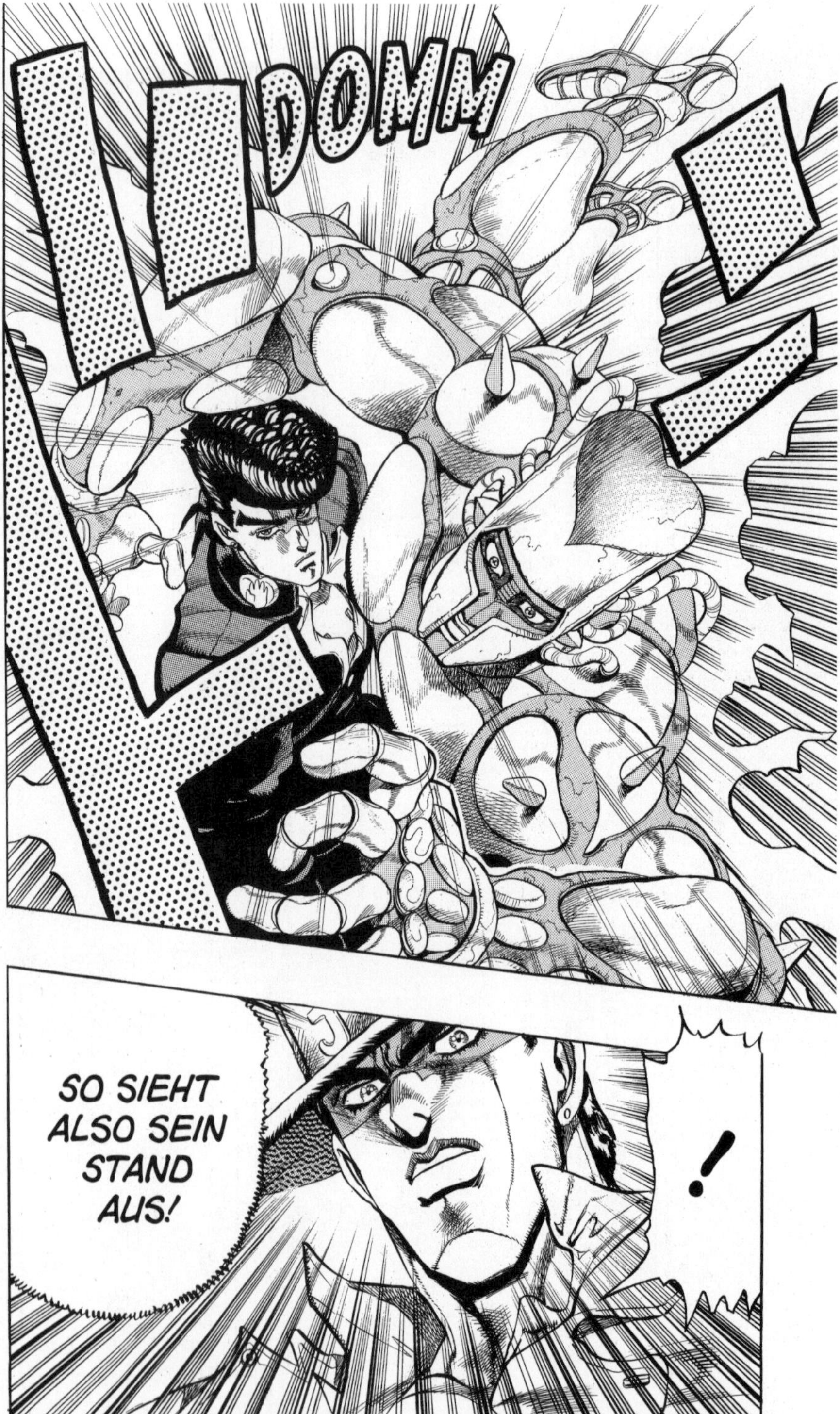
DOMM
SO SIEHT ALSO SEIN STAND AUS!
!

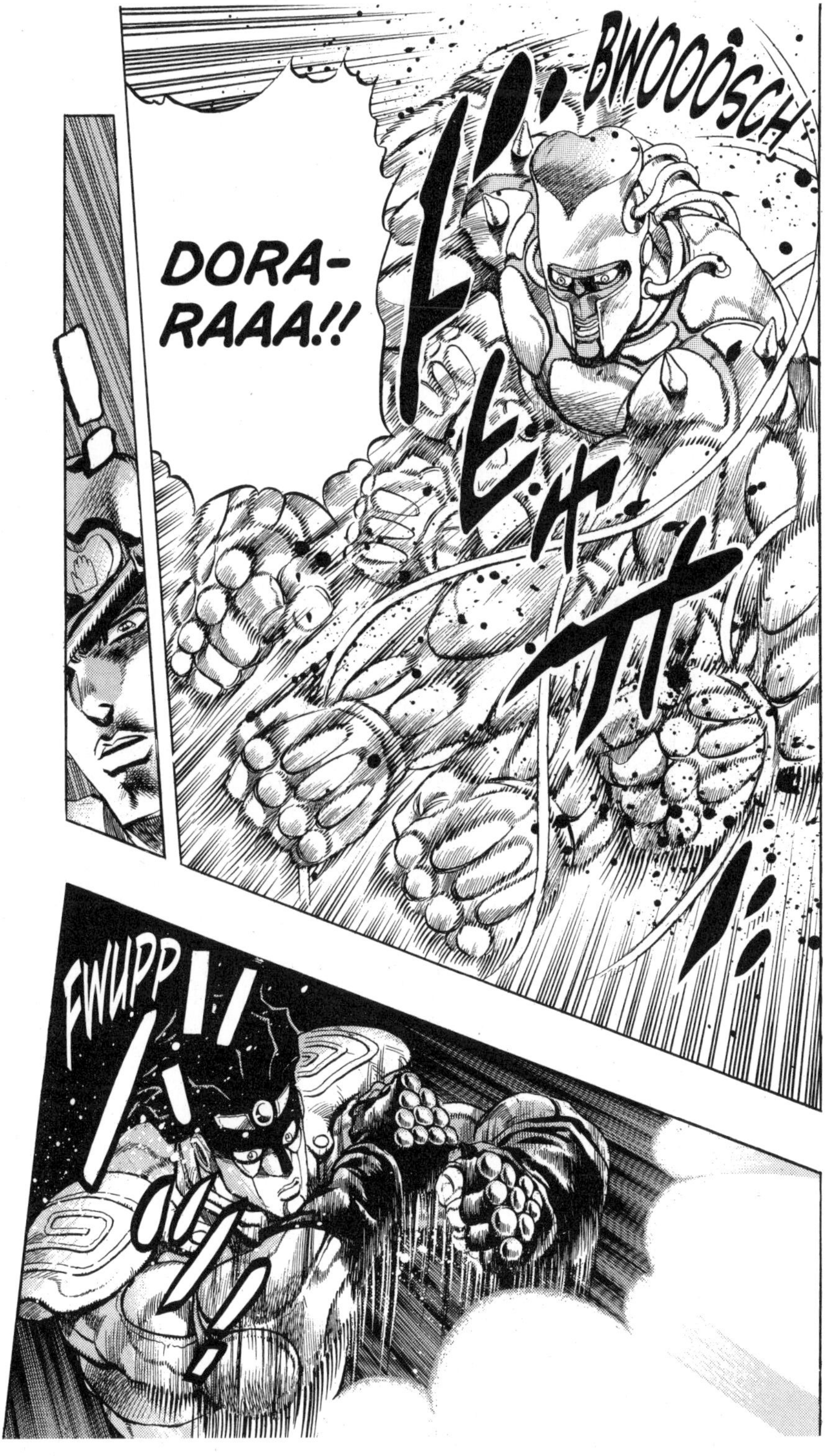
BWOOOSCH
DORA-
RAAA!!
ドギャ
FWUPP

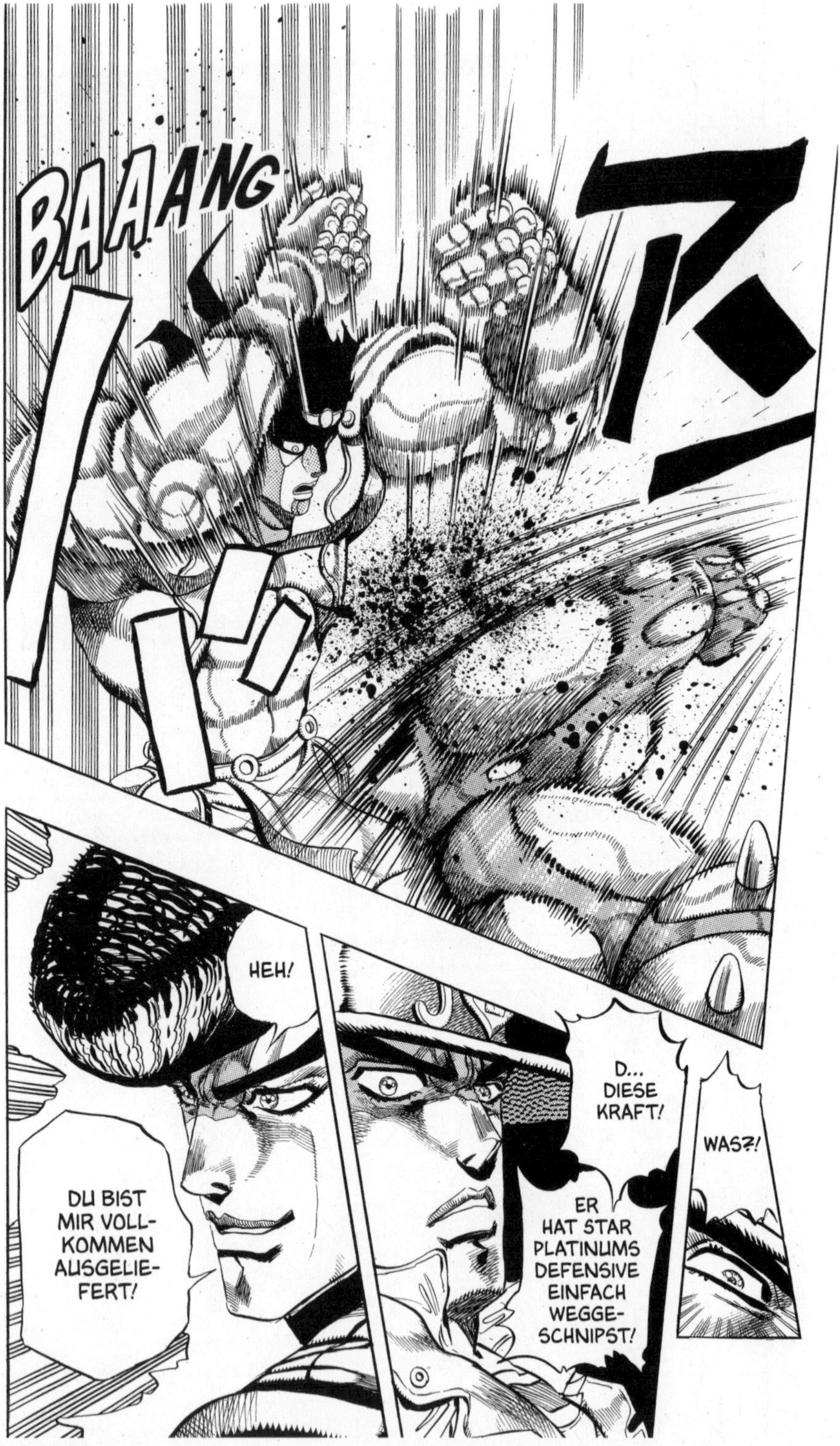
BAAANG
WAS?!
D... DIESE KRAFT!
ER HAT STAR PLATINUMS DEFENSIVE EINFACH WEGGE-SCHNIPST!
HEH!
DU BIST MIR VOLL-KOMMEN AUSGELIE-FERT!

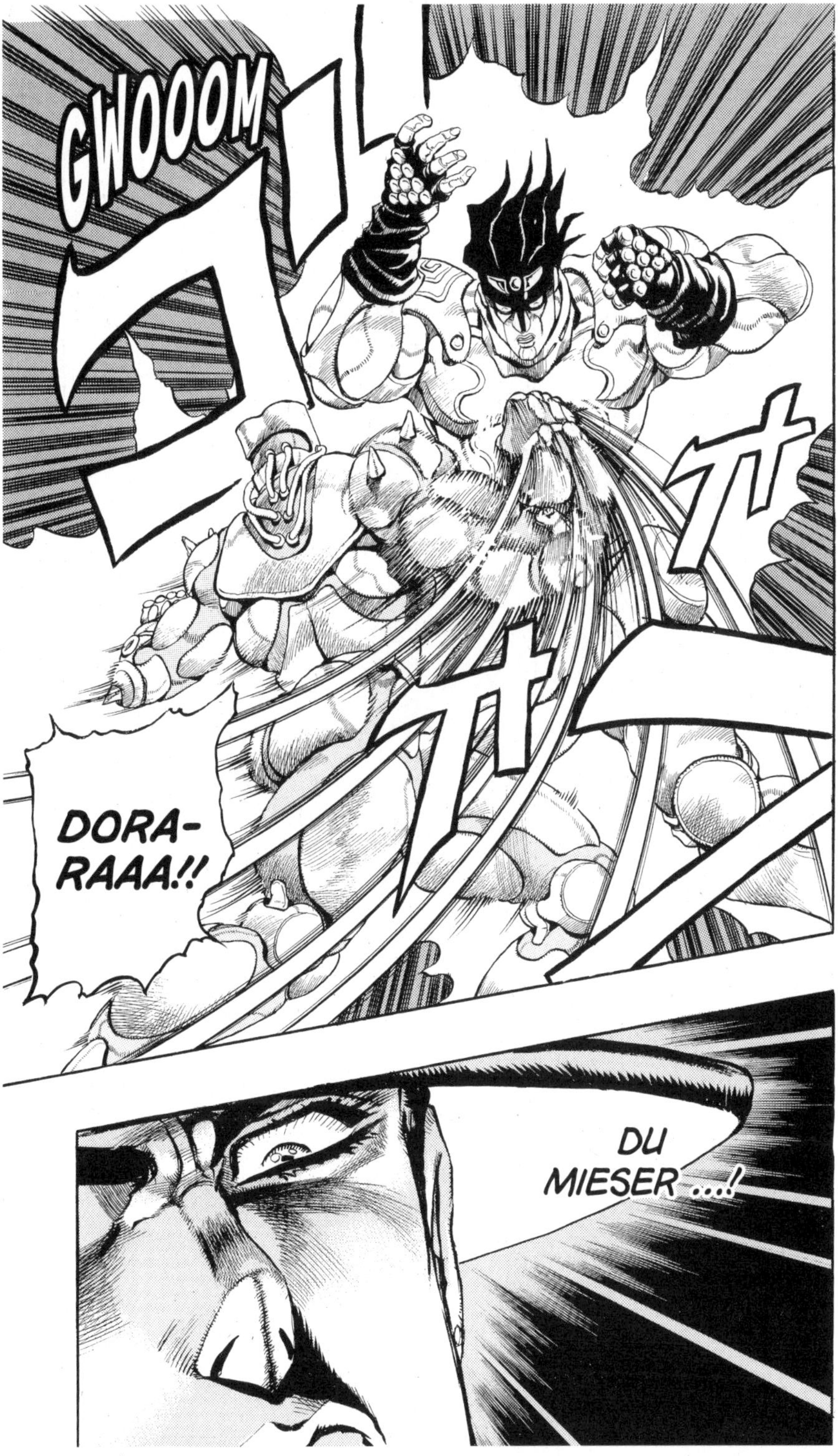
GWOOOM
DORA-
RAAA!!
DU
MIESER ...!

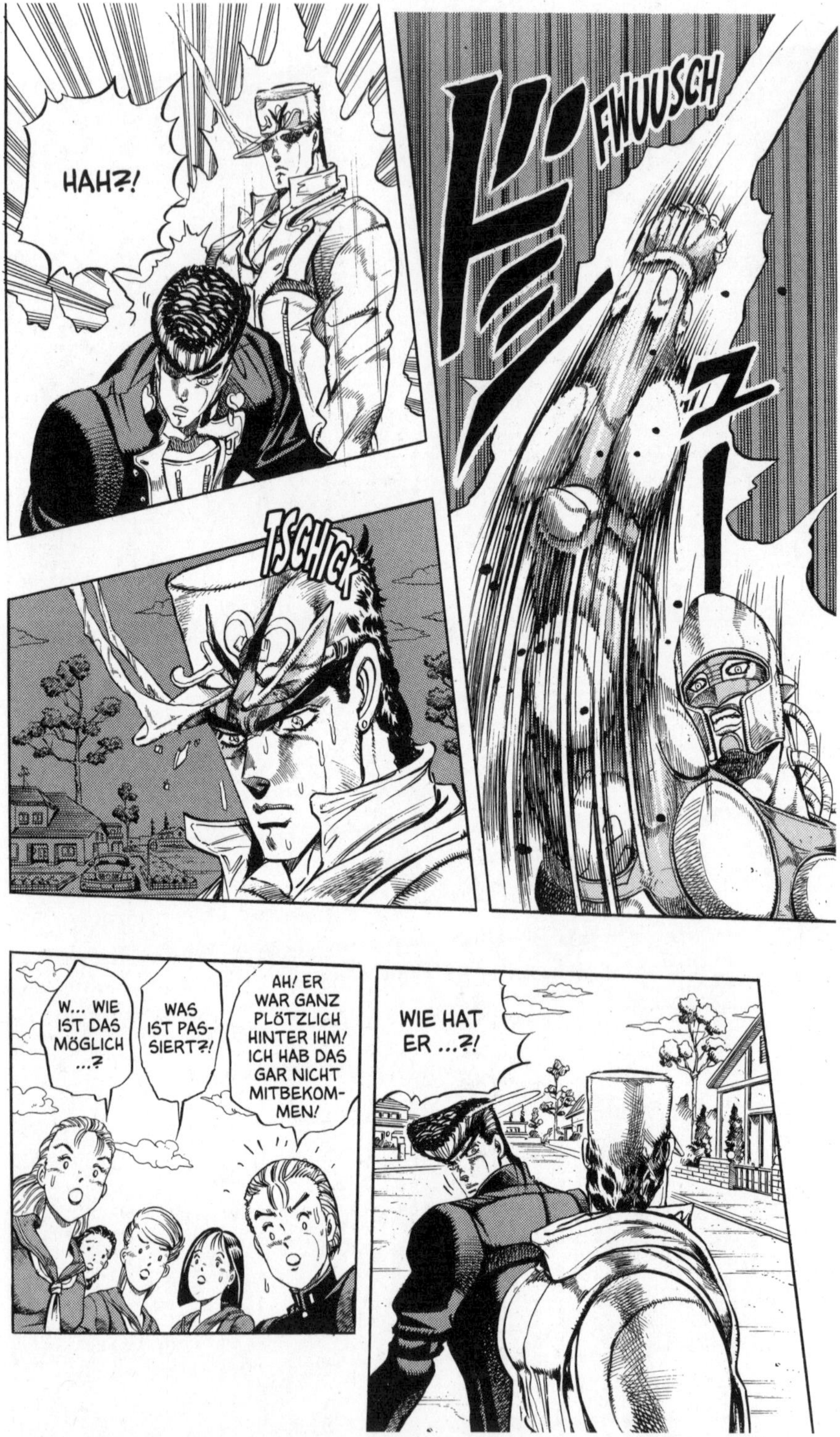

FWUUSCH
HAH?!
TSCHICK
W... WIE IST DAS MÖGLICH ...?
WAS IST PASSIERT?!
AH! ER WAR GANZ PLÖTZLICH HINTER IHM! ICH HAB DAS GAR NICHT MITBEKOMMEN!
WIE HAT ER ...?!

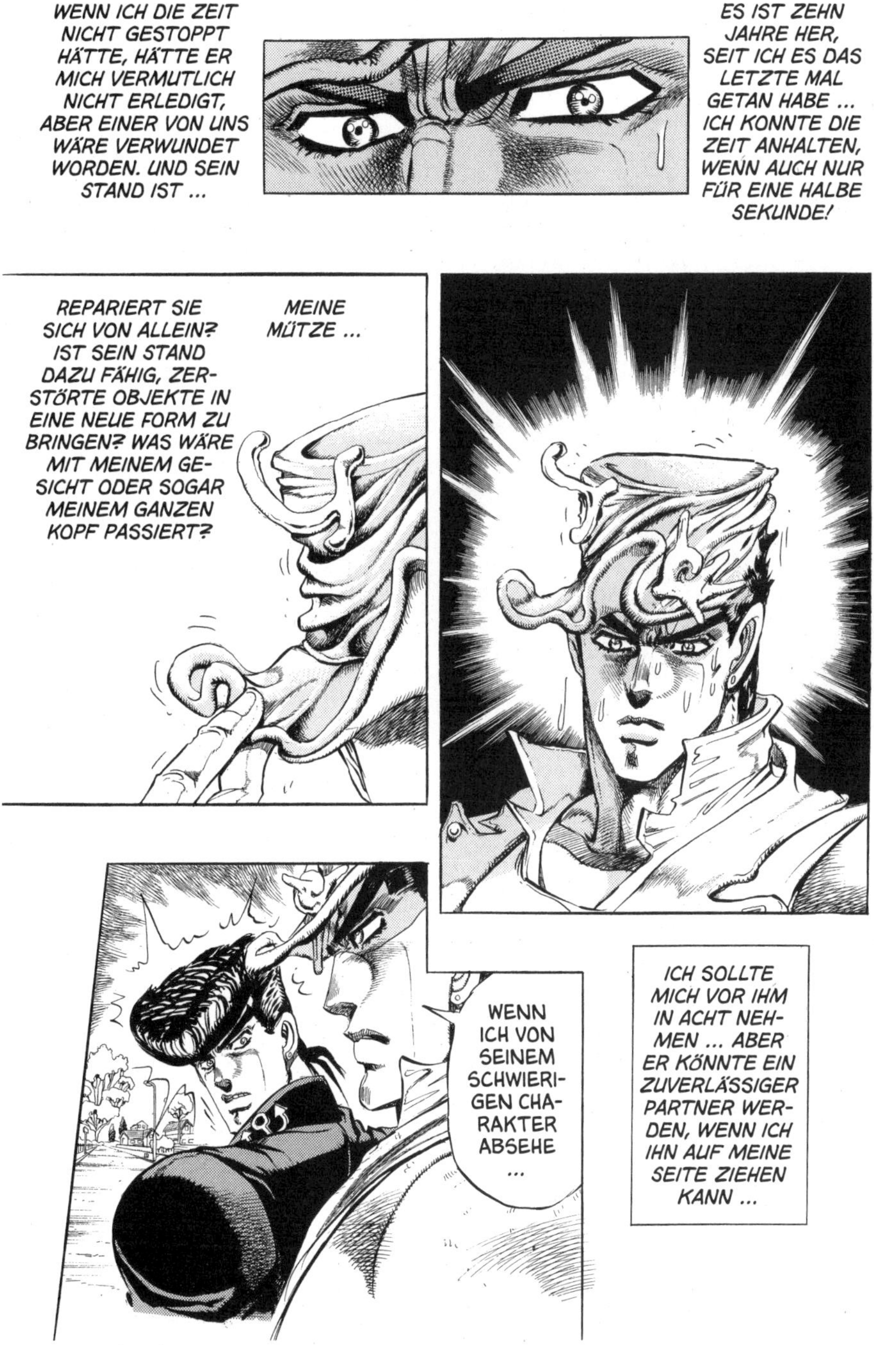
ES IST ZEHN JAHRE HER, SEIT ICH ES DAS LETZTE MAL GETAN HABE ... ICH KONNTE DIE ZEIT ANHALTEN, WENN AUCH NUR FÜR EINE HALBE SEKUNDE!
WENN ICH DIE ZEIT NICHT GESTOPPT HÄTTE, HÄTTE ER MICH VERMUTLICH NICHT ERLEDIGT, ABER EINER VON UNS WÄRE VERWUNDET WORDEN. UND SEIN STAND IST ...
MEINE MÜTZE ...
REPARIERT SIE SICH VON ALLEIN? IST SEIN STAND DAZU FÄHIG, ZERSTÖRTE OBJEKTE IN EINE NEUE FORM ZU BRINGEN? WAS WÄRE MIT MEINEM GESICHT ODER SOGAR MEINEM GANZEN KOPF PASSIERT?
ICH SOLLTE MICH VOR IHM IN ACHT NEHMEN ... ABER ER KÖNNTE EIN ZUVERLÄSSIGER PARTNER WERDEN, WENN ICH IHN AUF MEINE SEITE ZIEHEN KANN ...
WENN ICH VON SEINEM SCHWIERIGEN CHARAKTER ABSEHE ...

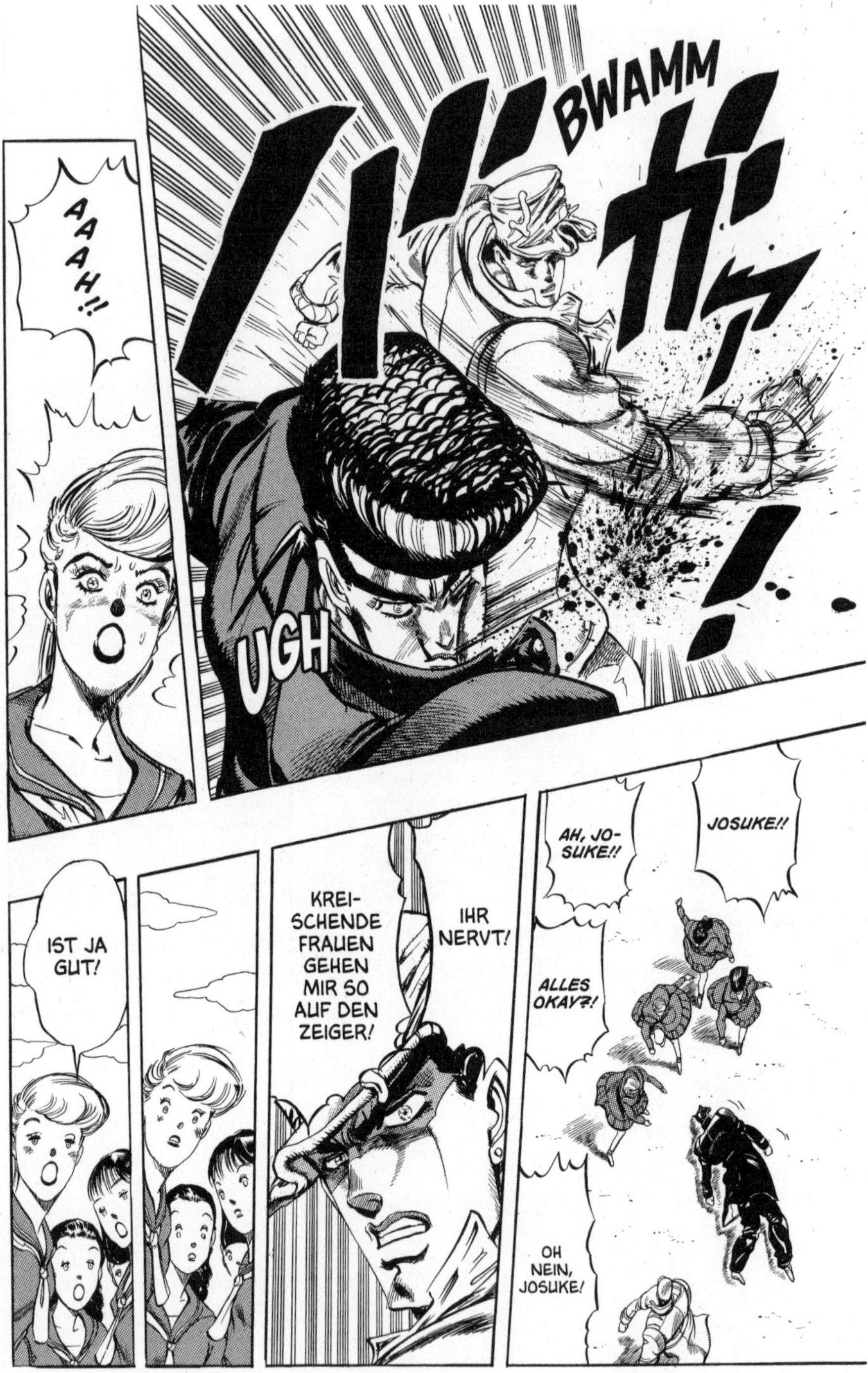

BWAMM
AAAAH!!
UGH
JOSUKE!!
AH, JO-SUKE!!
ALLES OKAY?!
OH NEIN, JOSUKE!
IHR NERVT!
KREI-SCHENDE FRAUEN GEHEN MIR SO AUF DEN ZEIGER!
IST JA GUT!

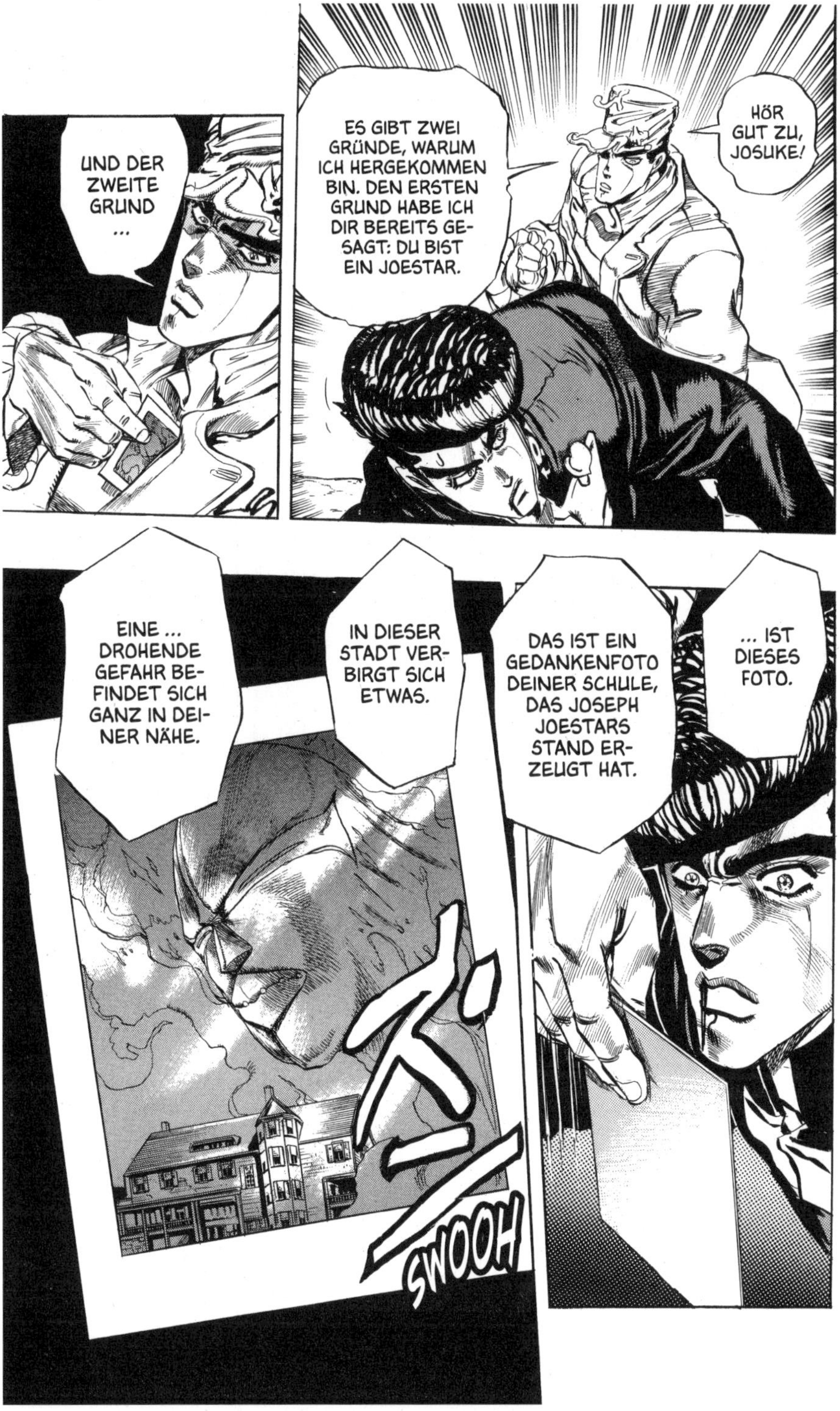
HÖR GUT ZU, JOSUKE!
ES GIBT ZWEI GRÜNDE, WARUM ICH HERGEKOMMEN BIN. DEN ERSTEN GRUND HABE ICH DIR BEREITS GESAGT: DU BIST EIN JOESTAR.
UND DER ZWEITE GRUND ...
... IST DIESES FOTO.
DAS IST EIN GEDANKENFOTO DEINER SCHULE, DAS JOSEPH JOESTARS STAND ERZEUGT HAT.
IN DIESER STADT VERBIRGT SICH ETWAS.
EINE ... DROHENDE GEFAHR BEFINDET SICH GANZ IN DEINER NÄHE.
SWOOH

JOJO'S BIZARRE ADVENTURE PART 4

DIAMOND IS UNBREAKABLE

Jotaro Kujo begegnet Josuke Higashikata: Teil 3

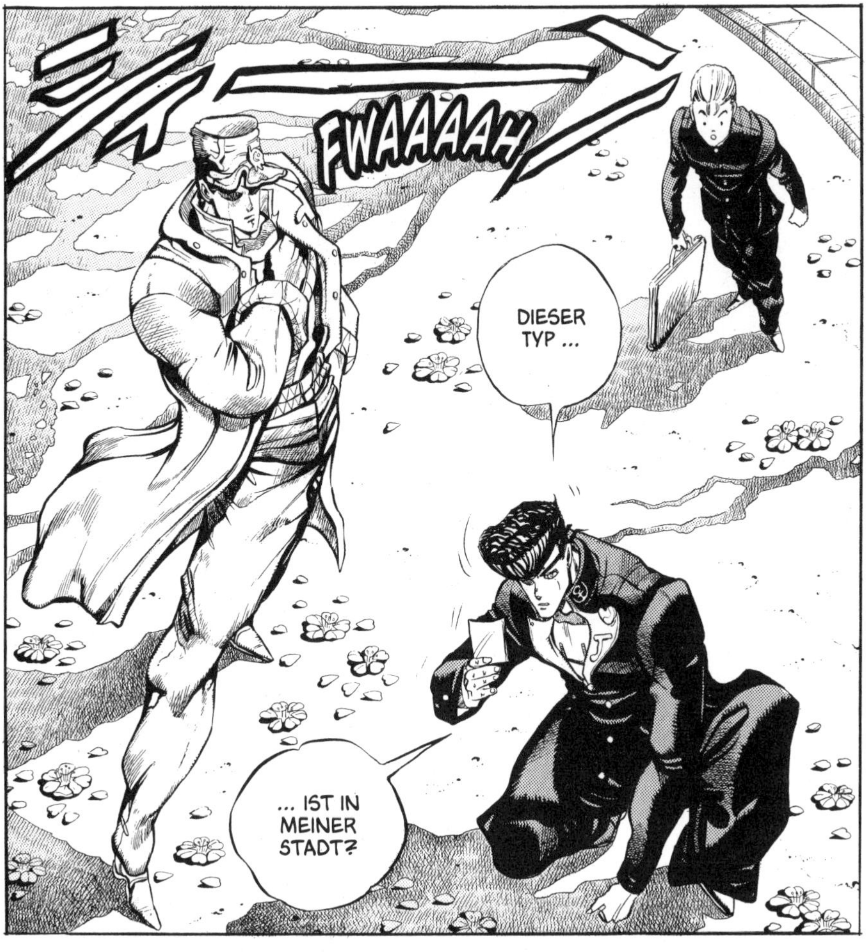

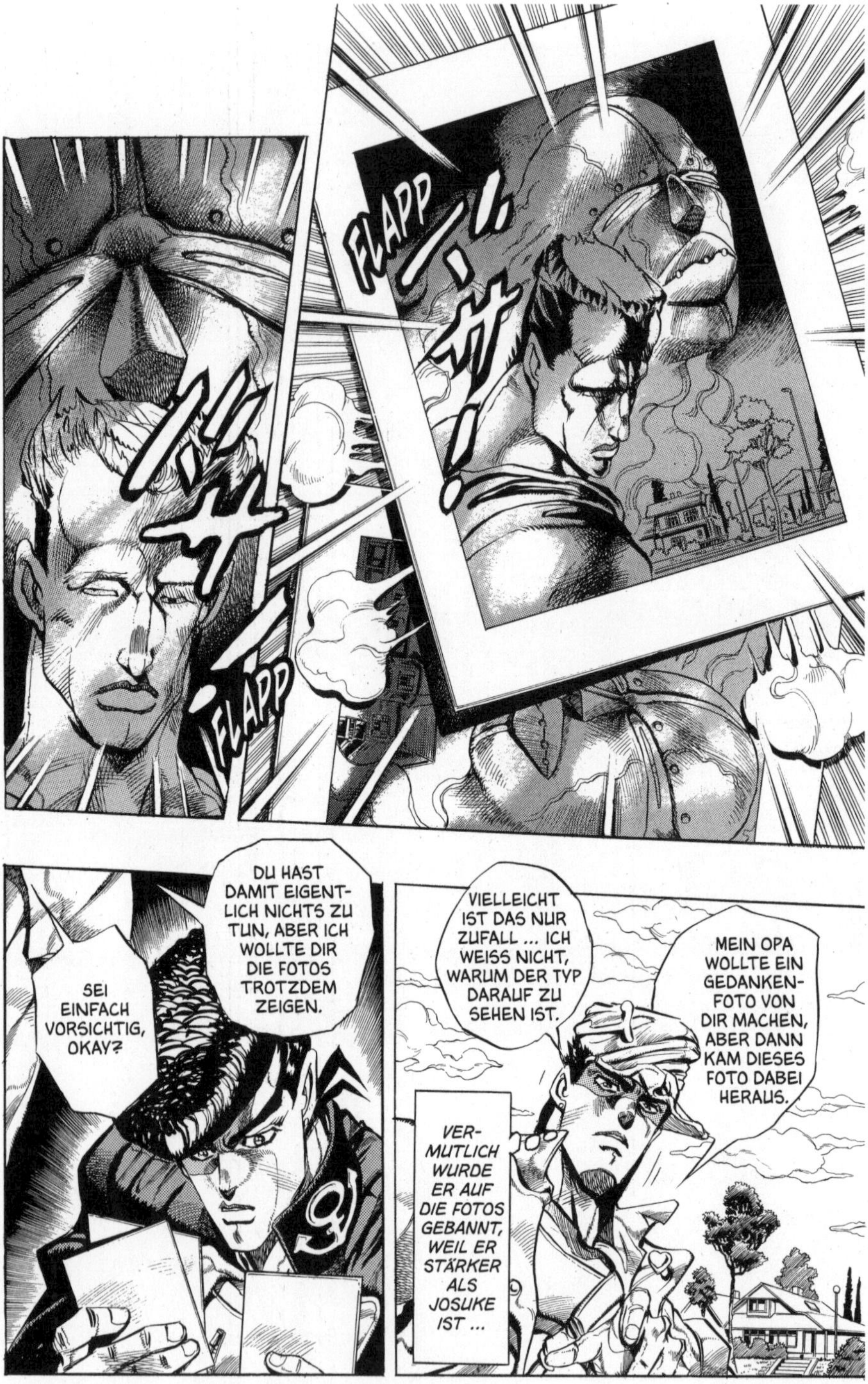
FLAPP
FLAPP
MEIN OPA WOLLTE EIN GEDANKEN-FOTO VON DIR MACHEN, ABER DANN KAM DIESES FOTO DABEI HERAUS.
VIELLEICHT IST DAS NUR ZUFALL ... ICH WEISS NICHT, WARUM DER TYP DARAUF ZU SEHEN IST.
VERMUTLICH WURDE ER AUF DIE FOTOS GEBANNT, WEIL ER STÄRKER ALS JOSUKE IST ...
DU HAST DAMIT EIGENTLICH NICHTS ZU TUN, ABER ICH WOLLTE DIR DIE FOTOS TROTZDEM ZEIGEN.
SEI EINFACH VORSICHTIG, OKAY?

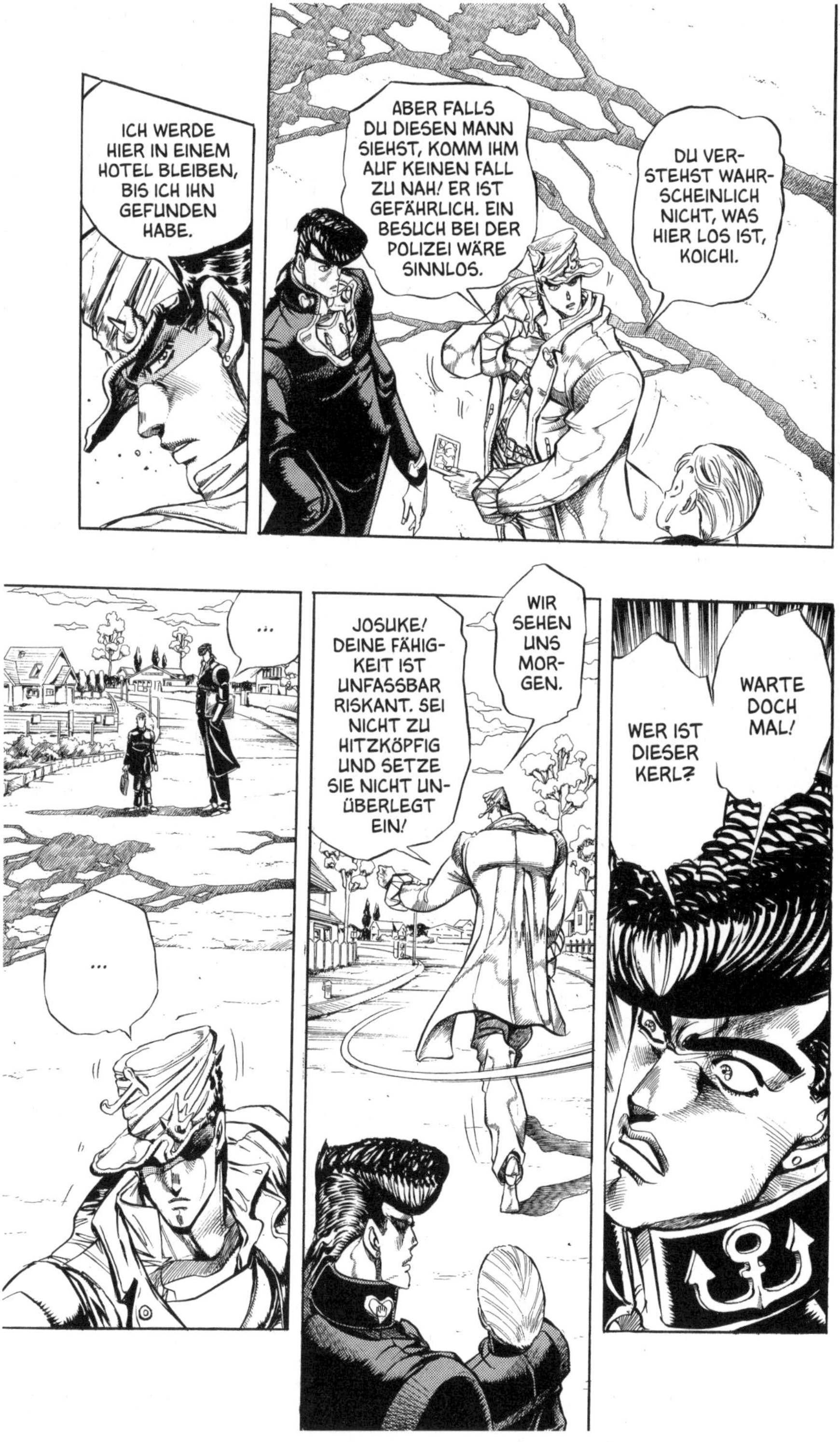
DU VERSTEHST WAHRSCHEINLICH NICHT, WAS HIER LOS IST, KOICHI.
ABER FALLS DU DIESEN MANN SIEHST, KOMM IHM AUF KEINEN FALL ZU NAH! ER IST GEFÄHRLICH. EIN BESUCH BEI DER POLIZEI WÄRE SINNLOS.
ICH WERDE HIER IN EINEM HOTEL BLEIBEN, BIS ICH IHN GEFUNDEN HABE.
WARTE DOCH MAL!
WER IST DIESER KERL?
WIR SEHEN UNS MORGEN.
JOSUKE! DEINE FÄHIGKEIT IST UNFASSBAR RISKANT. SEI NICHT ZU HITZKÖPFIG UND SETZE SIE NICHT UNÜBERLEGT EIN!
...
...

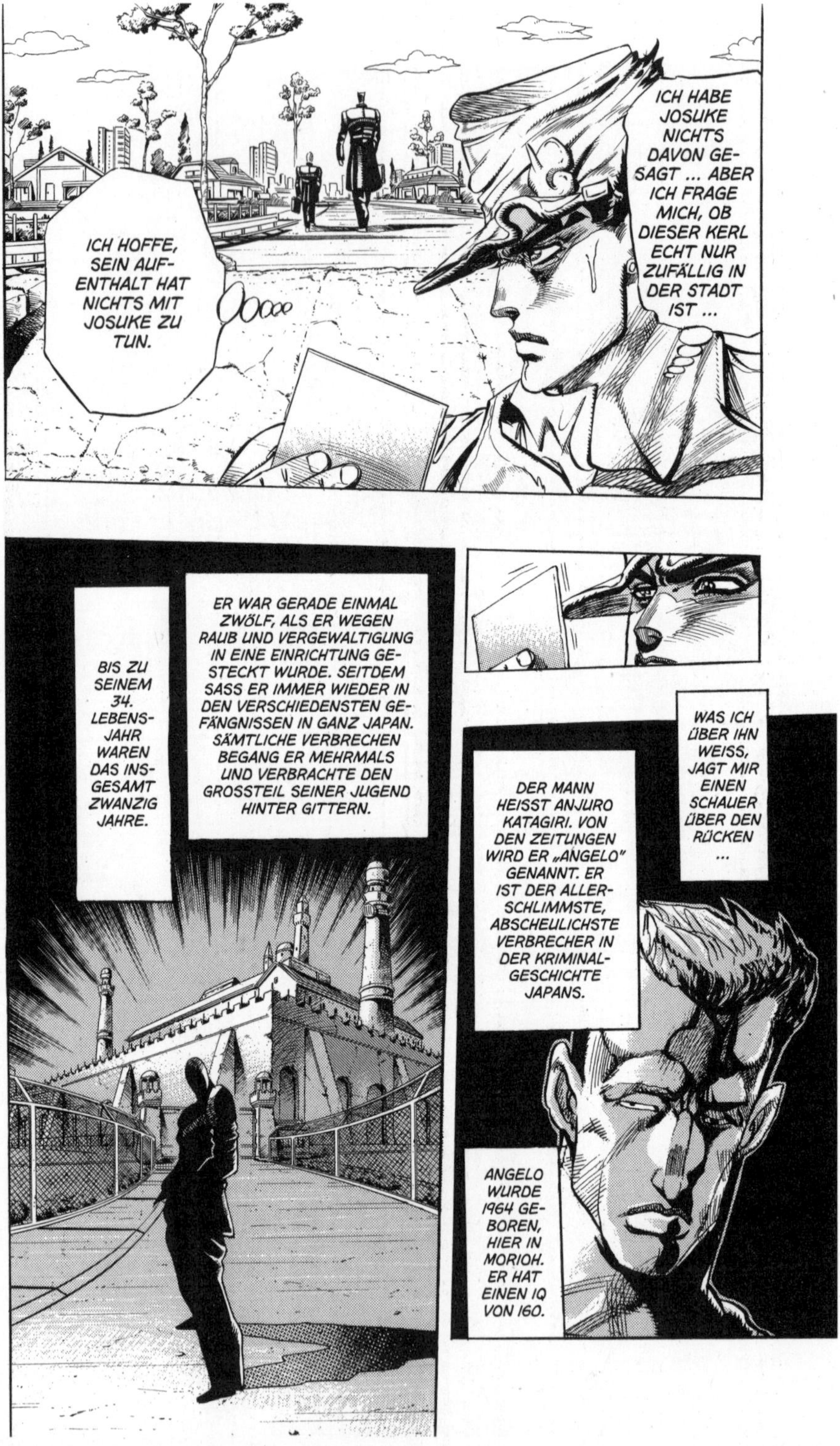
ICH HABE JOSUKE NICHTS DAVON GESAGT ... ABER ICH FRAGE MICH, OB DIESER KERL ECHT NUR ZUFÄLLIG IN DER STADT IST ...
ICH HOFFE, SEIN AUFENTHALT HAT NICHTS MIT JOSUKE ZU TUN.
WAS ICH ÜBER IHN WEISS, JAGT MIR EINEN SCHAUER ÜBER DEN RÜCKEN ...
DER MANN HEISST ANJURO KATAGIRI. VON DEN ZEITUNGEN WIRD ER „ANGELO" GENANNT. ER IST DER ALLERSCHLIMMSTE, ABSCHEULICHSTE VERBRECHER IN DER KRIMINALGESCHICHTE JAPANS.
ANGELO WURDE 1964 GEBOREN, HIER IN MORIOH. ER HAT EINEN IQ VON 160.
ER WAR GERADE EINMAL ZWÖLF, ALS ER WEGEN RAUB UND VERGEWALTIGUNG IN EINE EINRICHTUNG GESTECKT WURDE. SEITDEM SASS ER IMMER WIEDER IN DEN VERSCHIEDENSTEN GEFÄNGNISSEN IN GANZ JAPAN. SÄMTLICHE VERBRECHEN BEGANG ER MEHRMALS UND VERBRACHTE DEN GROSSTEIL SEINER JUGEND HINTER GITTERN.
BIS ZU SEINEM 34. LEBENSJAHR WAREN DAS INSGESAMT ZWANZIG JAHRE.

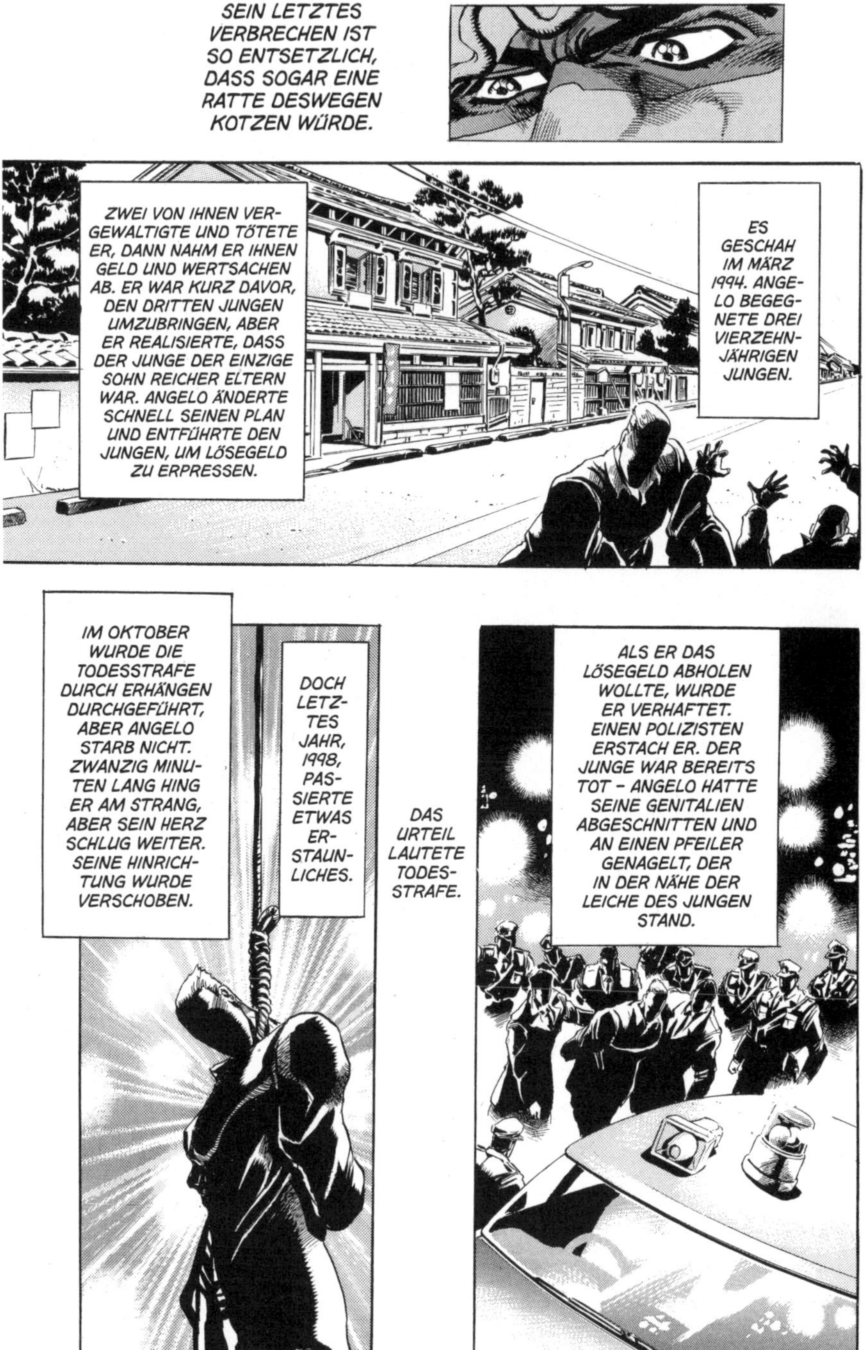
SEIN LETZTES VERBRECHEN IST SO ENTSETZLICH, DASS SOGAR EINE RATTE DESWEGEN KOTZEN WÜRDE.
ES GESCHAH IM MÄRZ 1994. ANGELO BEGEGNETE DREI VIERZEHNJÄHRIGEN JUNGEN.
ZWEI VON IHNEN VERGEWALTIGTE UND TÖTETE ER, DANN NAHM ER IHNEN GELD UND WERTSACHEN AB. ER WAR KURZ DAVOR, DEN DRITTEN JUNGEN UMZUBRINGEN, ABER ER REALISIERTE, DASS DER JUNGE DER EINZIGE SOHN REICHER ELTERN WAR. ANGELO ÄNDERTE SCHNELL SEINEN PLAN UND ENTFÜHRTE DEN JUNGEN, UM LÖSEGELD ZU ERPRESSEN.
ALS ER DAS LÖSEGELD ABHOLEN WOLLTE, WURDE ER VERHAFTET. EINEN POLIZISTEN ERSTACH ER. DER JUNGE WAR BEREITS TOT – ANGELO HATTE SEINE GENITALIEN ABGESCHNITTEN UND AN EINEN PFEILER GENAGELT, DER IN DER NÄHE DER LEICHE DES JUNGEN STAND.
DAS URTEIL LAUTETE TODESSTRAFE.
DOCH LETZTES JAHR, 1998, PASSIERTE ETWAS ERSTAUNLICHES.
IM OKTOBER WURDE DIE TODESSTRAFE DURCH ERHÄNGEN DURCHGEFÜHRT, ABER ANGELO STARB NICHT. ZWANZIG MINUTEN LANG HING ER AM STRANG, ABER SEIN HERZ SCHLUG WEITER. SEINE HINRICHTUNG WURDE VERSCHOBEN.

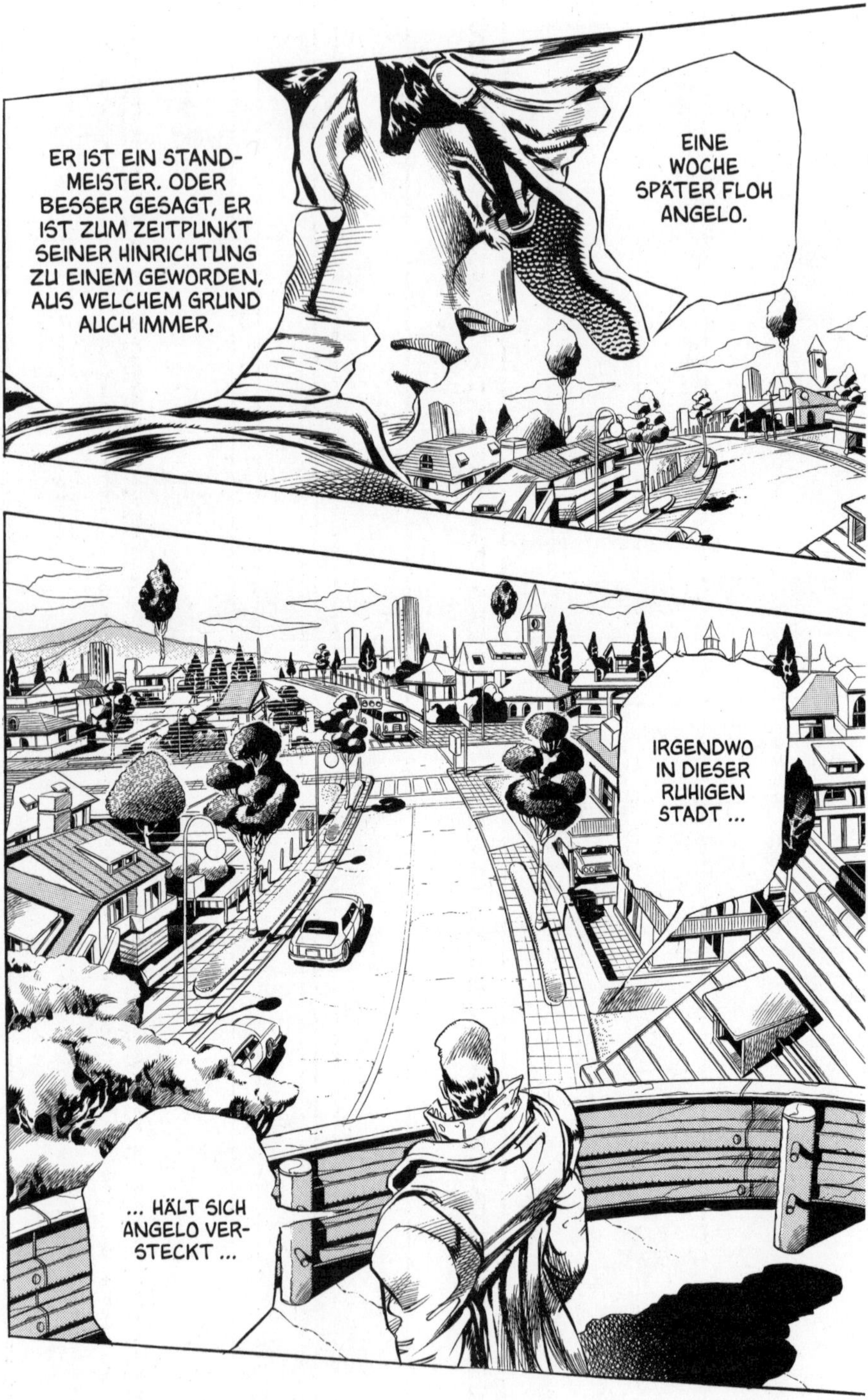
ER IST EIN STAND-MEISTER. ODER BESSER GESAGT, ER IST ZUM ZEITPUNKT SEINER HINRICHTUNG ZU EINEM GEWORDEN, AUS WELCHEM GRUND AUCH IMMER.
EINE WOCHE SPÄTER FLOH ANGELO.
IRGENDWO IN DIESER RUHIGEN STADT ...
... HÄLT SICH ANGELO VER-STECKT ...

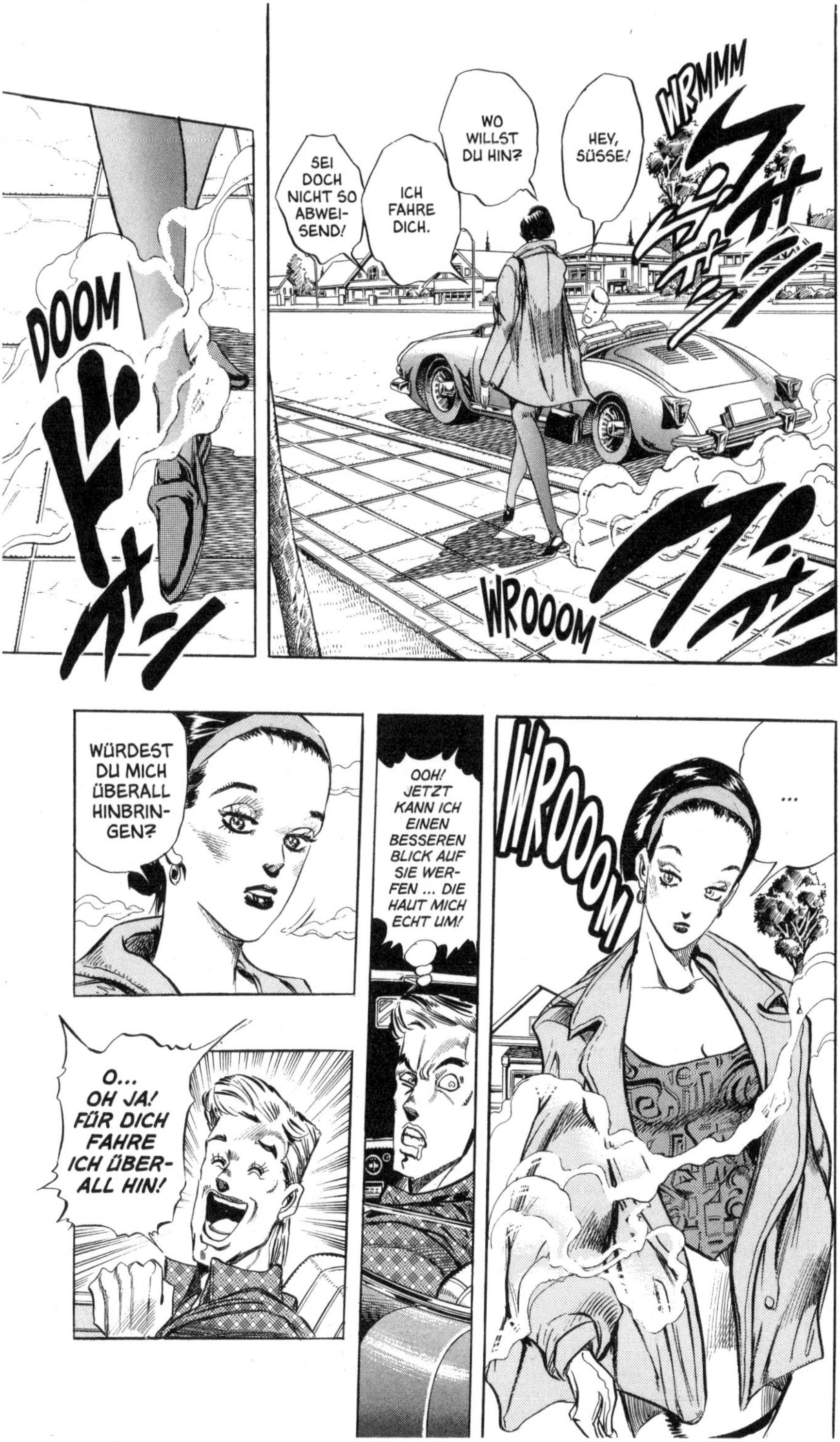
WRMMM
HEY, SÜSSE!
WO WILLST DU HIN?
ICH FAHRE DICH.
SEI DOCH NICHT SO ABWEI-SEND!
WROOOM
DOOM
WROOOM
...
OOH! JETZT KANN ICH EINEN BESSEREN BLICK AUF SIE WER-FEN ... DIE HAUT MICH ECHT UM!
WÜRDEST DU MICH ÜBERALL HINBRIN-GEN?
O... OH JA! FÜR DICH FAHRE ICH ÜBER-ALL HIN!

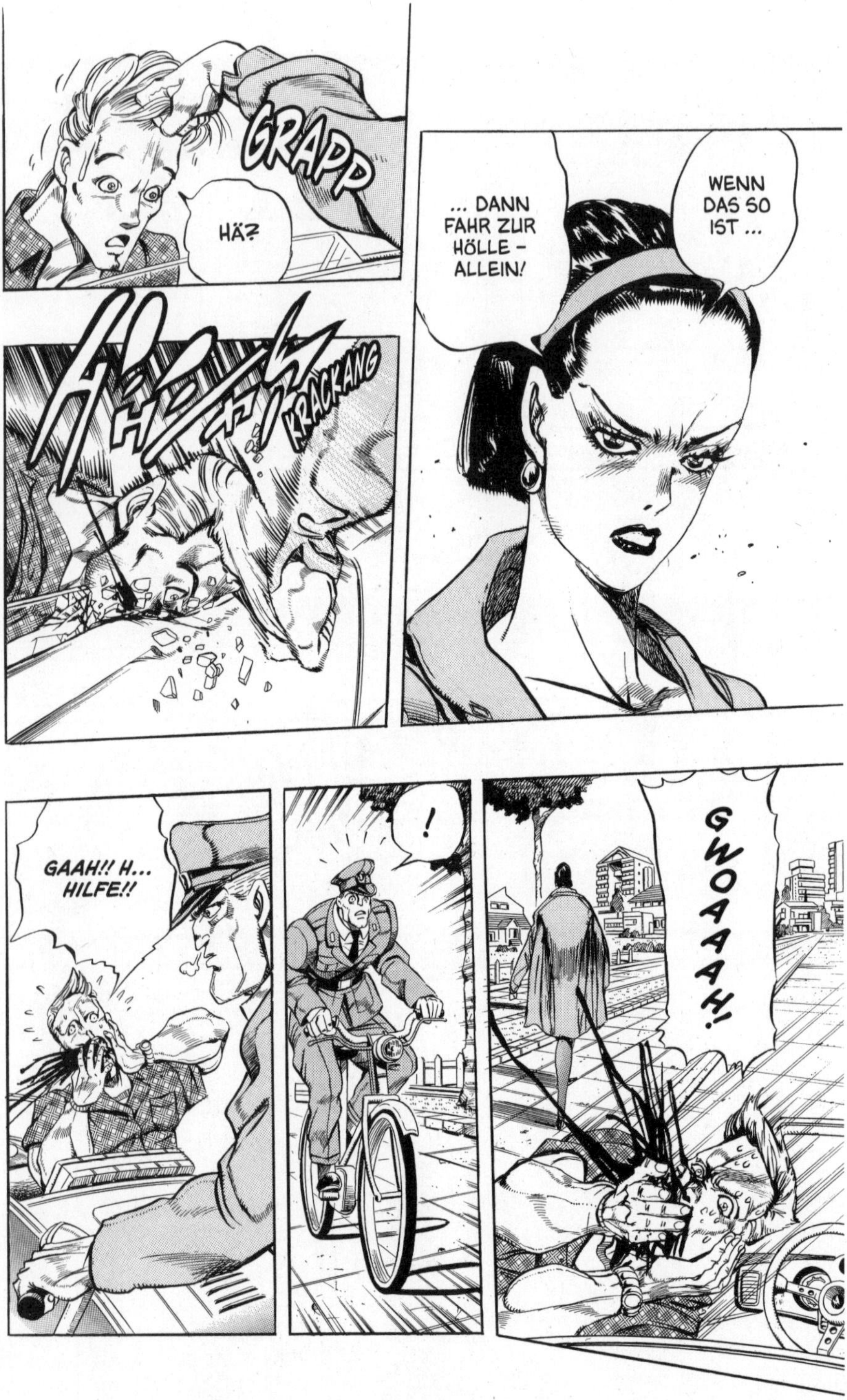
WENN DAS SO IST ...
... DANN FAHR ZUR HÖLLE - ALLEIN!
GRAPP
HÄ?
KRACKANG
GWOAAAAH!
!
GAAH!! H... HILFE!!

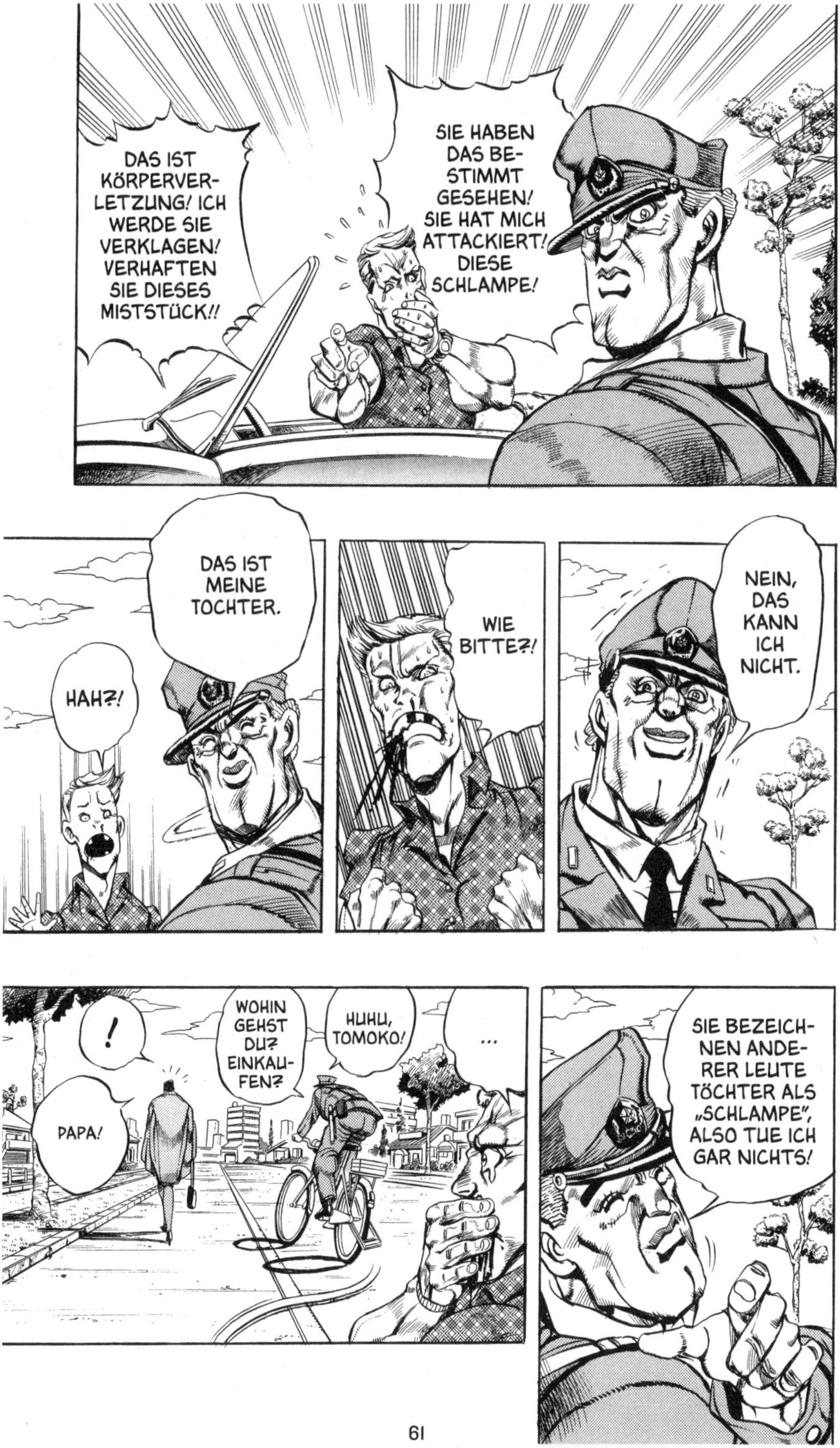
SIE HABEN DAS BESTIMMT GESEHEN! SIE HAT MICH ATTACKIERT! DIESE SCHLAMPE!
DAS IST KÖRPERVERLETZUNG! ICH WERDE SIE VERKLAGEN! VERHAFTEN SIE DIESES MISTSTÜCK!!
NEIN, DAS KANN ICH NICHT.
WIE BITTE?!
DAS IST MEINE TOCHTER.
HAH?!
SIE BEZEICHNEN ANDERER LEUTE TÖCHTER ALS „SCHLAMPE", ALSO TUE ICH GAR NICHTS!
...
HUHU, TOMOKO!
WOHIN GEHST DU? EINKAUFEN?
!
PAPA!

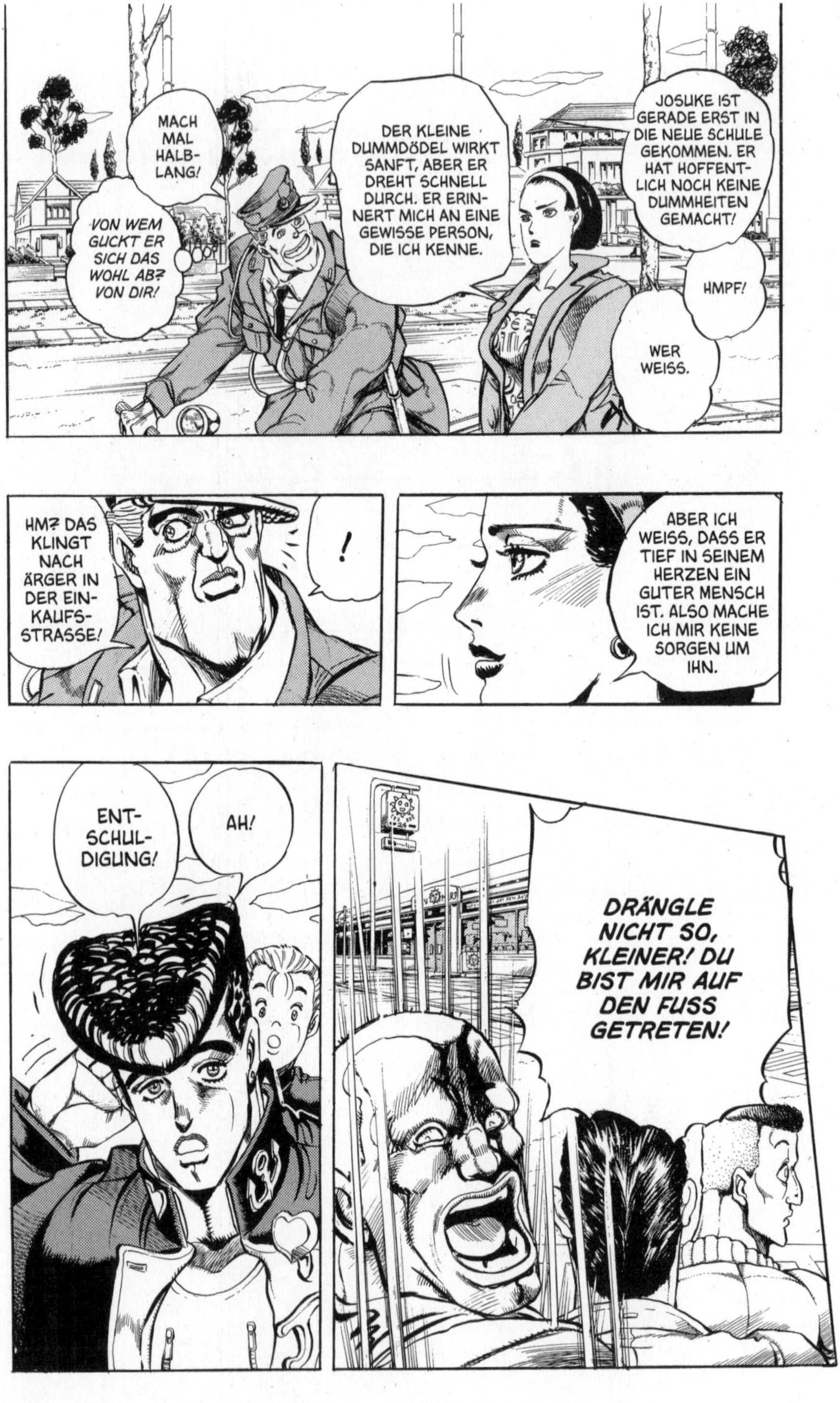
JOSUKE IST GERADE ERST IN DIE NEUE SCHULE GEKOMMEN. ER HAT HOFFENT-LICH NOCH KEINE DUMMHEITEN GEMACHT!
DER KLEINE DUMMDÖDEL WIRKT SANFT, ABER ER DREHT SCHNELL DURCH. ER ERIN-NERT MICH AN EINE GEWISSE PERSON, DIE ICH KENNE.
HMPF!
WER WEISS.
VON WEM GUCKT ER SICH DAS WOHL AB? VON DIR!
MACH MAL HALB-LANG!
ABER ICH WEISS, DASS ER TIEF IN SEINEM HERZEN EIN GUTER MENSCH IST. ALSO MACHE ICH MIR KEINE SORGEN UM IHN.
!
HM? DAS KLINGT NACH ÄRGER IN DER EIN-KAUFS-STRASSE!
DRÄNGLE NICHT SO, KLEINER! DU BIST MIR AUF DEN FUSS GETRETEN!
AH!
ENT-SCHUL-DIGUNG!

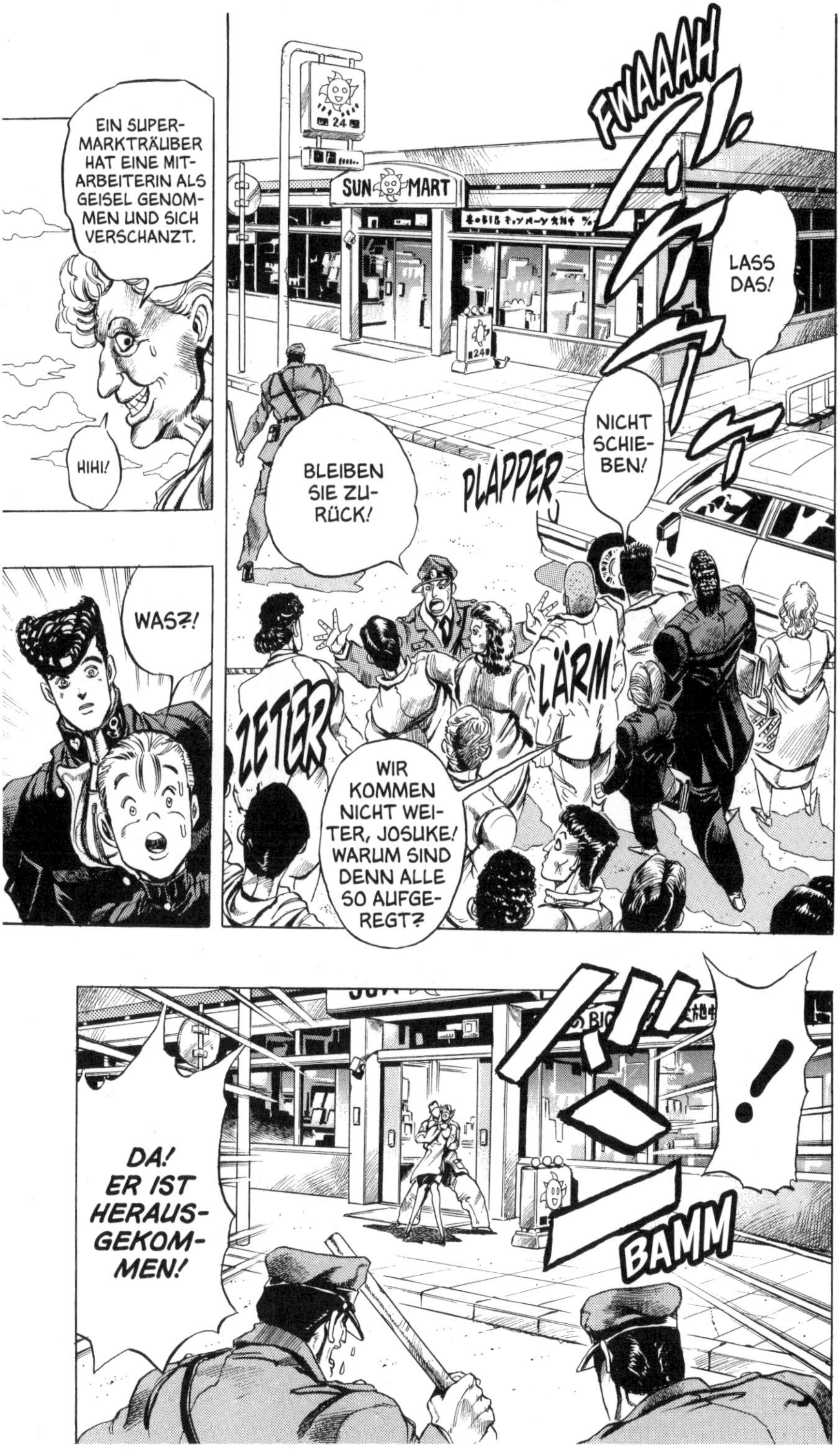
FWAAAH
LASS DAS!
NICHT SCHIEBEN!
PLAPPER
BLEIBEN SIE ZURÜCK!
LÄRM
ZETER
WIR KOMMEN NICHT WEITER, JOSUKE! WARUM SIND DENN ALLE SO AUFGEREGT?
EIN SUPERMARKTRÄUBER HAT EINE MITARBEITERIN ALS GEISEL GENOMMEN UND SICH VERSCHANZT.
HIHI!
WAS?!
!
BAMM
DA! ER IST HERAUSGEKOMMEN!

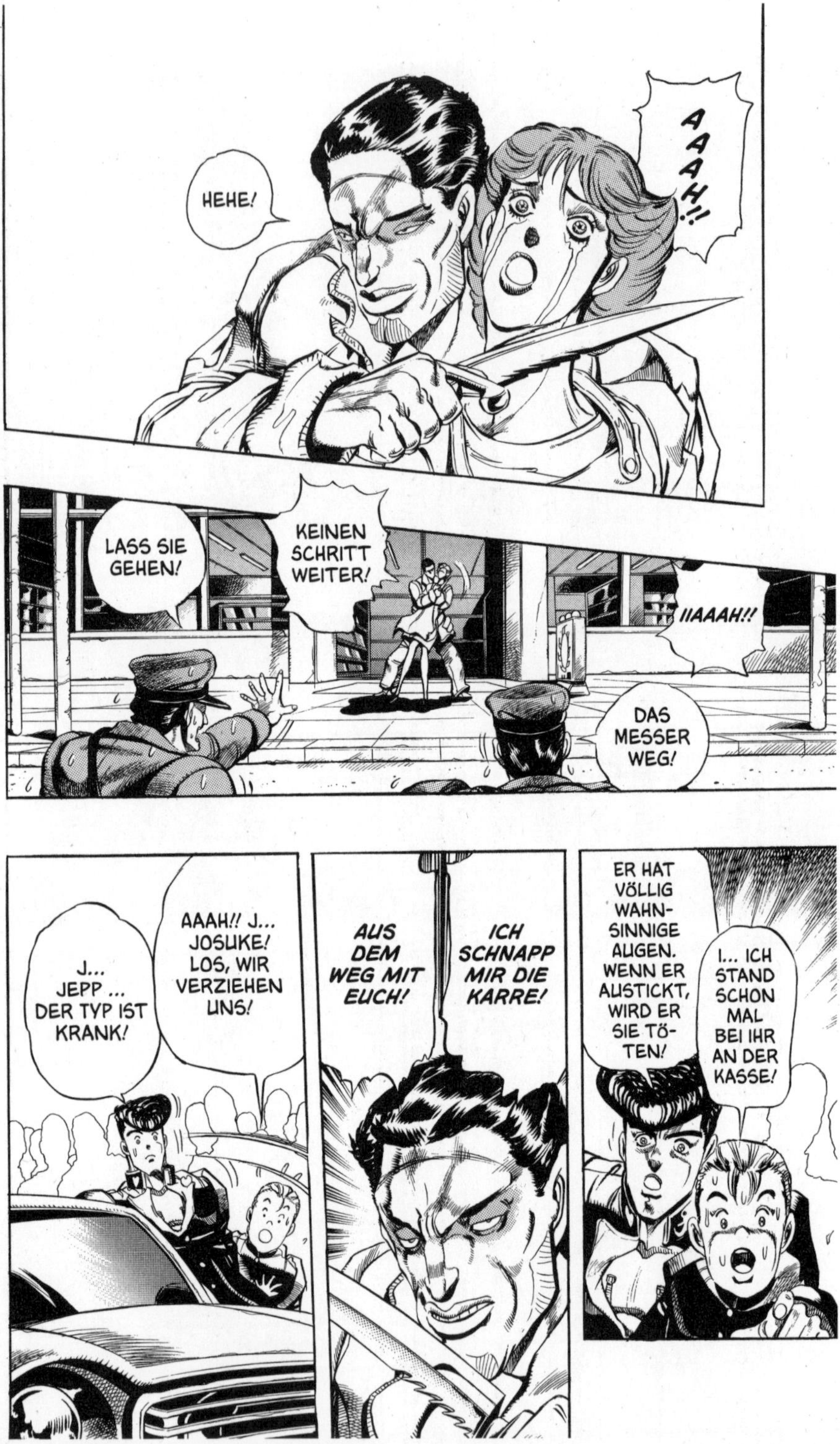
AAAAH!!
HEHE!
IIAAAH!!
KEINEN SCHRITT WEITER!
LASS SIE GEHEN!
DAS MESSER WEG!
I... ICH STAND SCHON MAL BEI IHR AN DER KASSE!
ER HAT VÖLLIG WAHN-SINNIGE AUGEN. WENN ER AUSTICKT, WIRD ER SIE TÖ-TEN!
ICH SCHNAPP MIR DIE KARRE!
AUS DEM WEG MIT EUCH!
AAAH!! J... JOSUKE! LOS, WIR VERZIEHEN UNS!
J... JEPP ... DER TYP IST KRANK!

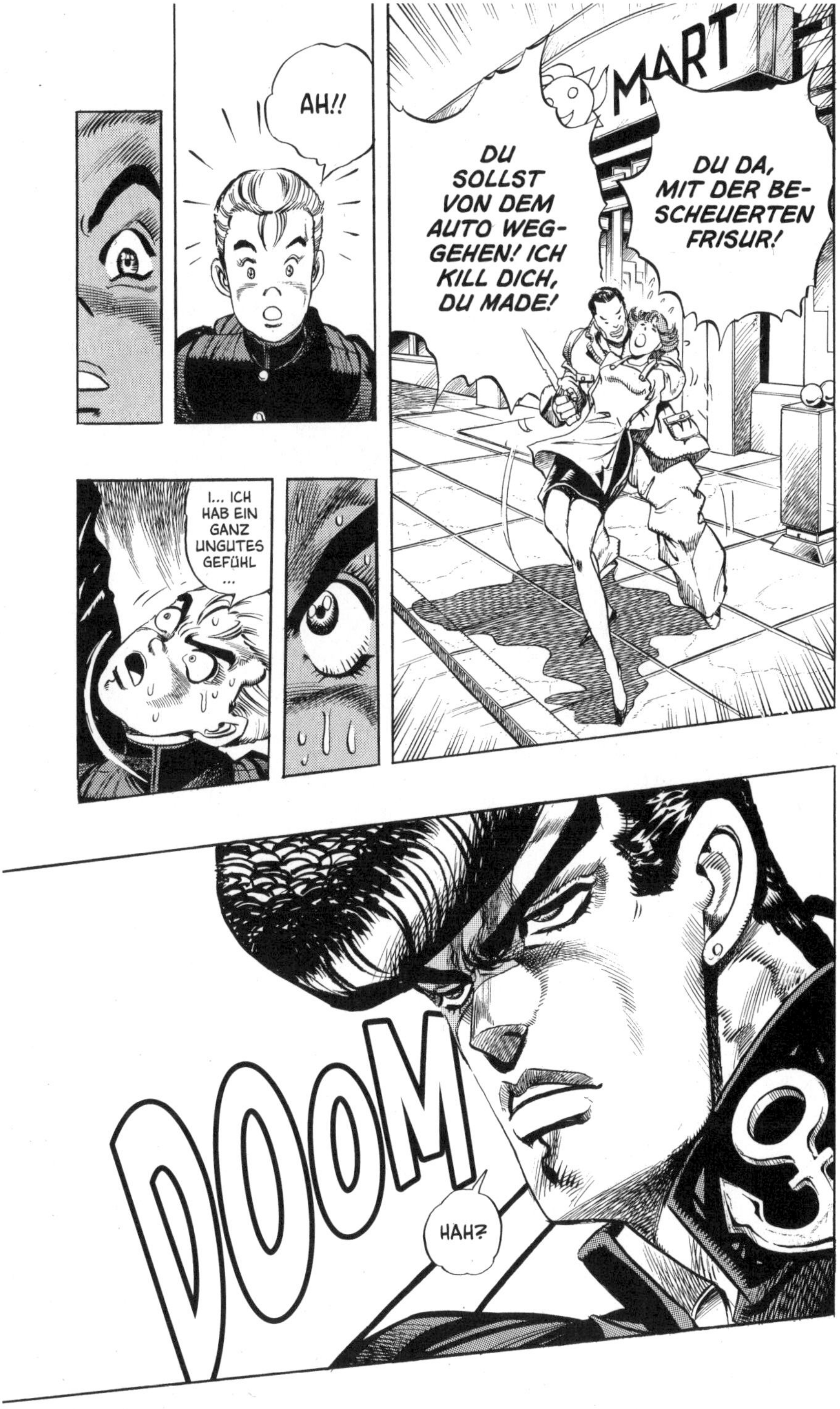
MART
DU DA, MIT DER BESCHEUERTEN FRISUR!
DU SOLLST VON DEM AUTO WEGGEHEN! ICH KILL DICH, DU MADE!
AH!!
I... ICH HAB EIN GANZ UNGUTES GEFÜHL ...
DOOM
HAH?

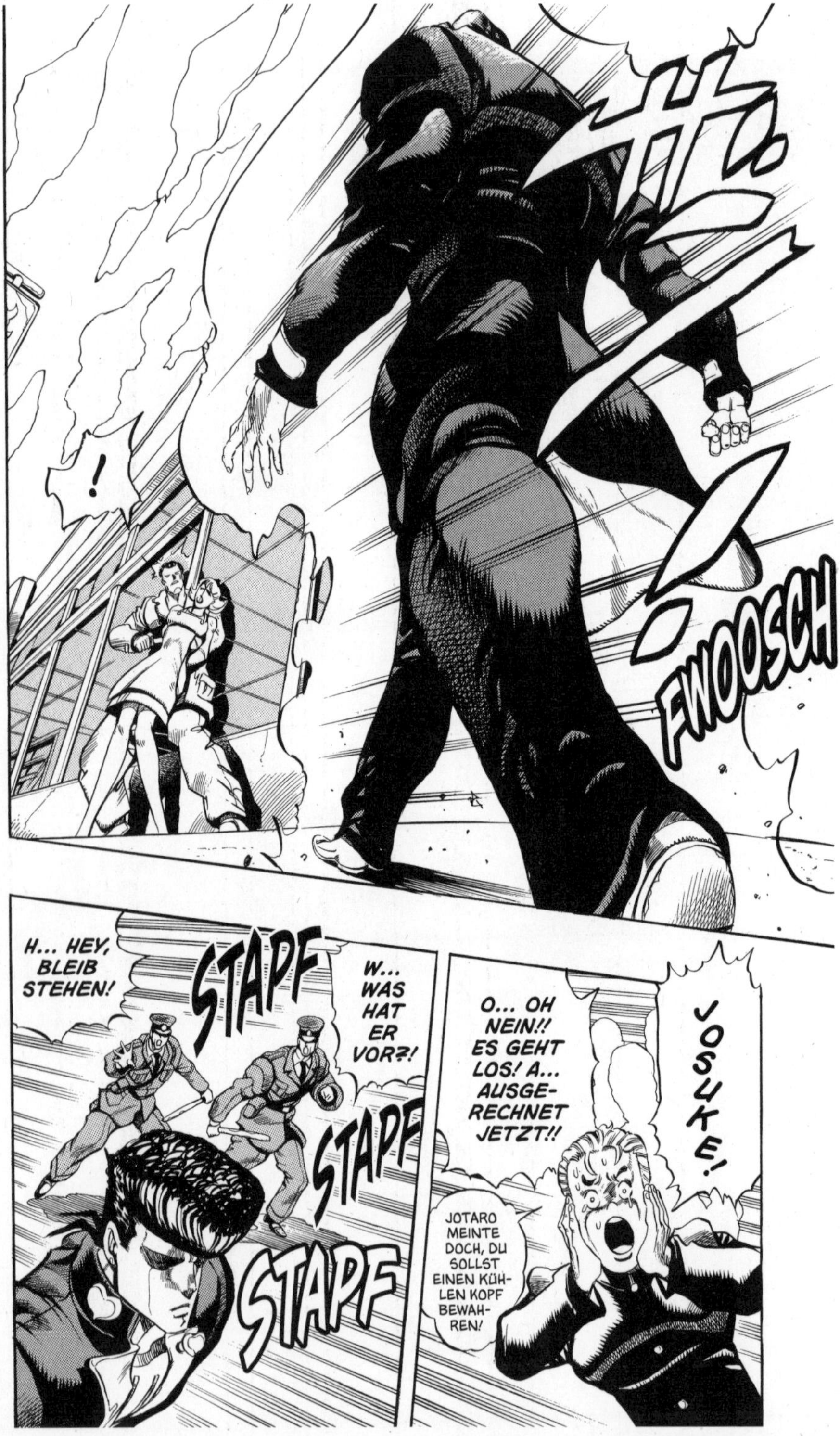

FWOOSCH
!
JOSUKE!
O... OH NEIN!! ES GEHT LOS! A... AUSGERECHNET JETZT!!
JOTARO MEINTE DOCH, DU SOLLST EINEN KÜHLEN KOPF BEWAHREN!
W... WAS HAT ER VOR?!
H... HEY, BLEIB STEHEN!
STAPF
STAPF
STAPF

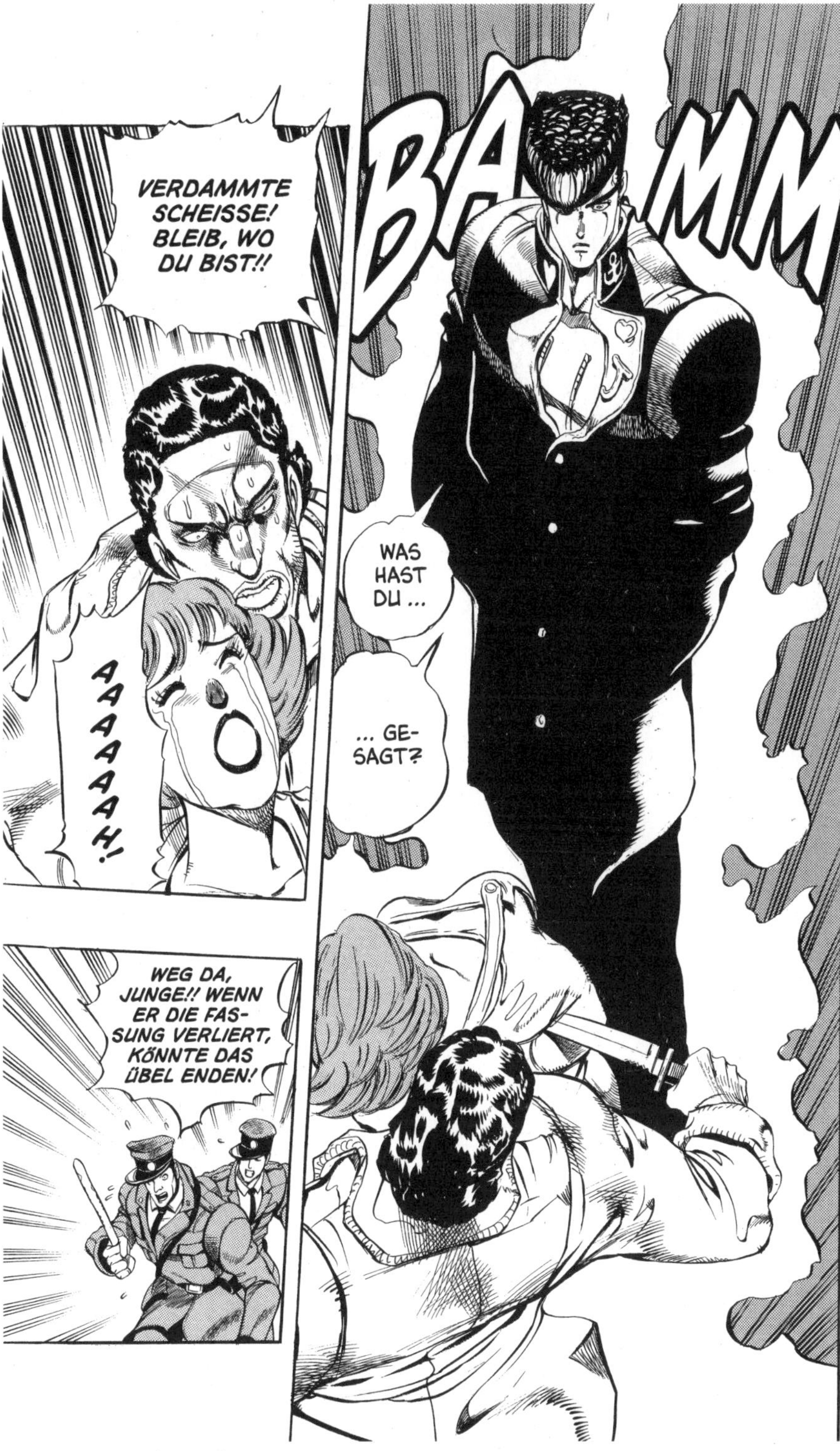
BAMM
WAS HAST DU ...
... GE-SAGT?
VERDAMMTE SCHEISSE! BLEIB, WO DU BIST!!
AAAAAAAH!
WEG DA, JUNGE!! WENN ER DIE FAS-SUNG VERLIERT, KÖNNTE DAS ÜBEL ENDEN!

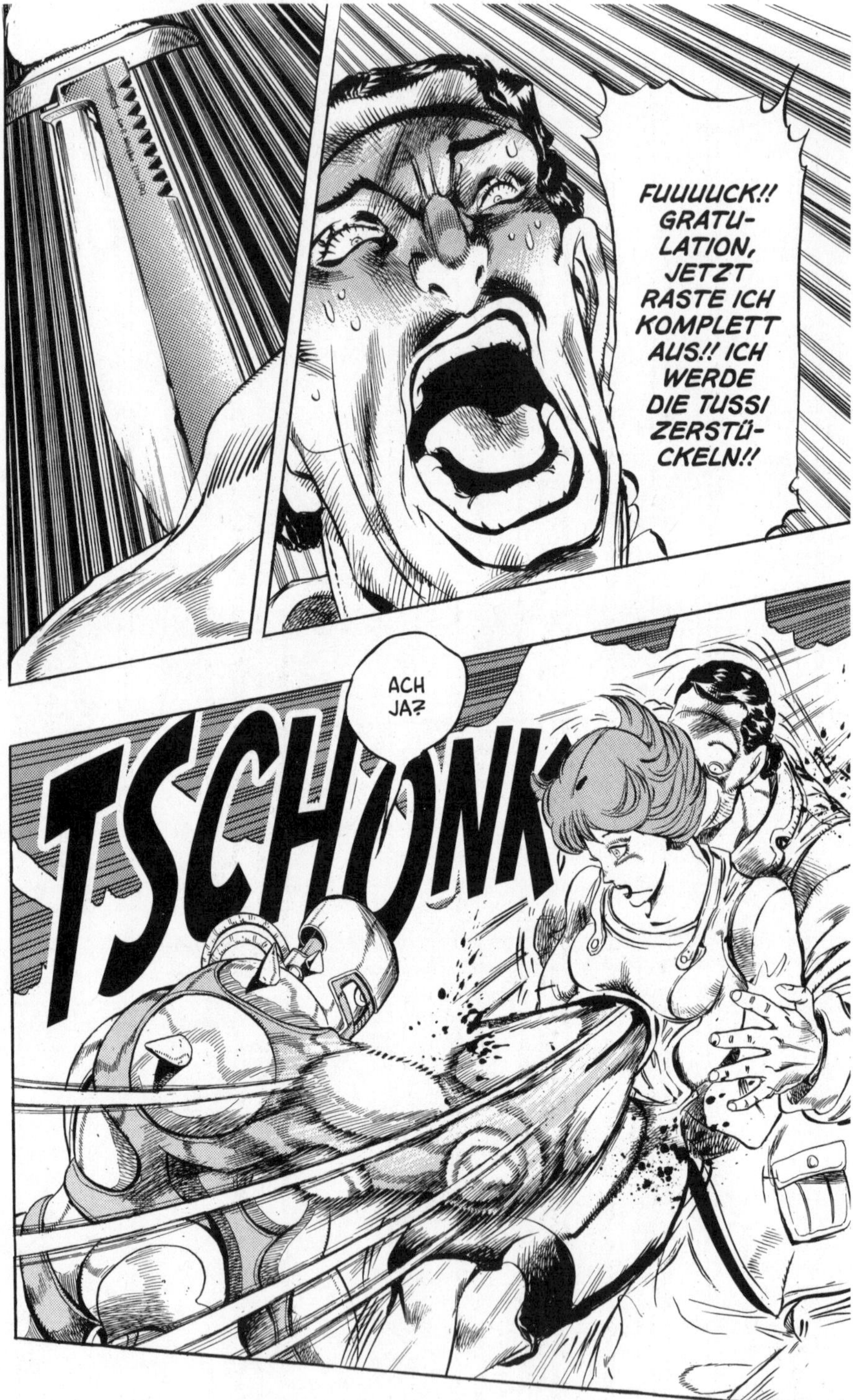
FUUUUCK!! GRATULATION, JETZT RASTE ICH KOMPLETT AUS!! ICH WERDE DIE TUSSI ZERSTÜCKELN!!
ACH JA?
TSCHONK

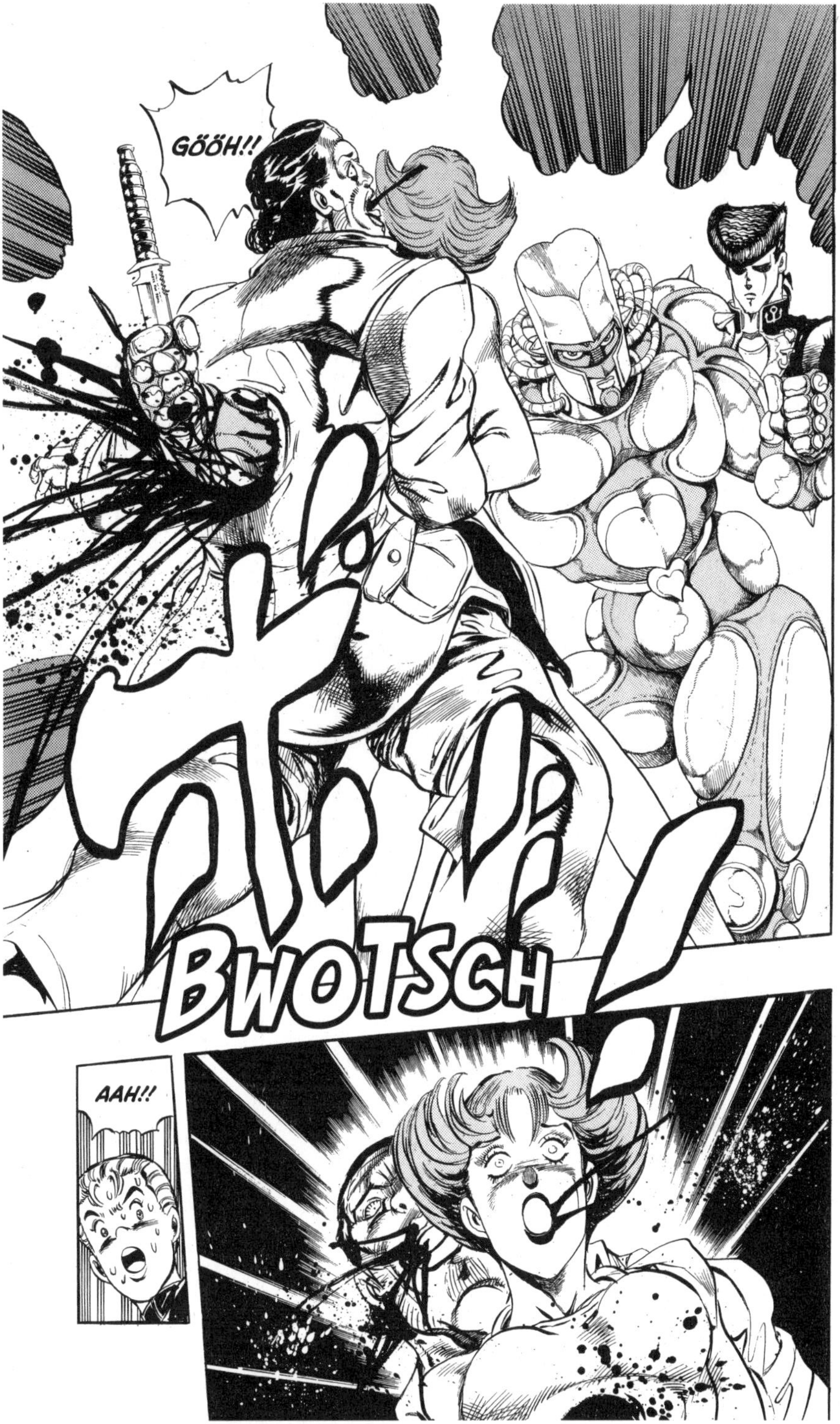
GÖÖH!!
BWOTSCH
AAH!!

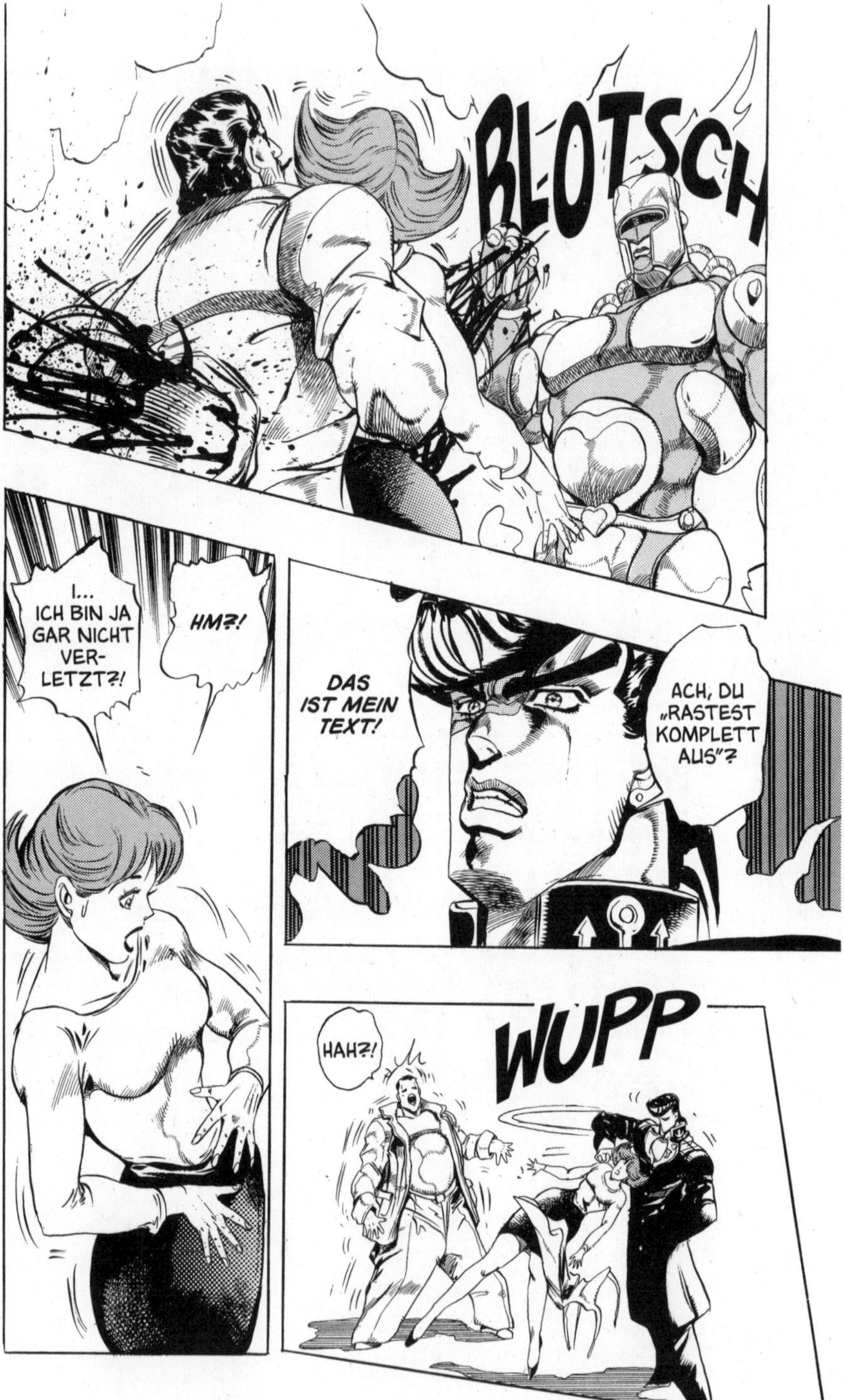
BLOTSCH
I... ICH BIN JA GAR NICHT VER-LETZT?!
HM?!
DAS IST MEIN TEXT!
ACH, DU „RASTEST KOMPLETT AUS"?
HAH?!
WUPP

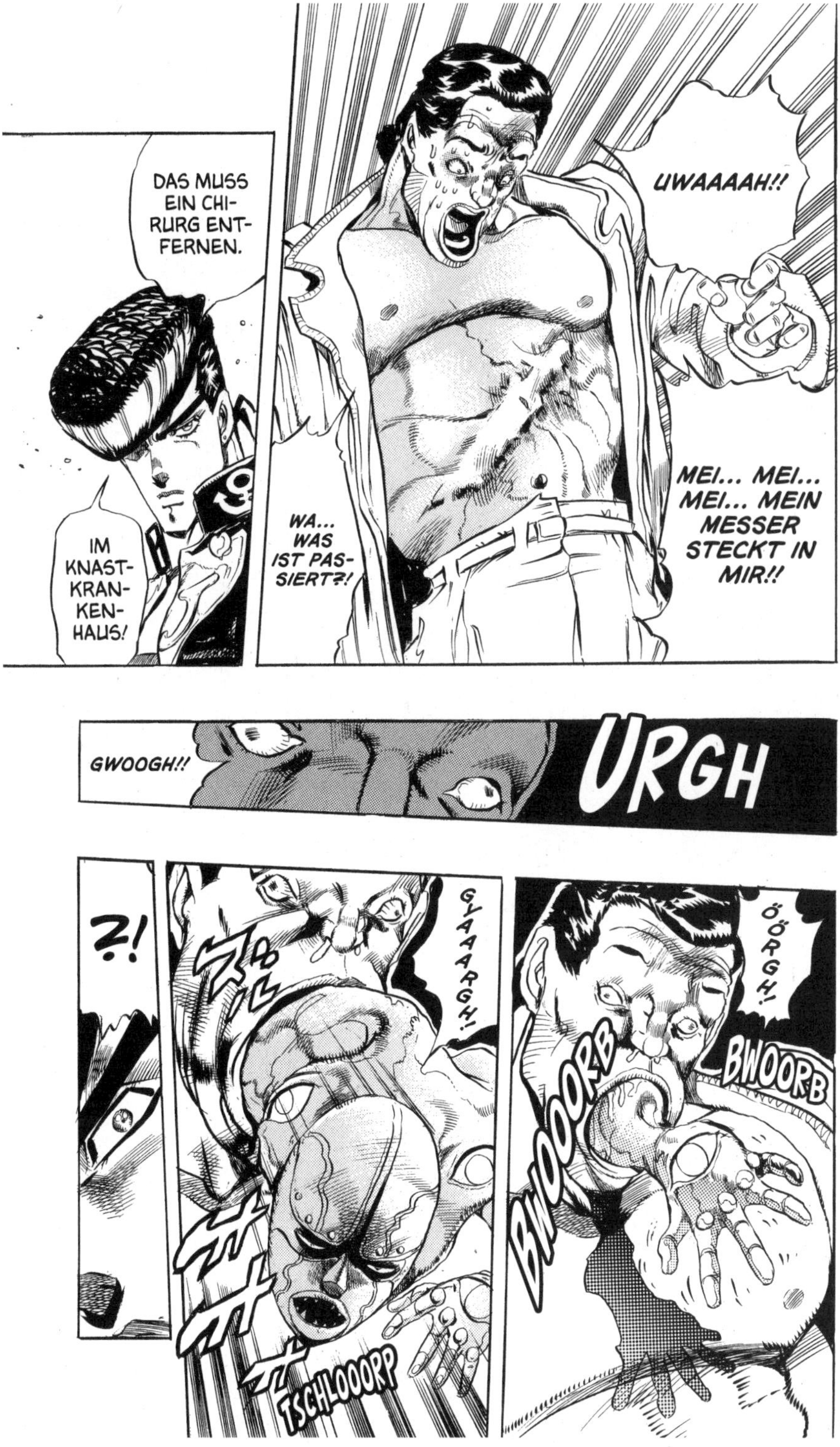
UWAAAAH!!
MEI... MEI... MEI... MEIN MESSER STECKT IN MIR!!
WA... WAS IST PASSIERT?!
DAS MUSS EIN CHIRURG ENTFERNEN.
IM KNASTKRANKENHAUS!
URGH
GWOOGH!!
ÖÖRGH!
BWOORB
BWOOORB
GYAAARGH!
TSCHLOOORP
?!

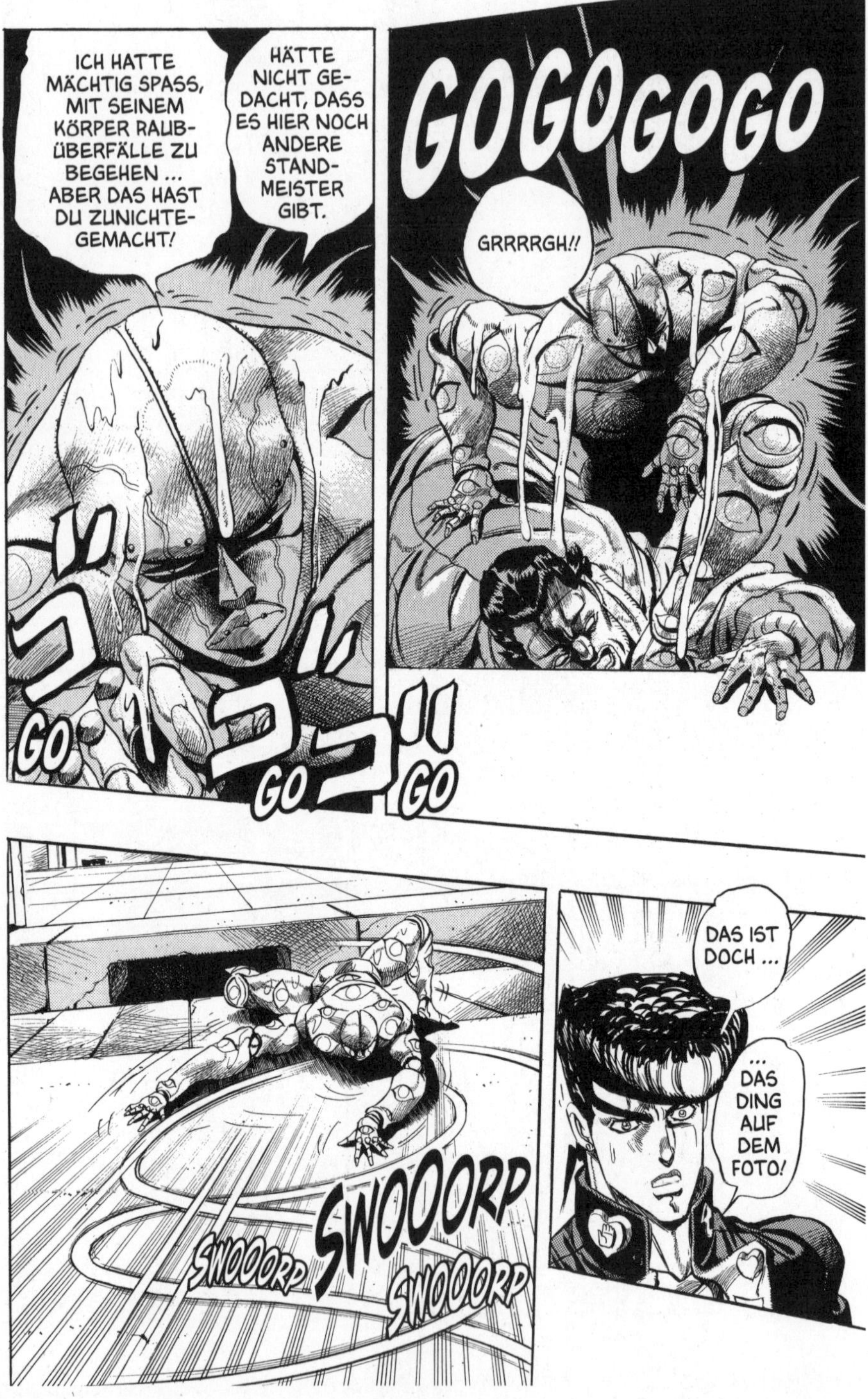
GOGOGOGOGO
GRRRRGH!!
HÄTTE NICHT GEDACHT, DASS ES HIER NOCH ANDERE STANDMEISTER GIBT.
ICH HATTE MÄCHTIG SPASS, MIT SEINEM KÖRPER RAUBÜBERFÄLLE ZU BEGEHEN ... ABER DAS HAST DU ZUNICHTEGEMACHT!
GO
GO
GO
DAS IST DOCH ...
... DAS DING AUF DEM FOTO!
SWOOORP
SWOOORP
SWOOORP

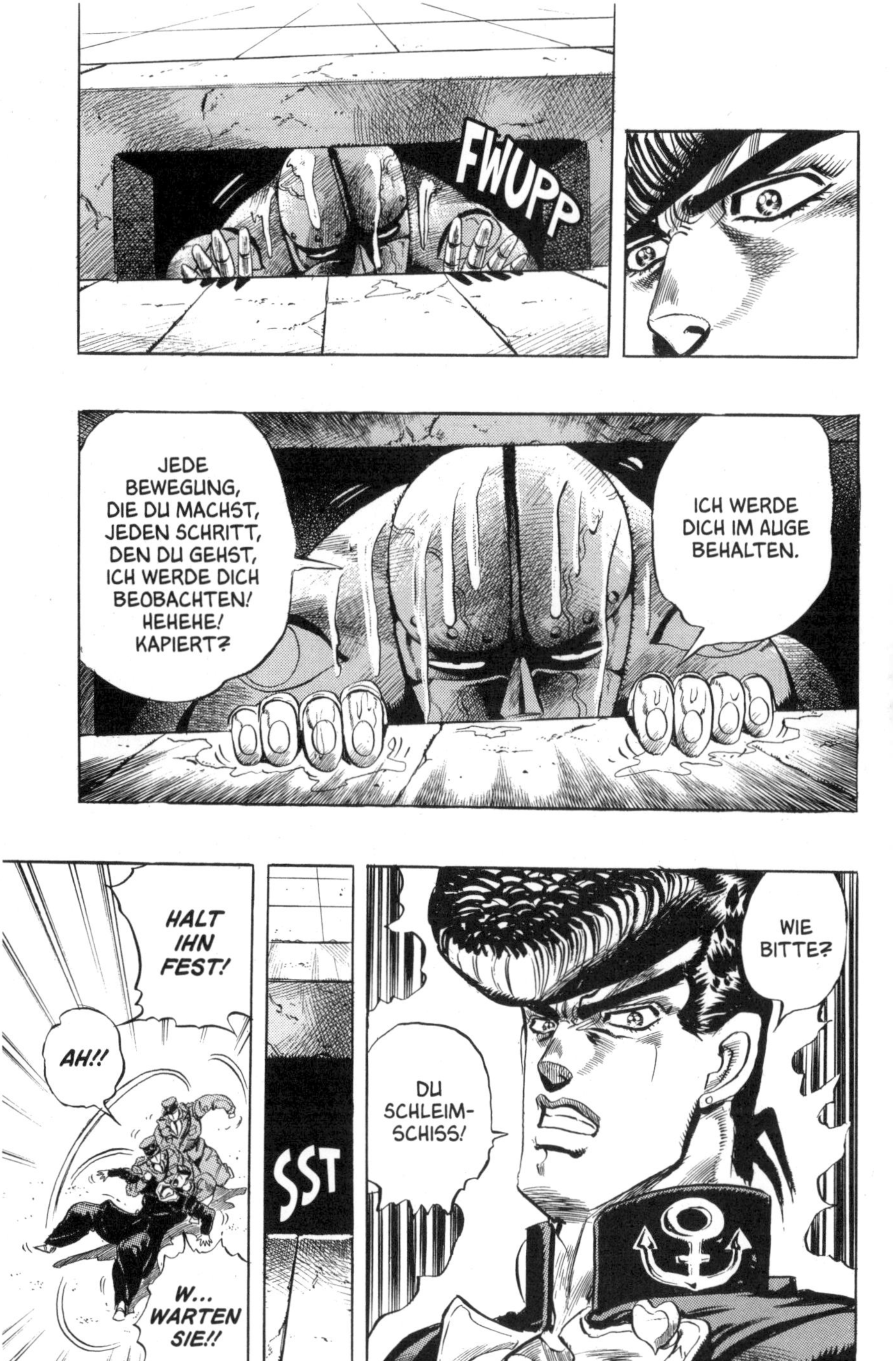
FWUPP
ICH WERDE DICH IM AUGE BEHALTEN.
JEDE BEWEGUNG, DIE DU MACHST, JEDEN SCHRITT, DEN DU GEHST, ICH WERDE DICH BEOBACHTEN! HEHEHE! KAPIERT?
WIE BITTE?
DU SCHLEIM-SCHISS!
SST
HALT IHN FEST!
AH!!
W... WARTEN SIE!!

JOJO'S BIZARRE ADVENTURE PART 4

DIAMOND IS UNBREAKABLE

Josuke Higashikata trifft Angelo: Teil 1

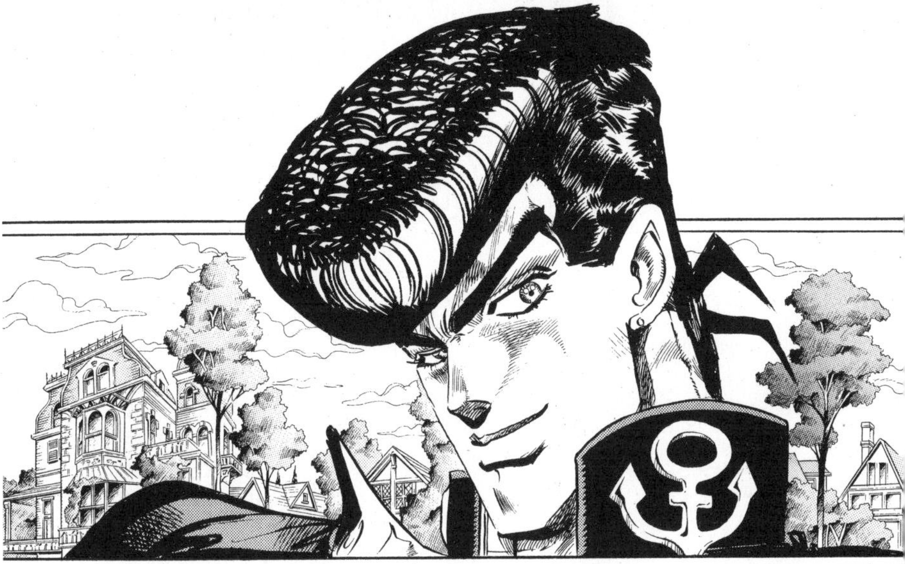

Josuke Higashikata

Sternzeichen: Zwillinge
Alter (im Jahr 1999): 16, erstes Jahr in der Oberstufe
Großvater: Ryohei Higashikata (55, Polizist)
Mutter: Tomoko Higashikata (36, Lehrerin)
Krankengeschichte: 1987 im Alter von vier Jahren von einem mysteriösen Fieber befallen, schwebte in Lebensgefahr
Hobbys: Videospiele, Prince hören
Blutgruppe: B
Vater: Joseph Joestar (79)
Großmutter: verstorben
Größe: 1,85 m (noch im Wachstum)
Lieblingsworte: „Dorara", „Great"

Persönlichkeit:

Er ist sanftmütig, aber dreht durch, wenn jemand über seine Haare herzieht.
„Ich weiß nicht, warum mich das so ankotzt, aber ich kann nichts dafür, dass ich austicke!" (Josuke)
„Tief in seinem Herzen ist er ein guter Mensch. Selbst wenn er die Fassung verliert, muss ich mir um ihn keine Sorgen machen." (Josukes Mutter)
„Stimmt nicht! Das Kerlchen ist gefährlich!" (Josukes Großvater)
„..." (Jotaro Kujo)
„Ich mach ihn alle!" (Irgendein Schläger)
„Er ist dumm." (Irgendein Kind)
„Über einen Stammkunden werde ich nicht schlecht reden." (Pachinkohallenbesitzer)

Stand:

noch ohne Namen
Fähigkeit: Sein Stand kann Dinge reparieren. Wenn Josuke dabei wütend ist, kann zerstörte Materie mitunter eine andere Form als die ursprüngliche annehmen.

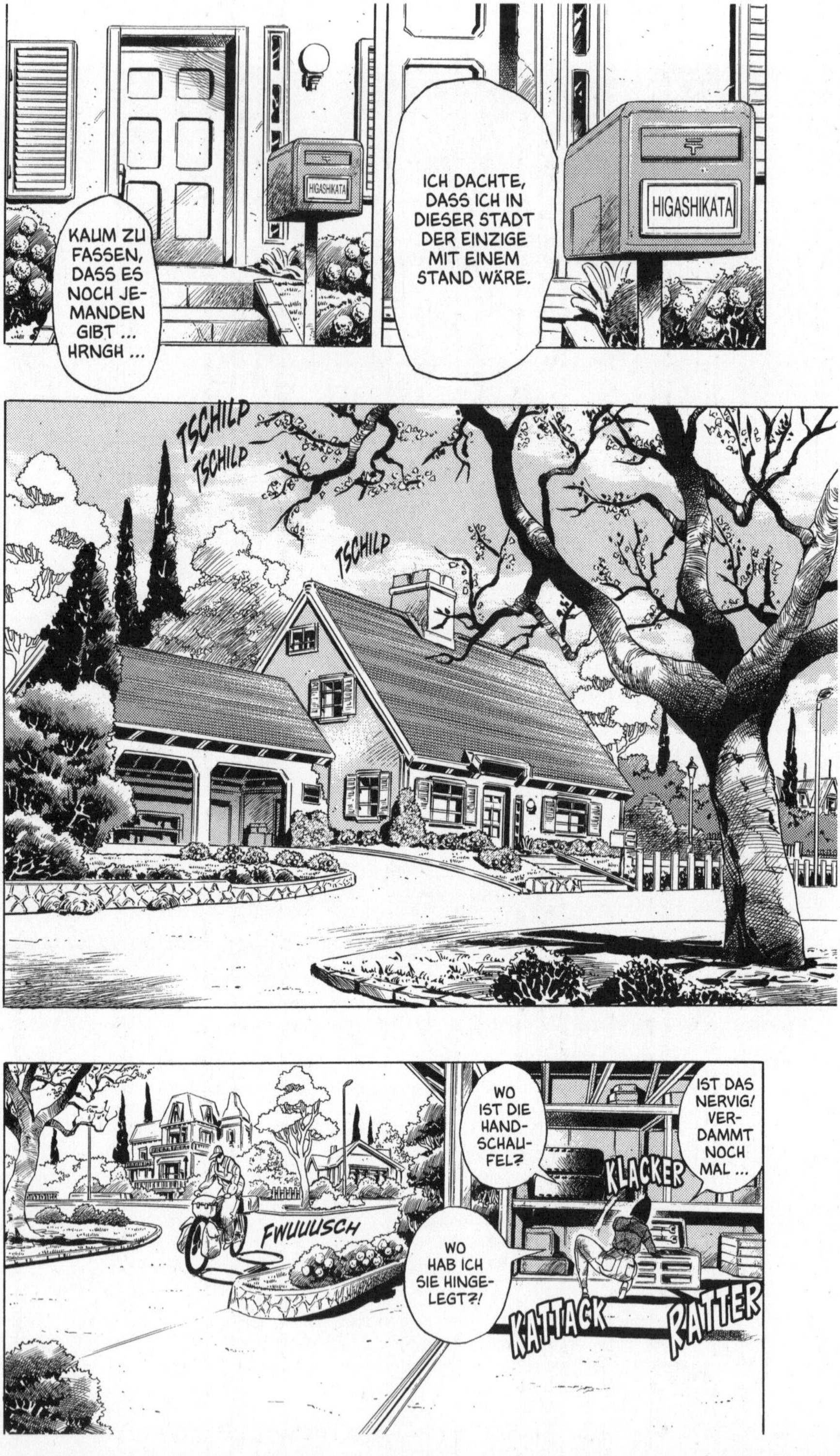
HIGASHIKATA
ICH DACHTE, DASS ICH IN DIESER STADT DER EINZIGE MIT EINEM STAND WÄRE.
HIGASHIKATA
KAUM ZU FASSEN, DASS ES NOCH JE-MANDEN GIBT … HRNGH …
TSCHILP
TSCHILP
TSCHILP
IST DAS NERVIG! VER-DAMMT NOCH MAL …
KLACKER
WO IST DIE HAND-SCHAU-FEL?
WO HAB ICH SIE HINGE-LEGT?!
RATTER
KATTACK
FWUUUSCH

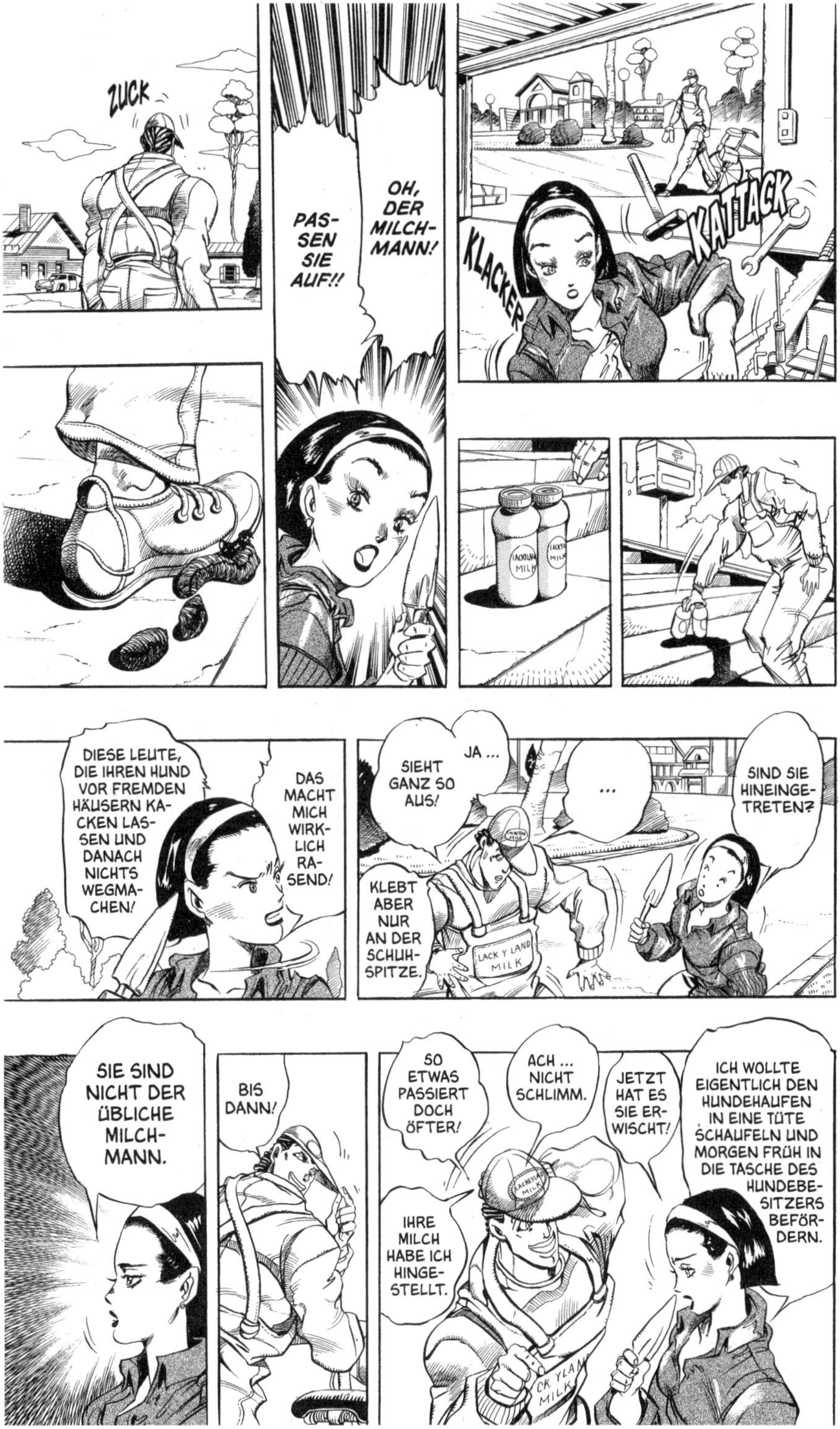
KATTACK
KLACKER
OH, DER MILCHMANN!
PASSEN SIE AUF!!
ZUCK
SIND SIE HINEINGETRETEN?
...
JA ...
SIEHT GANZ SO AUS!
KLEBT ABER NUR AN DER SCHUHSPITZE.
LACK Y LAND MILK
DIESE LEUTE, DIE IHREN HUND VOR FREMDEN HÄUSERN KACKEN LASSEN UND DANACH NICHTS WEGMACHEN!
DAS MACHT MICH WIRKLICH RASEND!
ICH WOLLTE EIGENTLICH DEN HUNDEHAUFEN IN EINE TÜTE SCHAUFELN UND MORGEN FRÜH IN DIE TASCHE DES HUNDEBESITZERS BEFÖRDERN.
JETZT HAT ES SIE ERWISCHT!
ACH ... NICHT SCHLIMM.
SO ETWAS PASSIERT DOCH ÖFTER!
IHRE MILCH HABE ICH HINGESTELLT.
BIS DANN!
SIE SIND NICHT DER ÜBLICHE MILCHMANN.

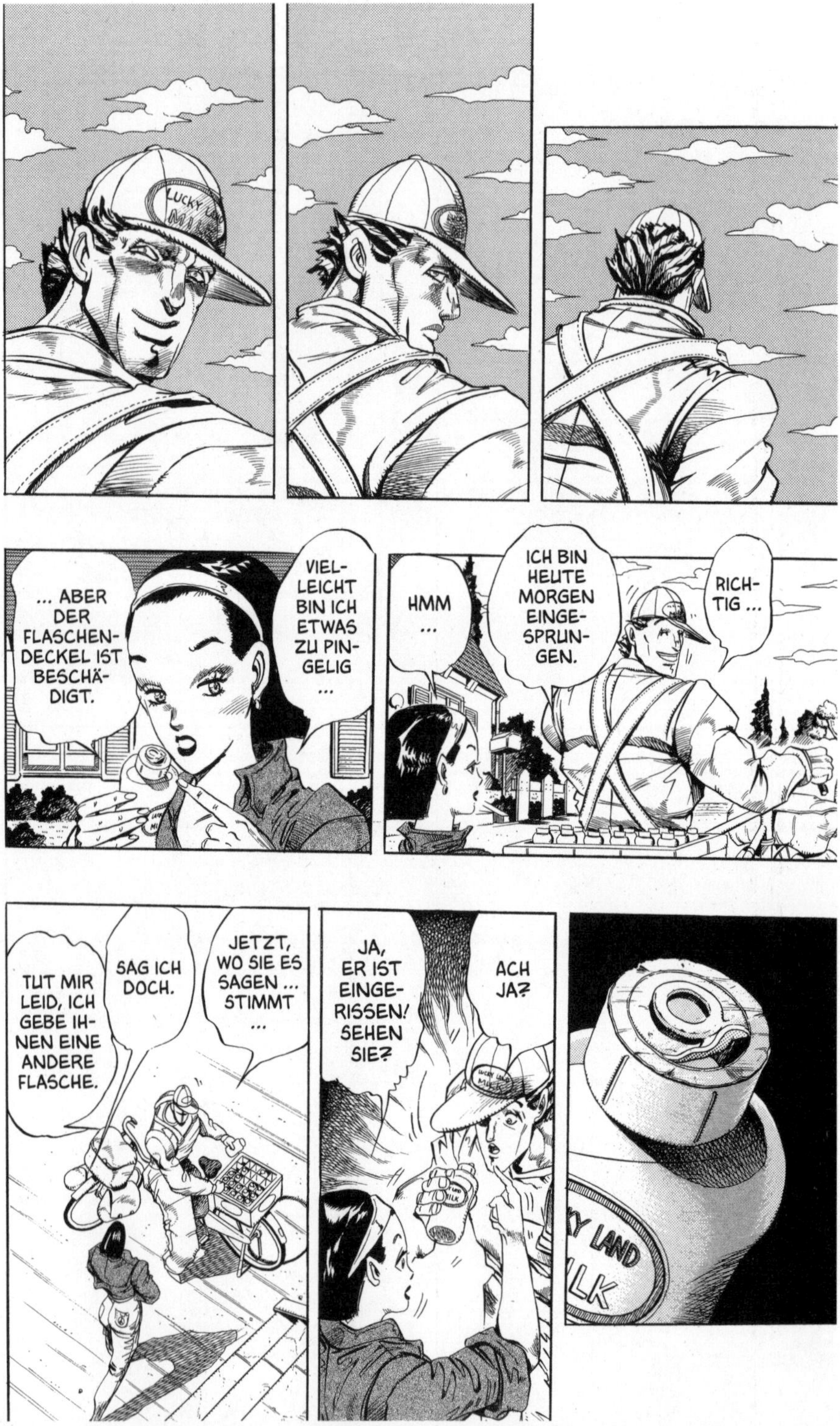

RICHTIG ...
ICH BIN HEUTE MORGEN EINGESPRUNGEN.
HMM ...
VIELLEICHT BIN ICH ETWAS ZU PINGELIG ...
... ABER DER FLASCHENDECKEL IST BESCHÄDIGT.
ACH JA?
JA, ER IST EINGERISSEN! SEHEN SIE?
JETZT, WO SIE ES SAGEN ... STIMMT ...
SAG ICH DOCH.
TUT MIR LEID, ICH GEBE IHNEN EINE ANDERE FLASCHE.

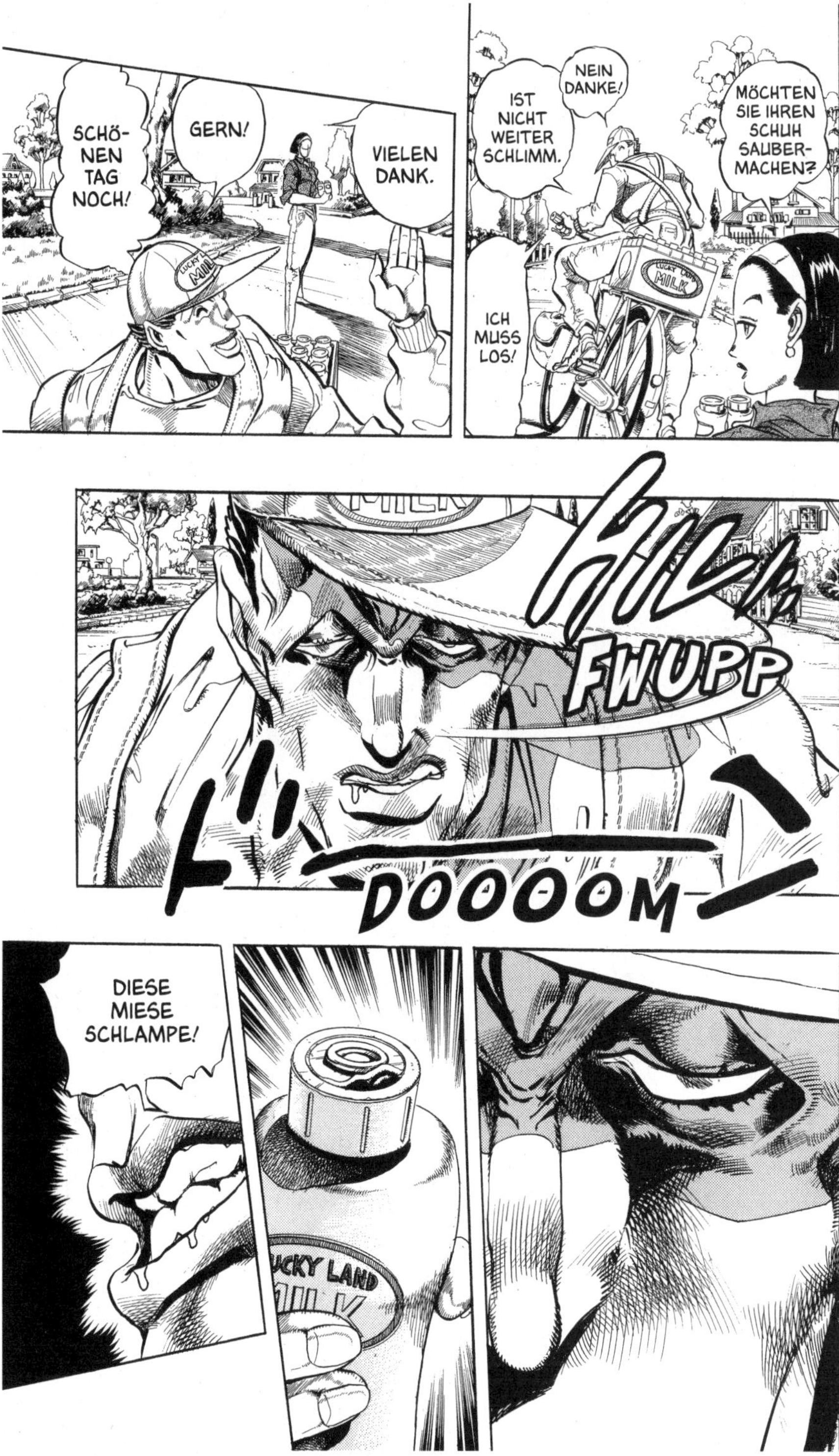
MÖCHTEN SIE IHREN SCHUH SAUBERMACHEN?
NEIN DANKE!
IST NICHT WEITER SCHLIMM.
ICH MUSS LOS!
VIELEN DANK.
GERN!
SCHÖNEN TAG NOCH!
FWUPP
DOOOOM
DIESE MIESE SCHLAMPE!
LUCKY LAND

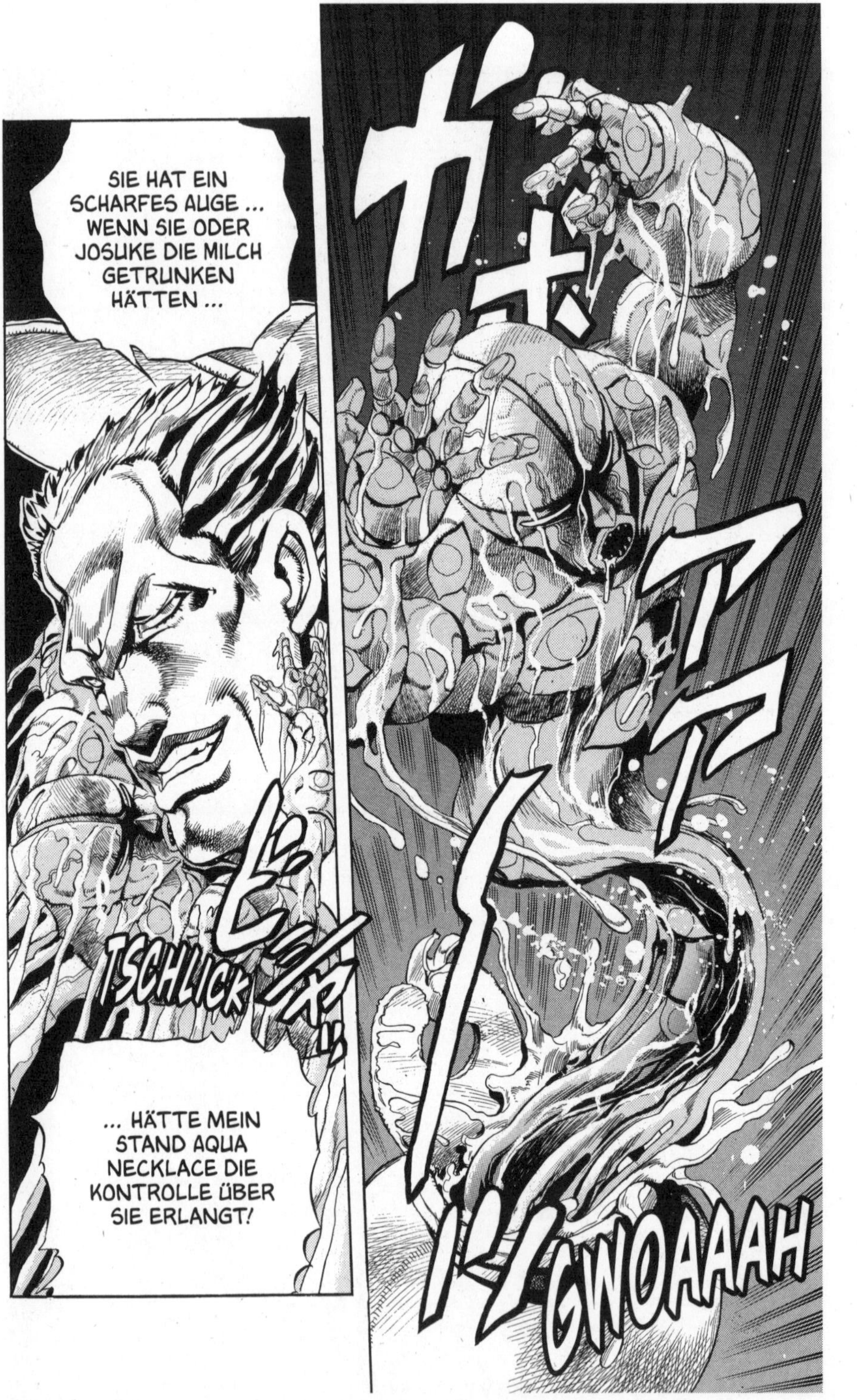
SIE HAT EIN SCHARFES AUGE ... WENN SIE ODER JOSUKE DIE MILCH GETRUNKEN HÄTTEN ...
TSCHLICK
... HÄTTE MEIN STAND AQUA NECKLACE DIE KONTROLLE ÜBER SIE ERLANGT!
GWOAAAH

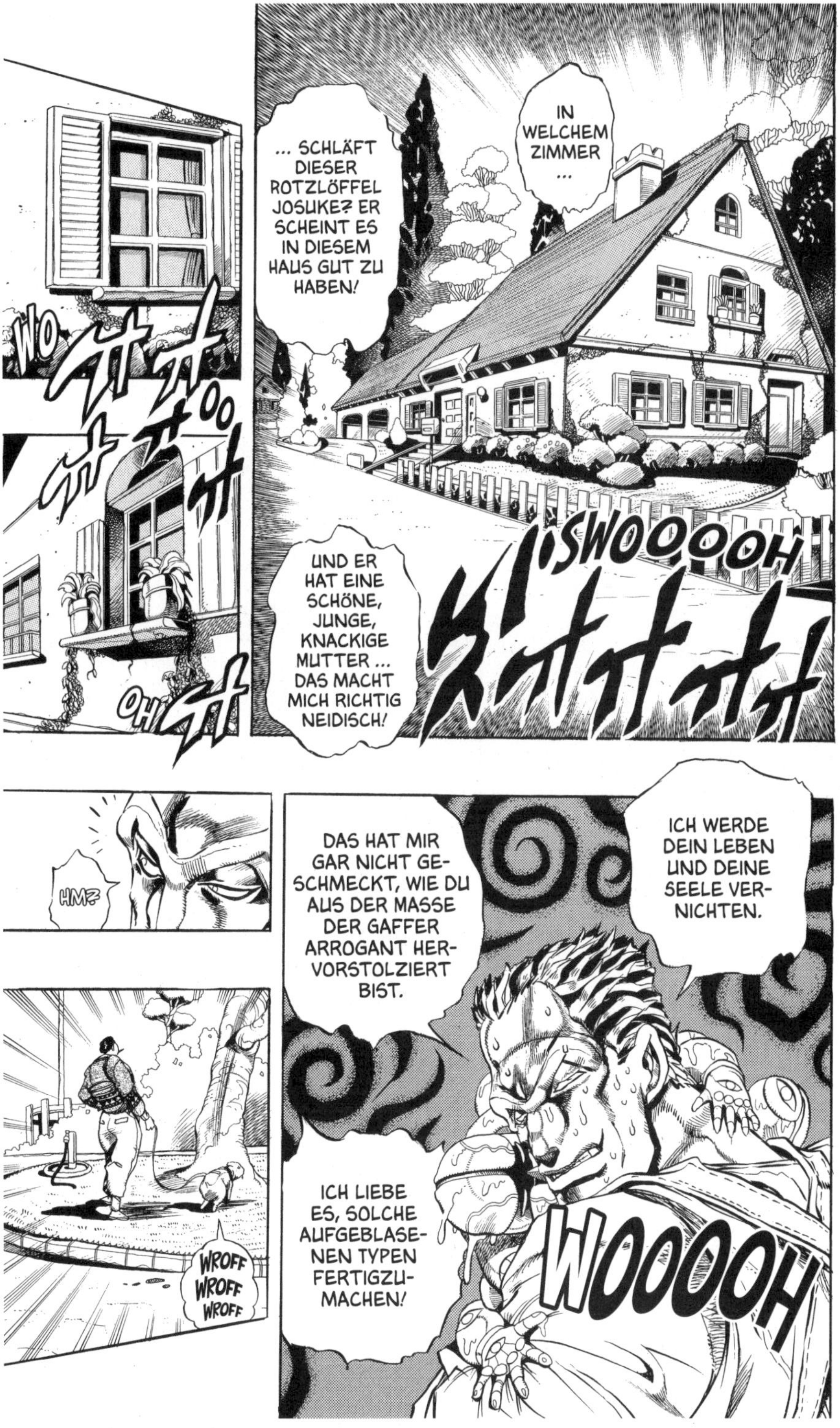
IN WELCHEM ZIMMER ...
... SCHLÄFT DIESER ROTZLÖFFEL JOSUKE? ER SCHEINT ES IN DIESEM HAUS GUT ZU HABEN!
UND ER HAT EINE SCHÖNE, JUNGE, KNACKIGE MUTTER ... DAS MACHT MICH RICHTIG NEIDISCH!
SWOOOOH
WO
OH
ICH WERDE DEIN LEBEN UND DEINE SEELE VERNICHTEN.
DAS HAT MIR GAR NICHT GESCHMECKT, WIE DU AUS DER MASSE DER GAFFER ARROGANT HERVORSTOLZIERT BIST.
ICH LIEBE ES, SOLCHE AUFGEBLASENEN TYPEN FERTIGZUMACHEN!
WOOOOH
HM?
WROFF WROFF WROFF

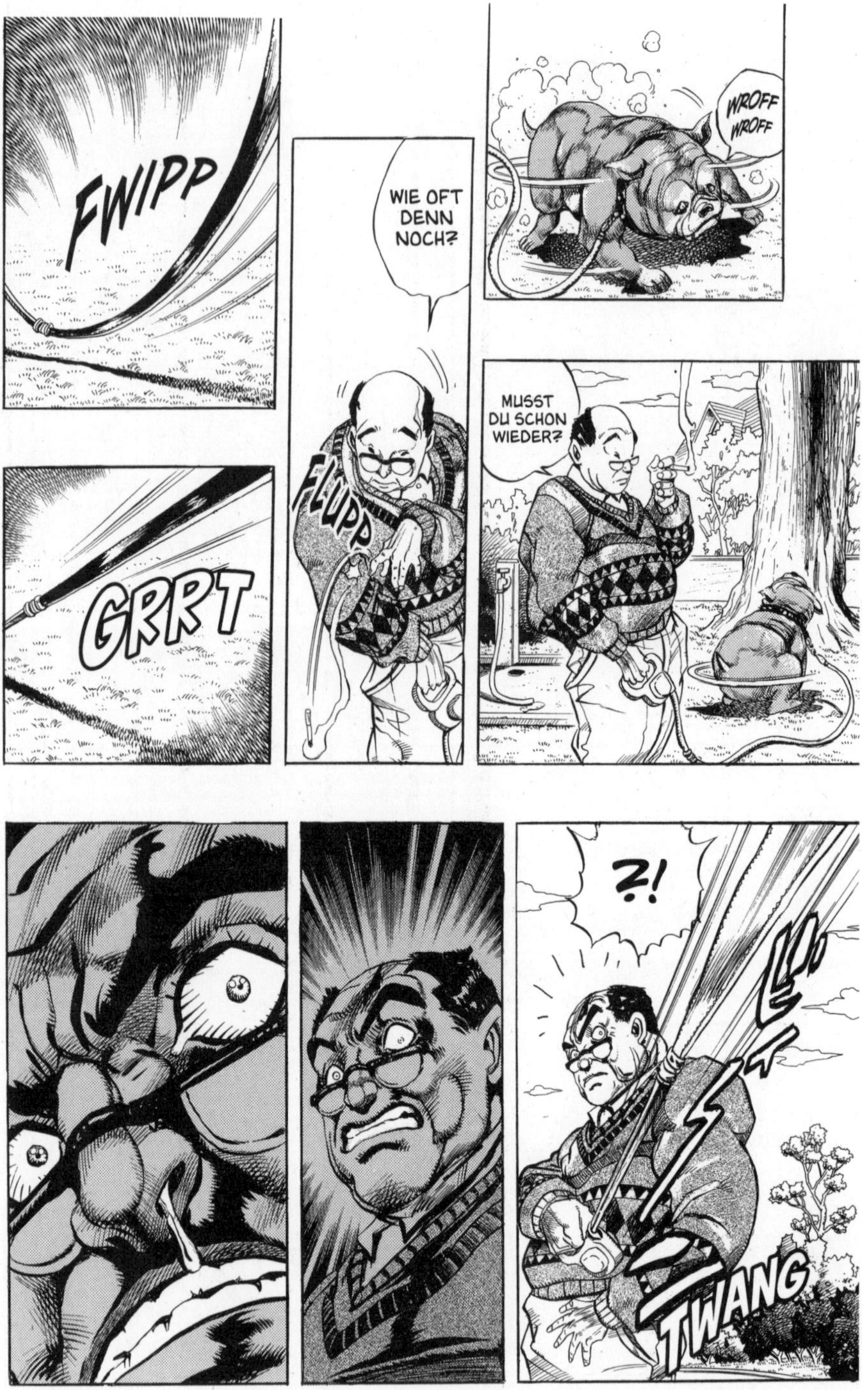
WROFF WROFF
MUSST DU SCHON WIEDER?
WIE OFT DENN NOCH?
FLUPP
FWIPP
GRRT
?!
TWANG

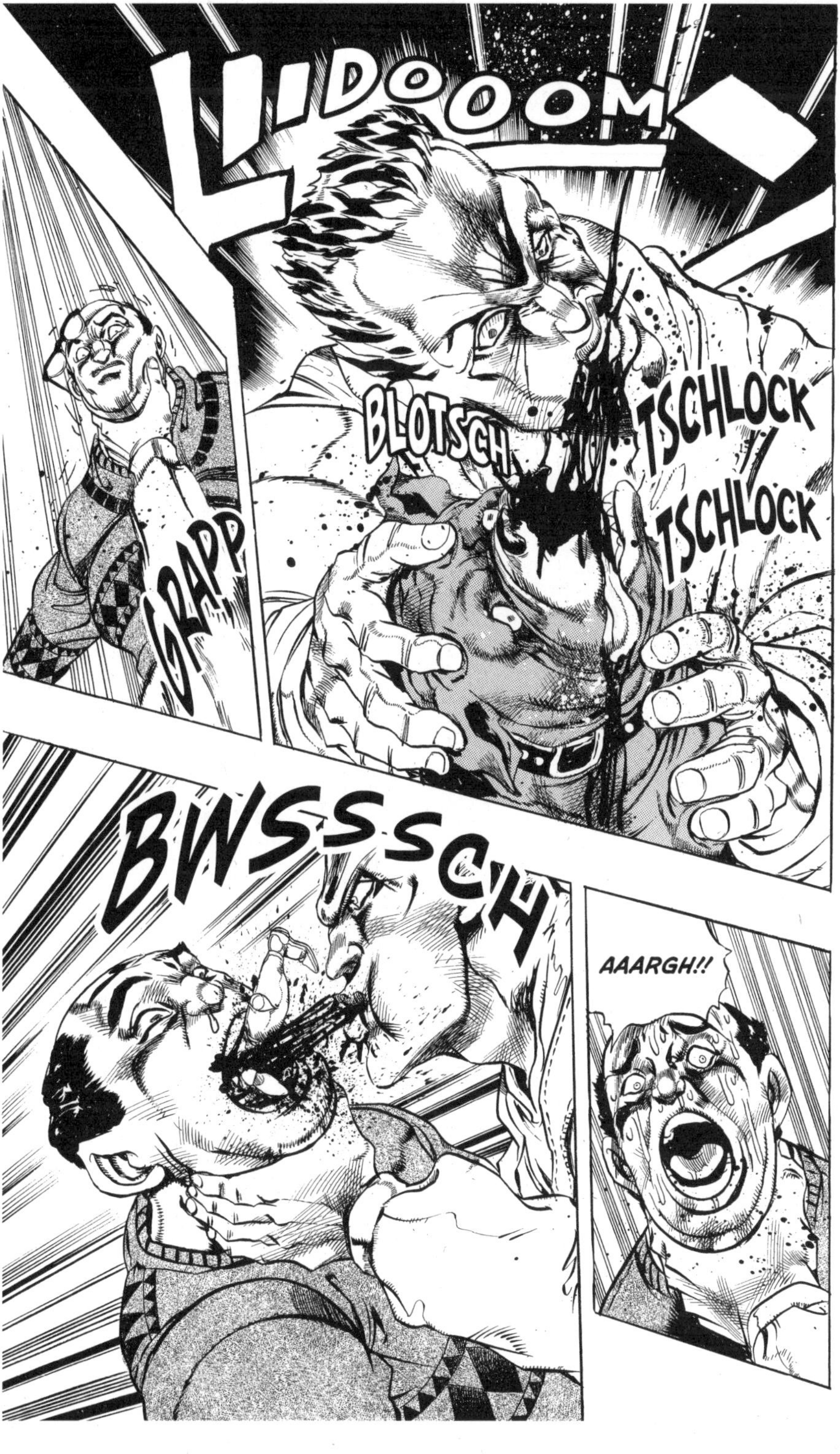
DOOOM
GRAPP
BLOTSCH
TSCHLOCK
TSCHLOCK
BWSSSCH
AAARGH!!

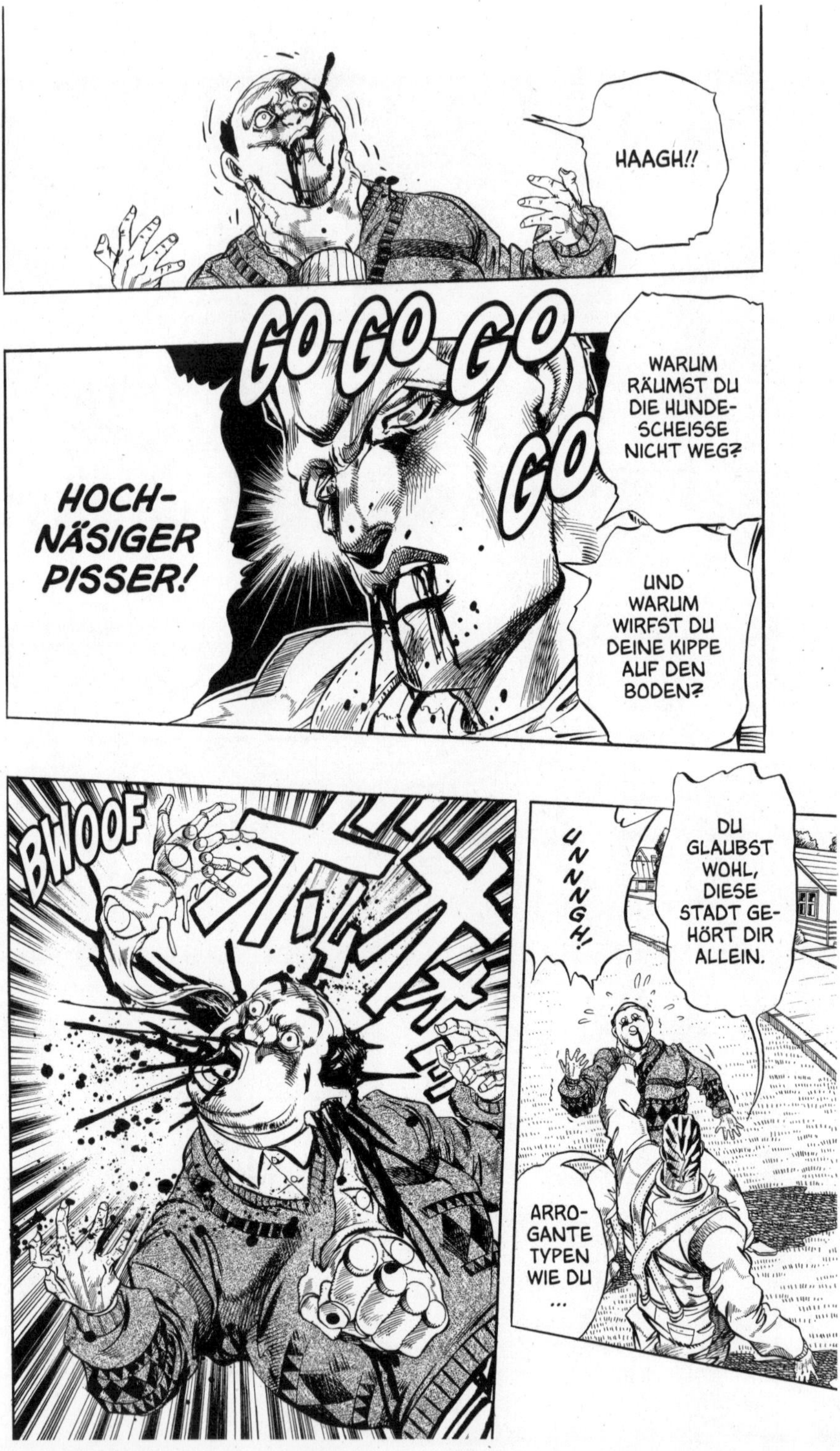
HAAGH!!
GO GO GO GO GO
WARUM RÄUMST DU DIE HUNDE-SCHEISSE NICHT WEG?
HOCH-NÄSIGER PISSER!
UND WARUM WIRFST DU DEINE KIPPE AUF DEN BODEN?
DU GLAUBST WOHL, DIESE STADT GE-HÖRT DIR ALLEIN.
UNNNGH!
ARRO-GANTE TYPEN WIE DU ...
BWOOF

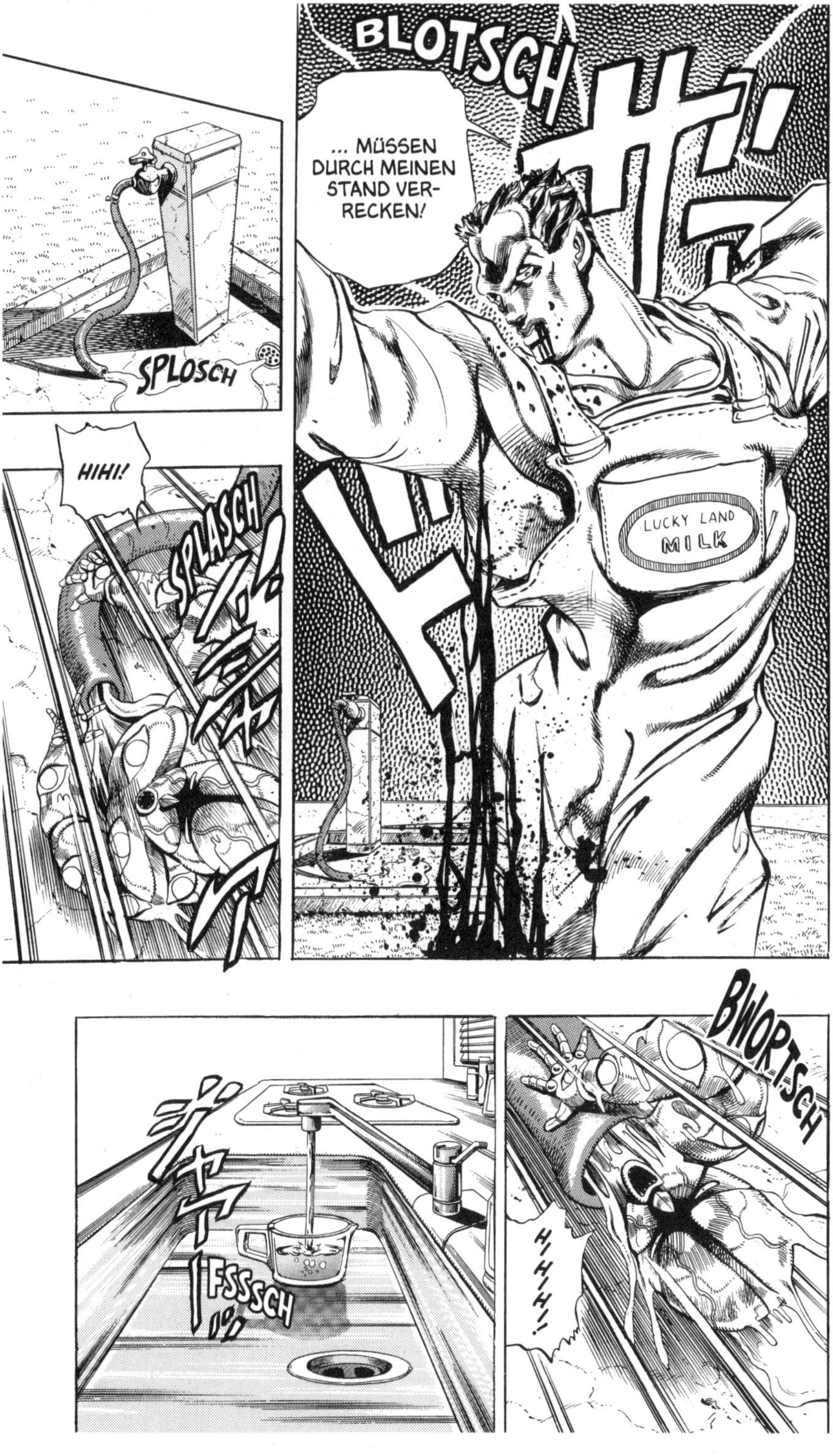
BLOTSCH
... MÜSSEN DURCH MEINEN STAND VER-RECKEN!
LUCKY LAND MILK
SPLOSCH
HIHI!
SPLASCH
BWORTSCH
HIHIHI!
FSSSCH

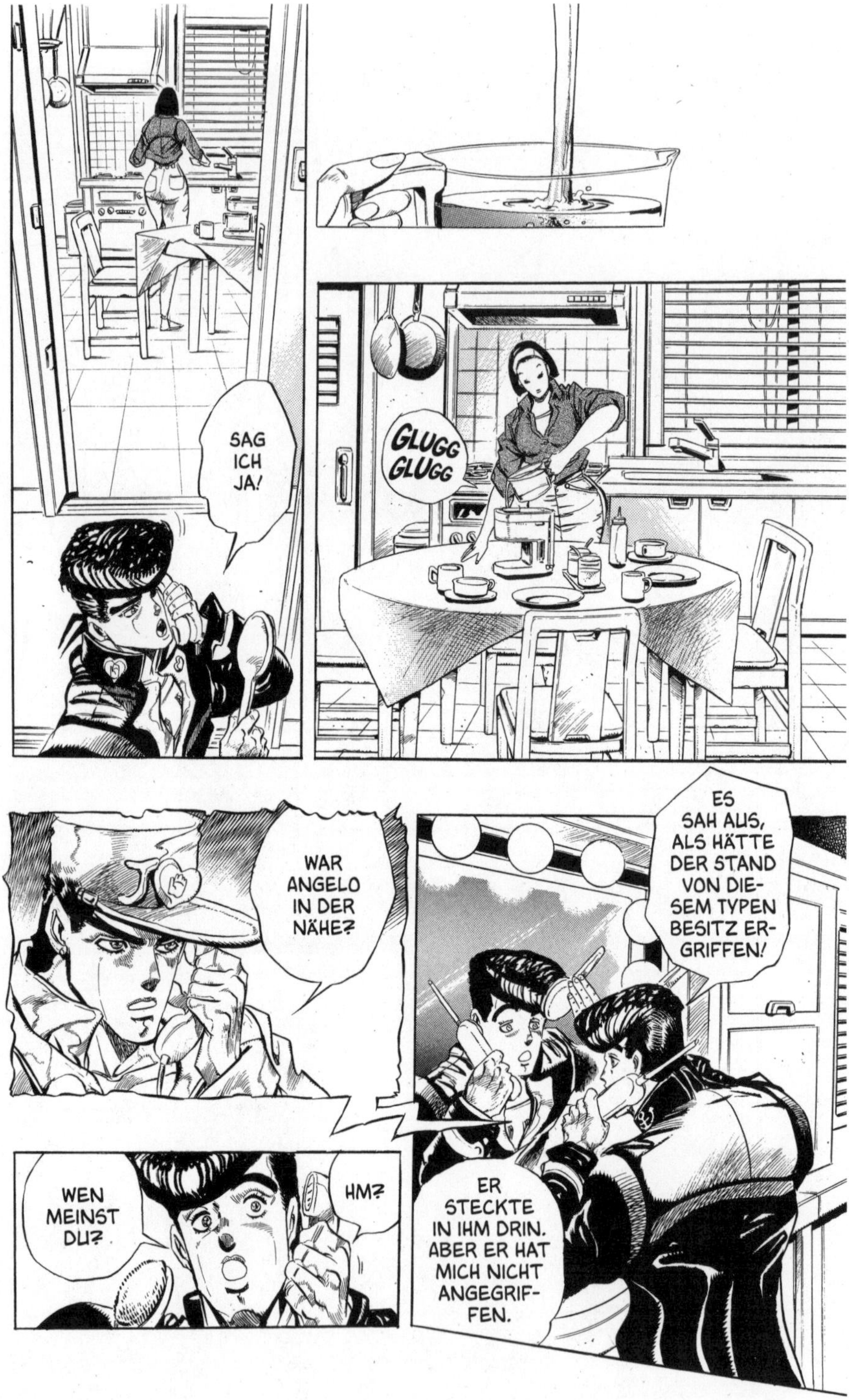
GLUGG GLUGG
SAG ICH JA!
ES SAH AUS, ALS HÄTTE DER STAND VON DIESEM TYPEN BESITZ ERGRIFFEN!
ER STECKTE IN IHM DRIN. ABER ER HAT MICH NICHT ANGEGRIFFEN.
WAR ANGELO IN DER NÄHE?
HM?
WEN MEINST DU?

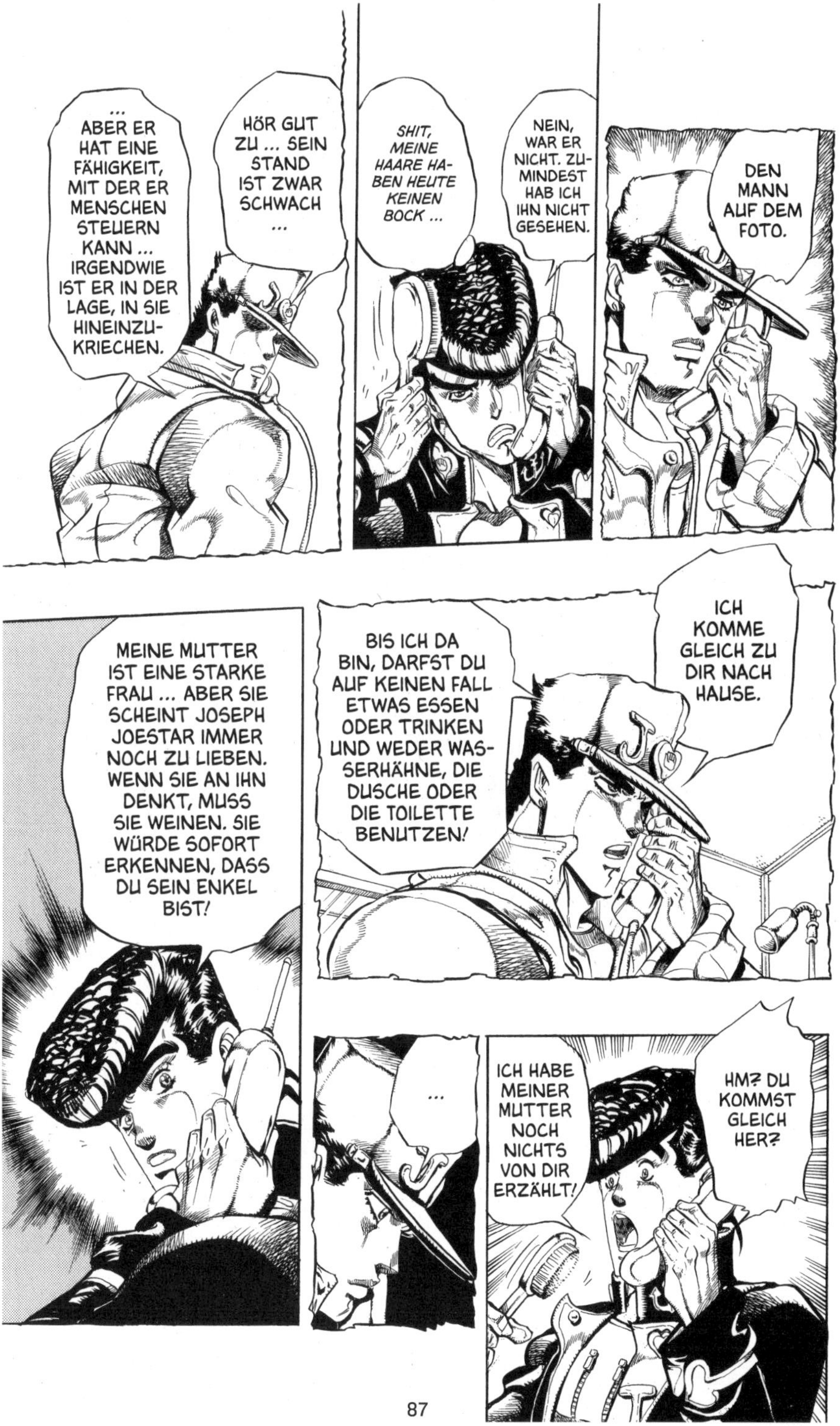
DEN MANN AUF DEM FOTO.
NEIN, WAR ER NICHT. ZUMINDEST HAB ICH IHN NICHT GESEHEN.
SHIT, MEINE HAARE HABEN HEUTE KEINEN BOCK ...
HÖR GUT ZU ... SEIN STAND IST ZWAR SCHWACH ...
... ABER ER HAT EINE FÄHIGKEIT, MIT DER ER MENSCHEN STEUERN KANN ... IRGENDWIE IST ER IN DER LAGE, IN SIE HINEINZUKRIECHEN.
ICH KOMME GLEICH ZU DIR NACH HAUSE.
BIS ICH DA BIN, DARFST DU AUF KEINEN FALL ETWAS ESSEN ODER TRINKEN UND WEDER WASSERHÄHNE, DIE DUSCHE ODER DIE TOILETTE BENUTZEN!
MEINE MUTTER IST EINE STARKE FRAU ... ABER SIE SCHEINT JOSEPH JOESTAR IMMER NOCH ZU LIEBEN. WENN SIE AN IHN DENKT, MUSS SIE WEINEN. SIE WÜRDE SOFORT ERKENNEN, DASS DU SEIN ENKEL BIST!
HM? DU KOMMST GLEICH HER?
ICH HABE MEINER MUTTER NOCH NICHTS VON DIR ERZÄHLT!
...

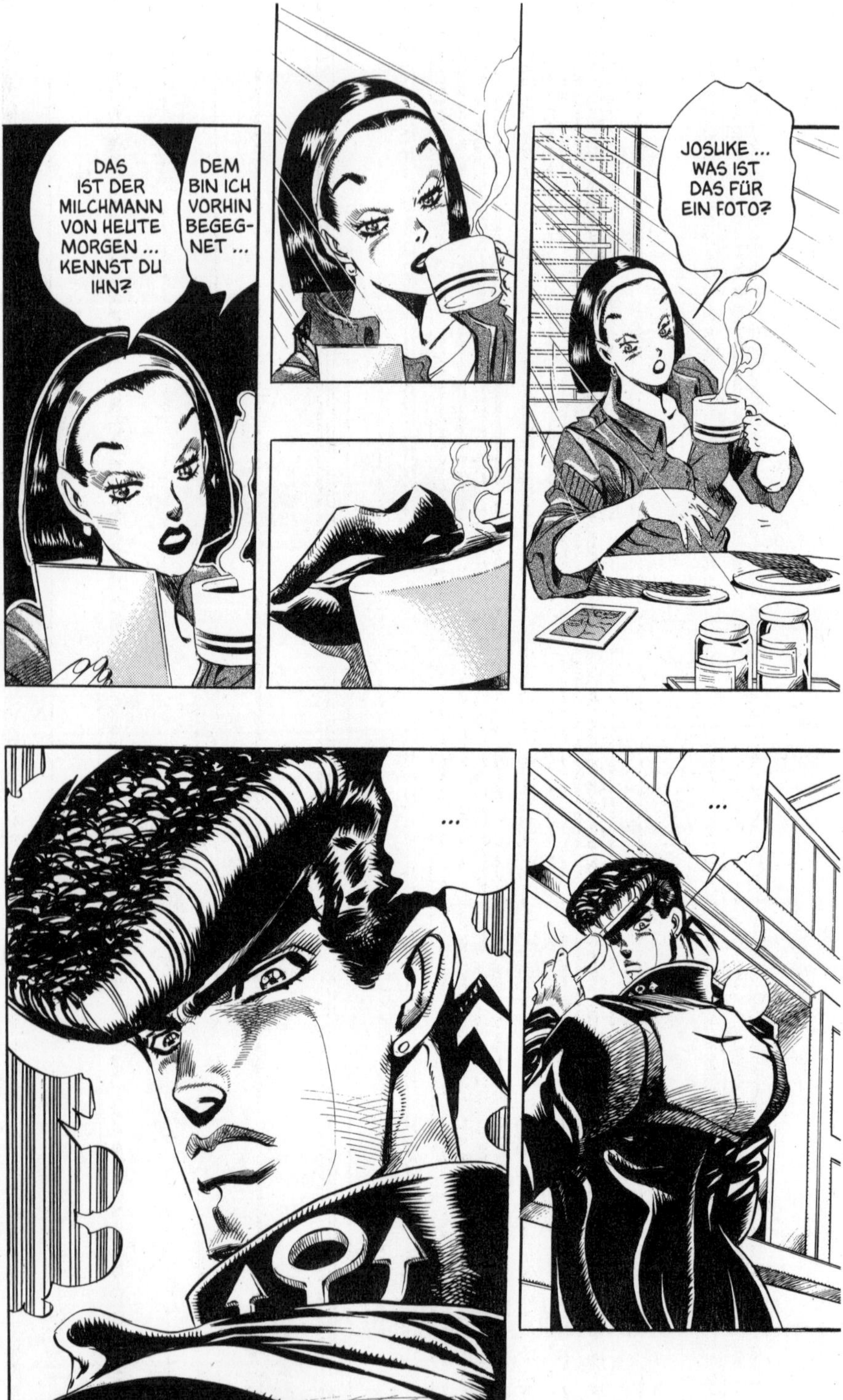
JOSUKE ... WAS IST DAS FÜR EIN FOTO?
DEM BIN ICH VORHIN BEGEGNET ...
DAS IST DER MILCHMANN VON HEUTE MORGEN ... KENNST DU IHN?
...
...

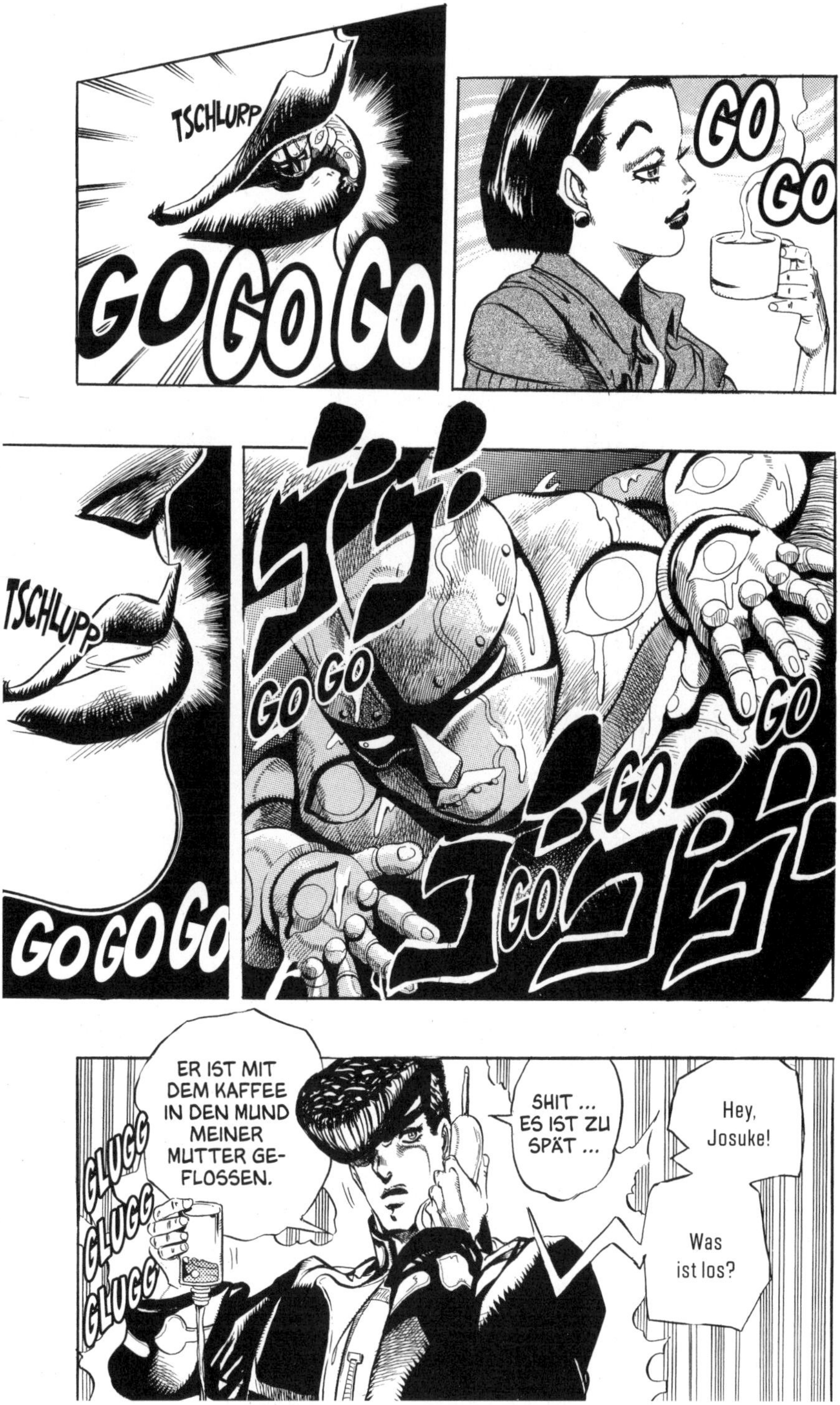

GO
GO
TSCHLURP
GO GO GO
GO GO
GO
GO
GO
TSCHLURP
GO GO GO
Hey, Josuke!
Was ist los?
SHIT …
ES IST ZU SPÄT …
ER IST MIT DEM KAFFEE IN DEN MUND MEINER MUTTER GE- FLOSSEN.
GLUGG
GLUGG
GLUGG

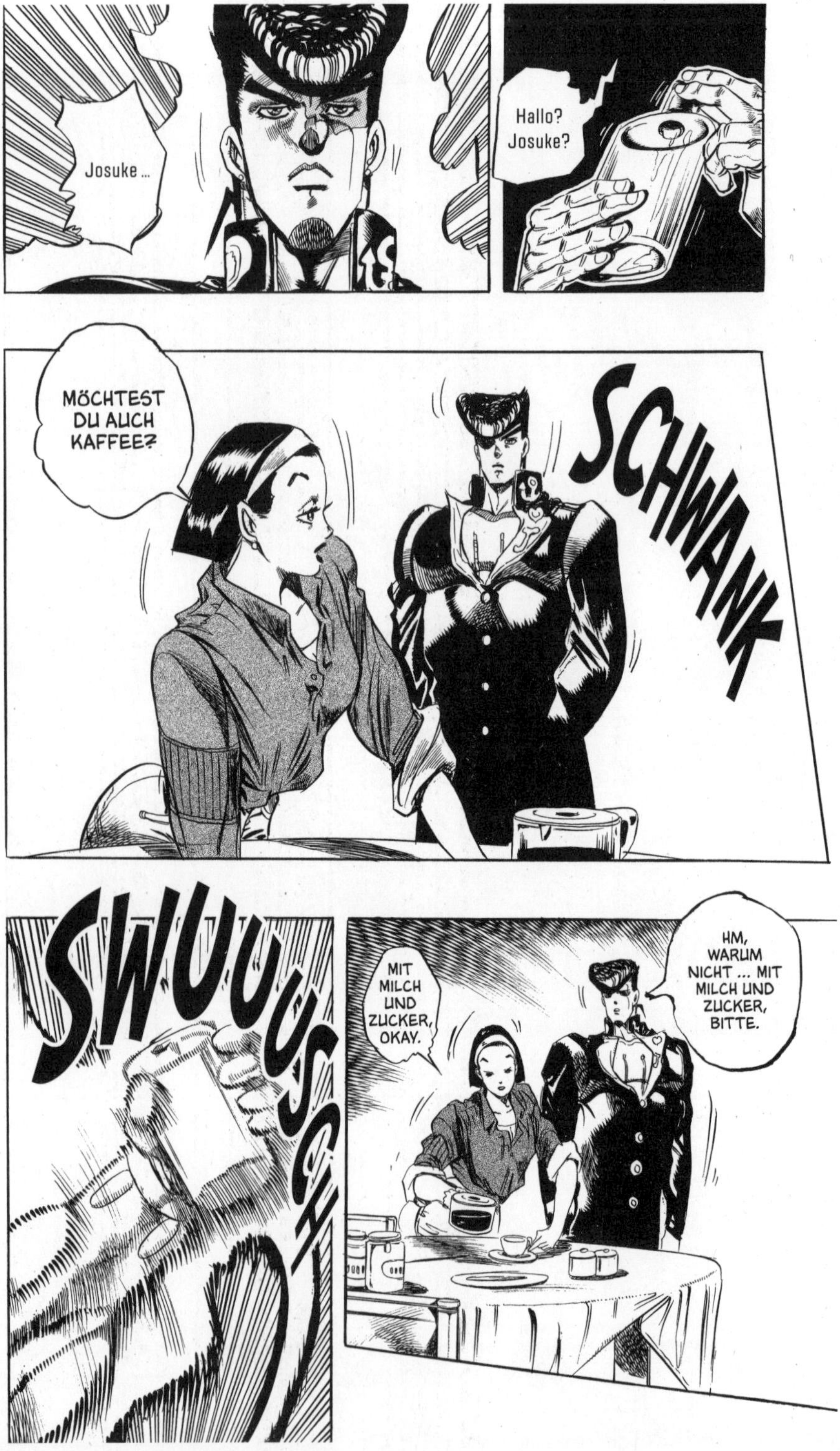
Hallo? Josuke?
Josuke ...
MÖCHTEST DU AUCH KAFFEE?
SCHWANK
HM, WARUM NICHT ... MIT MILCH UND ZUCKER, BITTE.
MIT MILCH UND ZUCKER, OKAY.
SWUUUSCH

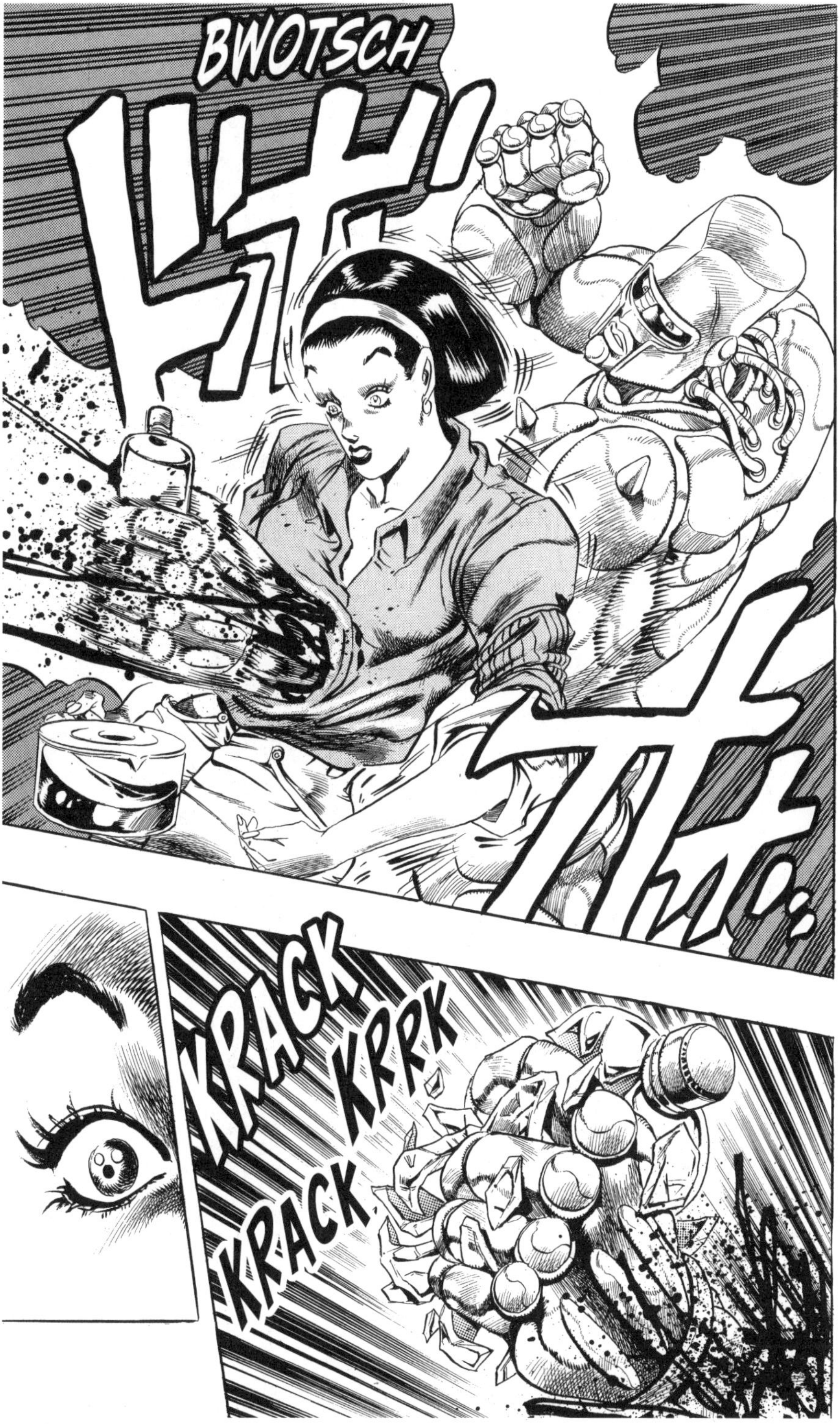
BWOTSCH
KRACK
KRRK
KRACK

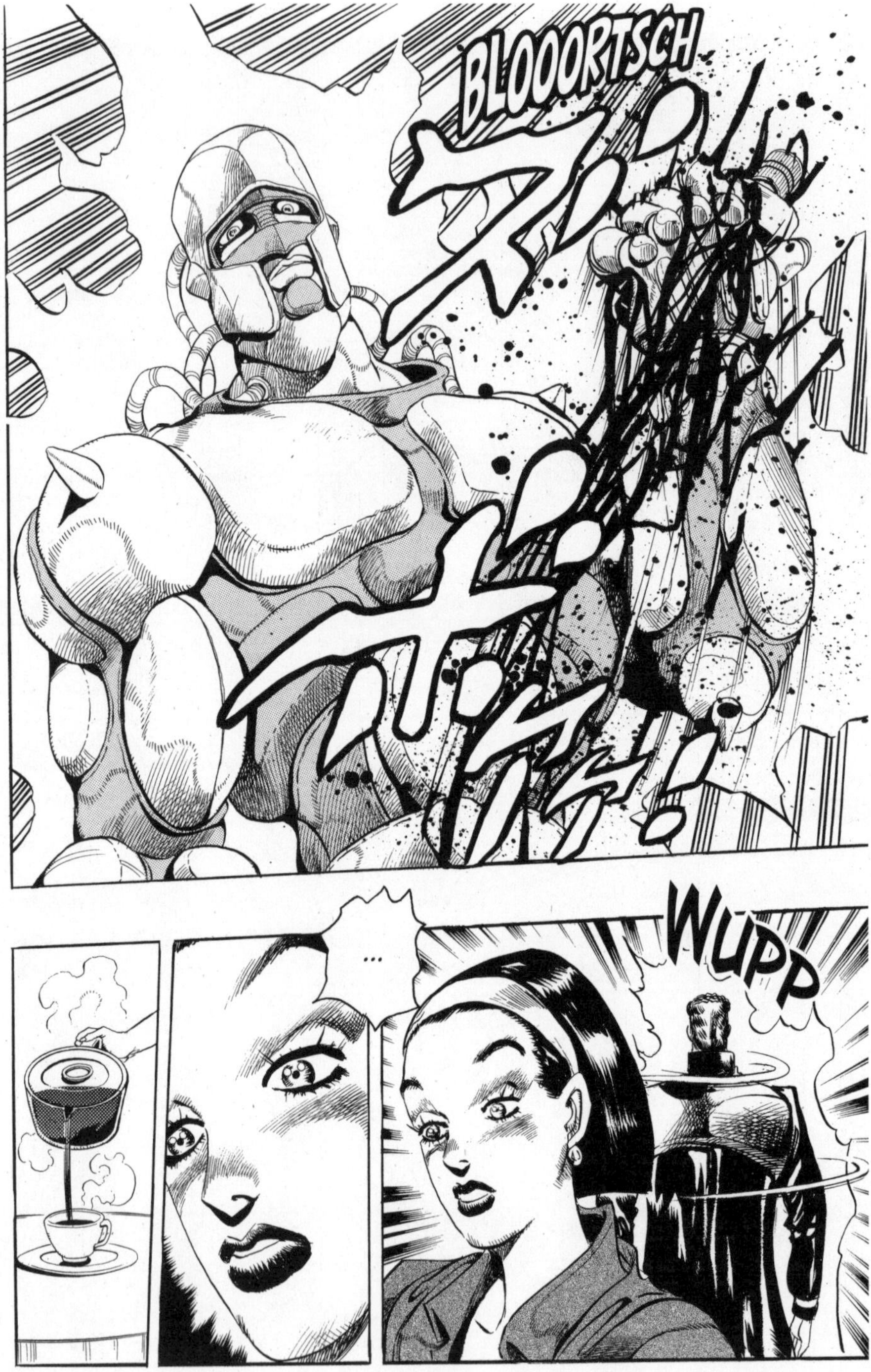
BLOOORTSCH
WUPP
...

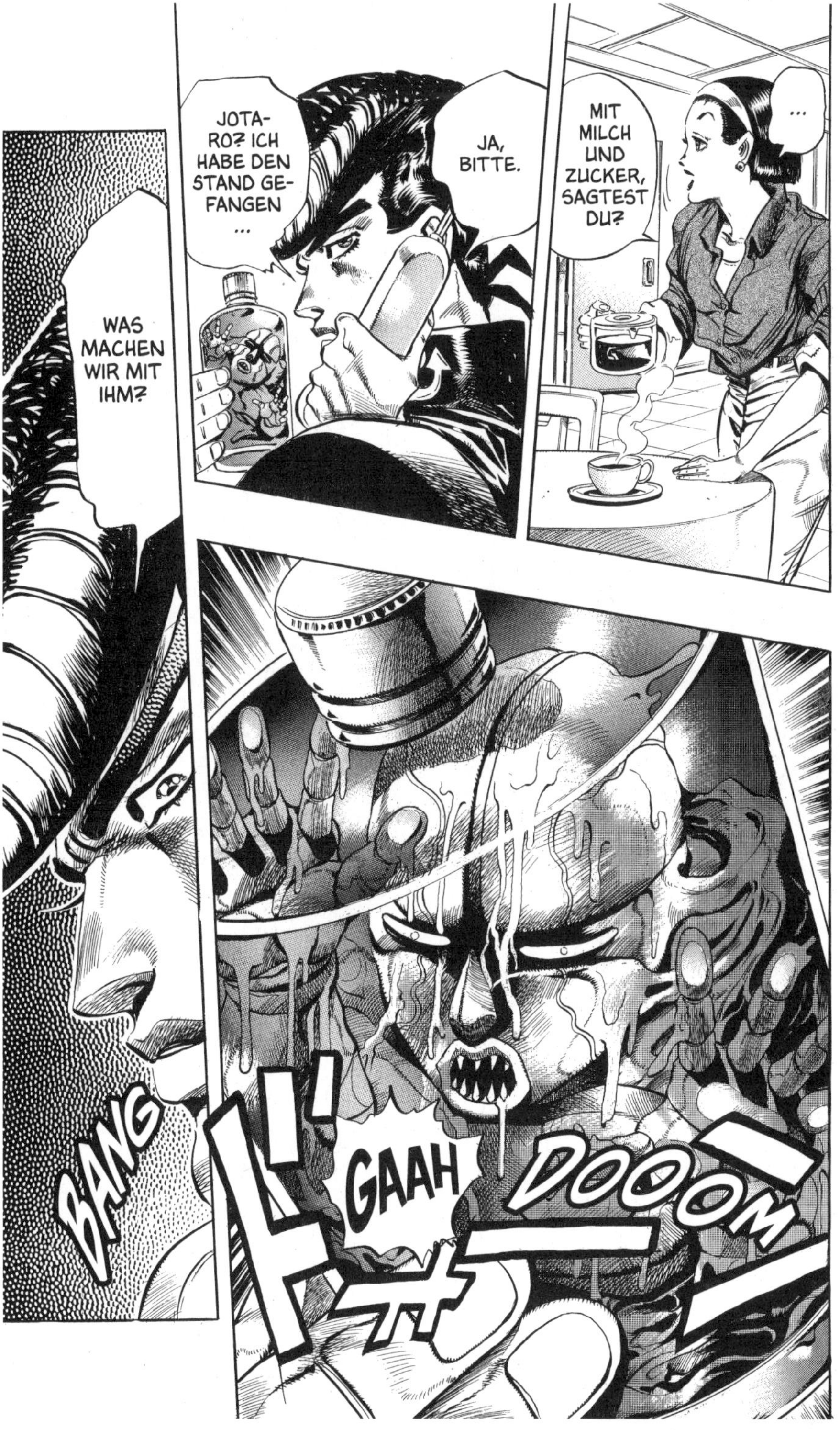

...
MIT MILCH UND ZUCKER, SAGTEST DU?
JA, BITTE.
JOTARO? ICH HABE DEN STAND GEFANGEN ...
WAS MACHEN WIR MIT IHM?
BANG
GAAH
DOOOM

JOJO'S BIZARRE ADVENTURE PART 4

DIAMOND IS UNBREAKABLE

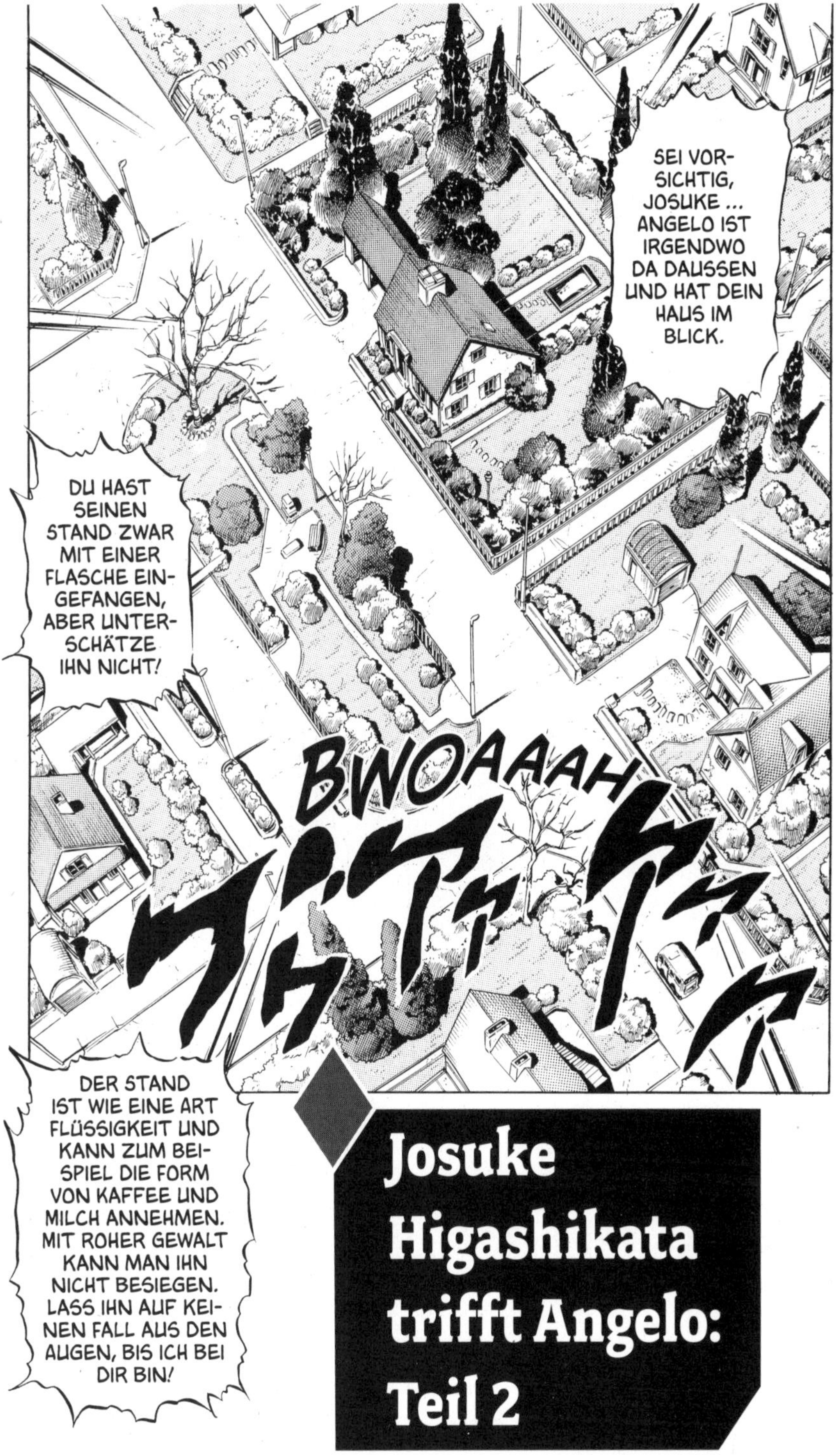

Josuke Higashikata trifft Angelo: Teil 2

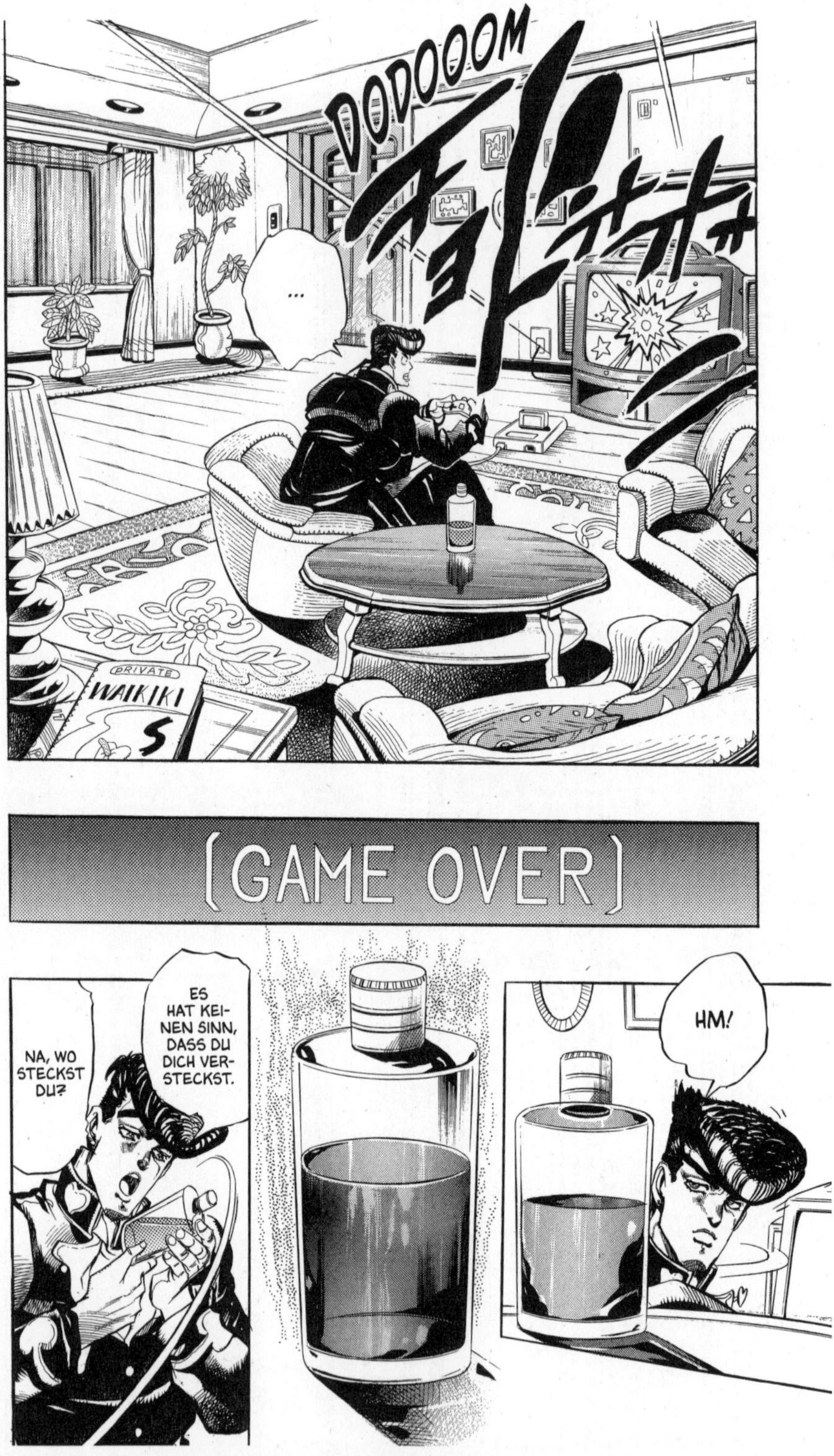
DODOOOM
...
(GAME OVER)
NA, WO STECKST DU?
ES HAT KEINEN SINN, DASS DU DICH VERSTECKST.
HM!

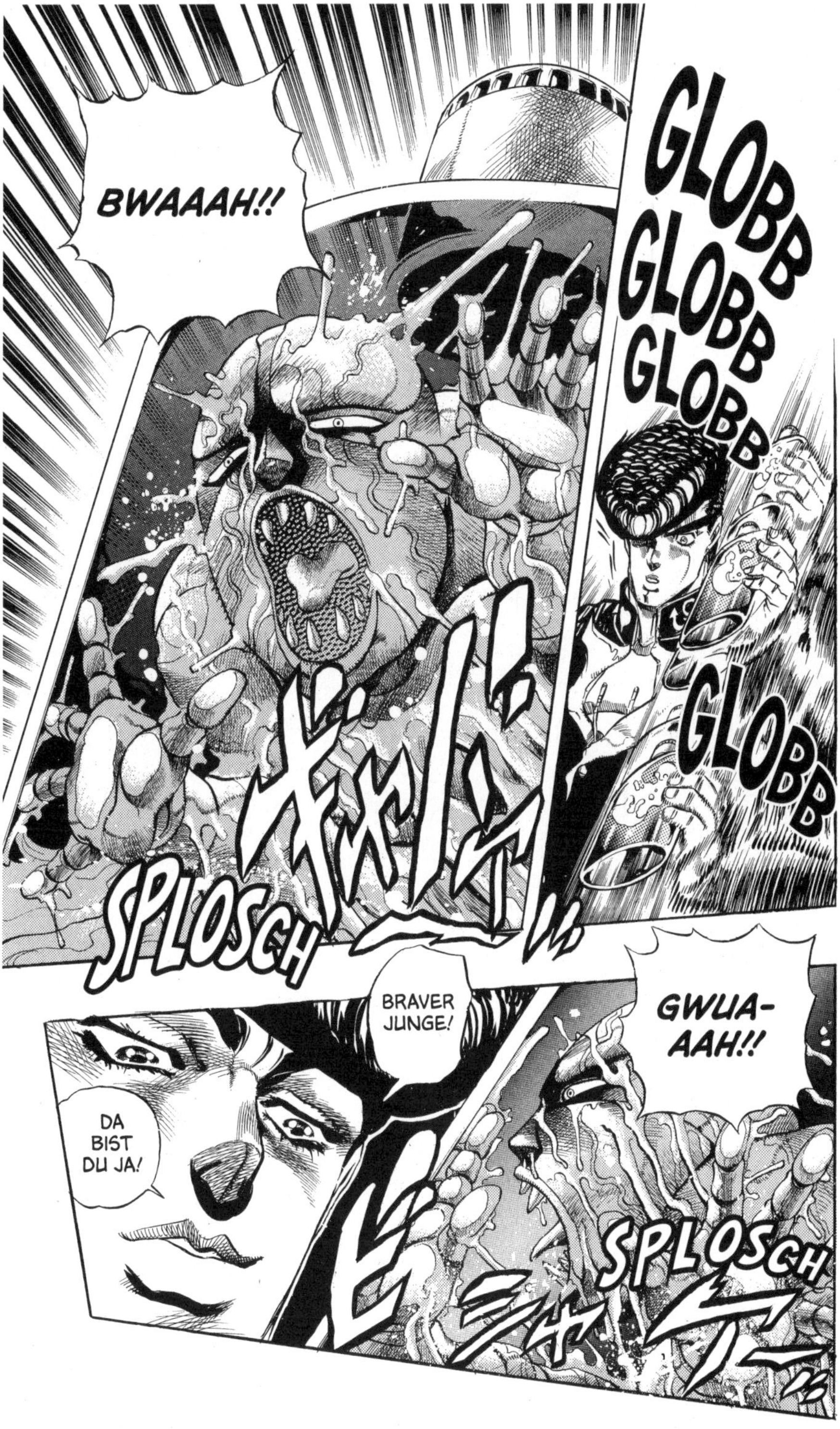
GLOBB
GLOBB
GLOBB
GLOBB
GLOBB
BWAAAH!!
SPLOSCH
GWUA-
AAH!!
SPLOSCH
BRAVER
JUNGE!
DA
BIST
DU JA!

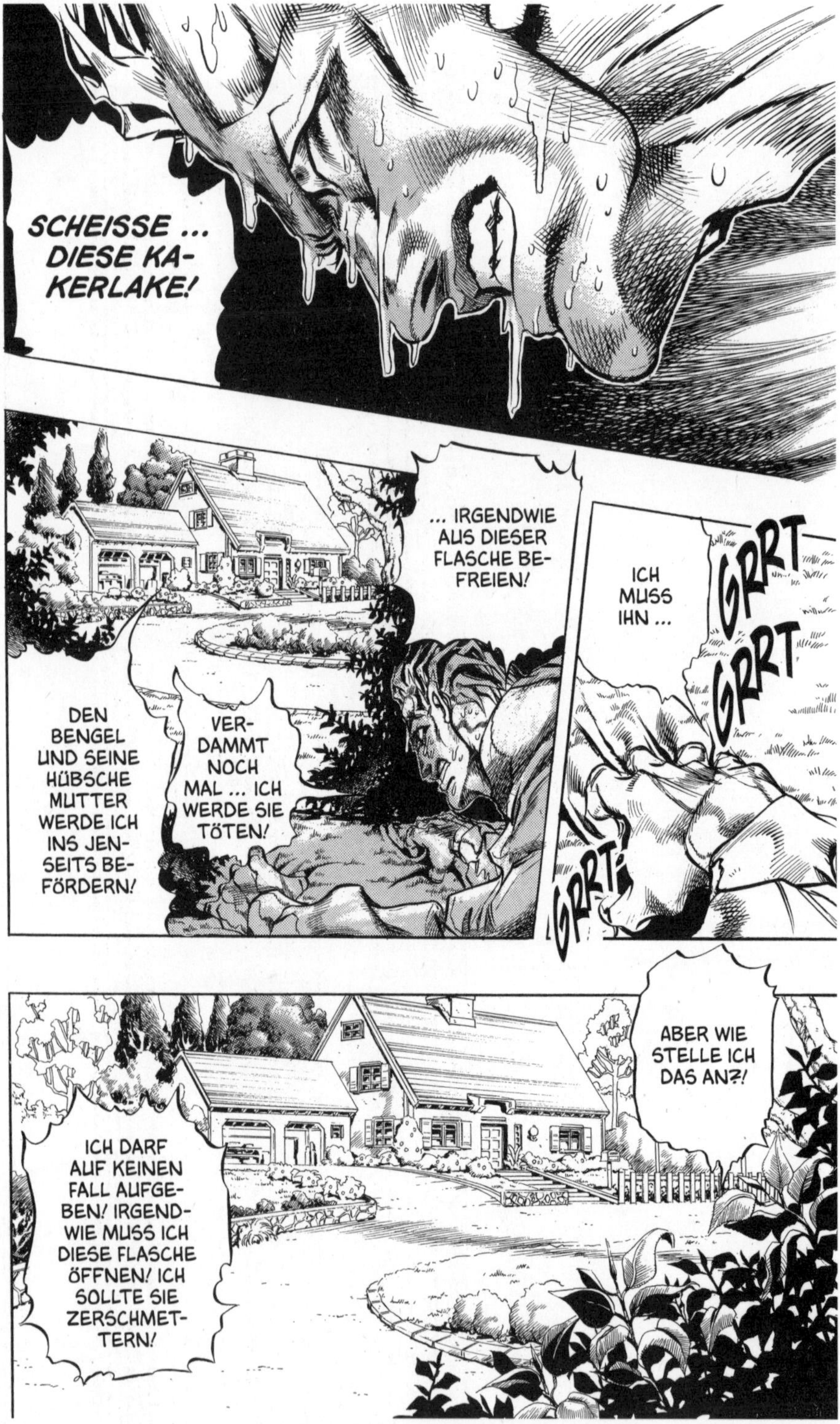
SCHEISSE ... DIESE KAKERLAKE!
ICH MUSS IHN ...
... IRGENDWIE AUS DIESER FLASCHE BEFREIEN!
GRRT GRRT
GRRT
VERDAMMT NOCH MAL ... ICH WERDE SIE TÖTEN!
DEN BENGEL UND SEINE HÜBSCHE MUTTER WERDE ICH INS JENSEITS BEFÖRDERN!
ABER WIE STELLE ICH DAS AN?!
ICH DARF AUF KEINEN FALL AUFGEBEN! IRGENDWIE MUSS ICH DIESE FLASCHE ÖFFNEN! ICH SOLLTE SIE ZERSCHMETTERN!

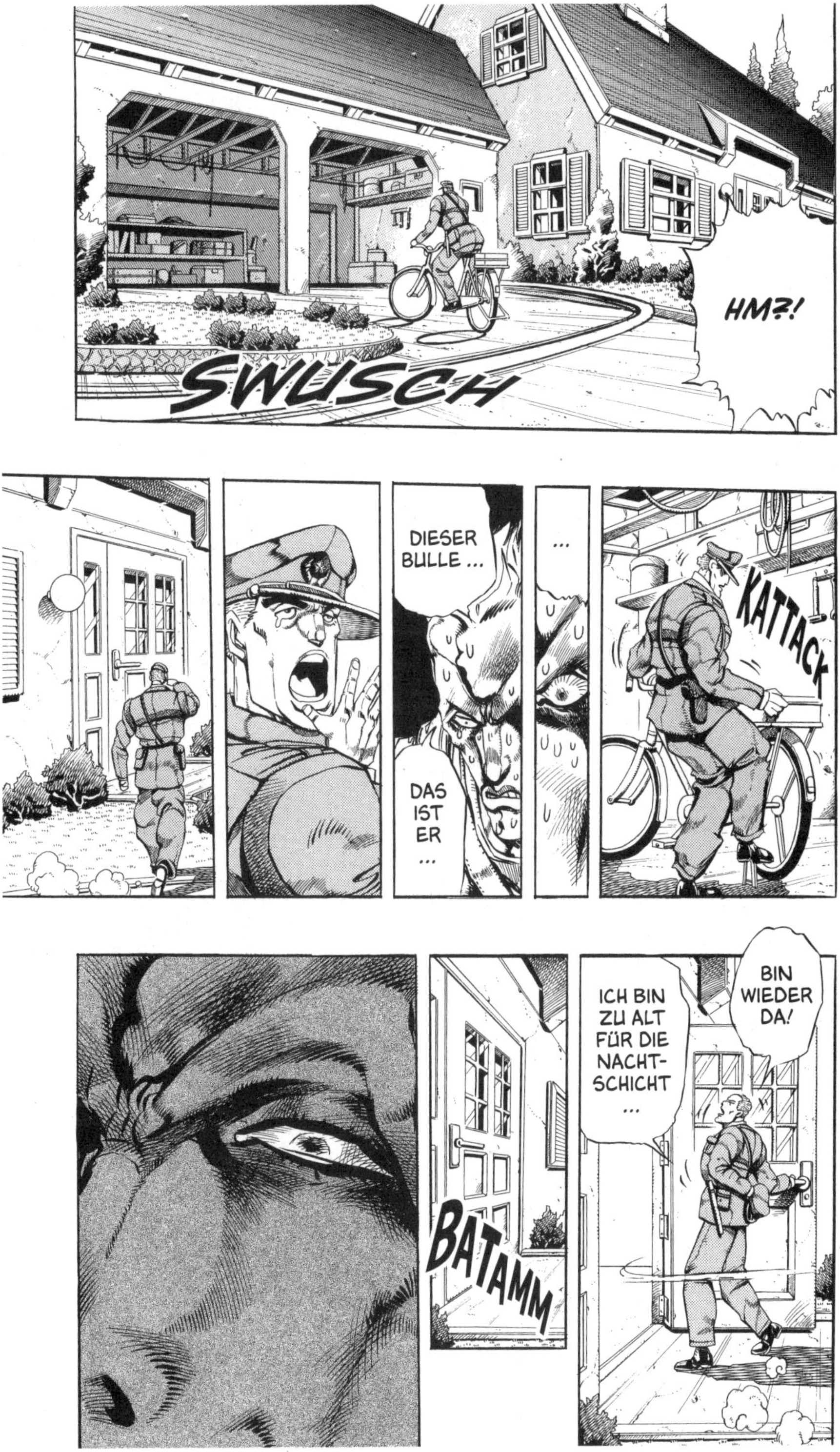
HM?!
SWUSCH
KATTACK
...
DIESER BULLE ...
DAS IST ER ...
BIN WIEDER DA!
ICH BIN ZU ALT FÜR DIE NACHT-SCHICHT ...
BATAMM

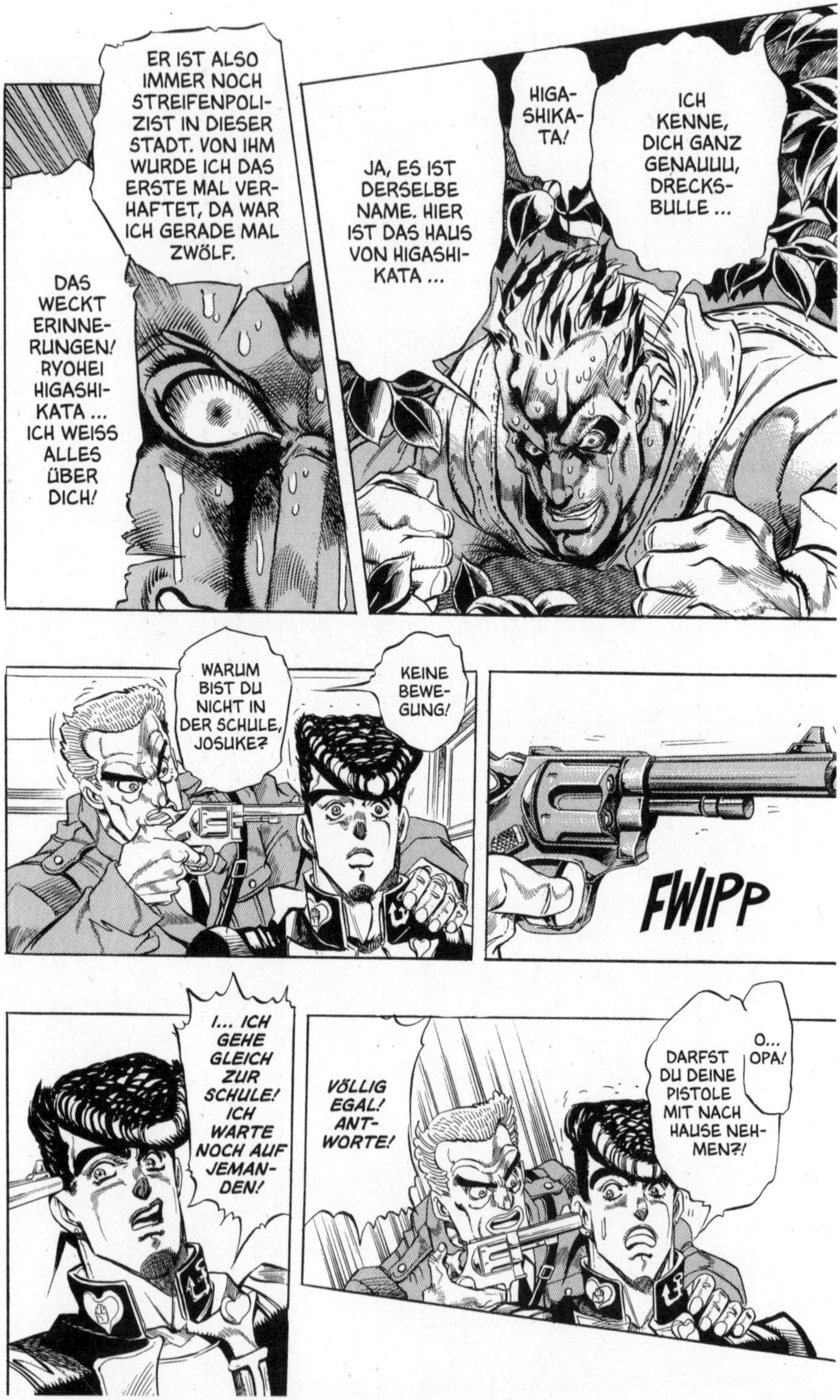
ICH KENNE, DICH GANZ GENAUUU, DRECKSBULLE ...
HIGASHIKATA!
JA, ES IST DERSELBE NAME. HIER IST DAS HAUS VON HIGASHIKATA ...
ER IST ALSO IMMER NOCH STREIFENPOLIZIST IN DIESER STADT. VON IHM WURDE ICH DAS ERSTE MAL VERHAFTET, DA WAR ICH GERADE MAL ZWÖLF.
DAS WECKT ERINNERUNGEN! RYOHEI HIGASHIKATA ... ICH WEISS ALLES ÜBER DICH!
FWIPP
KEINE BEWEGUNG!
WARUM BIST DU NICHT IN DER SCHULE, JOSUKE?
O... OPA!
DARFST DU DEINE PISTOLE MIT NACH HAUSE NEHMEN?!
VÖLLIG EGAL! ANTWORTE!
I... ICH GEHE GLEICH ZUR SCHULE! ICH WARTE NOCH AUF JEMANDEN!

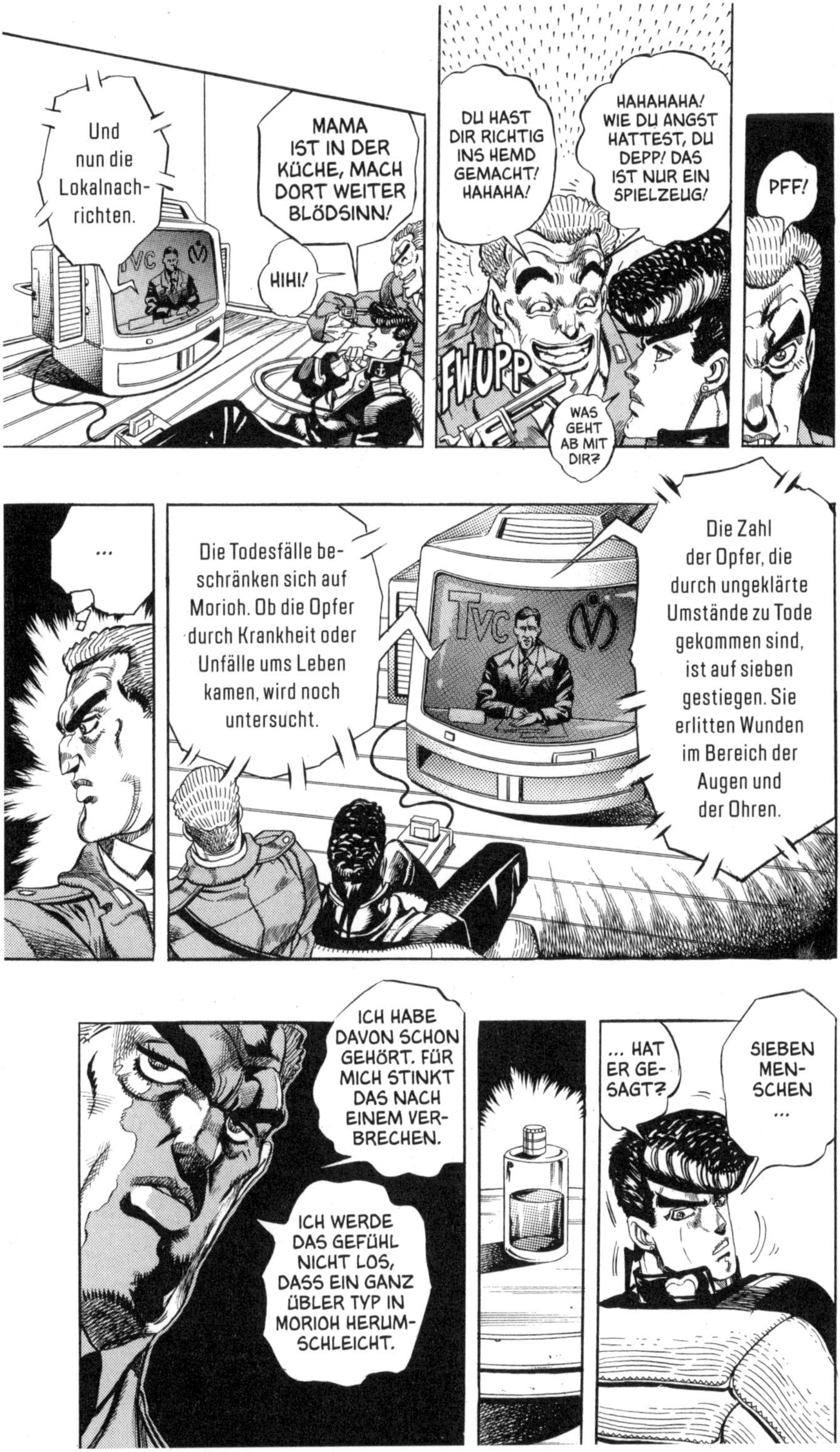
Und nun die Lokalnachrichten.
MAMA IST IN DER KÜCHE, MACH DORT WEITER BLÖDSINN!
HIHI!
DU HAST DIR RICHTIG INS HEMD GEMACHT! HAHAHA!
HAHAHAHA! WIE DU ANGST HATTEST, DU DEPP! DAS IST NUR EIN SPIELZEUG!
FWUPP
WAS GEHT AB MIT DIR?
PFF!
…
Die Zahl der Opfer, die durch ungeklärte Umstände zu Tode gekommen sind, ist auf sieben gestiegen. Sie erlitten Wunden im Bereich der Augen und der Ohren.
Die Todesfälle beschränken sich auf Morioh. Ob die Opfer durch Krankheit oder Unfälle ums Leben kamen, wird noch untersucht.
ICH HABE DAVON SCHON GEHÖRT. FÜR MICH STINKT DAS NACH EINEM VERBRECHEN.
ICH WERDE DAS GEFÜHL NICHT LOS, DASS EIN GANZ ÜBLER TYP IN MORIOH HERUMSCHLEICHT.
… HAT ER GESAGT?
SIEBEN MENSCHEN …

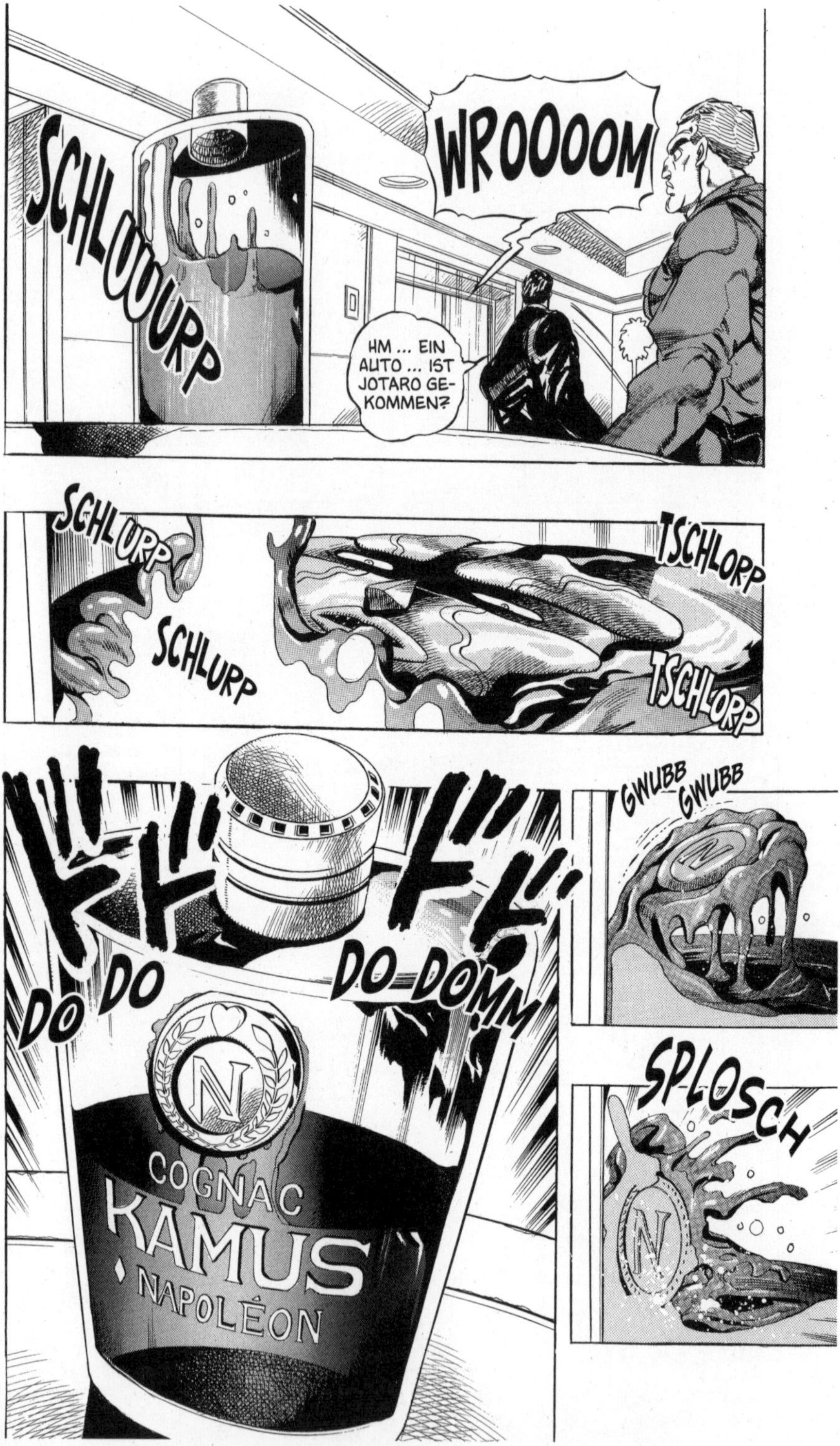
SCHLUUURP
WROOOOM
HM ... EIN AUTO ... IST JOTARO GEKOMMEN?
SCHLURP
SCHLURP
TSCHLORP
TSCHLORP
DO DO
DO-DOMM
COGNAC KAMUS NAPOLÉON
GWUBB GWUBB
SPLOSCH

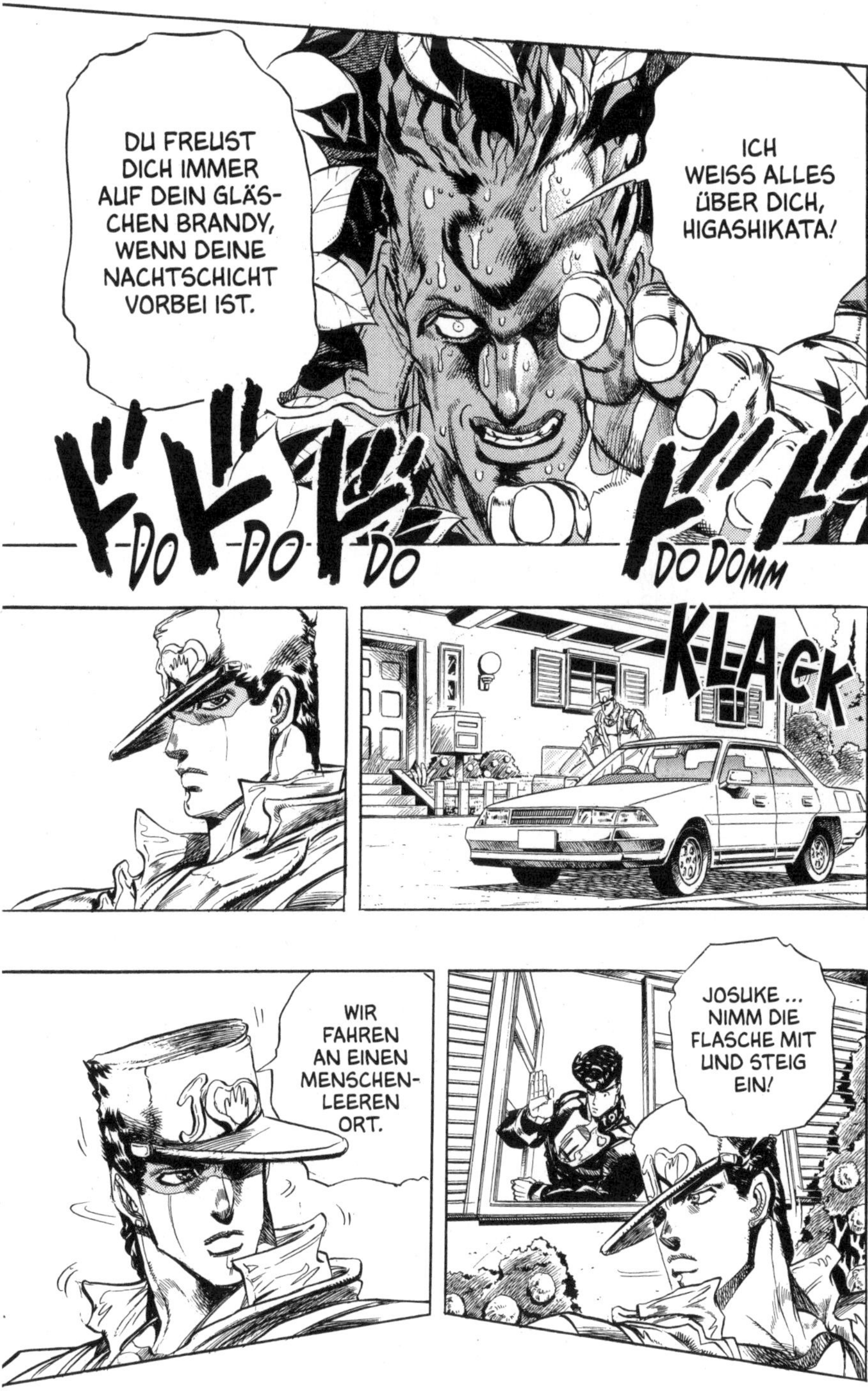
ICH WEISS ALLES ÜBER DICH, HIGASHIKATA!
DU FREUST DICH IMMER AUF DEIN GLÄS-CHEN BRANDY, WENN DEINE NACHTSCHICHT VORBEI IST.
DO DOMM
DO DO DO
KLACK
JOSUKE ... NIMM DIE FLASCHE MIT UND STEIG EIN!
WIR FAHREN AN EINEN MENSCHEN-LEEREN ORT.

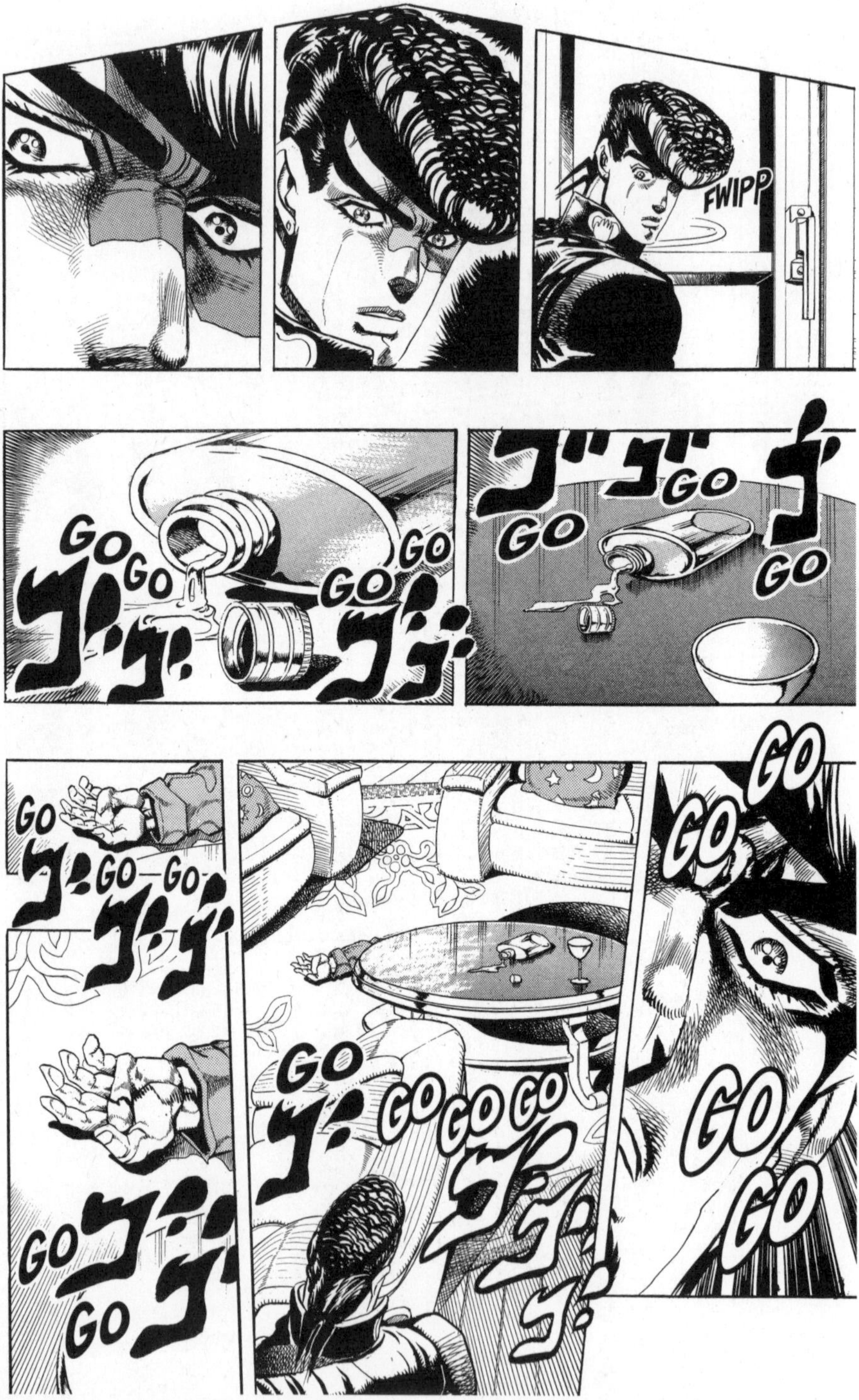
FWIPP
GO GO GO GO
GO GO GO GO
GO GO GO GO
GO GO GO GO
GO GO GO GO
GO GO

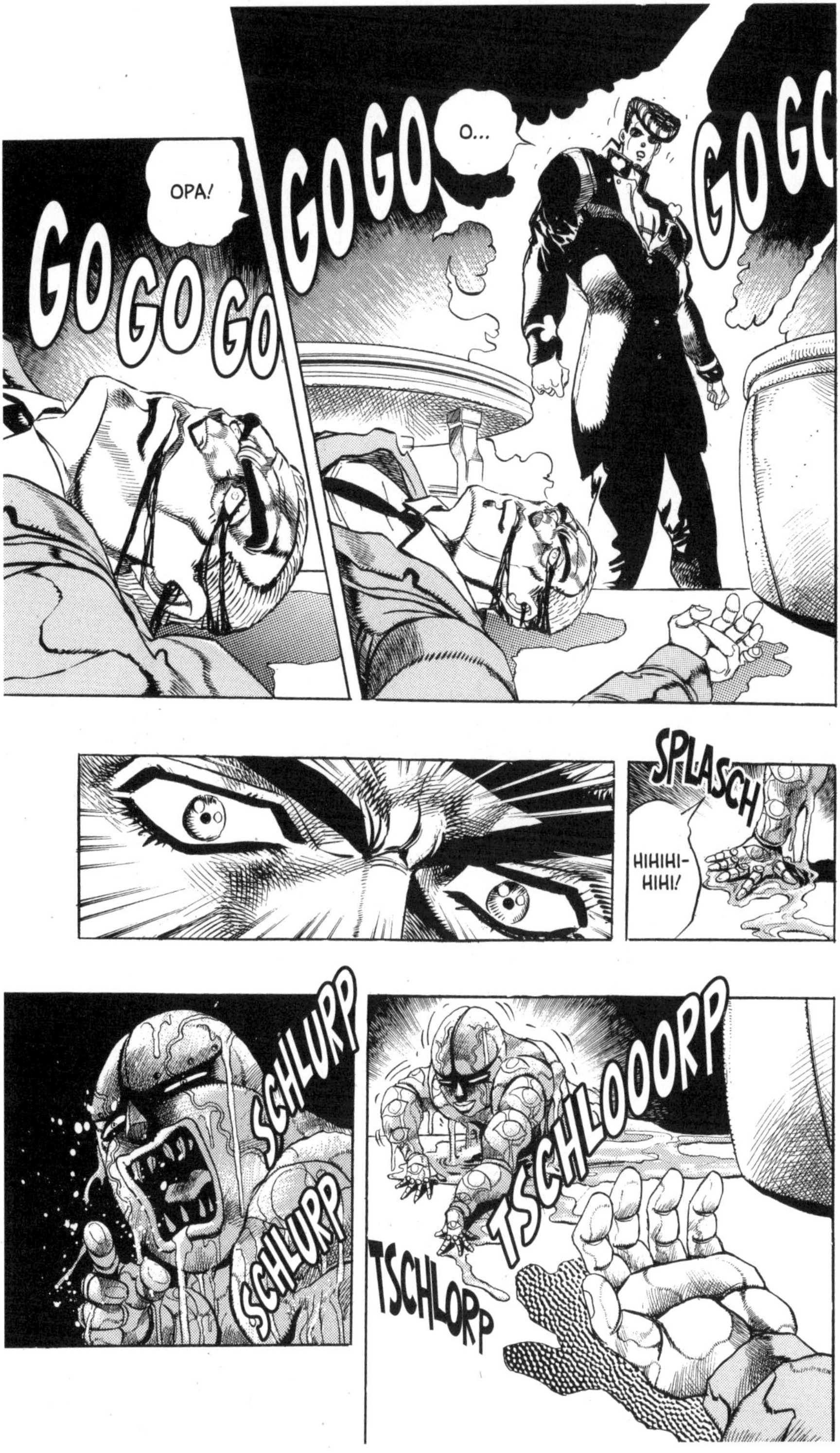
GO GO
O...
GO GO
OPA!
GO GO GO
SPLASCH
HIHIHI-HIHI!
TSCHLOOORP
TSCHLORP
SCHLURP
SCHLURP

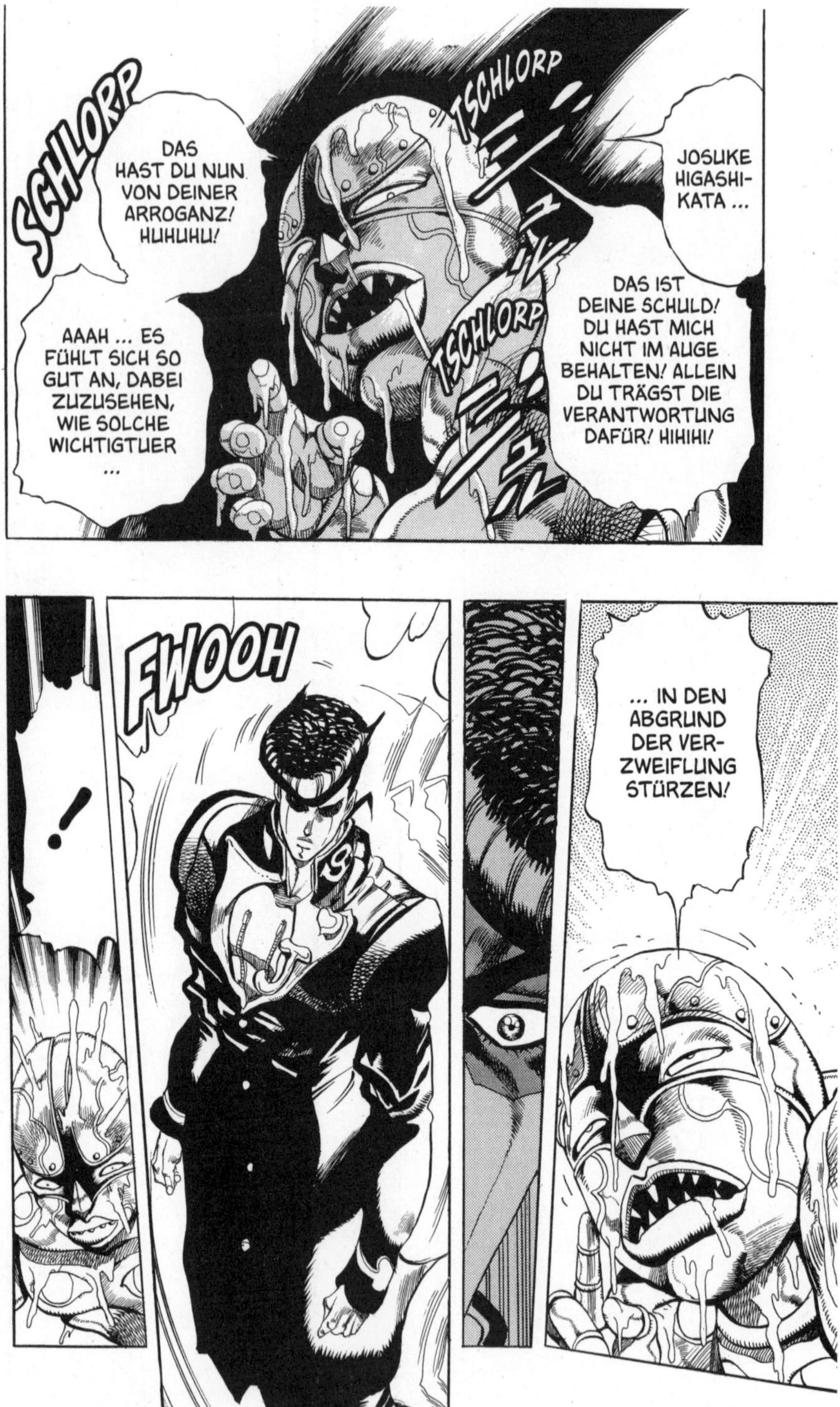
TSCHLORP
JOSUKE HIGASHI-KATA ...
DAS IST DEINE SCHULD! DU HAST MICH NICHT IM AUGE BEHALTEN! ALLEIN DU TRÄGST DIE VERANTWORTUNG DAFÜR! HIHIHI!
TSCHLORP
DAS HAST DU NUN VON DEINER ARROGANZ! HUHUHU!
SCHLORP
AAAH ... ES FÜHLT SICH SO GUT AN, DABEI ZUZUSEHEN, WIE SOLCHE WICHTIGTUER ...
... IN DEN ABGRUND DER VER-ZWEIFLUNG STÜRZEN!
FWOOH
!

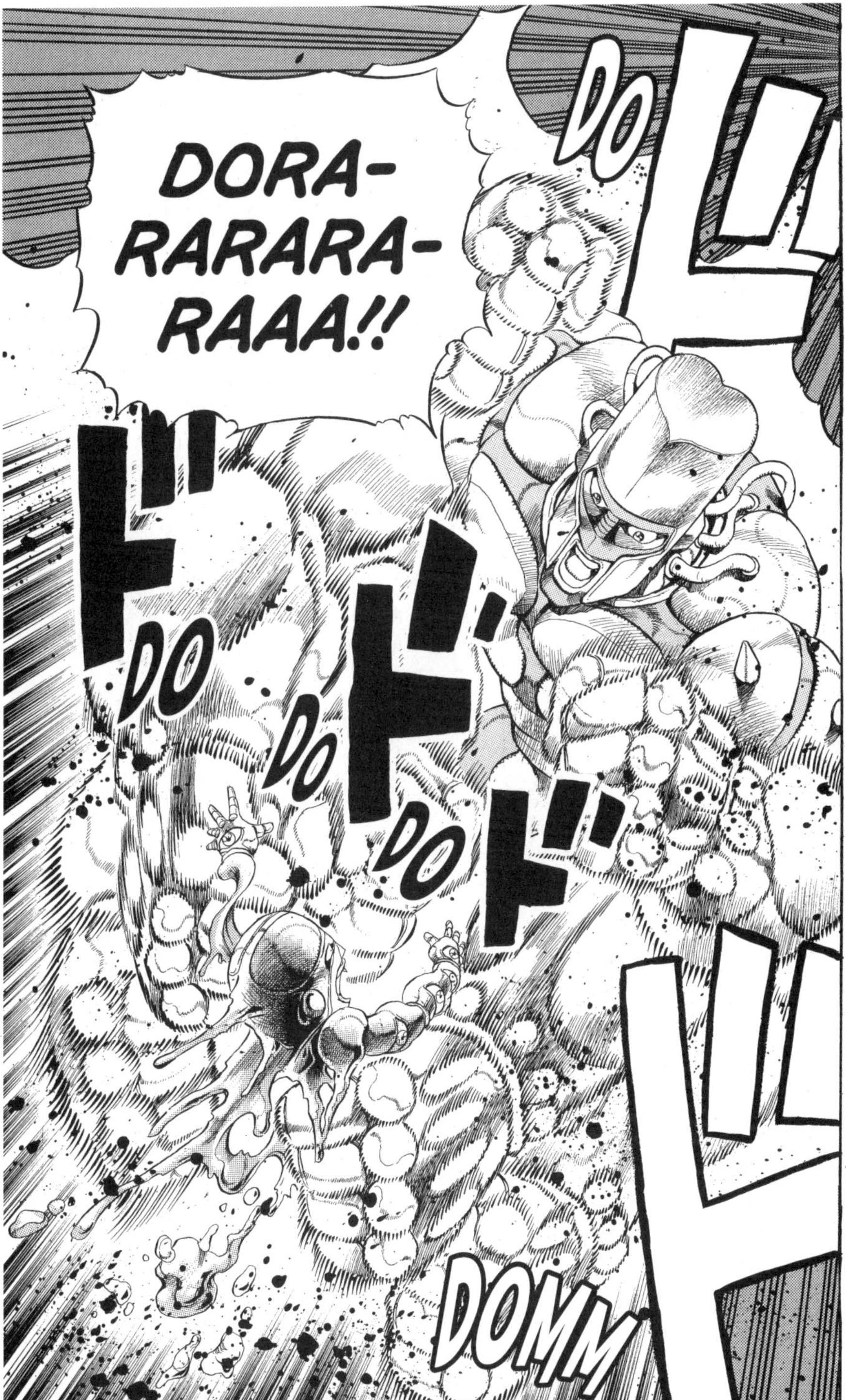
DO
DORA-
RARARARA-
RAAA!!
DO
DO
DO
DOMM

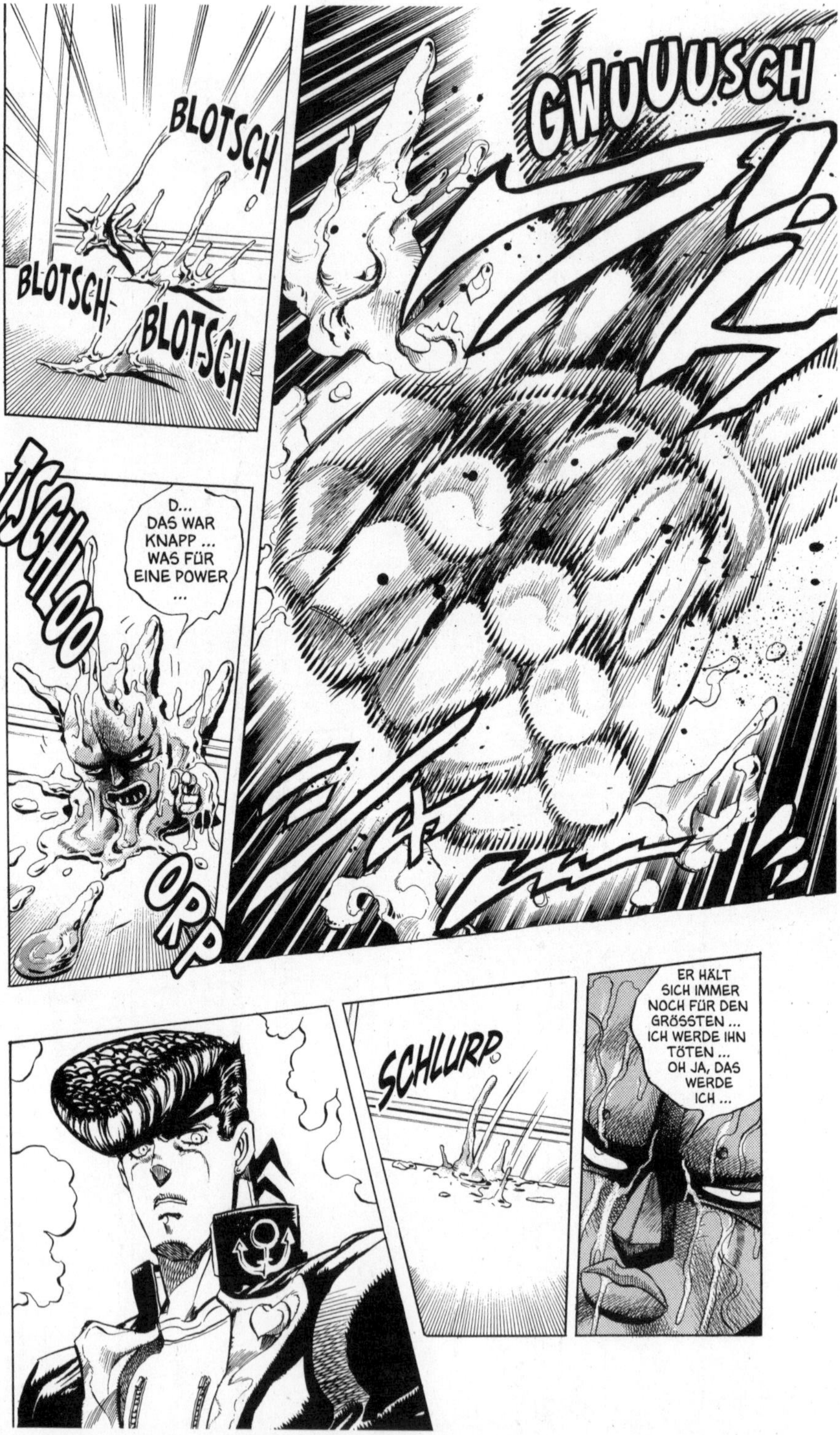
GWUUUSCH
BLOTSCH
BLOTSCH
BLOT-SCH
TSCHLOO
D... DAS WAR KNAPP ... WAS FÜR EINE POWER ...
ORPP
ER HÄLT SICH IMMER NOCH FÜR DEN GRÖSSTEN ... ICH WERDE IHN TÖTEN ... OH JA, DAS WERDE ICH ...
SCHLURP

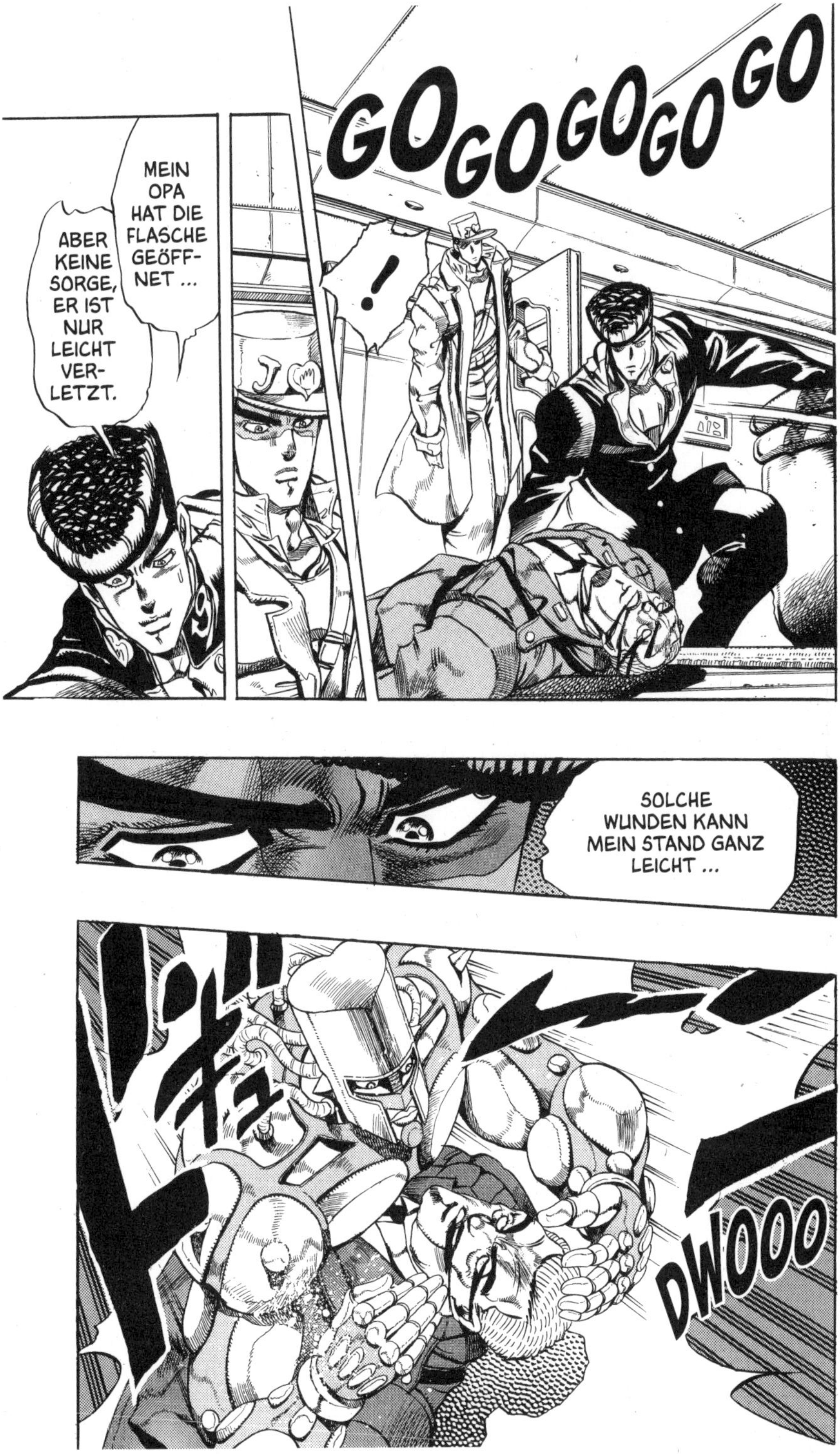
GOGOGOGOGOGO
!
MEIN OPA HAT DIE FLASCHE GEÖFFNET ...
ABER KEINE SORGE, ER IST NUR LEICHT VERLETZT.
SOLCHE WUNDEN KANN MEIN STAND GANZ LEICHT ...
DWOOO

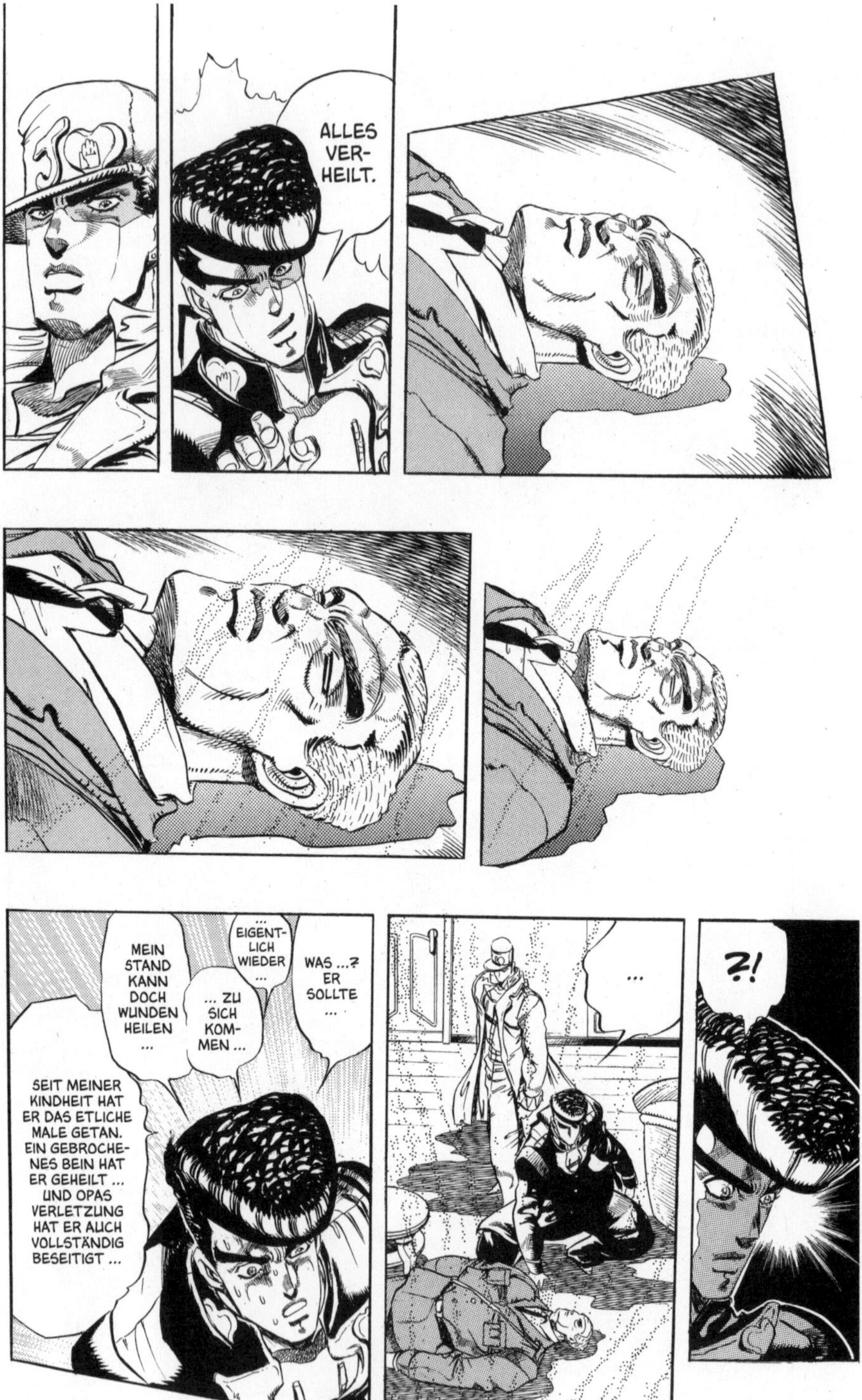
ALLES VER-HEILT.
?!
...
WAS ...? ER SOLLTE ...
... EIGENT-LICH WIEDER ...
... ZU SICH KOM-MEN ...
MEIN STAND KANN DOCH WUNDEN HEILEN ...
SEIT MEINER KINDHEIT HAT ER DAS ETLICHE MALE GETAN. EIN GEBROCHE-NES BEIN HAT ER GEHEILT ... UND OPAS VERLETZUNG HAT ER AUCH VOLLSTÄNDIG BESEITIGT ...

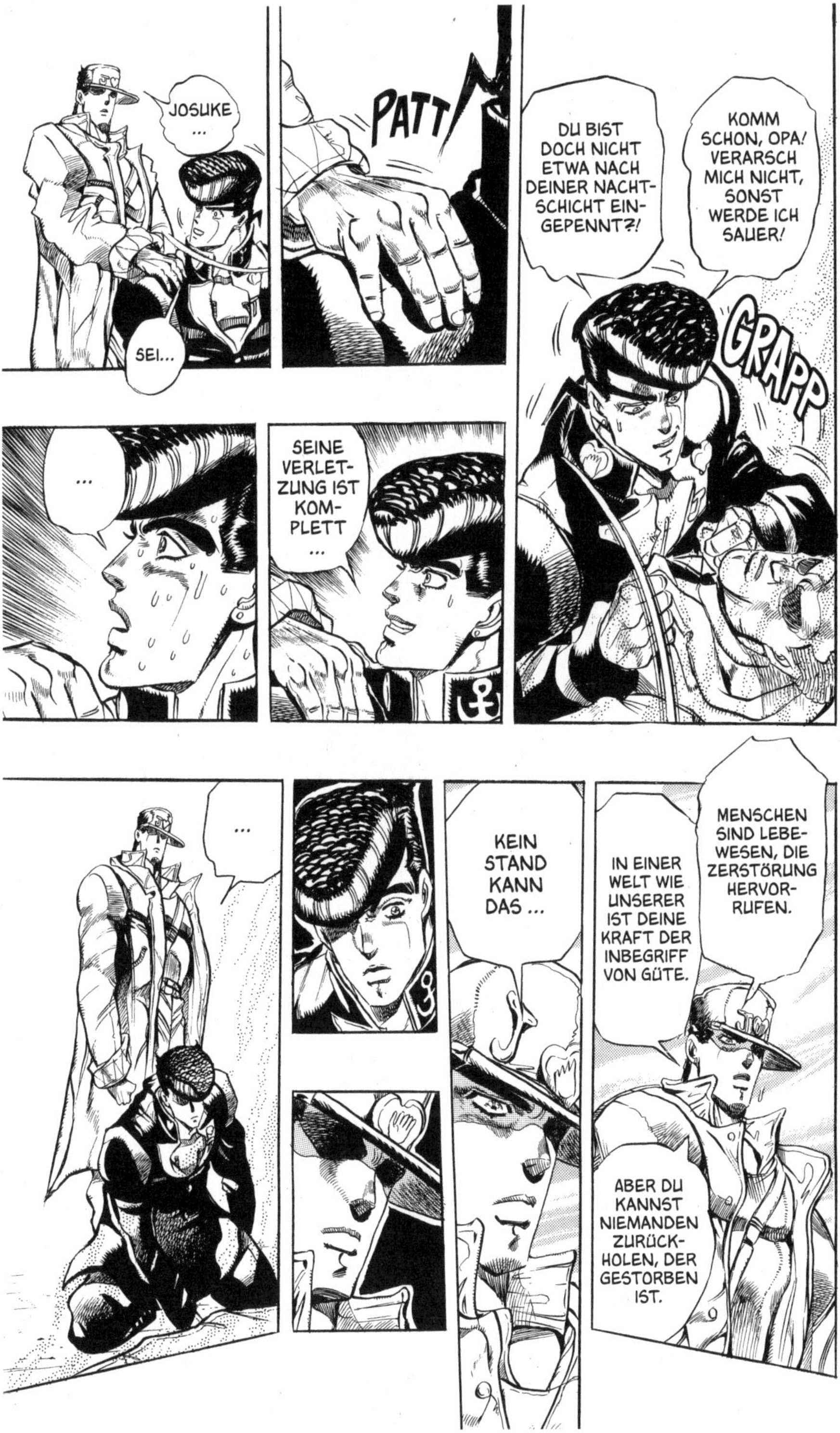
JOSUKE ...
SEI...
PATT
DU BIST DOCH NICHT ETWA NACH DEINER NACHT-SCHICHT EIN-GEPENNT?!
KOMM SCHON, OPA! VERARSCH MICH NICHT, SONST WERDE ICH SAUER!
GRAPP
...
SEINE VERLET-ZUNG IST KOM-PLETT ...
...
KEIN STAND KANN DAS ...
MENSCHEN SIND LEBE-WESEN, DIE ZERSTÖRUNG HERVOR-RUFEN.
IN EINER WELT WIE UNSERER IST DEINE KRAFT DER INBEGRIFF VON GÜTE.
ABER DU KANNST NIEMANDEN ZURÜCK-HOLEN, DER GESTORBEN IST.

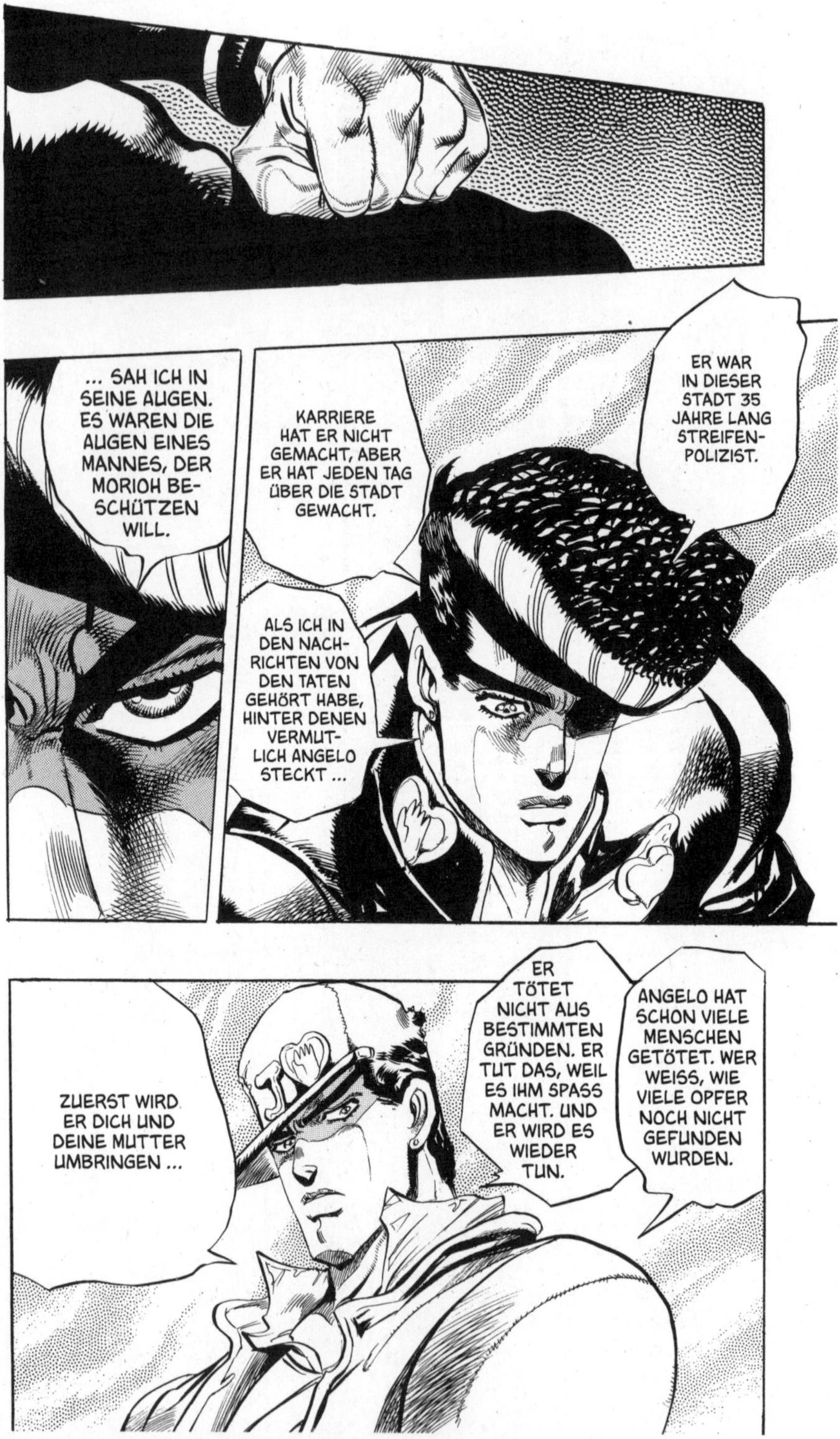
ER WAR IN DIESER STADT 35 JAHRE LANG STREIFEN-POLIZIST.
KARRIERE HAT ER NICHT GEMACHT, ABER ER HAT JEDEN TAG ÜBER DIE STADT GEWACHT.
ALS ICH IN DEN NACHRICHTEN VON DEN TATEN GEHÖRT HABE, HINTER DENEN VERMUTLICH ANGELO STECKT ...
... SAH ICH IN SEINE AUGEN. ES WAREN DIE AUGEN EINES MANNES, DER MORIOH BESCHÜTZEN WILL.
ANGELO HAT SCHON VIELE MENSCHEN GETÖTET. WER WEISS, WIE VIELE OPFER NOCH NICHT GEFUNDEN WURDEN.
ER TÖTET NICHT AUS BESTIMMTEN GRÜNDEN. ER TUT DAS, WEIL ES IHM SPASS MACHT. UND ER WIRD ES WIEDER TUN.
ZUERST WIRD ER DICH UND DEINE MUTTER UMBRINGEN ...

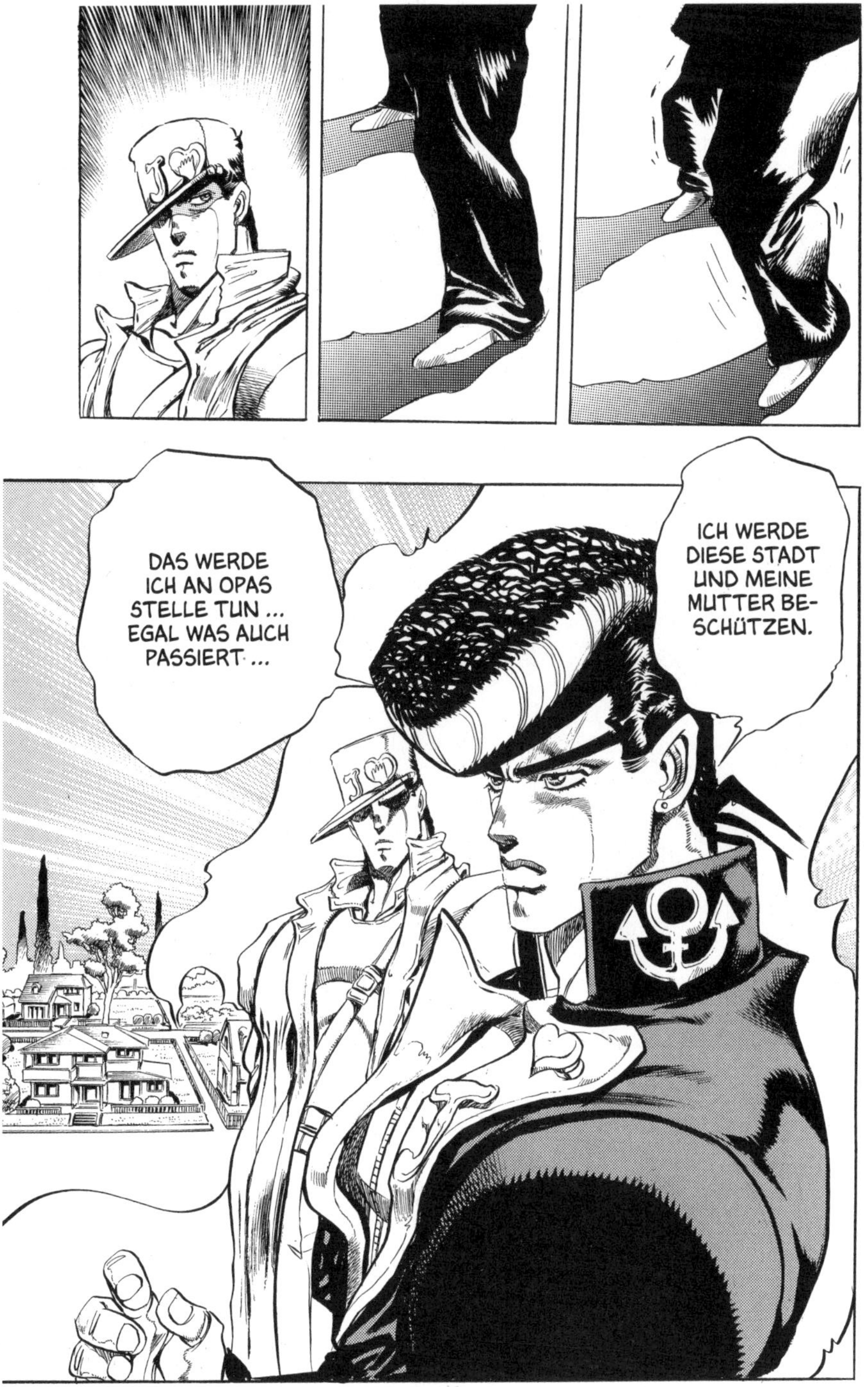
ICH WERDE DIESE STADT UND MEINE MUTTER BESCHÜTZEN.
DAS WERDE ICH AN OPAS STELLE TUN ... EGAL WAS AUCH PASSIERT ...

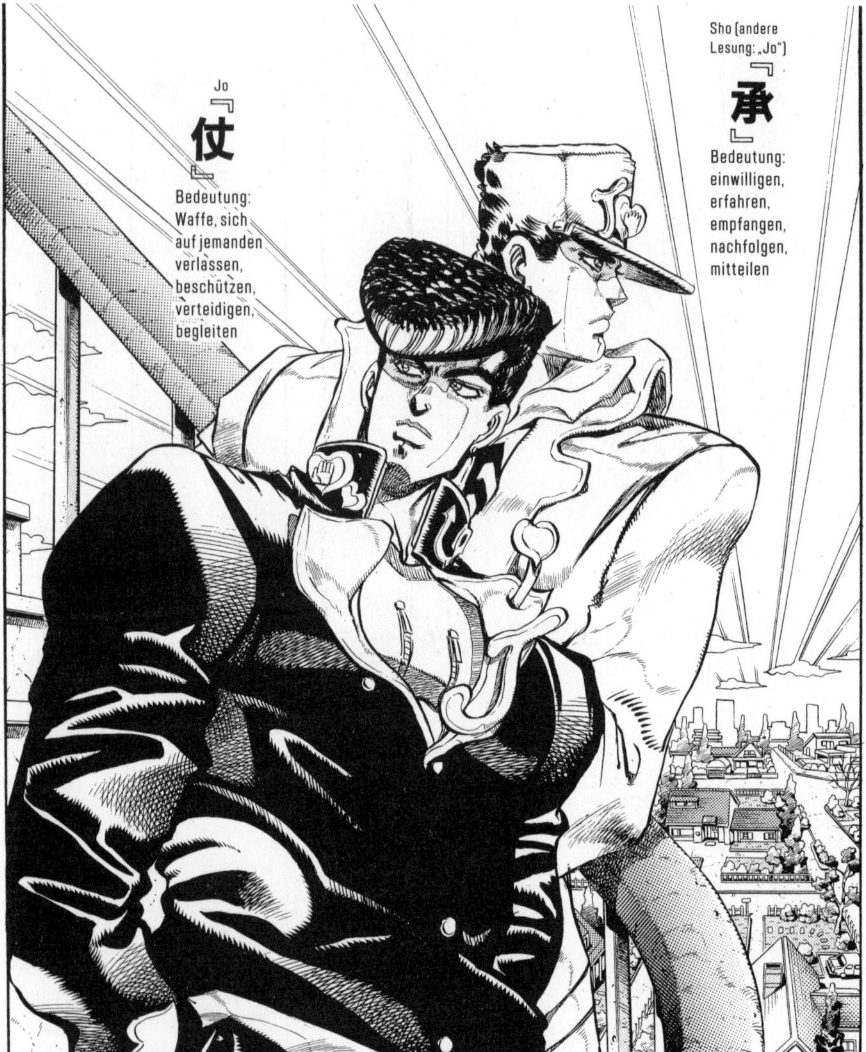

Josuke Higashikata trifft Angelo: Teil 3

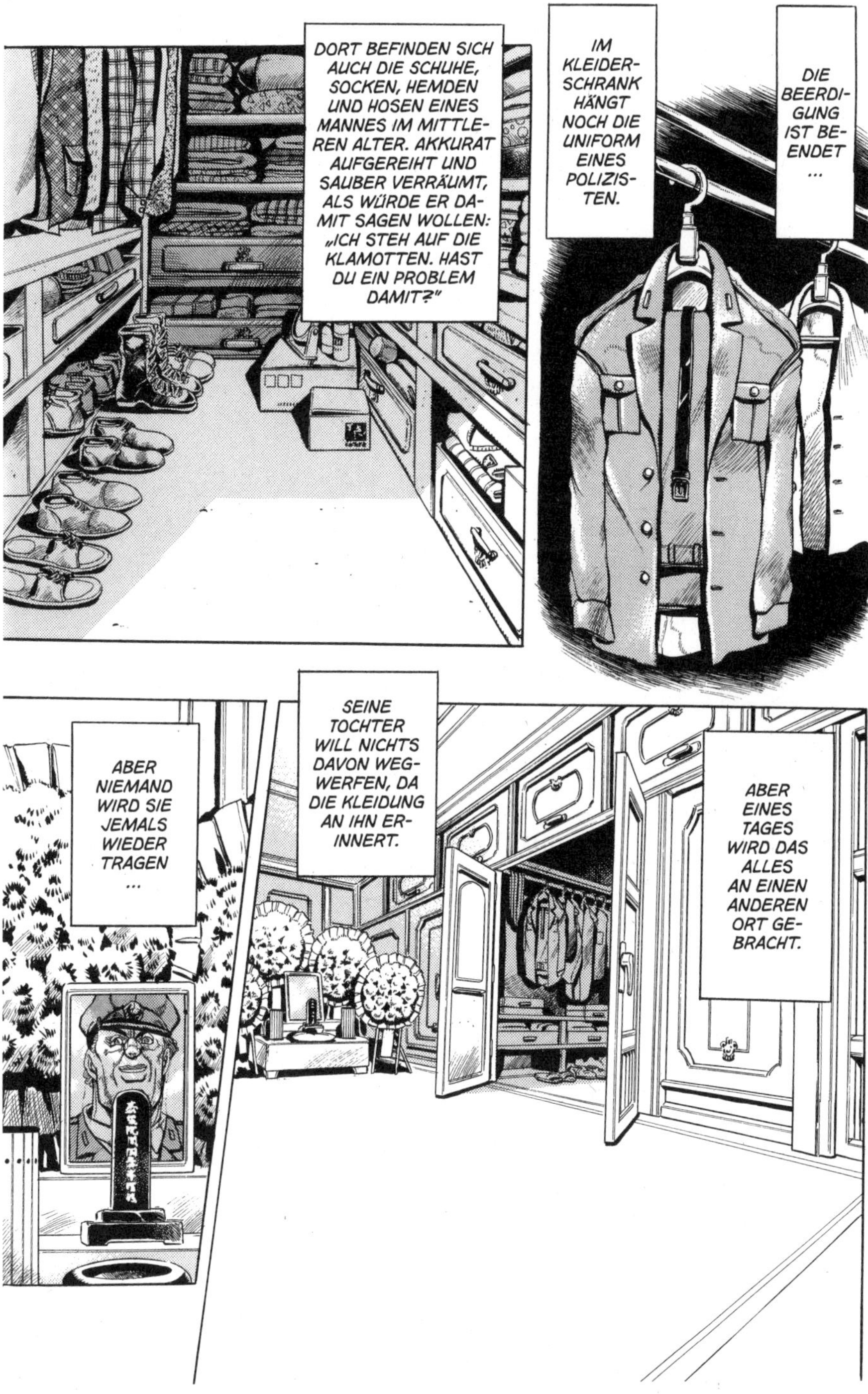

DIE BEERDIGUNG IST BEENDET ...
IM KLEIDERSCHRANK HÄNGT NOCH DIE UNIFORM EINES POLIZISTEN.
DORT BEFINDEN SICH AUCH DIE SCHUHE, SOCKEN, HEMDEN UND HOSEN EINES MANNES IM MITTLEREN ALTER. AKKURAT AUFGEREIHT UND SAUBER VERRÄUMT, ALS WÜRDE ER DAMIT SAGEN WOLLEN: „ICH STEH AUF DIE KLAMOTTEN. HAST DU EIN PROBLEM DAMIT?"
ABER EINES TAGES WIRD DAS ALLES AN EINEN ANDEREN ORT GEBRACHT.
SEINE TOCHTER WILL NICHTS DAVON WEGWERFEN, DA DIE KLEIDUNG AN IHN ERINNERT.
ABER NIEMAND WIRD SIE JEMALS WIEDER TRAGEN ...

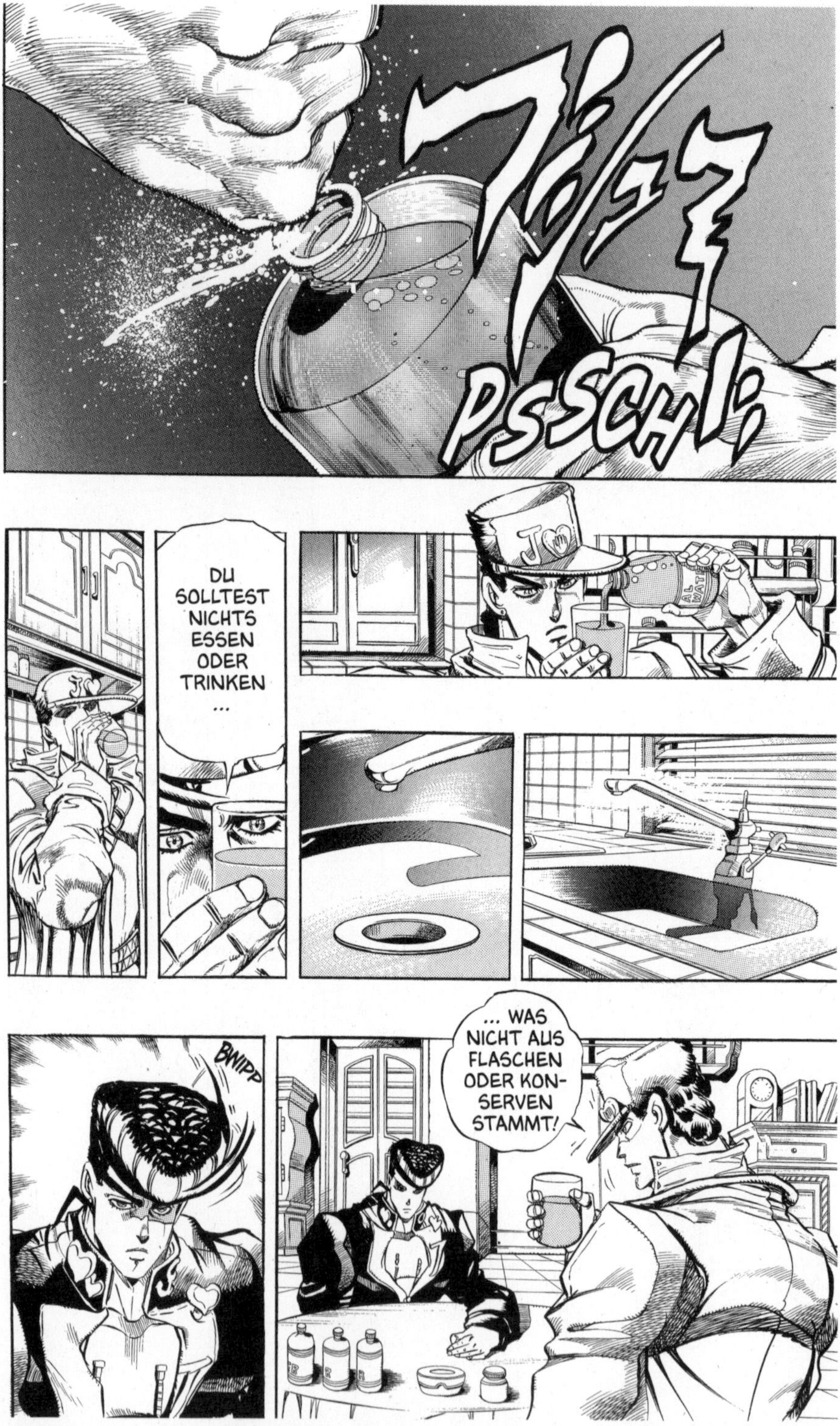
PSSCH!!
DU SOLLTEST NICHTS ESSEN ODER TRINKEN ...
BWIPP
... WAS NICHT AUS FLASCHEN ODER KONSERVEN STAMMT!

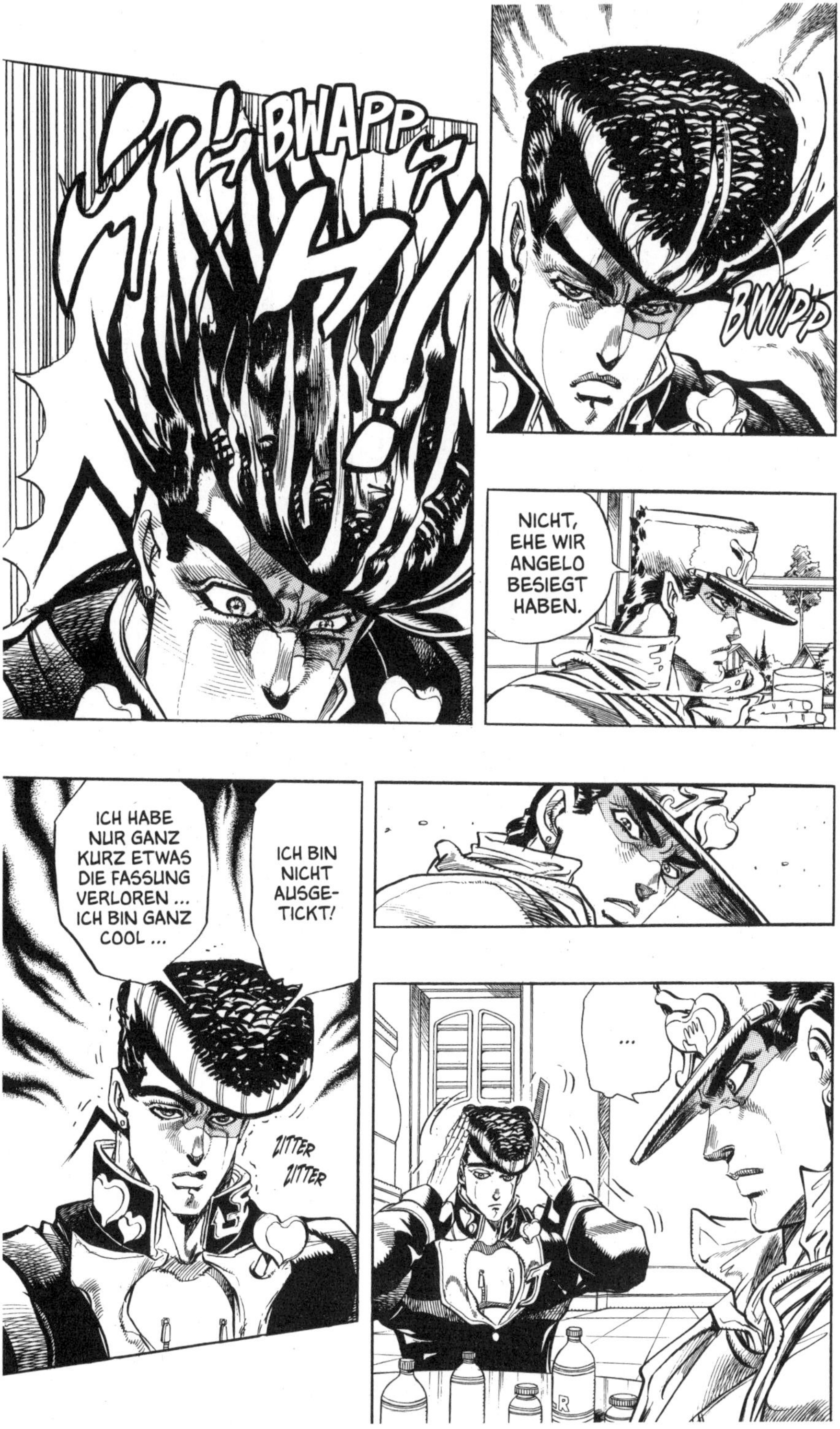

BWAPP
BWIPP
NICHT, EHE WIR ANGELO BESIEGT HABEN.
ICH BIN NICHT AUSGE-TICKT!
ICH HABE NUR GANZ KURZ ETWAS DIE FASSUNG VERLOREN ... ICH BIN GANZ COOL ...
ZITTER ZITTER
...

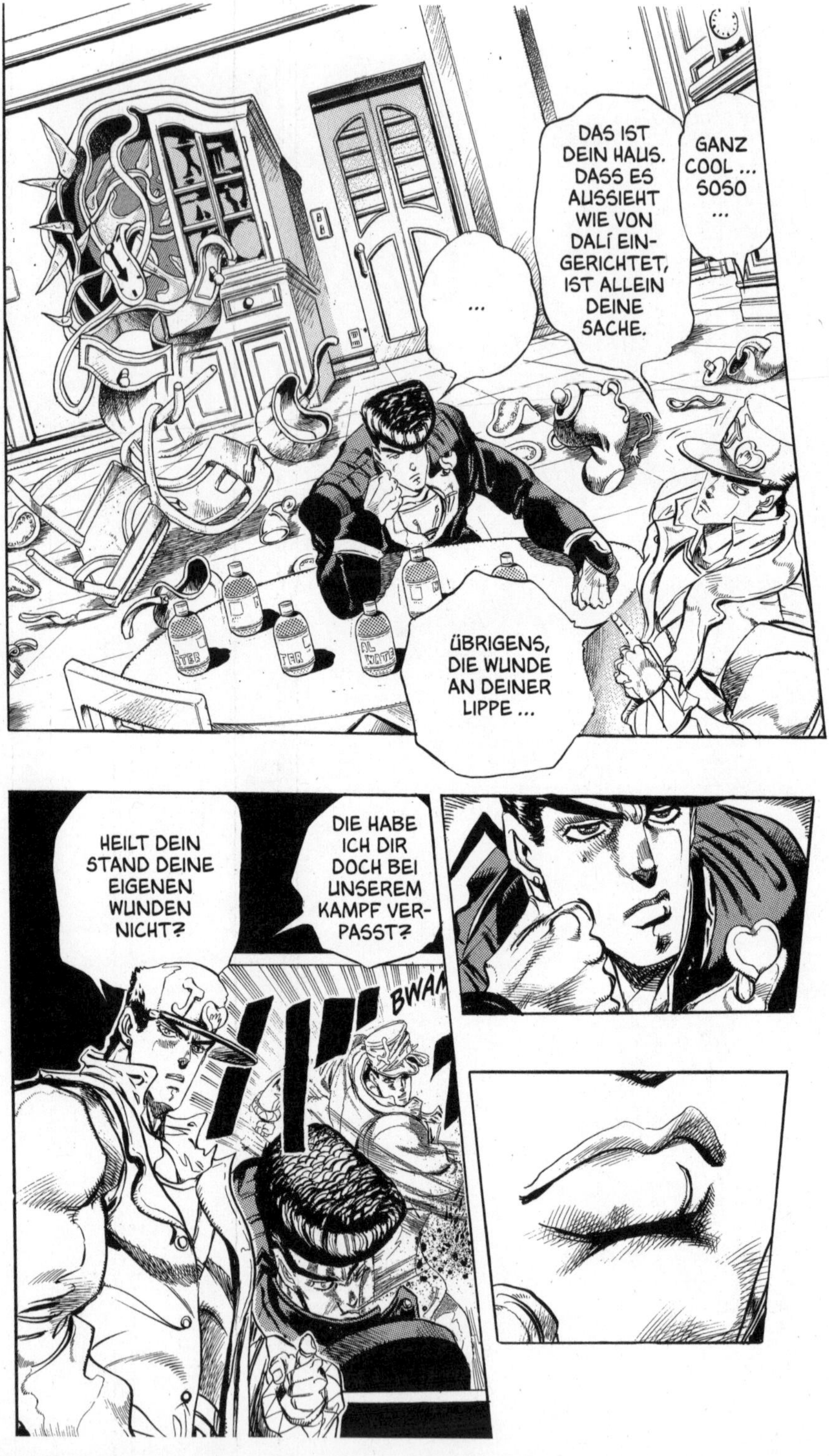
GANZ COOL ... SOSO ...
DAS IST DEIN HAUS. DASS ES AUSSIEHT WIE VON DALÍ EINGERICHTET, IST ALLEIN DEINE SACHE.
...
ÜBRIGENS, DIE WUNDE AN DEINER LIPPE ...
DIE HABE ICH DIR DOCH BEI UNSEREM KAMPF VERPASST?
BWAM
HEILT DEIN STAND DEINE EIGENEN WUNDEN NICHT?

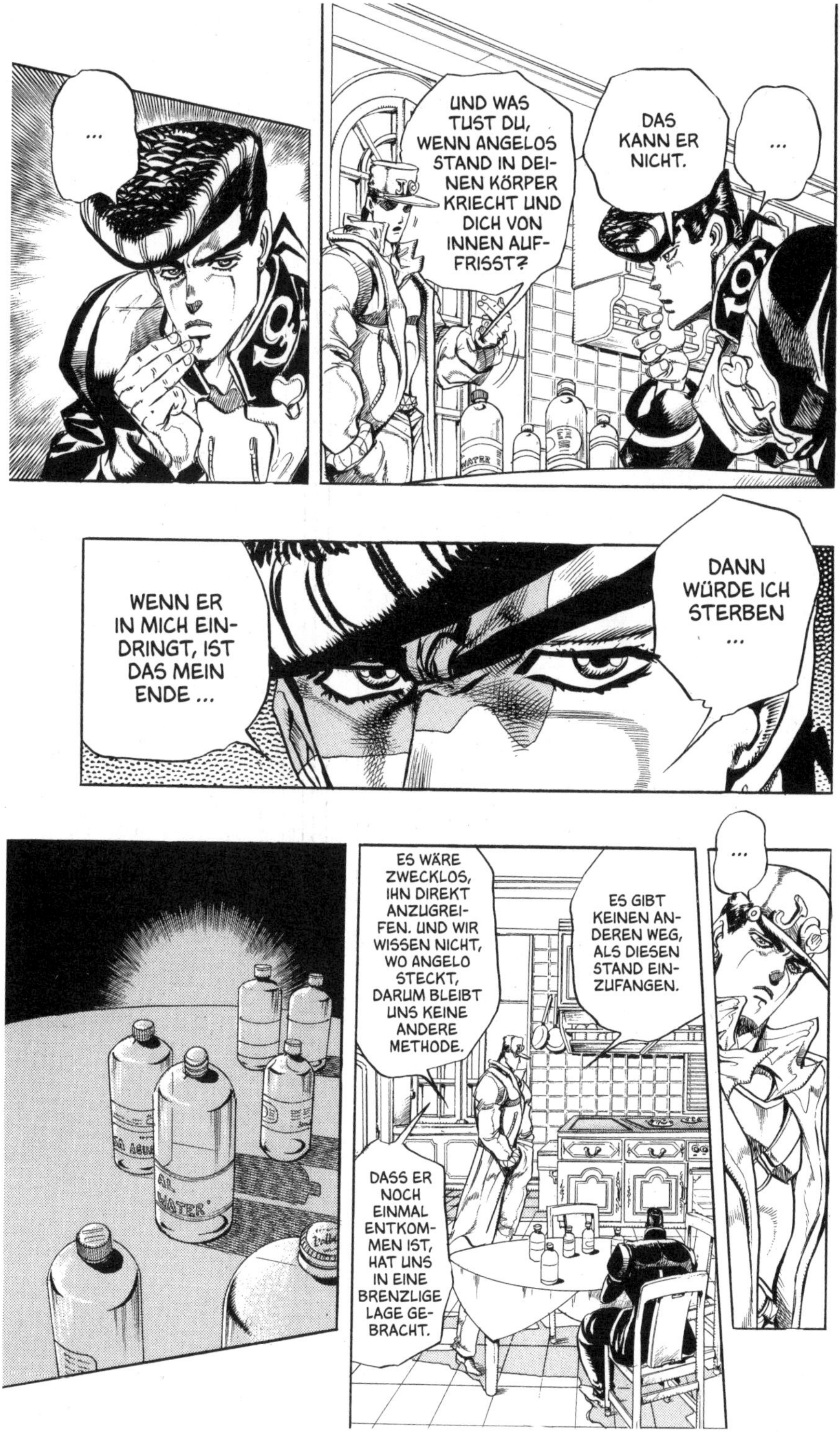
...
DAS KANN ER NICHT.
UND WAS TUST DU, WENN ANGELOS STAND IN DEI-NEN KÖRPER KRIECHT UND DICH VON INNEN AUF-FRISST?
...
DANN WÜRDE ICH STERBEN ...
WENN ER IN MICH EIN-DRINGT, IST DAS MEIN ENDE ...
...
ES GIBT KEINEN AN-DEREN WEG, ALS DIESEN STAND EIN-ZUFANGEN.
ES WÄRE ZWECKLOS, IHN DIREKT ANZUGREI-FEN. UND WIR WISSEN NICHT, WO ANGELO STECKT, DARUM BLEIBT UNS KEINE ANDERE METHODE.
DASS ER NOCH EINMAL ENTKOM-MEN IST, HAT UNS IN EINE BRENZLIGE LAGE GE-BRACHT.

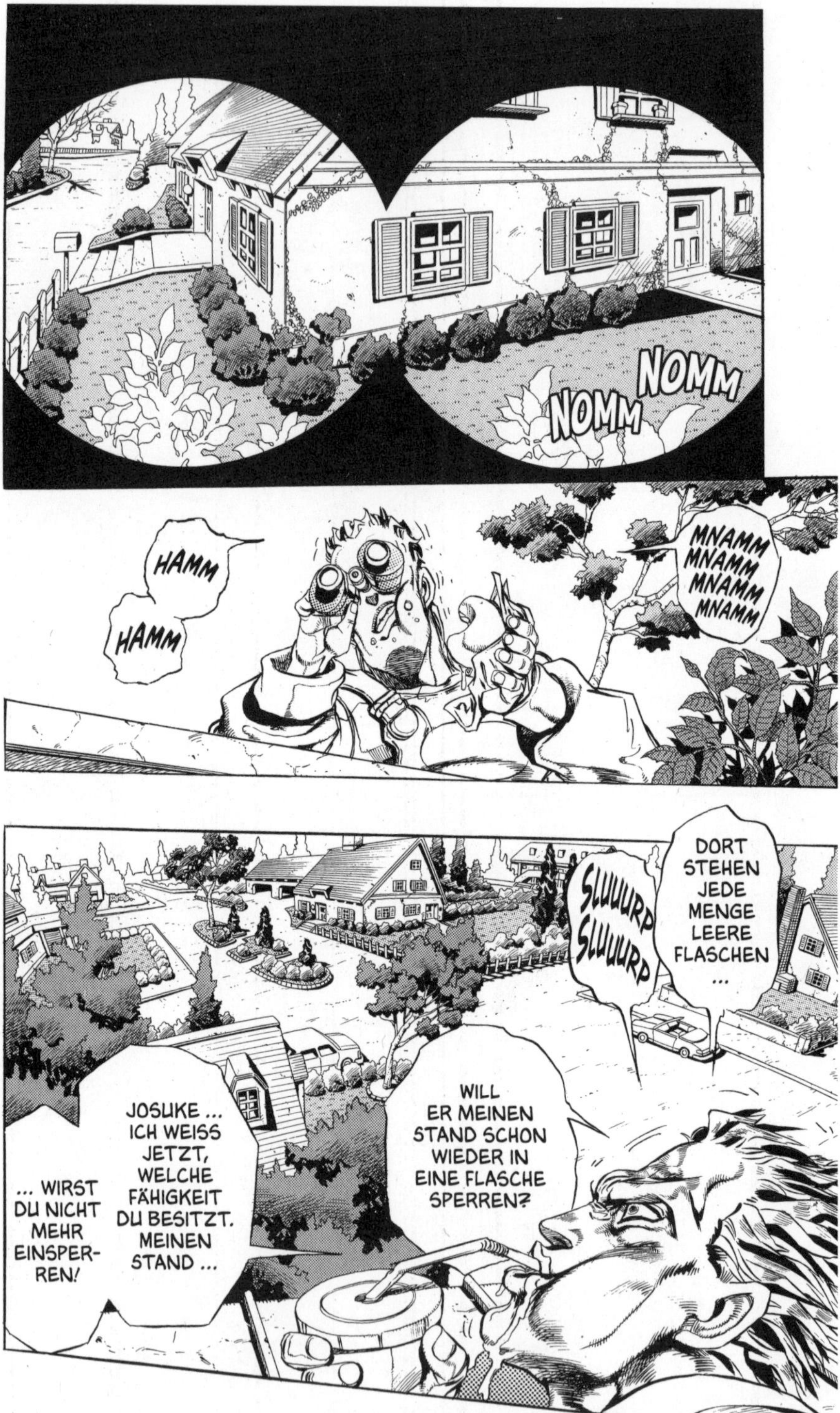
NOMM
NOMM
HAMM
HAMM
MNAMM MNAMM MNAMM MNAMM
DORT STEHEN JEDE MENGE LEERE FLASCHEN ...
SLUUURP SLUUURP
WILL ER MEINEN STAND SCHON WIEDER IN EINE FLASCHE SPERREN?
JOSUKE ... ICH WEISS JETZT, WELCHE FÄHIGKEIT DU BESITZT. MEINEN STAND ...
... WIRST DU NICHT MEHR EINSPER-REN!

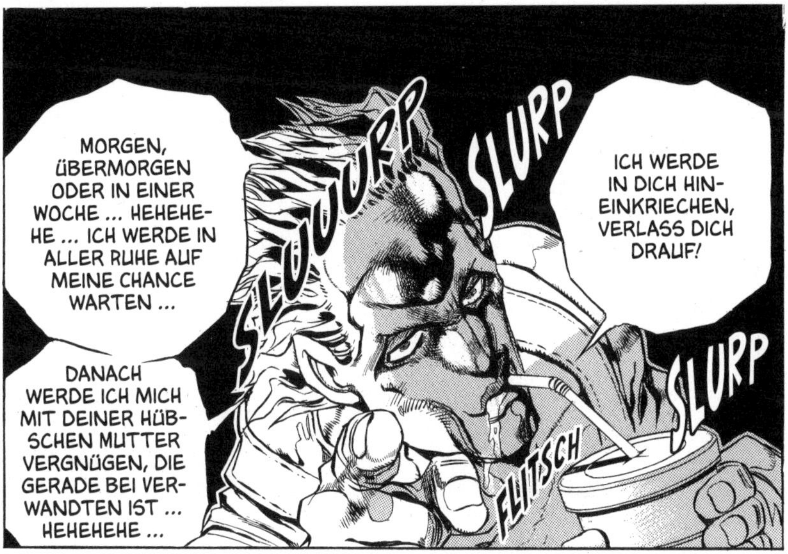

Drei Tage später

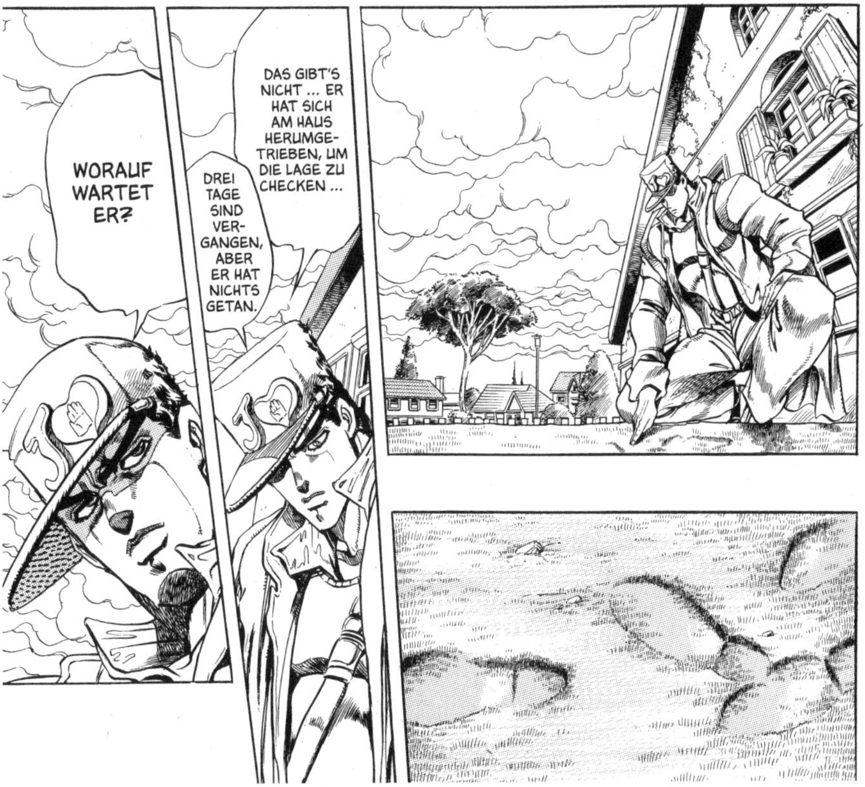

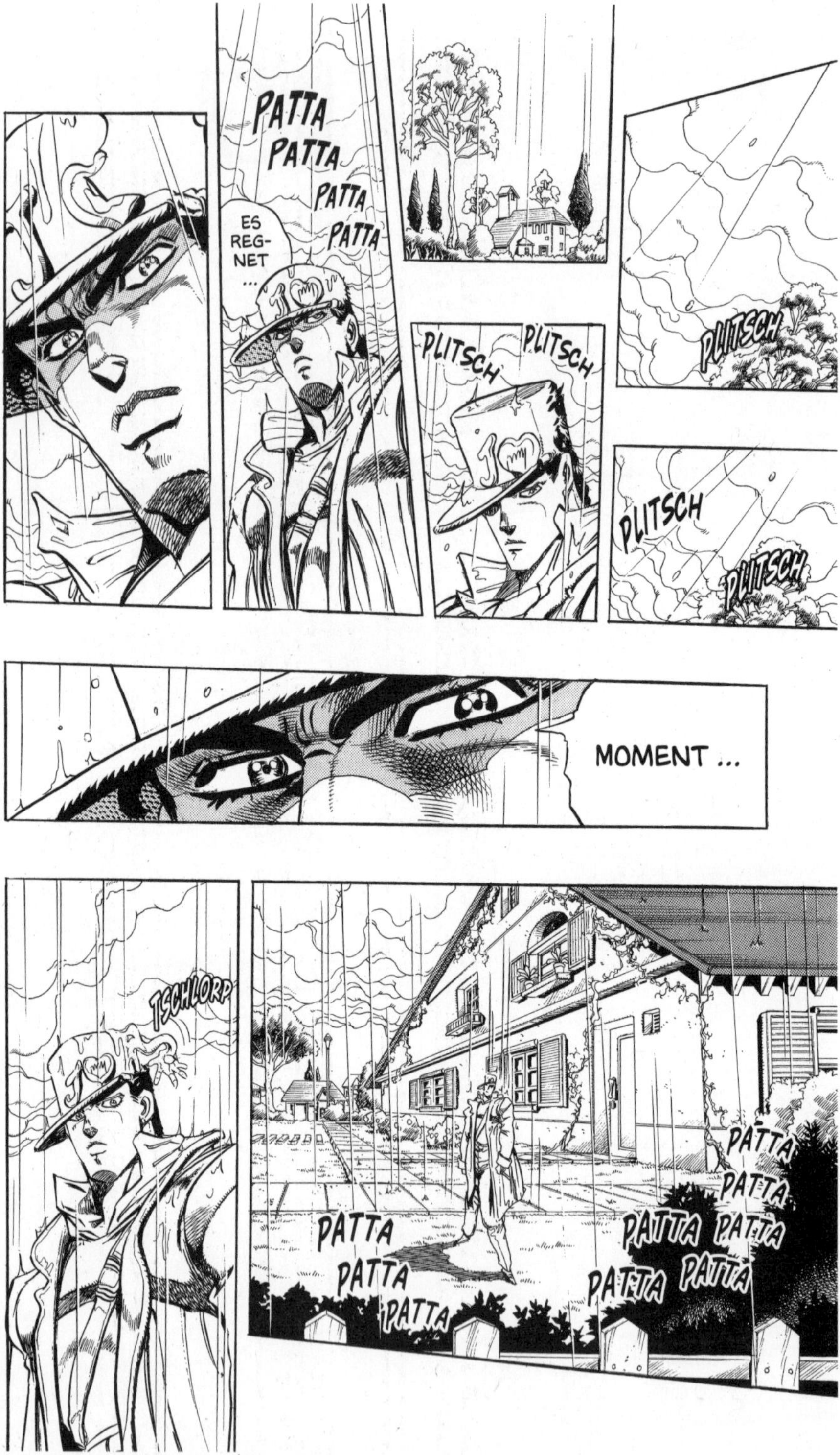

PLITSCH
PLITSCH
PLITSCH
PLITSCH
PLITSCH
PATTA
PATTA
PATTA
PATTA
ES REGNET ...
MOMENT ...
PATTA
PATTA
PATTA
PATTA
PATTA
PATTA
PATTA
PATTA
PATTA
TSCHLORP

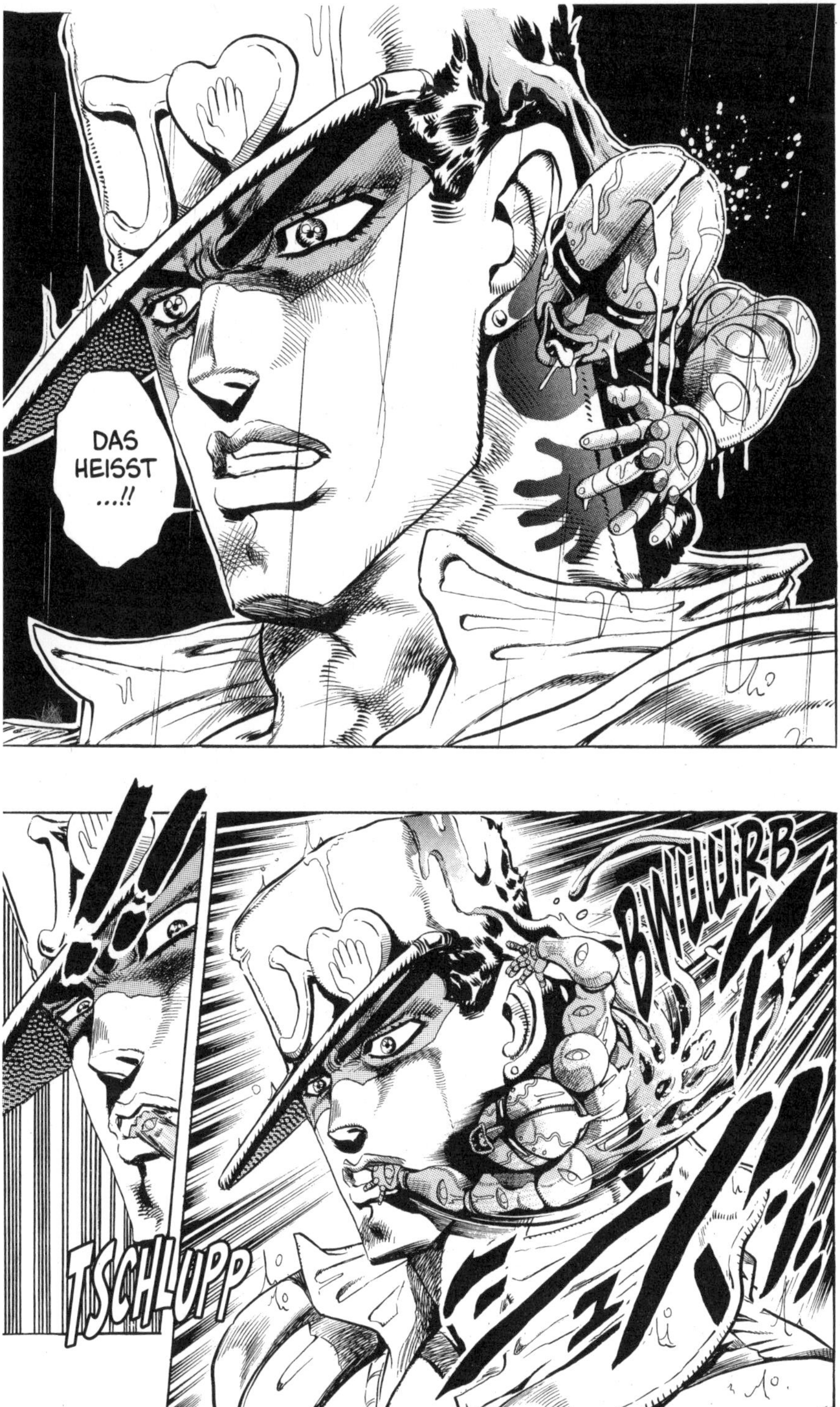
DAS HEISST ...!!
BWUURB
TSCHLUPP

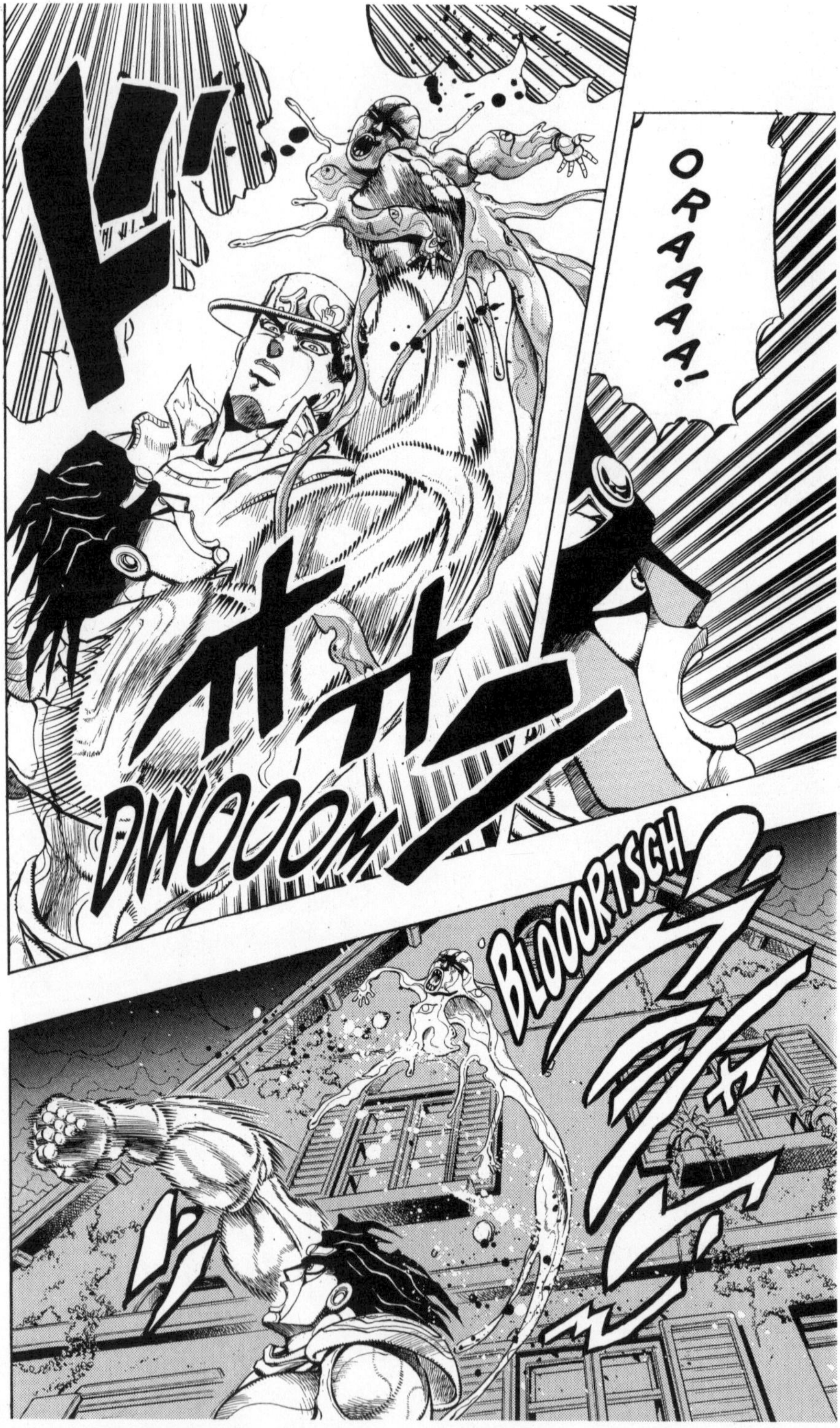
ドッ
ORAAAAA!
オオオーン
DWOOOM
BLOOORTSCH

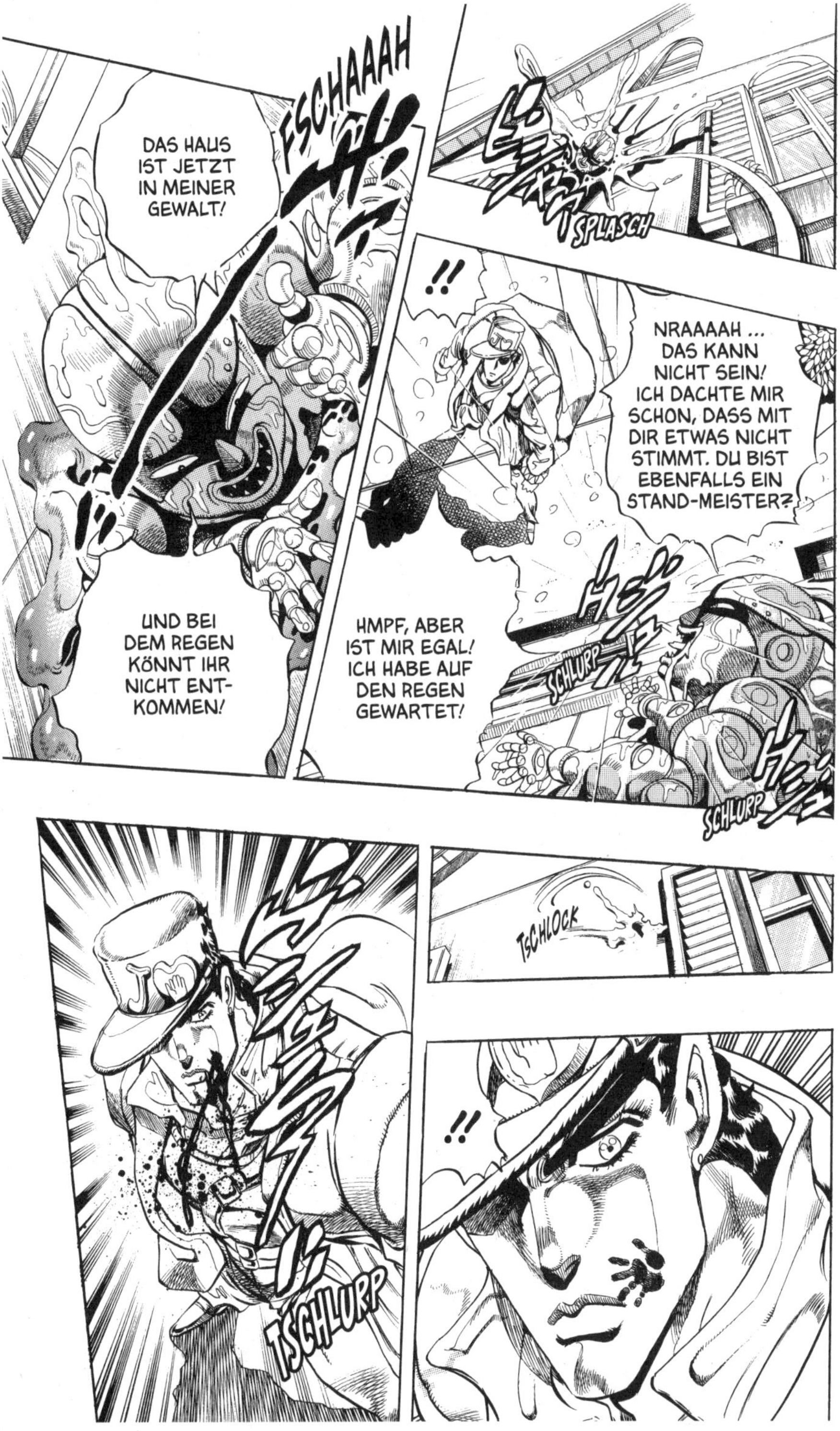

SPLASCH
FSCHAAAH
DAS HAUS IST JETZT IN MEINER GEWALT!
UND BEI DEM REGEN KÖNNT IHR NICHT ENT-KOMMEN!
!!
HMPF, ABER IST MIR EGAL! ICH HABE AUF DEN REGEN GEWARTET!
NRAAAAH ... DAS KANN NICHT SEIN! ICH DACHTE MIR SCHON, DASS MIT DIR ETWAS NICHT STIMMT. DU BIST EBENFALLS EIN STAND-MEISTER?
SCHLURP
SCHLURP
TSCHLOCK
TSCHLURP
!!

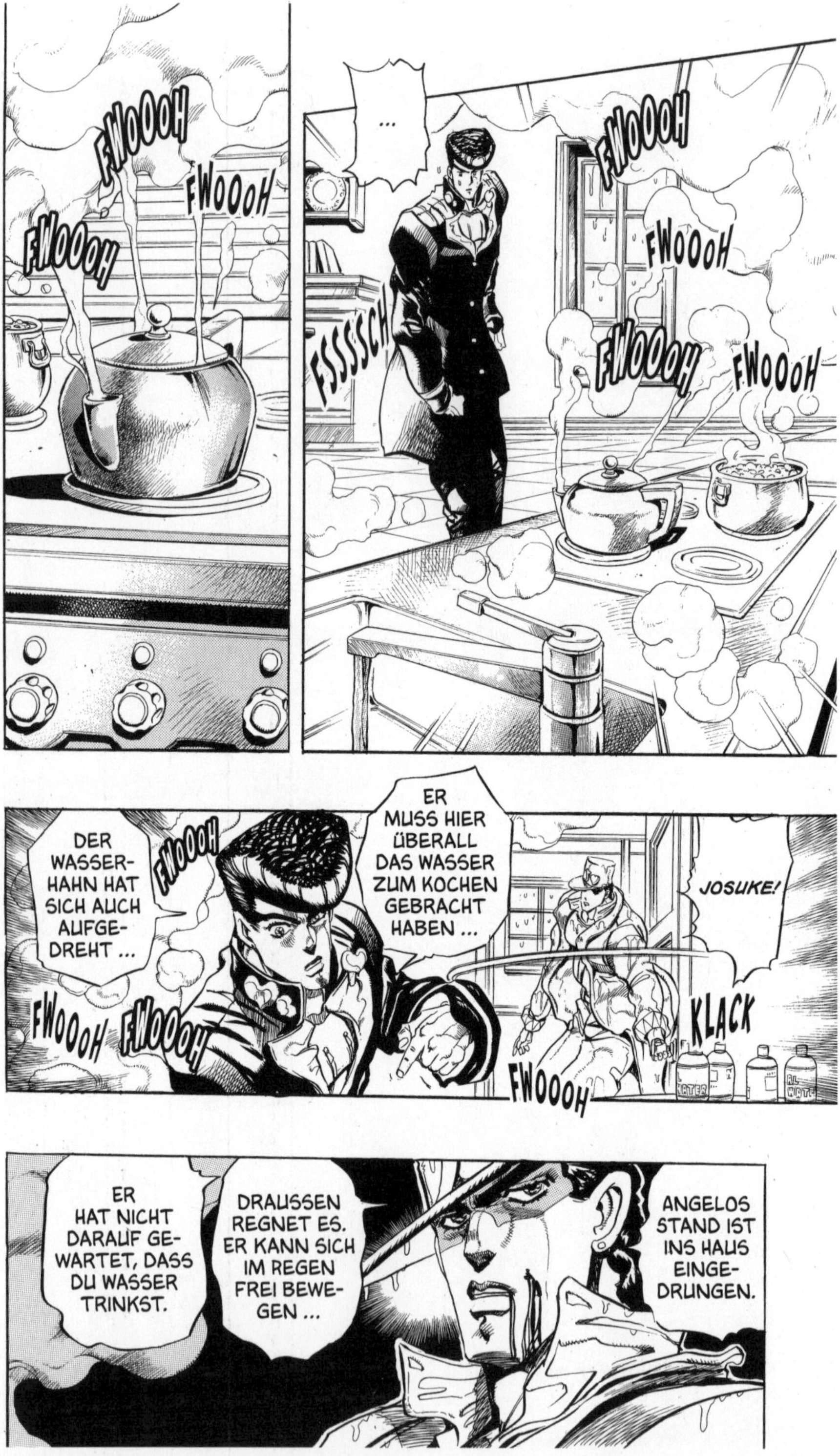

...
FWOOOH
FWOOOH
FWOOOH
FWOOOH
FSSSSCH
FWOOOH
FWOOOH
FWOOOH
JOSUKE!
KLACK
ER MUSS HIER ÜBERALL DAS WASSER ZUM KOCHEN GEBRACHT HABEN ...
FWOOOH
DER WASSER-HAHN HAT SICH AUCH AUFGE-DREHT ...
FWOOOH
FWOOOH
FWOOOH
ANGELOS STAND IST INS HAUS EINGE-DRUNGEN.
DRAUSSEN REGNET ES. ER KANN SICH IM REGEN FREI BEWE-GEN ...
ER HAT NICHT DARAUF GE-WARTET, DASS DU WASSER TRINKST.

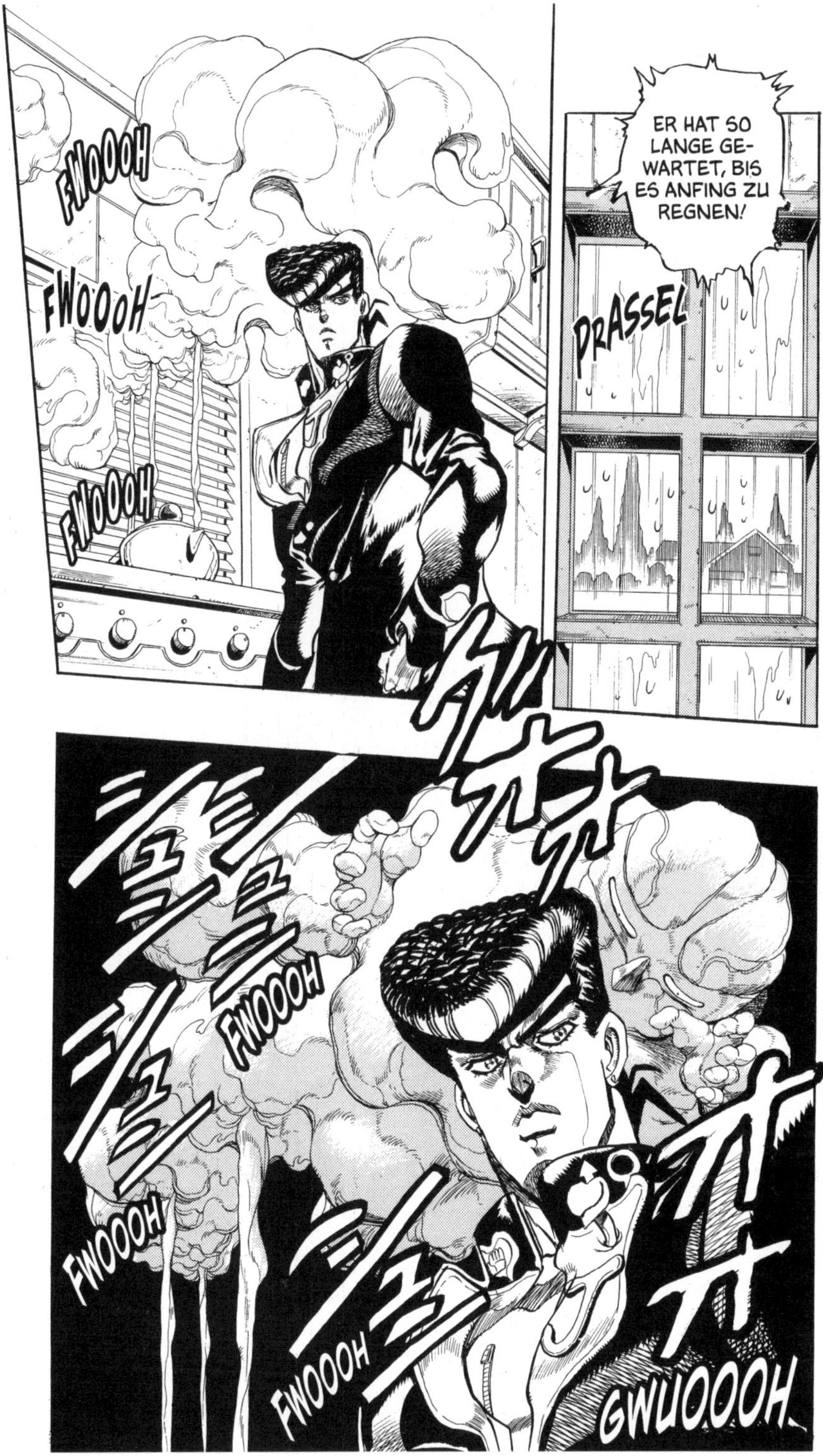
ER HAT SO LANGE GE-WARTET, BIS ES ANFING ZU REGNEN!
PRASSEL
FWOOOH
FWOOOH
FWOOOH
FWOOOH
FWOOOH
FWOOOH
GWUOOOH

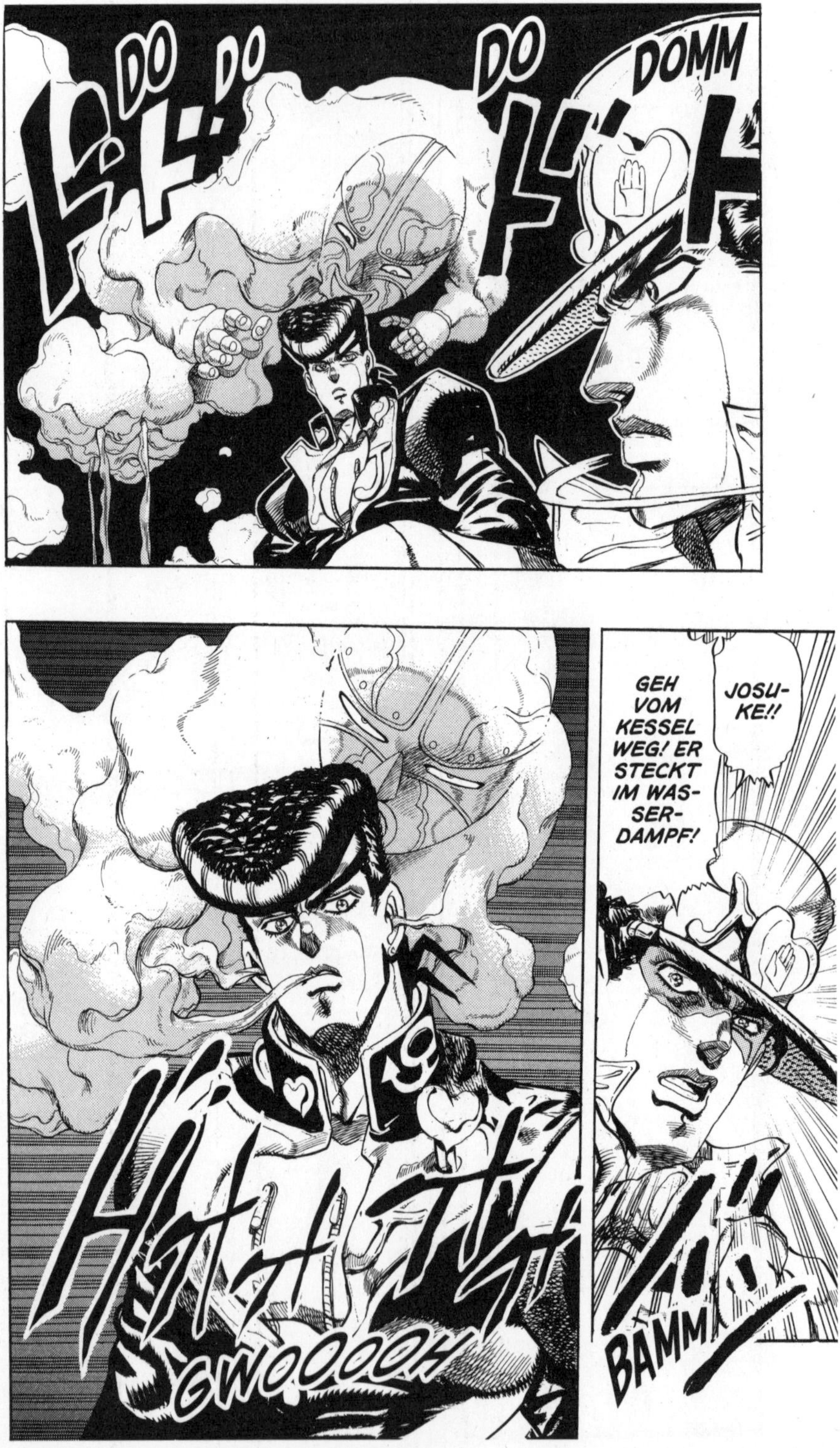
DOMM
DO
DO
DO
JOSU-KE!!
GEH VOM KESSEL WEG! ER STECKT IM WAS-SER-DAMPF!
BAMM
GWOOOOH

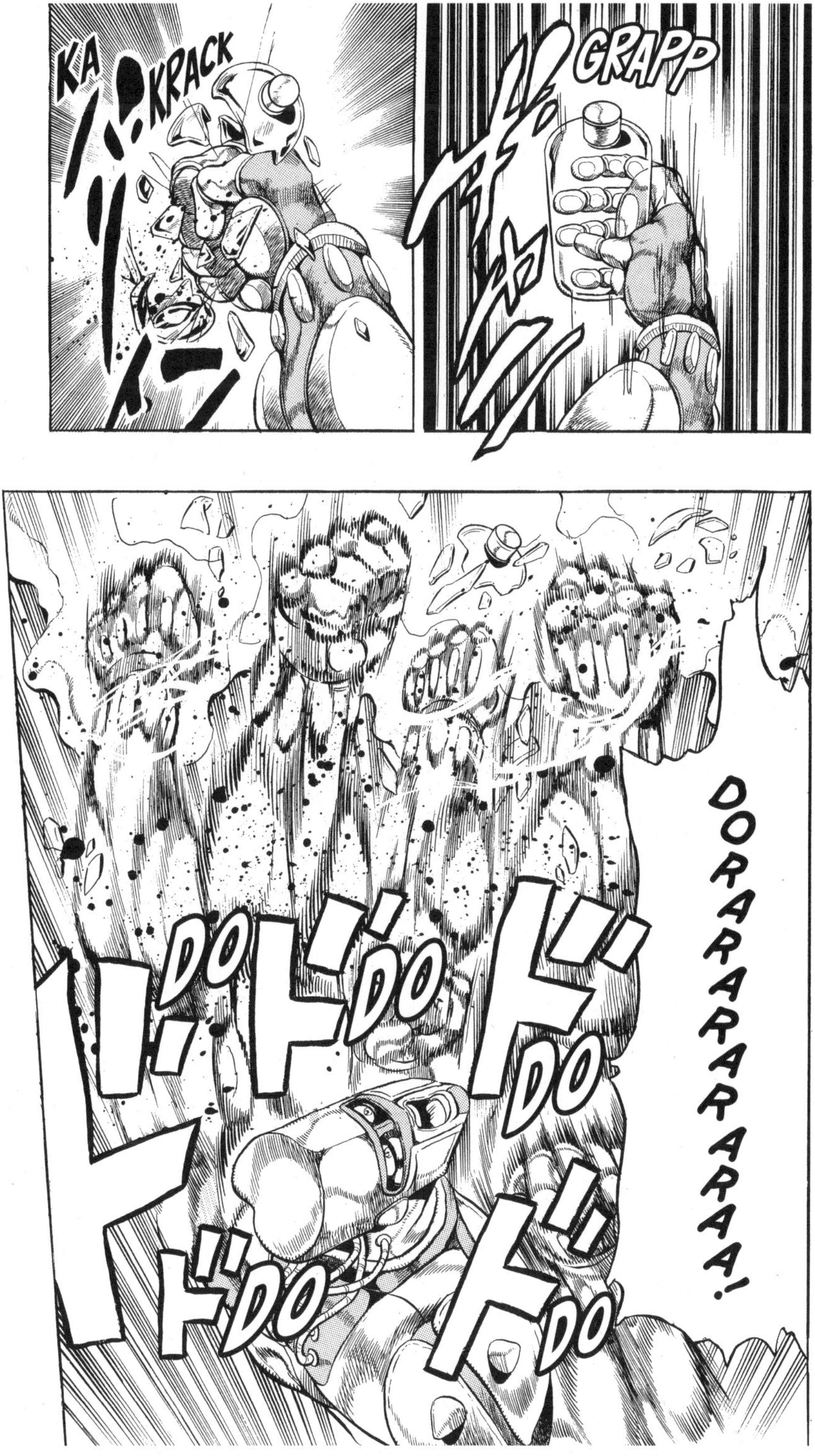
GRAPP
KA KRACK
DORARARARARAA!
DO
DO
DO
DO
DO

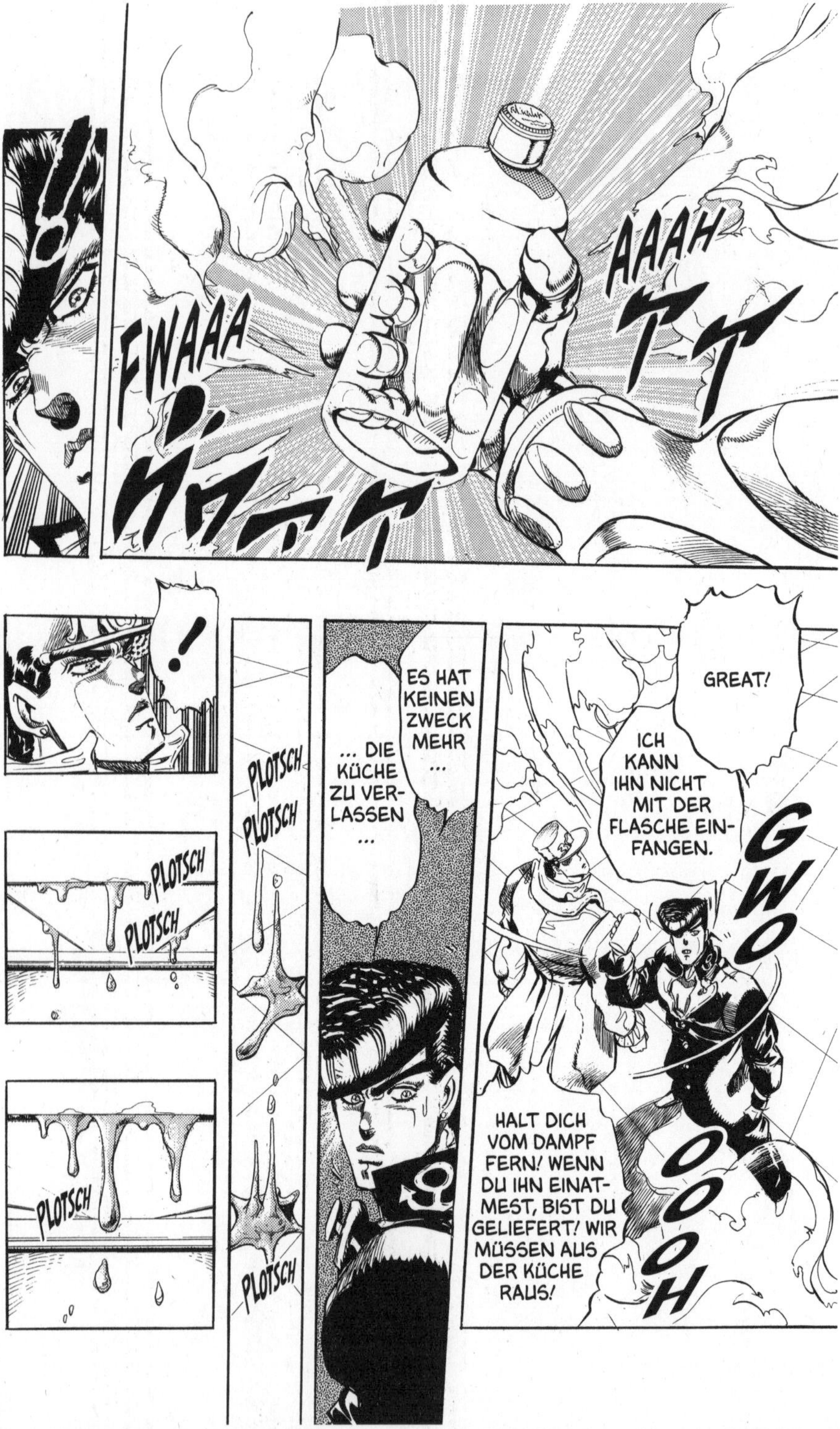
AAAH
FWAAA
GREAT!
ICH KANN IHN NICHT MIT DER FLASCHE EINFANGEN.
GWOOOOOH
HALT DICH VOM DAMPF FERN! WENN DU IHN EINATMEST, BIST DU GELIEFERT! WIR MÜSSEN AUS DER KÜCHE RAUS!
ES HAT KEINEN ZWECK MEHR ...
... DIE KÜCHE ZU VERLASSEN ...
PLOTSCH
PLOTSCH
PLOTSCH
!
PLOTSCH
PLOTSCH
PLOTSCH

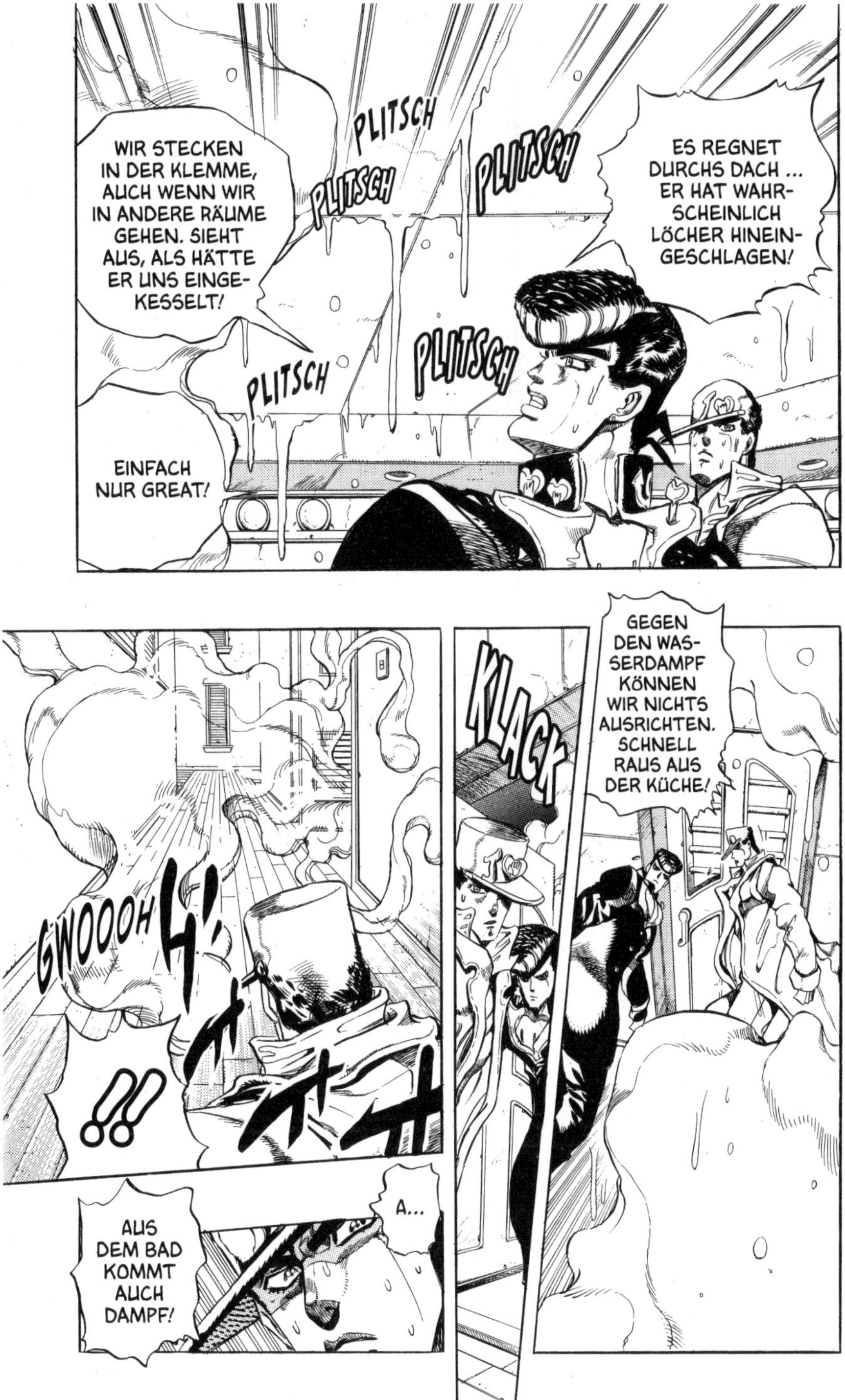

ES REGNET DURCHS DACH ... ER HAT WAHRSCHEINLICH LÖCHER HINEINGESCHLAGEN!
PLITSCH
PLITSCH
PLITSCH
PLITSCH
PLITSCH
WIR STECKEN IN DER KLEMME, AUCH WENN WIR IN ANDERE RÄUME GEHEN. SIEHT AUS, ALS HÄTTE ER UNS EINGEKESSELT!
EINFACH NUR GREAT!
GEGEN DEN WASSERDAMPF KÖNNEN WIR NICHTS AUSRICHTEN. SCHNELL RAUS AUS DER KÜCHE!
KLACK
GWOOOH
!!
A...
AUS DEM BAD KOMMT AUCH DAMPF!

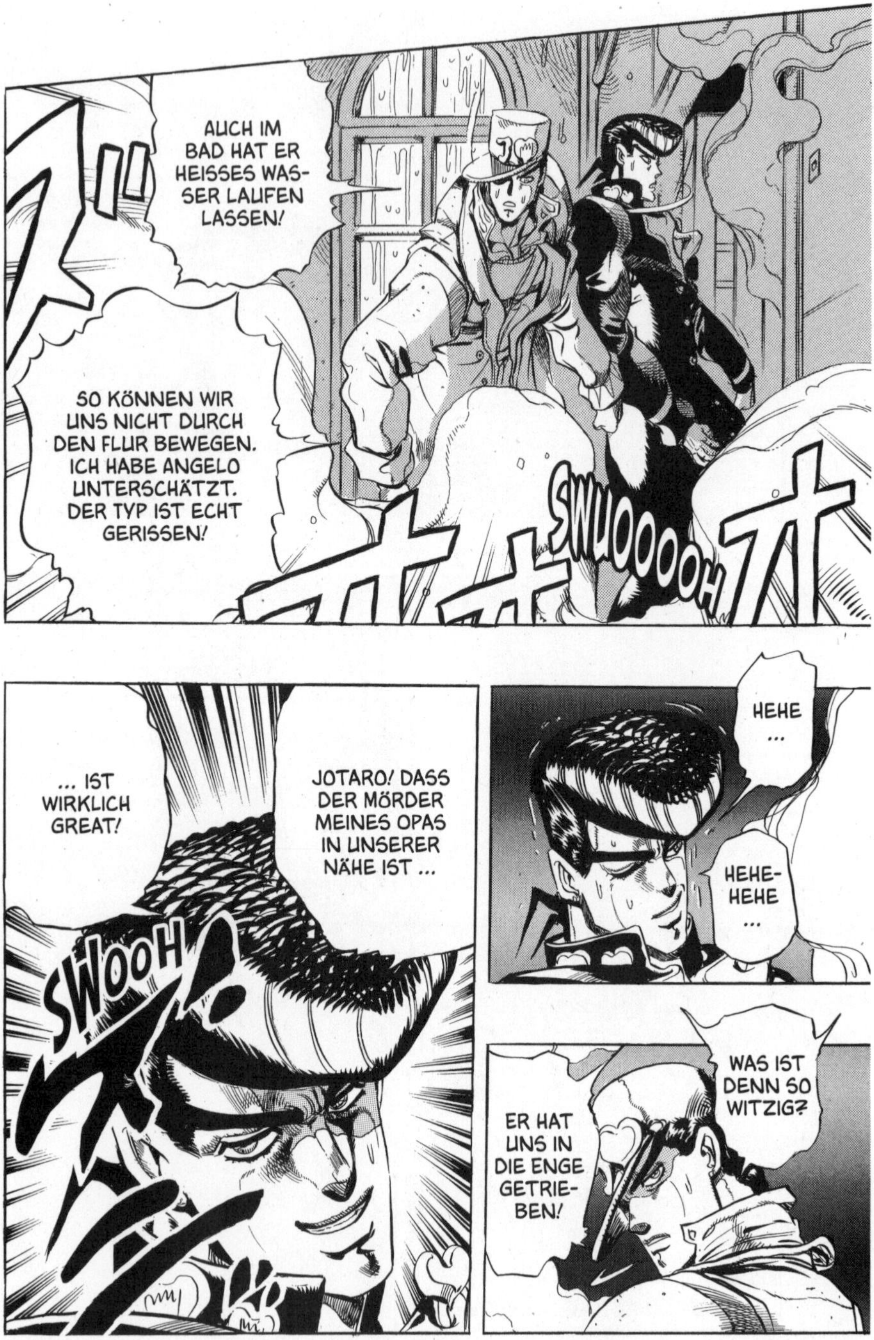
AUCH IM BAD HAT ER HEISSES WAS- SER LAUFEN LASSEN!
SO KÖNNEN WIR UNS NICHT DURCH DEN FLUR BEWEGEN. ICH HABE ANGELO UNTERSCHÄTZT. DER TYP IST ECHT GERISSEN!
SWUOOOOH
HEHE ...
HEHE- HEHE ...
JOTARO! DASS DER MÖRDER MEINES OPAS IN UNSERER NÄHE IST ...
... IST WIRKLICH GREAT!
SWOOH
WAS IST DENN SO WITZIG?
ER HAT UNS IN DIE ENGE GETRIE- BEN!

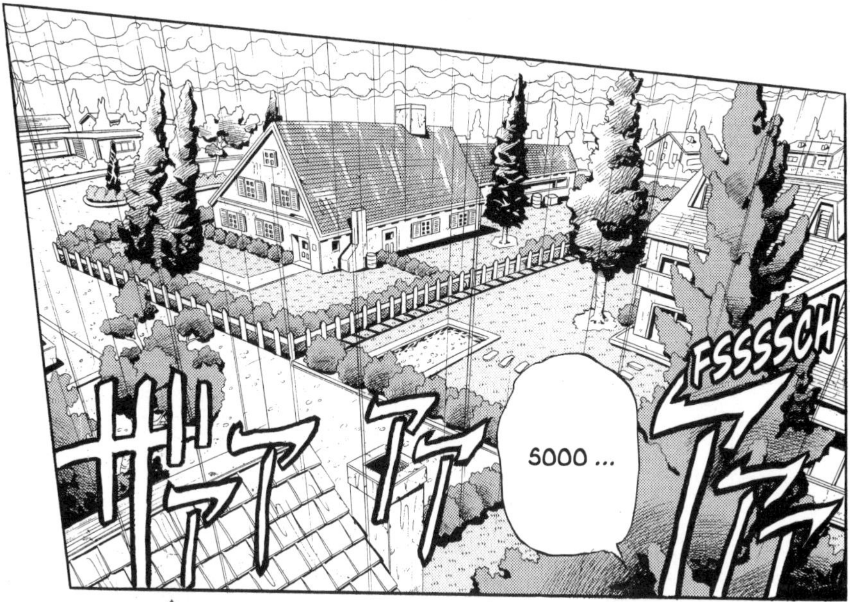

Josuke Higashikata trifft Angelo:

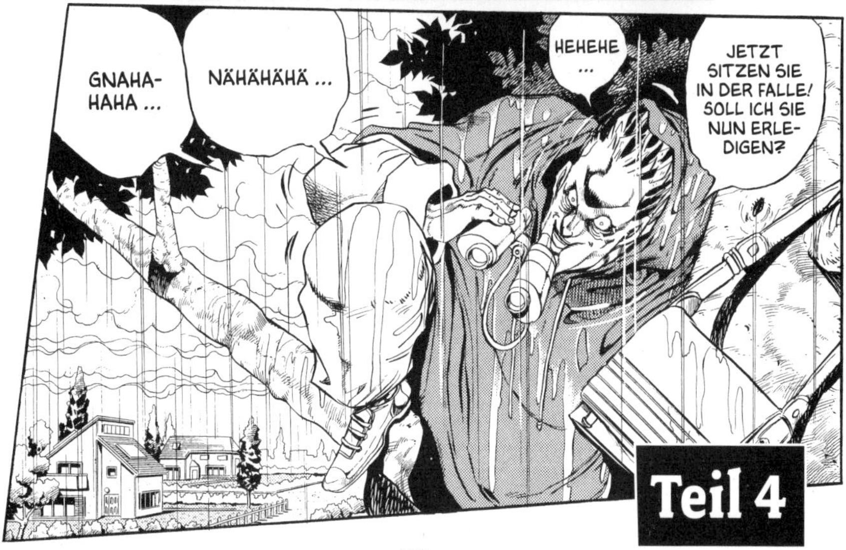

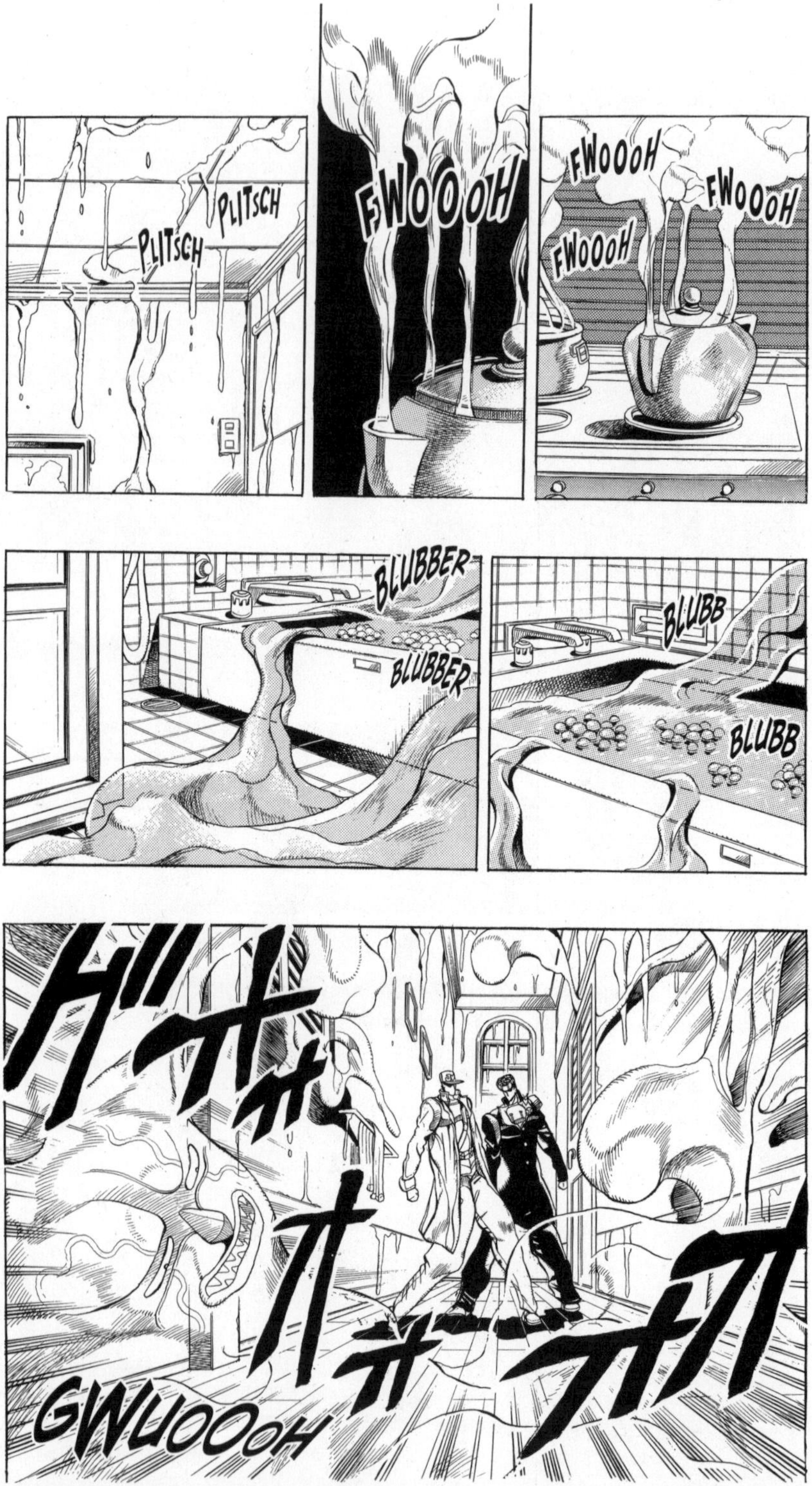
FWOOOH
FWOOOH
FWOOOH
FWOOOH
PLITSCH
PLITSCH
BLUBB
BLUBB
BLUBBER
BLUBBER
GWUOOOOH

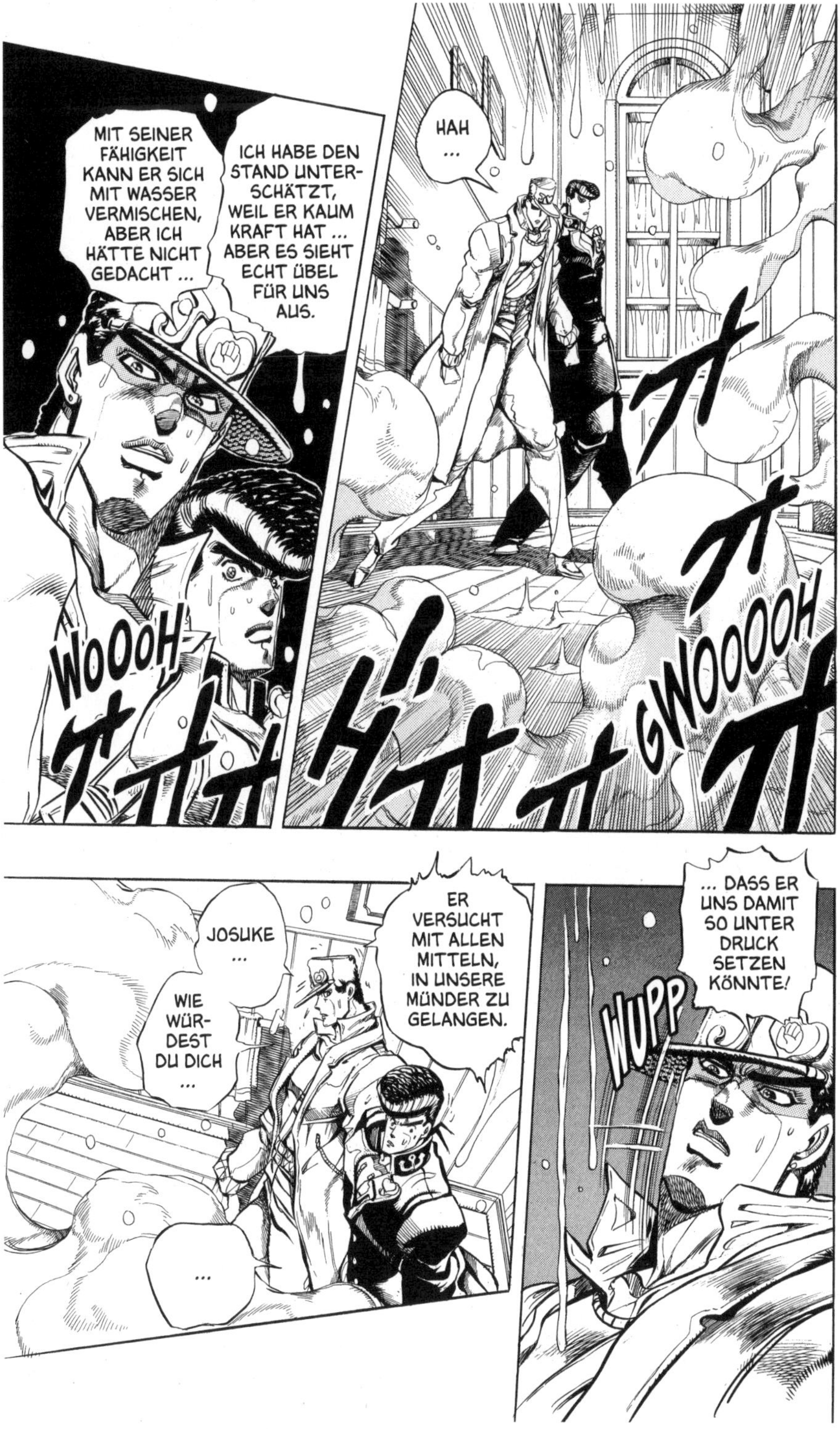
HAH ...
GWOOOOH
ICH HABE DEN STAND UNTERSCHÄTZT, WEIL ER KAUM KRAFT HAT ... ABER ES SIEHT ECHT ÜBEL FÜR UNS AUS.
MIT SEINER FÄHIGKEIT KANN ER SICH MIT WASSER VERMISCHEN, ABER ICH HÄTTE NICHT GEDACHT ...
WOOOH
... DASS ER UNS DAMIT SO UNTER DRUCK SETZEN KÖNNTE!
WUPP
ER VERSUCHT MIT ALLEN MITTELN, IN UNSERE MÜNDER ZU GELANGEN.
JOSUKE ...
WIE WÜRDEST DU DICH ...
...

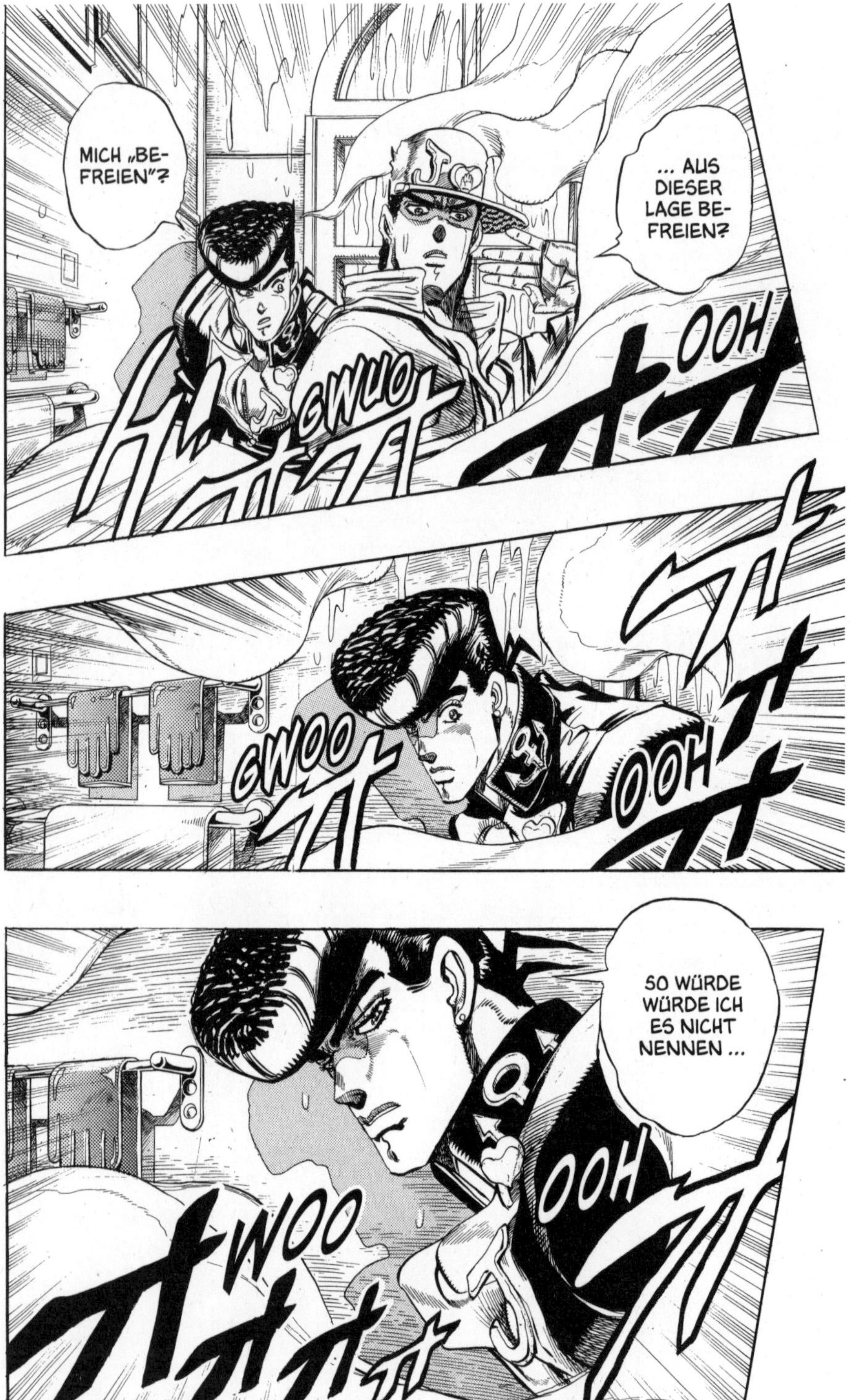
... AUS DIESER LAGE BE-FREIEN?
MICH „BE-FREIEN"?
GWUO
OOH
GWOO
OOH
SO WÜRDE WÜRDE ICH ES NICHT NENNEN ...
WOO
OOH

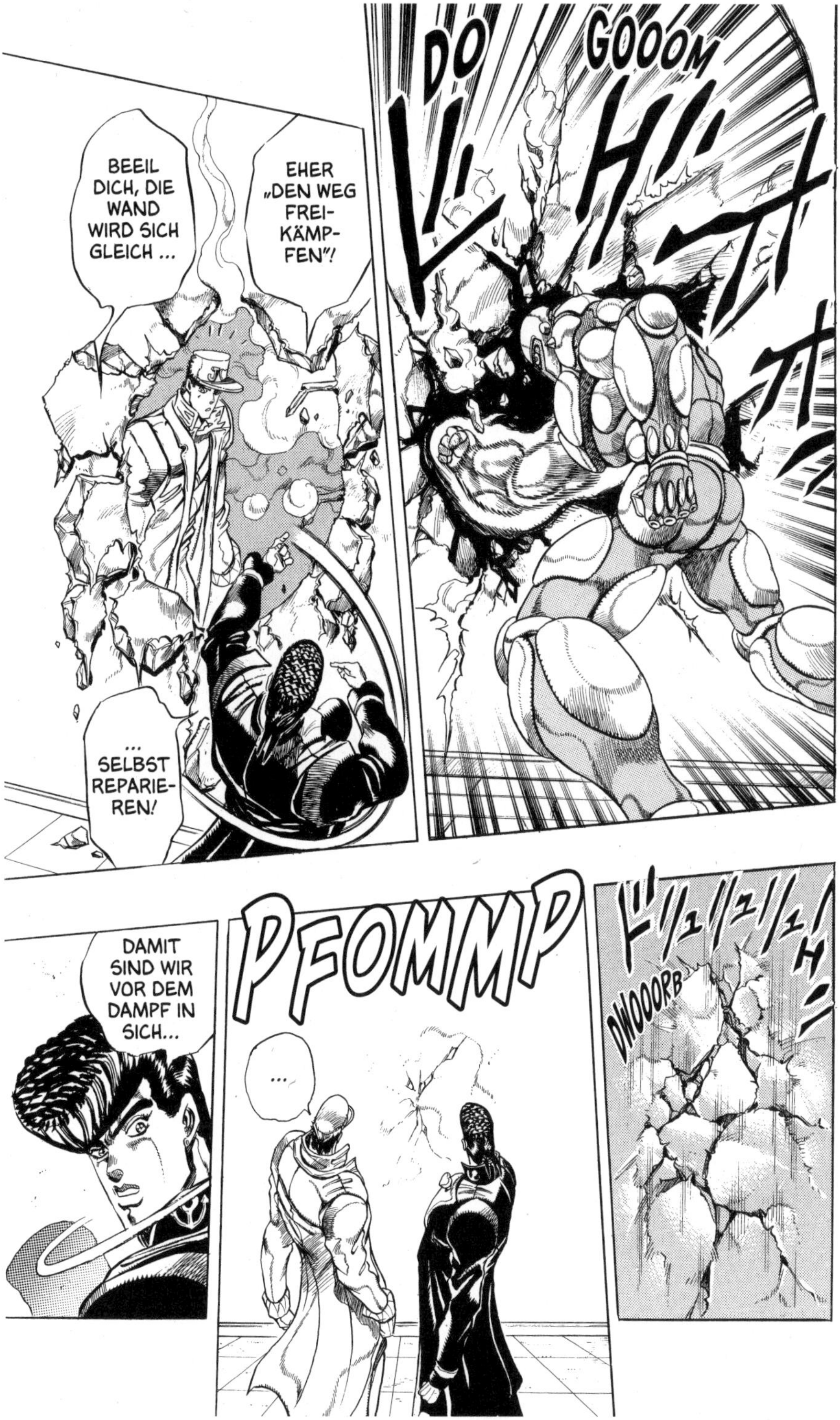

DO
GOOOM
BEEIL DICH, DIE WAND WIRD SICH GLEICH ...
EHER „DEN WEG FREI-KÄMPF-FEN"!
... SELBST REPARIE-REN!
DWOOORB
PFOMMP
...
DAMIT SIND WIR VOR DEM DAMPF IN SICH...

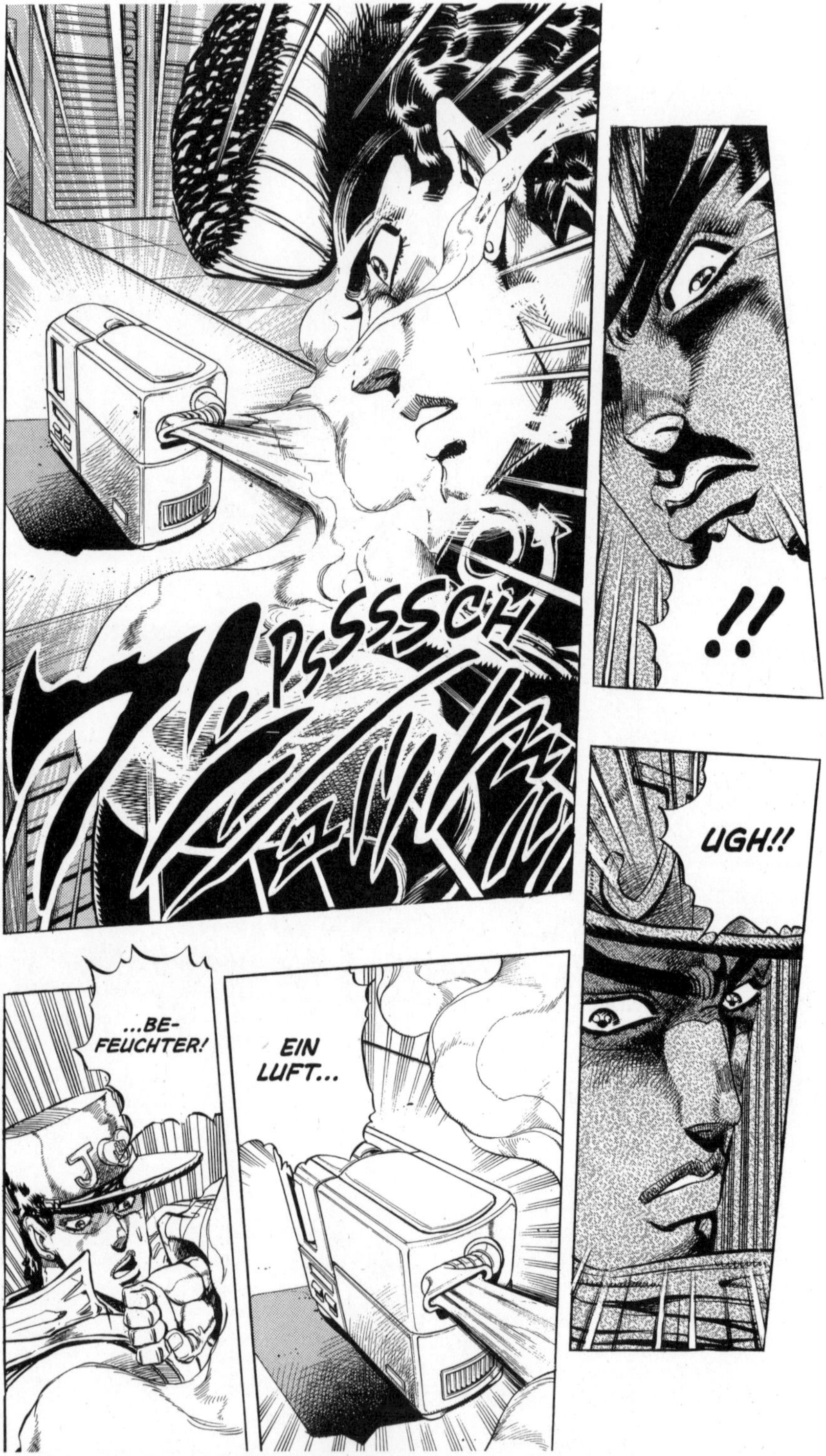
!!
PsSSSCH
UGH!!
EIN LUFT...
...BE-FEUCHTER!

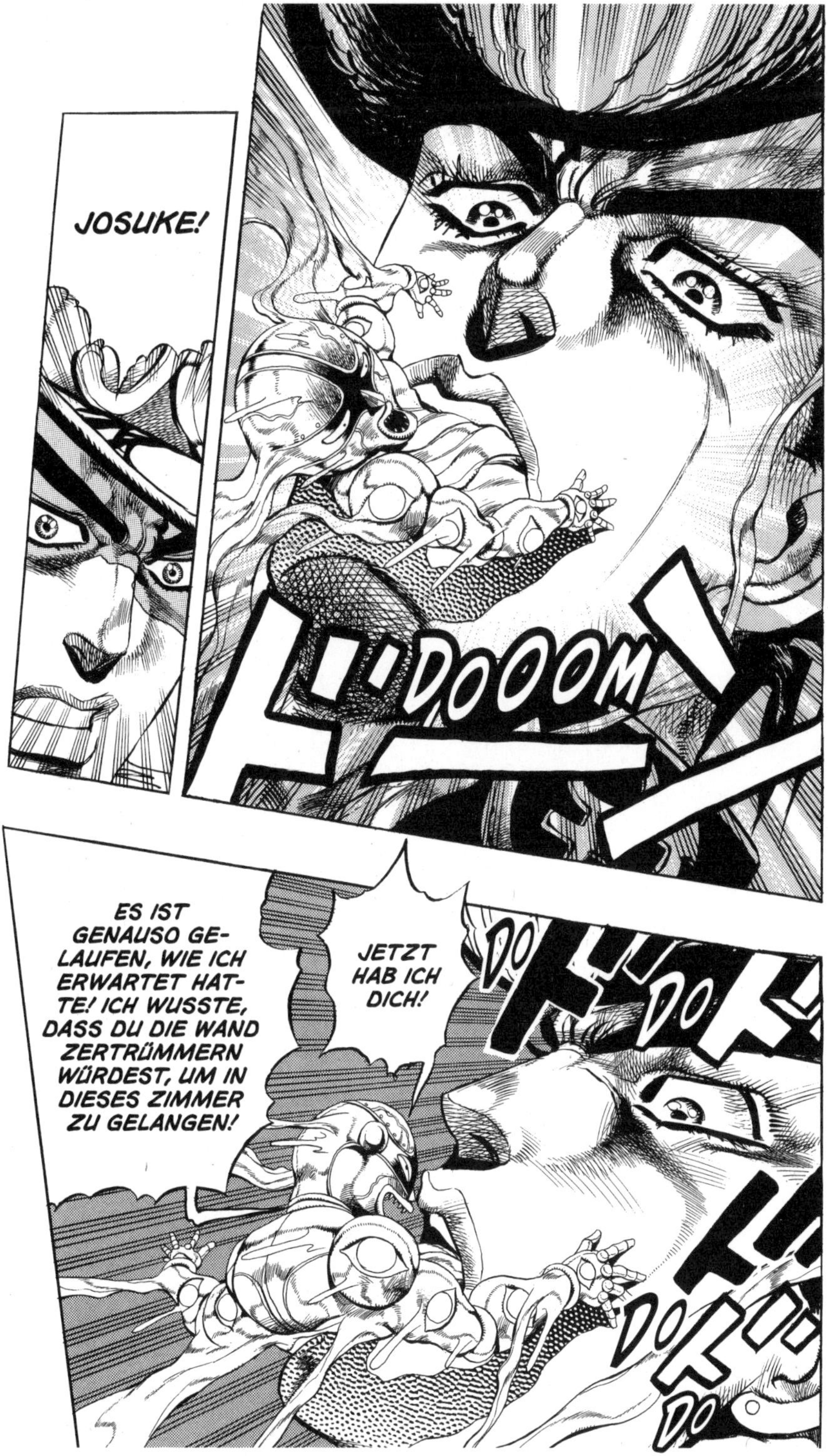
JOSUKE!
DOOOM
JETZT HAB ICH DICH!
ES IST GENAUSO GE-LAUFEN, WIE ICH ERWARTET HAT-TE! ICH WUSSTE, DASS DU DIE WAND ZERTRÜMMERN WÜRDEST, UM IN DIESES ZIMMER ZU GELANGEN!
DO
DO
DO
DO

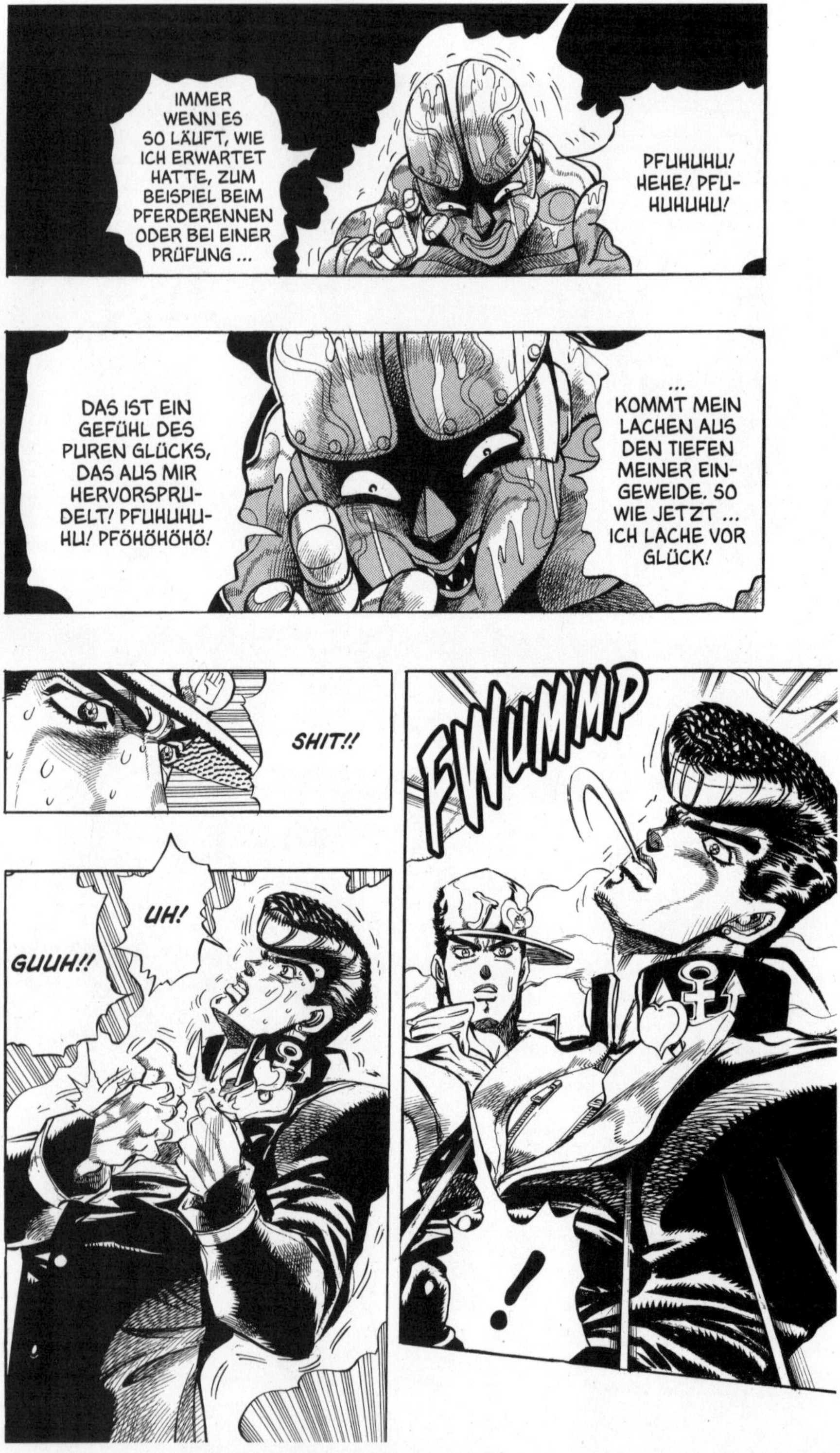
IMMER WENN ES SO LÄUFT, WIE ICH ERWARTET HATTE, ZUM BEISPIEL BEIM PFERDERENNEN ODER BEI EINER PRÜFUNG ...
PFUHUHU! HEHE! PFU-HUHUHU!
DAS IST EIN GEFÜHL DES PUREN GLÜCKS, DAS AUS MIR HERVORSPRU-DELT! PFUHUHU-HU! PFÖHÖHÖHÖ!
... KOMMT MEIN LACHEN AUS DEN TIEFEN MEINER EIN-GEWEIDE. SO WIE JETZT ... ICH LACHE VOR GLÜCK!
SHIT!!
UH!
GUUH!!
FWUMMP
!

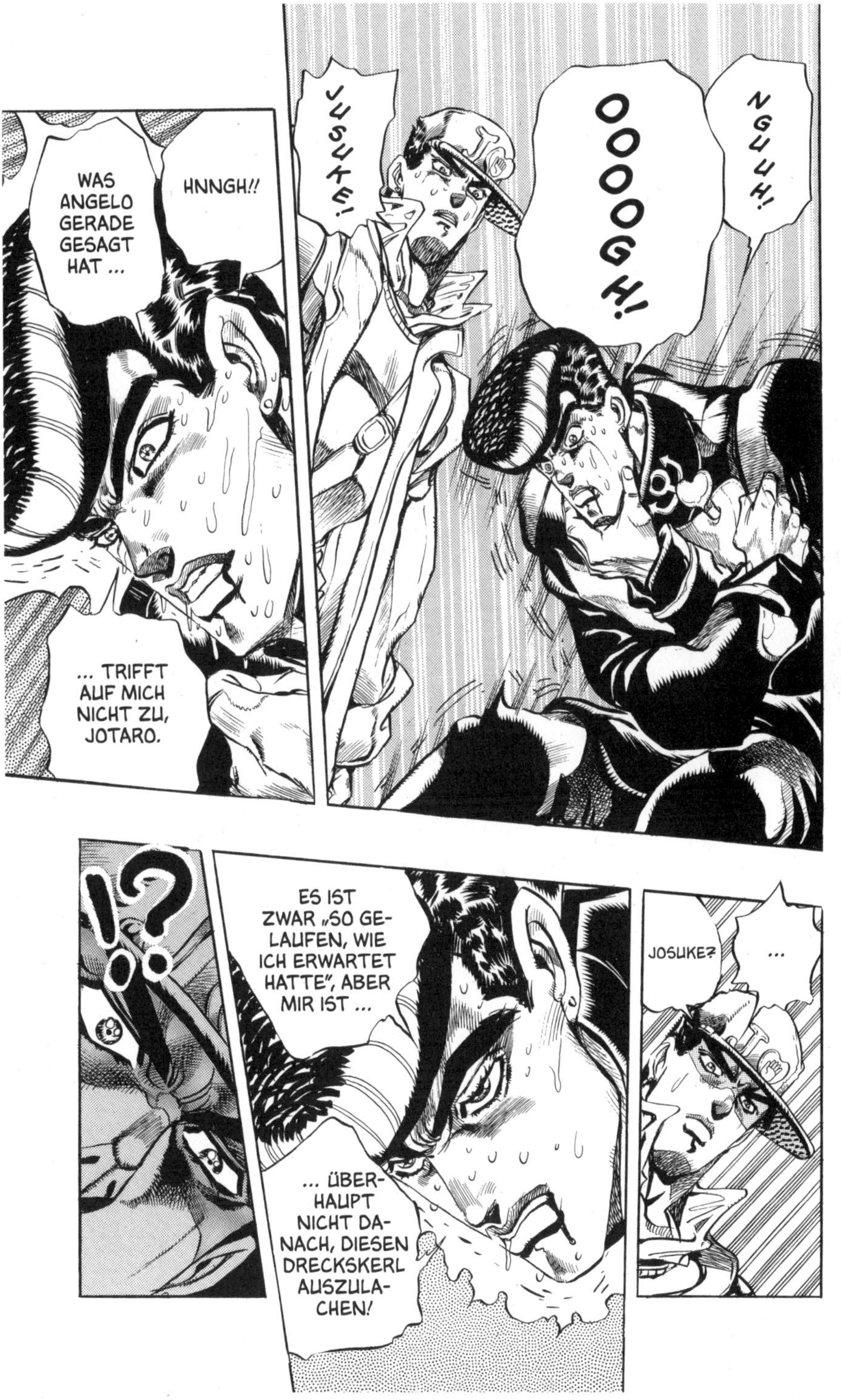
NGUUH!
OOOOGH!
JOSUKE!
HNNGH!!
WAS ANGELO GERADE GESAGT HAT ...
... TRIFFT AUF MICH NICHT ZU, JOTARO.
...
JOSUKE?
ES IST ZWAR „SO GELAUFEN, WIE ICH ERWARTET HATTE“, ABER MIR IST ...
... ÜBERHAUPT NICHT DANACH, DIESEN DRECKSKERL AUSZULACHEN!
!?

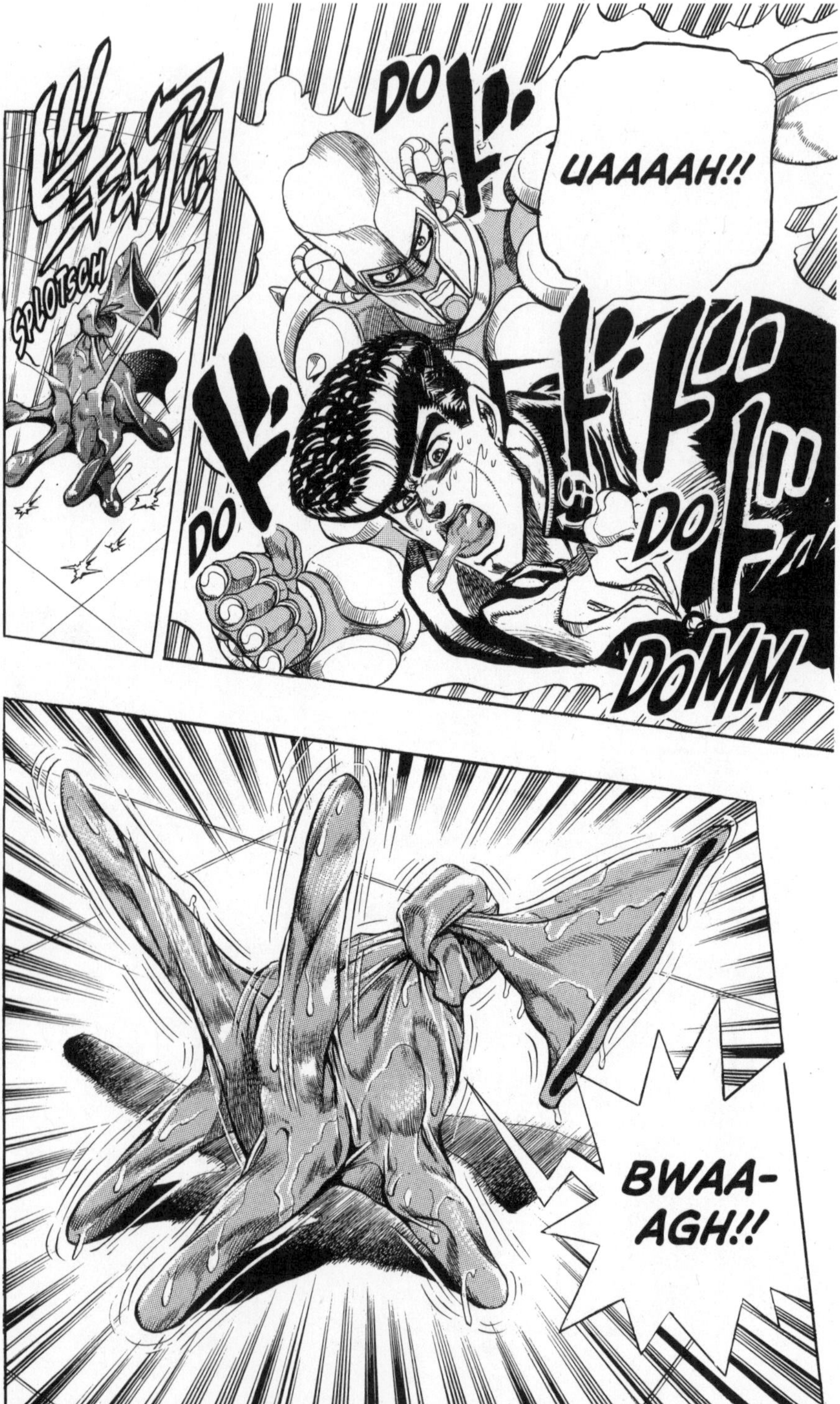
UAAAAH!!
DO
DO
DO
DOMM
SPLOTSCH
BWAA-
AGH!!

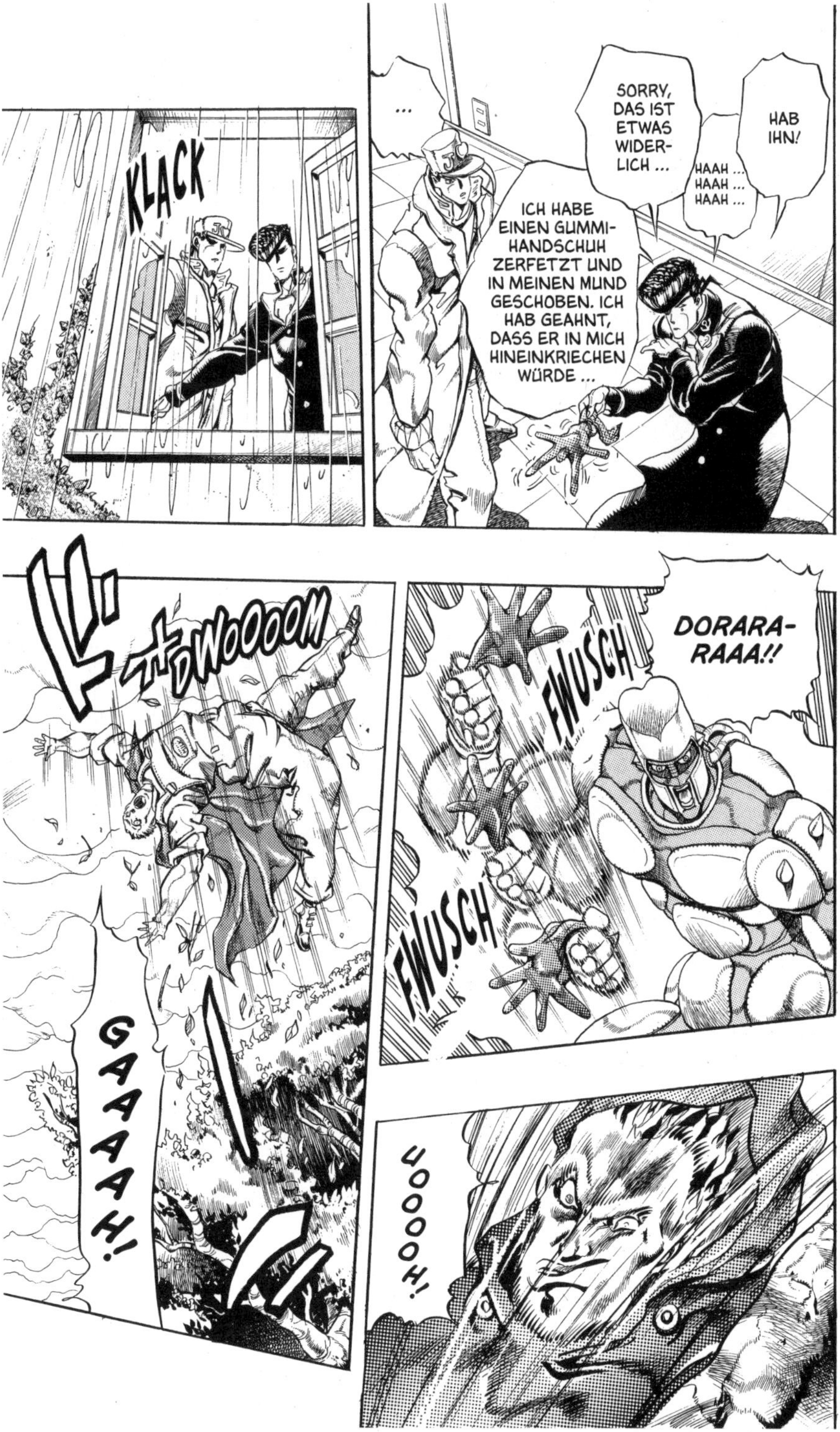
KLACK
...
SORRY, DAS IST ETWAS WIDER-LICH ...
HAB IHN!
HAAH ... HAAH ... HAAH ...
ICH HABE EINEN GUMMI-HANDSCHUH ZERFETZT UND IN MEINEN MUND GESCHOBEN. ICH HAB GEAHNT, DASS ER IN MICH HINEINKRIECHEN WÜRDE ...
DWOOOOM
GAAAAAH!
DORARA-RAAA!!
FWUSCH
FWUSCH
UOOOOH!

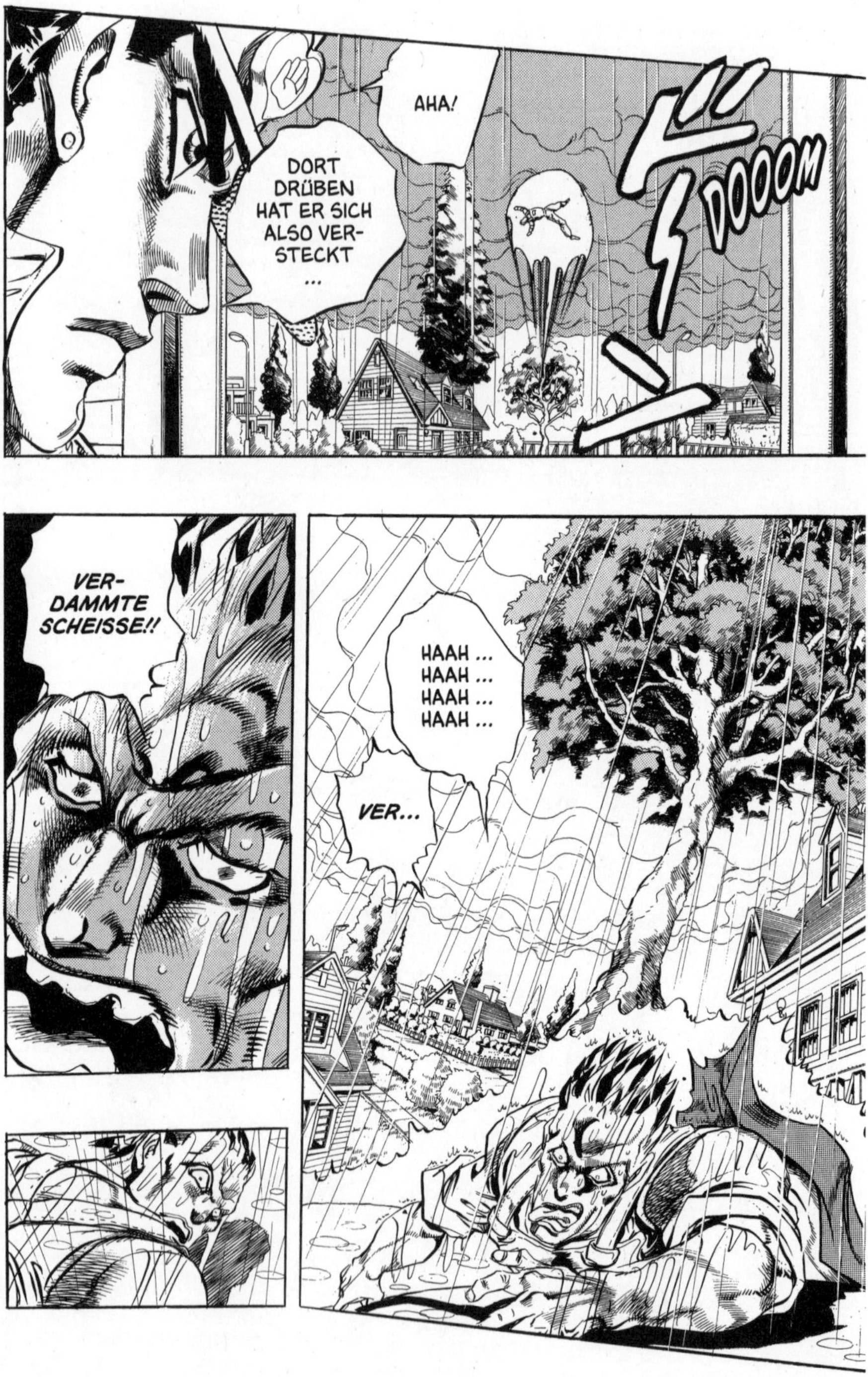

AHA!
DORT DRÜBEN HAT ER SICH ALSO VERSTECKT ...
DOOOM
VERDAMMTE SCHEISSE!!
HAAH ... HAAH ... HAAH ... HAAH ...
VER...

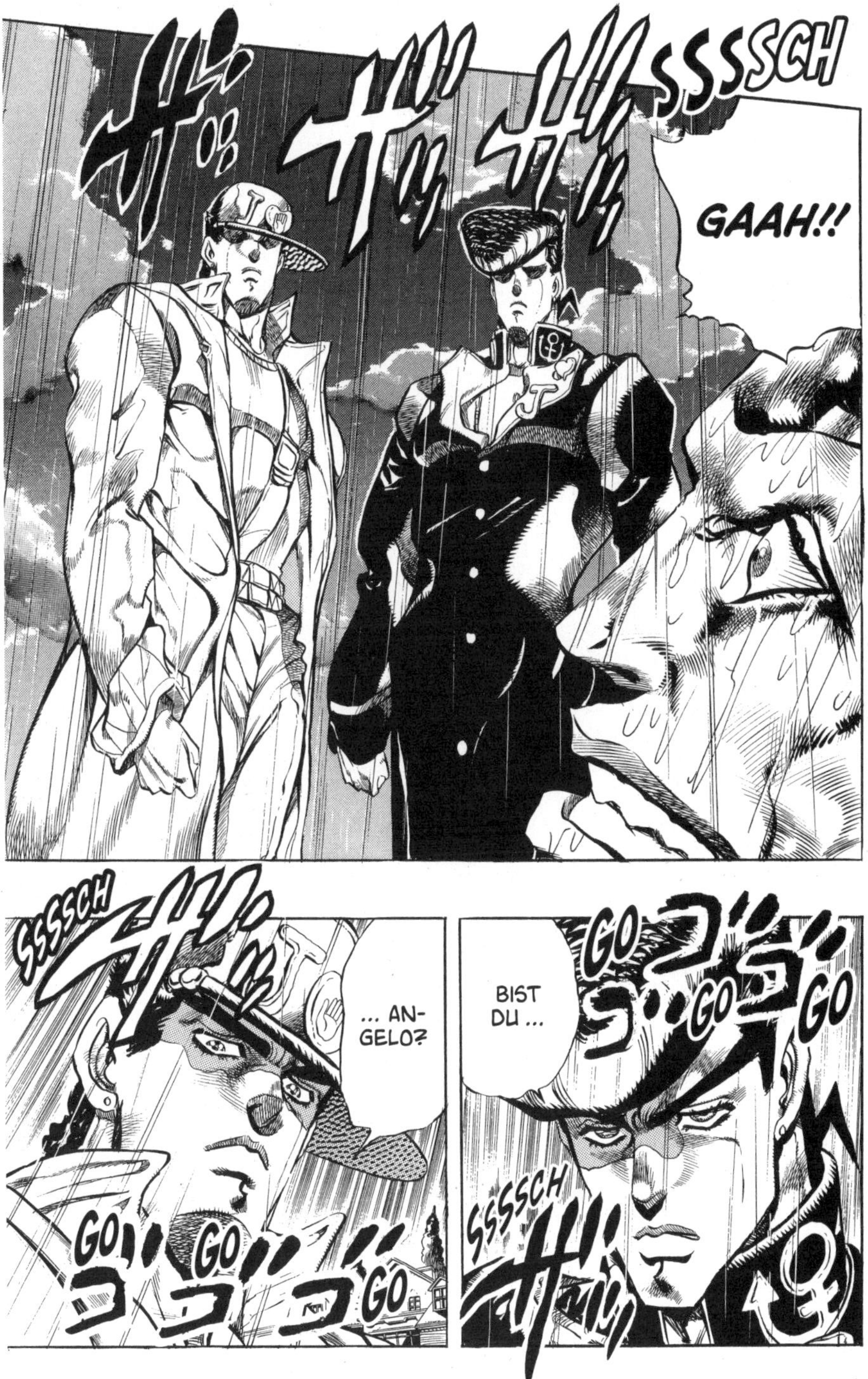
SSSSCH
GAAH!!
BIST DU ...
GO
GO
GO
GO
SSSSCH
... AN-GELO?
SSSSCH
GO
GO
GO

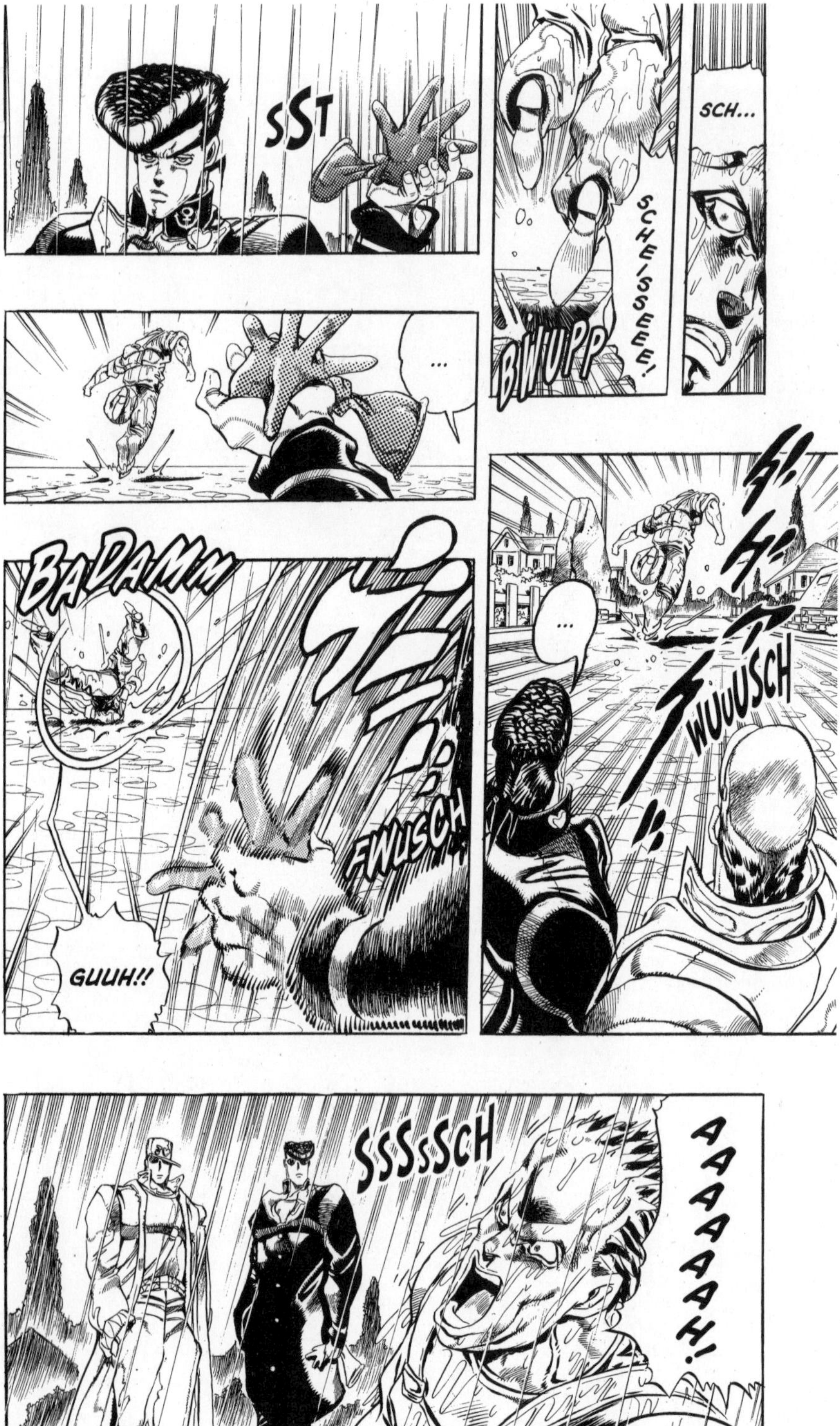
SCH...
SCHEISSEEE!
BWUPP
SST
...
...
WUUUSCH
BADAMM
FWUSCH
GUUH!!
SSSsSCH
AAAAAAAAH!

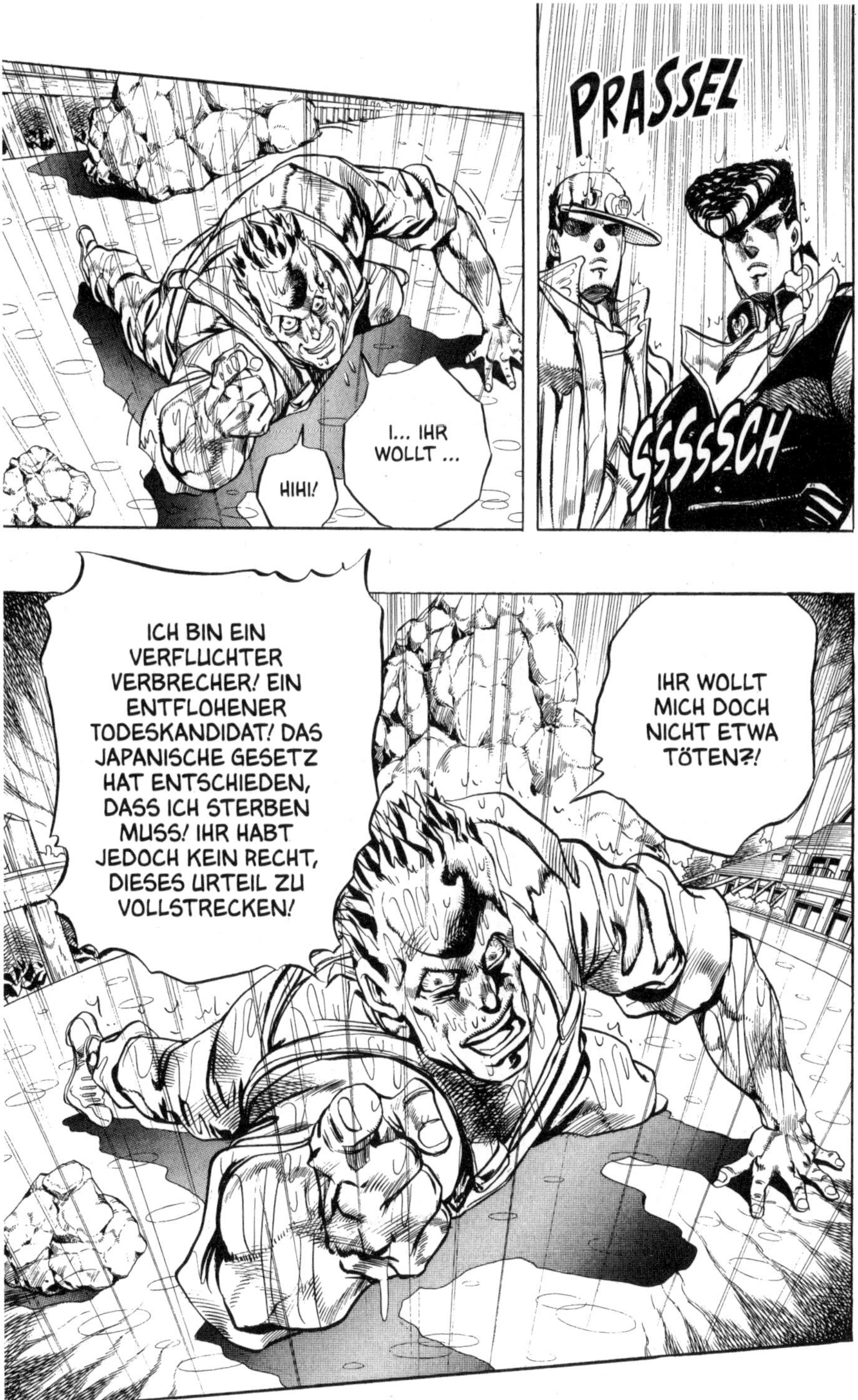
PRASSEL
SSSSSCH
I... IHR WOLLT ...
HIHI!
IHR WOLLT MICH DOCH NICHT ETWA TÖTEN?!
ICH BIN EIN VERFLUCHTER VERBRECHER! EIN ENTFLOHENER TODESKANDIDAT! DAS JAPANISCHE GESETZ HAT ENTSCHIEDEN, DASS ICH STERBEN MUSS! IHR HABT JEDOCH KEIN RECHT, DIESES URTEIL ZU VOLLSTRECKEN!

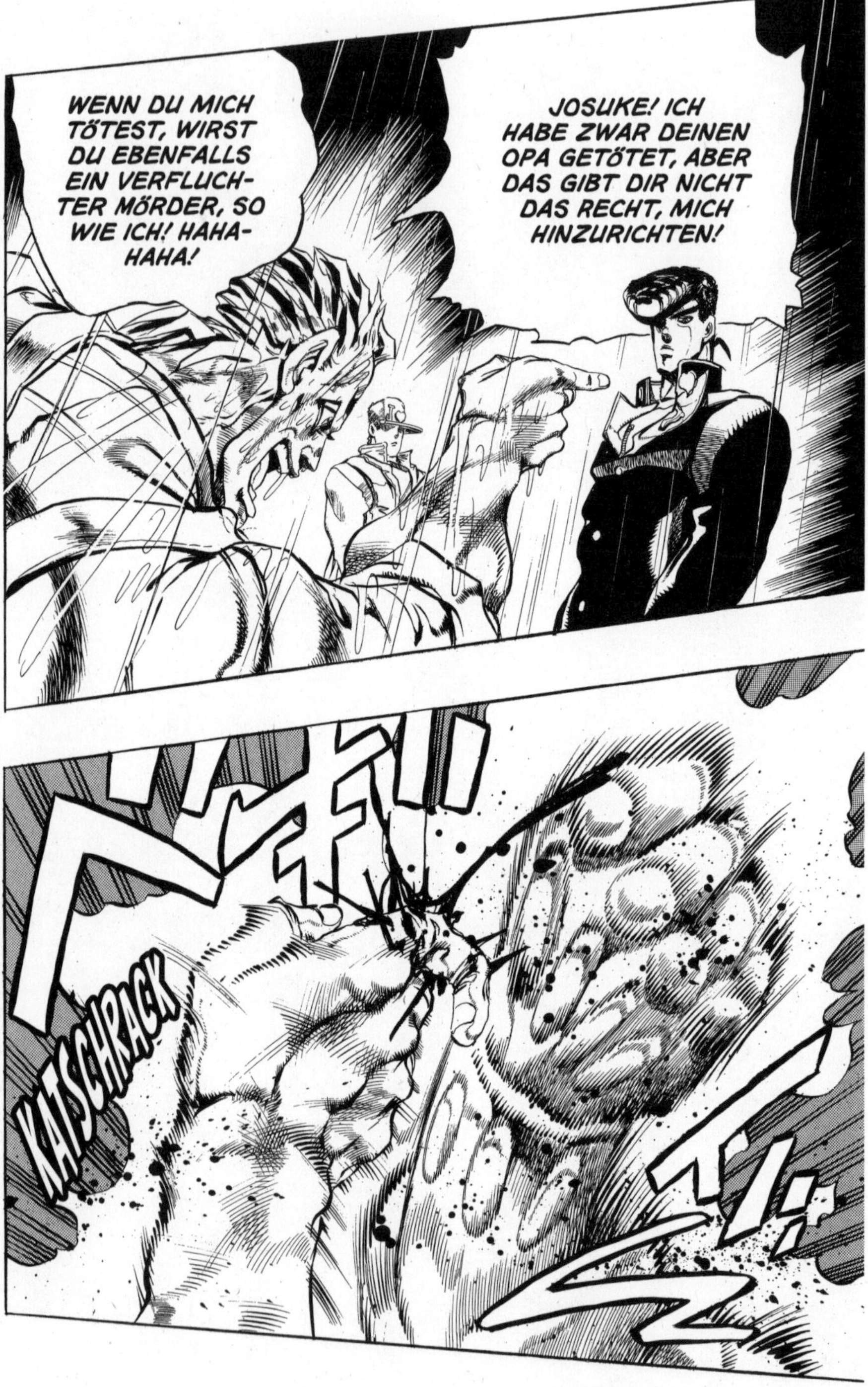
JOSUKE! ICH HABE ZWAR DEINEN OPA GETÖTET, ABER DAS GIBT DIR NICHT DAS RECHT, MICH HINZURICHTEN!
WENN DU MICH TÖTEST, WIRST DU EBENFALLS EIN VERFLUCH-TER MÖRDER, SO WIE ICH! HAHA-HAHA!
KATSCHRACK

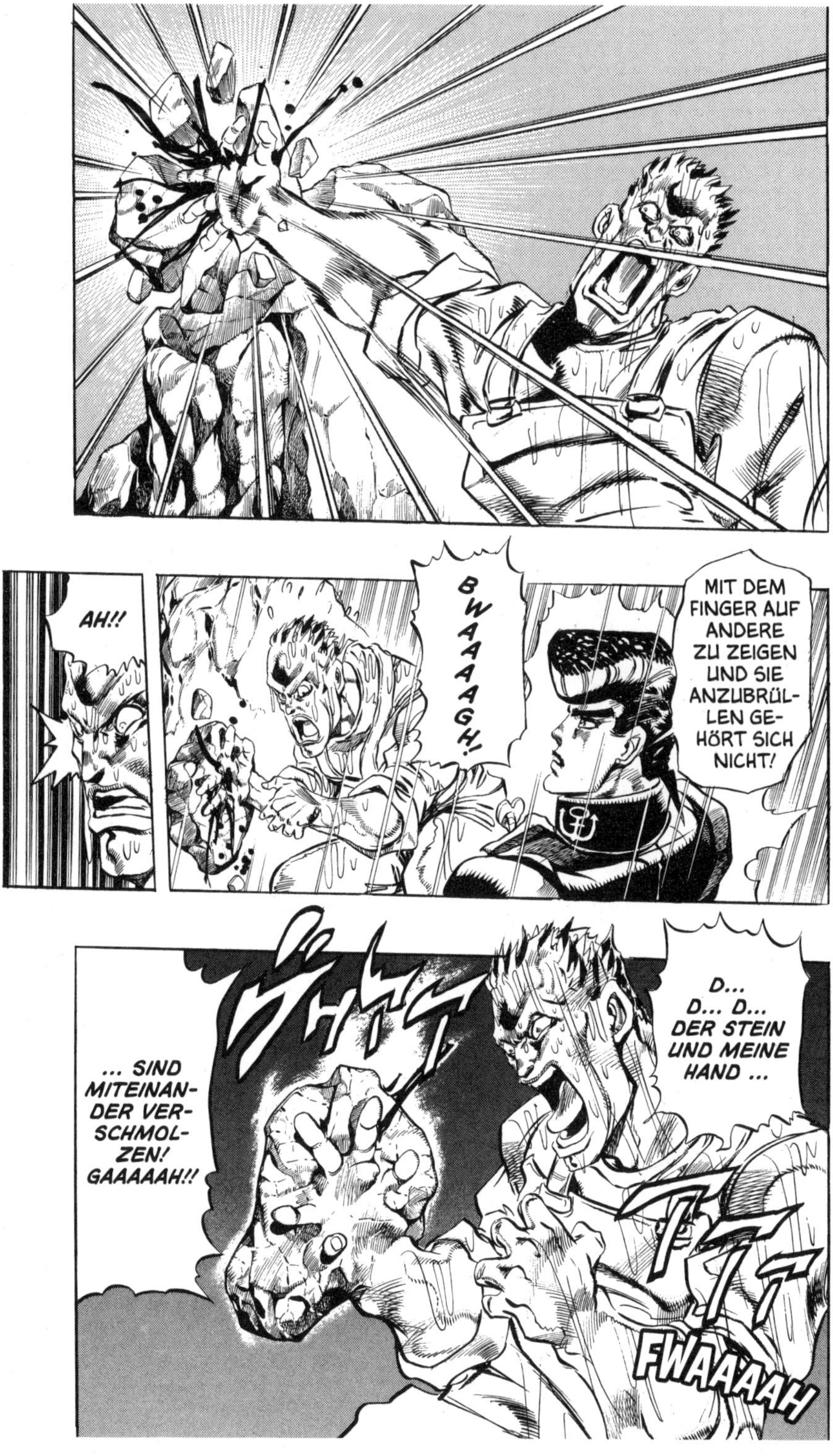
MIT DEM FINGER AUF ANDERE ZU ZEIGEN UND SIE ANZUBRÜLLEN GEHÖRT SICH NICHT!
BWAAAAAAGH!
AH!!
D... D... D... DER STEIN UND MEINE HAND ...
... SIND MITEINANDER VERSCHMOLZEN! GAAAAAH!!
FWAAAAAH

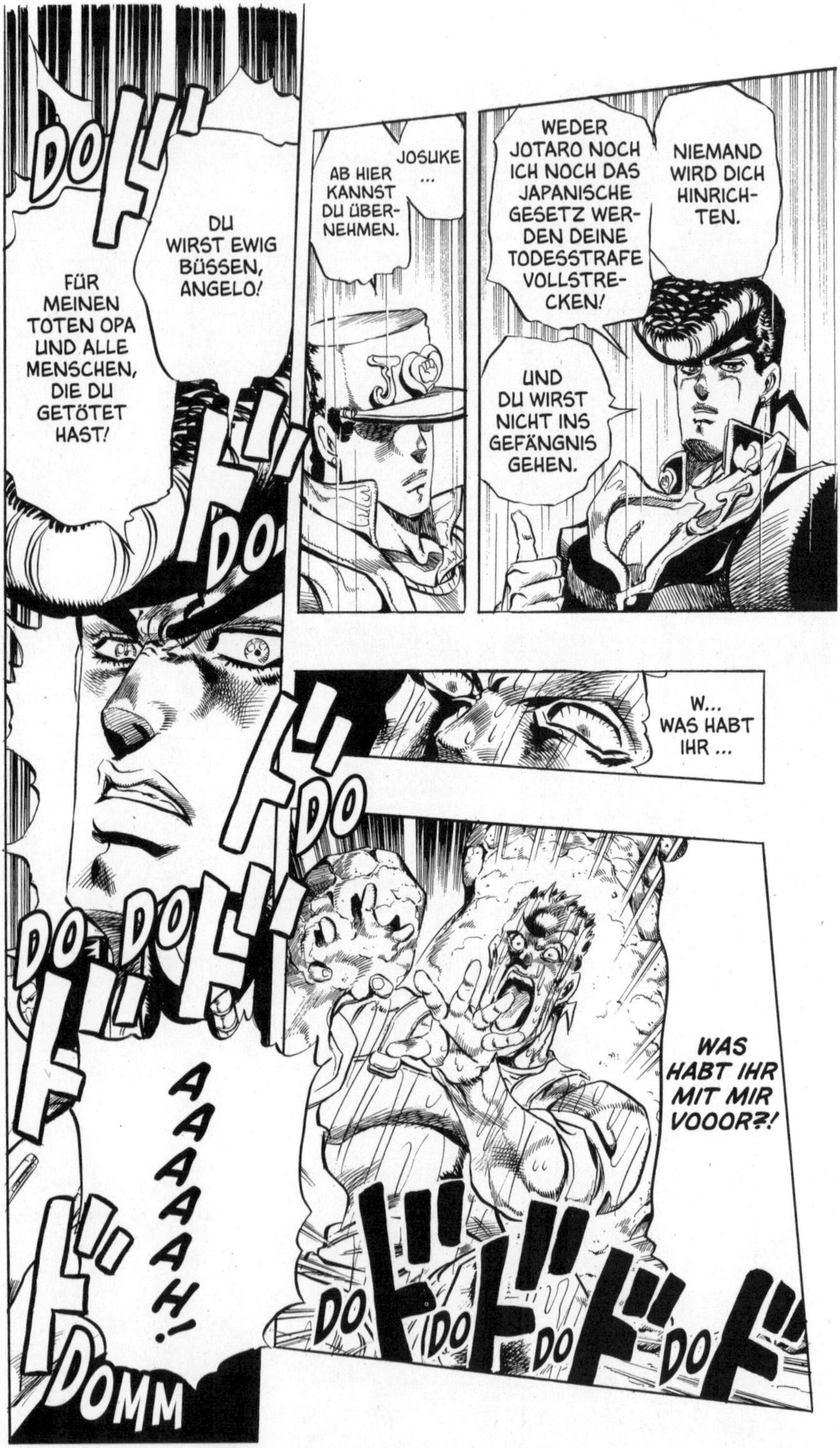
NIEMAND WIRD DICH HINRICHTEN.
WEDER JOTARO NOCH ICH NOCH DAS JAPANISCHE GESETZ WERDEN DEINE TODESSTRAFE VOLLSTRECKEN!
UND DU WIRST NICHT INS GEFÄNGNIS GEHEN.
JOSUKE ...
AB HIER KANNST DU ÜBERNEHMEN.
DU WIRST EWIG BÜSSEN, ANGELO!
FÜR MEINEN TOTEN OPA UND ALLE MENSCHEN, DIE DU GETÖTET HAST!
DO DO DO DO
W... WAS HABT IHR ...
WAS HABT IHR MIT MIR VOOOR?!
DO DO DO DO
AAAAAAH!
DOMM

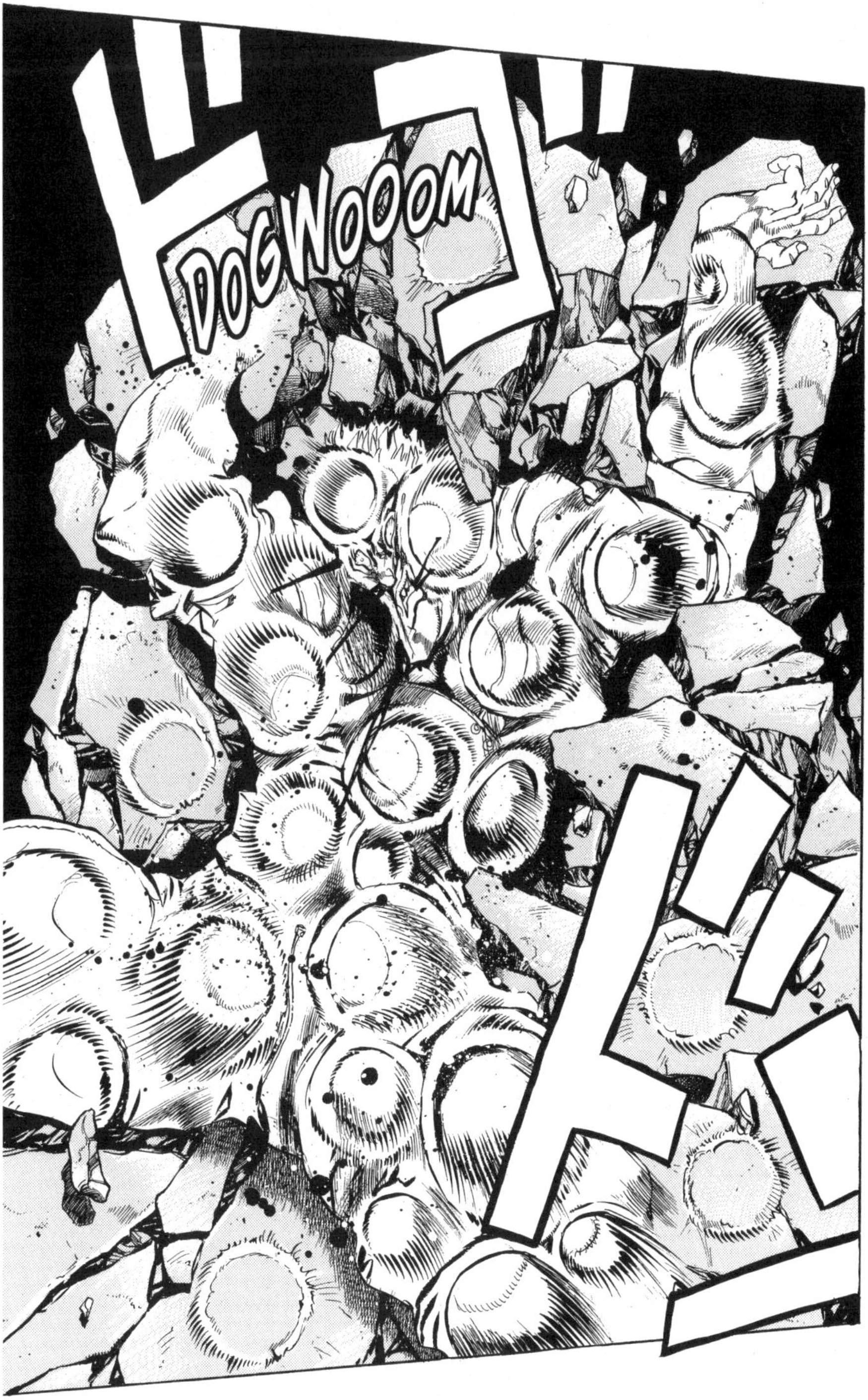
ドゴ
DOGWOOOM
ド

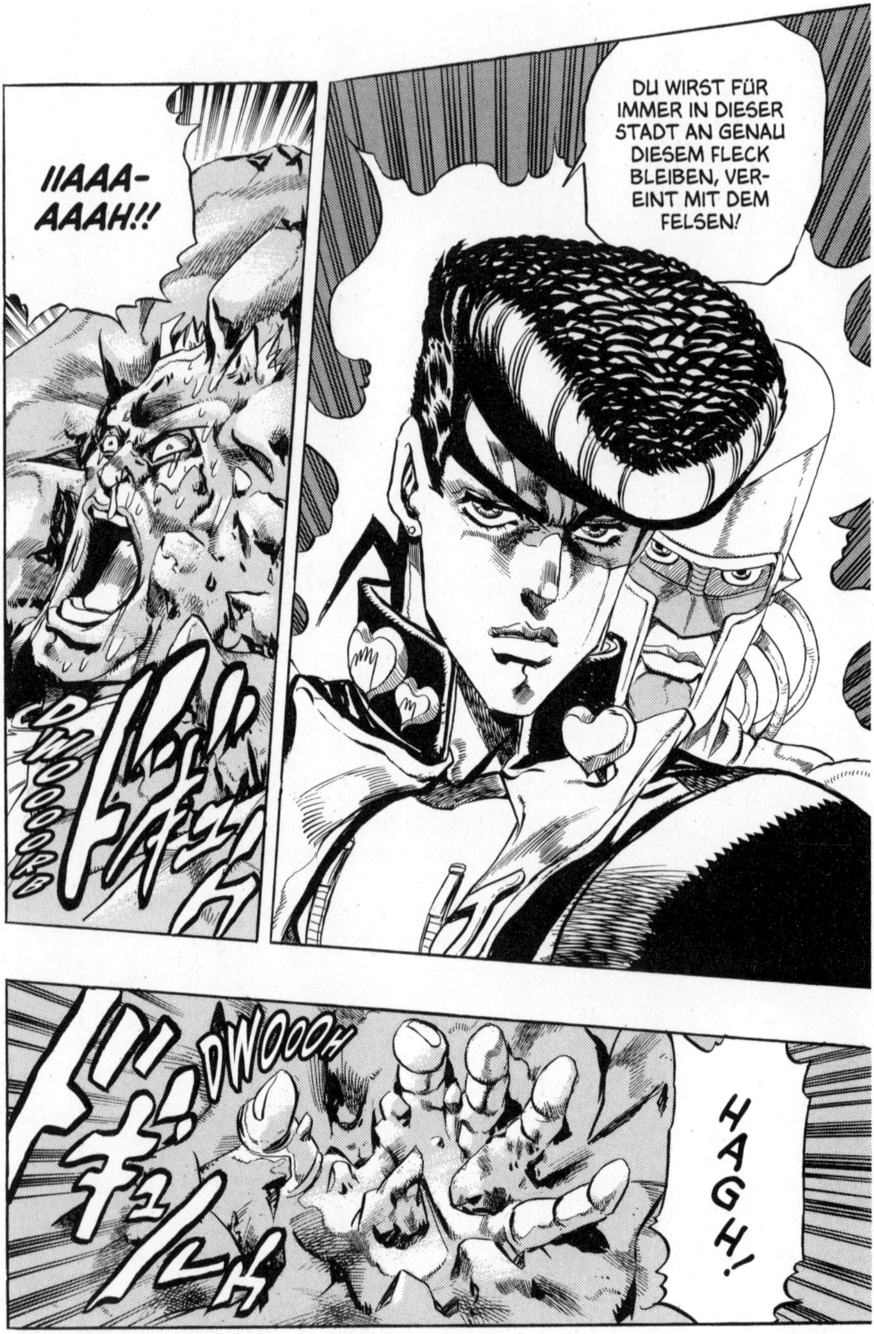
DU WIRST FÜR IMMER IN DIESER STADT AN GENAU DIESEM FLECK BLEIBEN, VEREINT MIT DEM FELSEN!
IIAAA-AAAH!!
DWOOOOOORB
HAGH!
DWOOOH

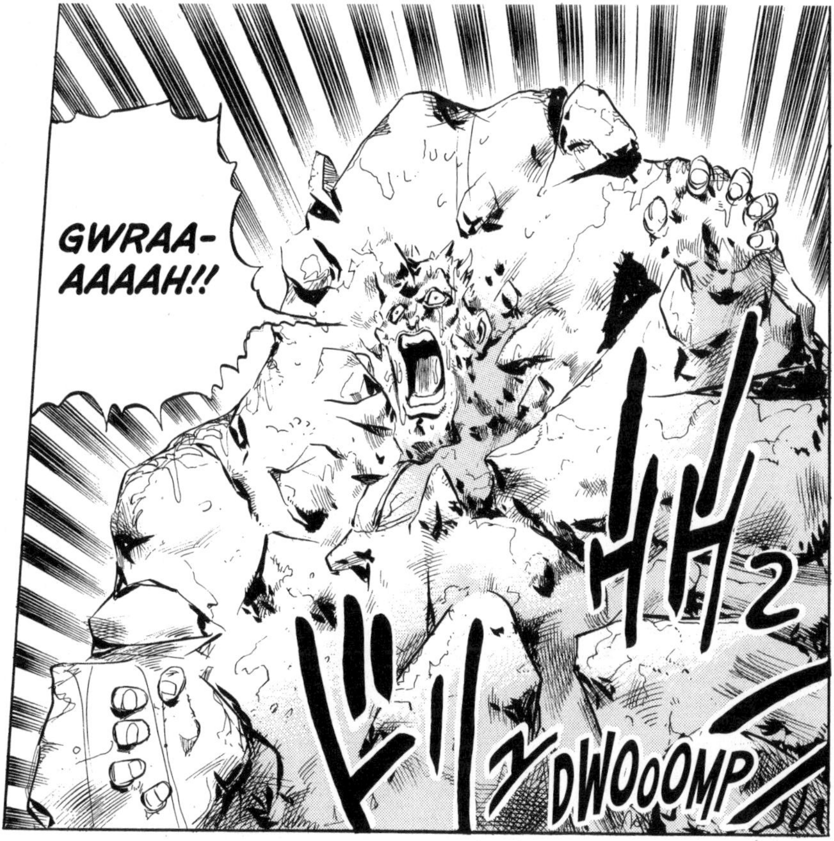

Morioh – ein Ort, an dem man leben möchte

Sehenswürdigkeit Nummer eins: Angelos Felsen

Wie man ihn erreicht:	Eine Minute zu Fuß von der Bushaltestelle drei auf der Jozenji-Dori

Ein Wahrzeichen der Stadt und beliebter Treffpunkt für Pärchen. Trotz seiner unheimlichen Erscheinung haben die Bewohner Moriohs den Felsen lieb gewonnen.

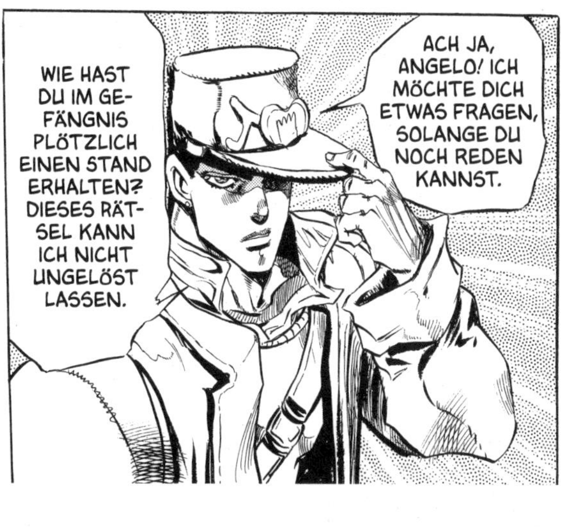

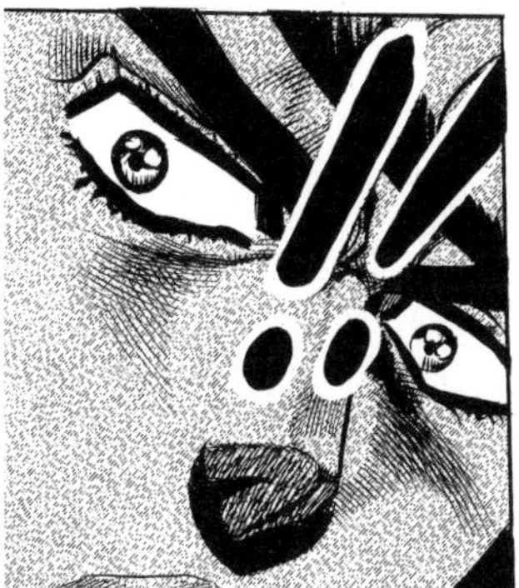

JOJO'S BIZARRE ADVENTURE PART 4

DIAMOND IS UNBREAKABLE

Josuke Higashikata trifft Angelo: Teil 5

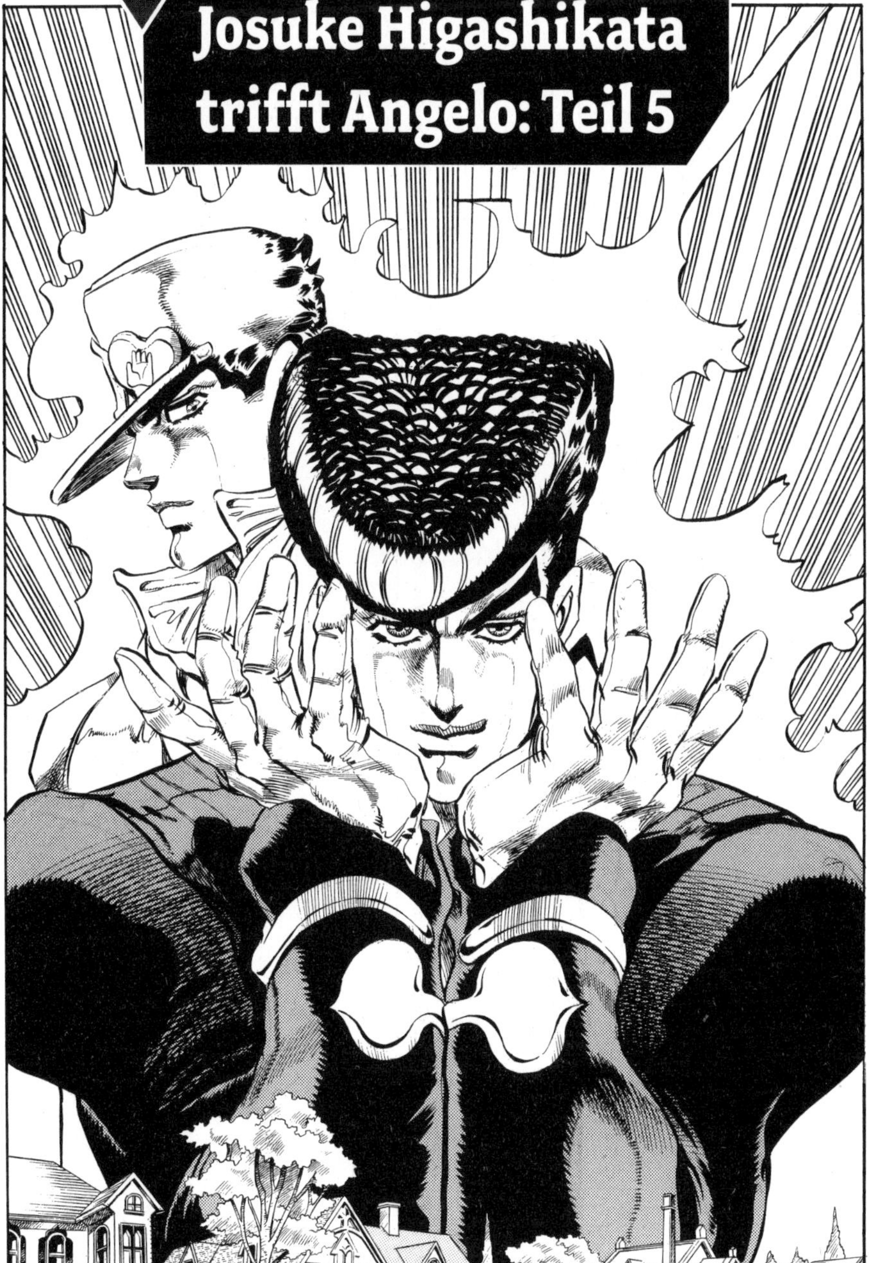

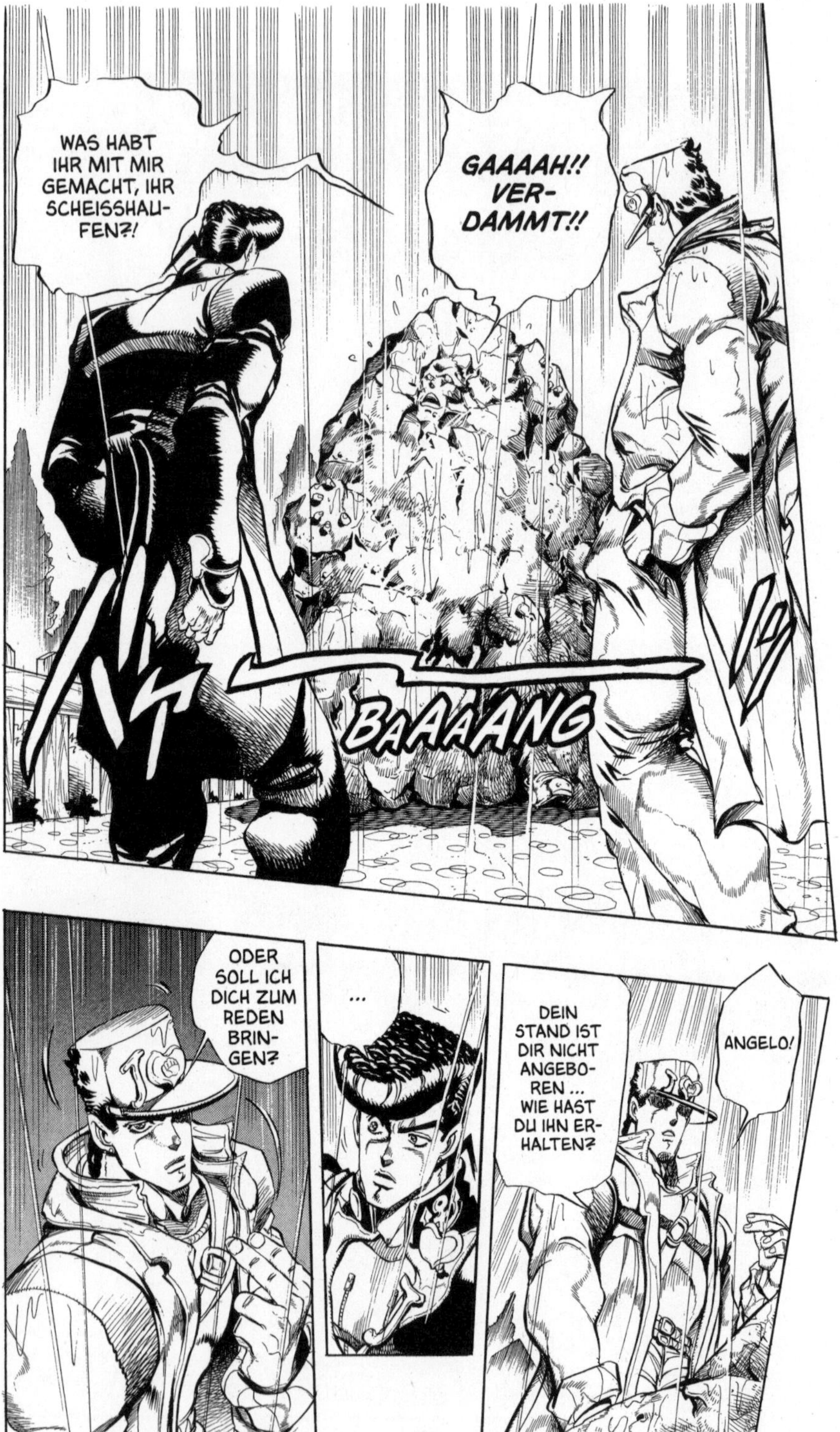
GAAAAH!! VER-DAMMT!!
WAS HABT IHR MIT MIR GEMACHT, IHR SCHEISSHAUFEN?!
BAAAANG
ANGELO!
DEIN STAND IST DIR NICHT ANGEBOREN ... WIE HAST DU IHN ERHALTEN?
...
ODER SOLL ICH DICH ZUM REDEN BRINGEN?

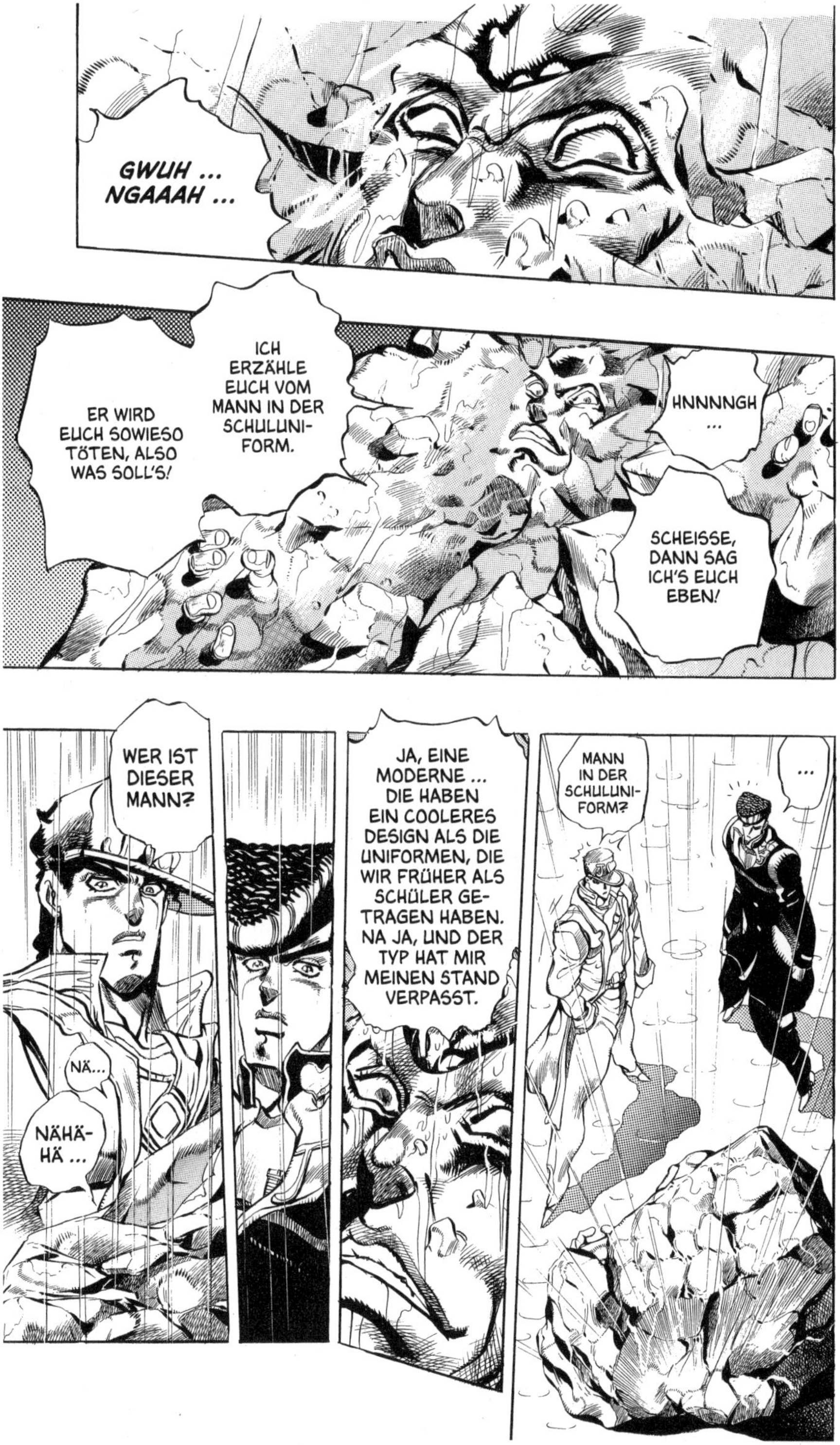
GWUH ...
NGAAAH ...
HNNNNGH ...
ICH ERZÄHLE EUCH VOM MANN IN DER SCHULUNIFORM.
ER WIRD EUCH SOWIESO TÖTEN, ALSO WAS SOLL'S!
SCHEISSE, DANN SAG ICH'S EUCH EBEN!
...
MANN IN DER SCHULUNIFORM?
WER IST DIESER MANN?
JA, EINE MODERNE ... DIE HABEN EIN COOLERES DESIGN ALS DIE UNIFORMEN, DIE WIR FRÜHER ALS SCHÜLER GETRAGEN HABEN. NA JA, UND DER TYP HAT MIR MEINEN STAND VERPASST.
NÄ...
NÄHÄ-HÄ ...

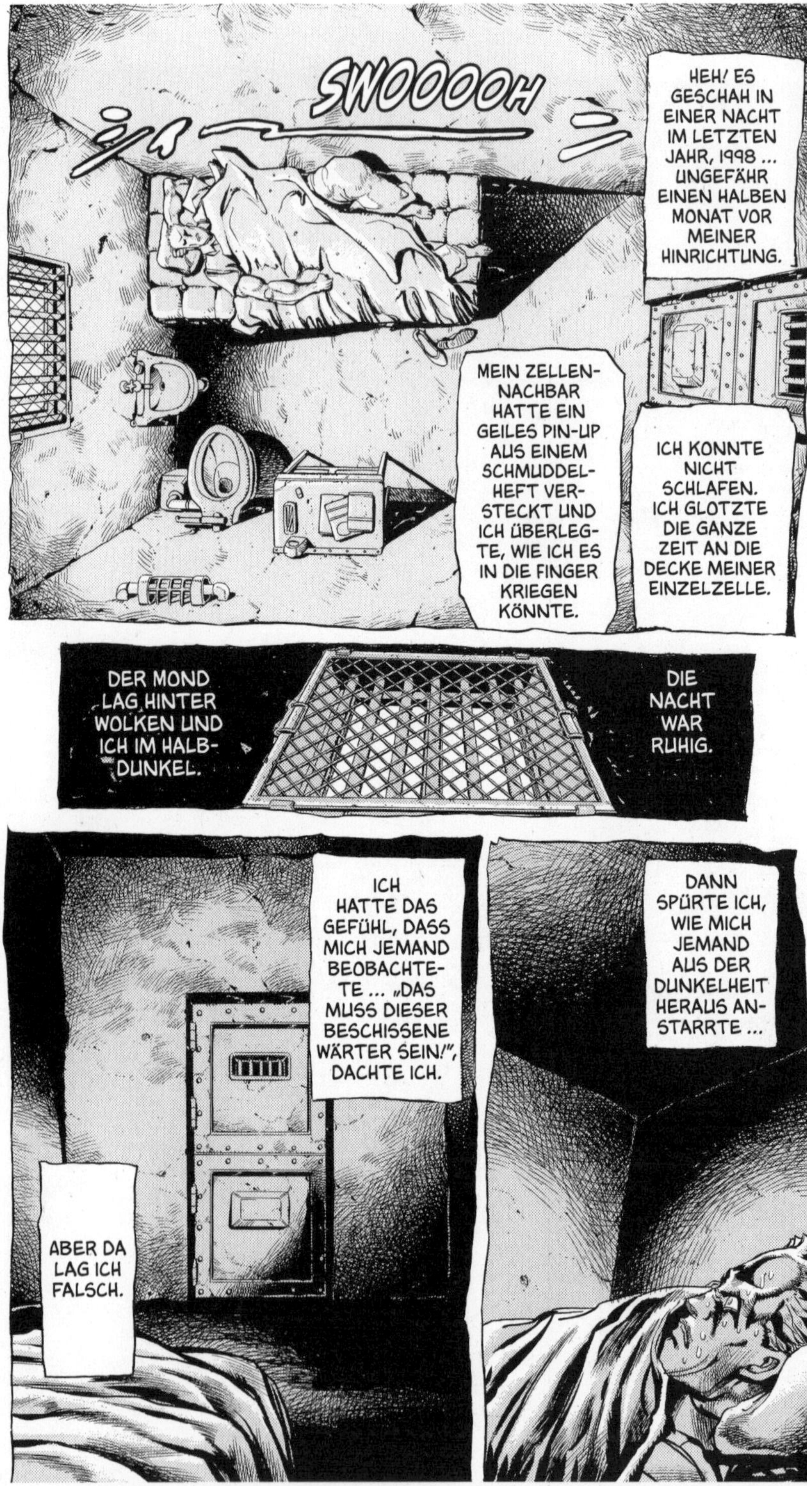
SWOOOOH
HEH! ES GESCHAH IN EINER NACHT IM LETZTEN JAHR, 1998 … UNGEFÄHR EINEN HALBEN MONAT VOR MEINER HINRICHTUNG.
ICH KONNTE NICHT SCHLAFEN. ICH GLOTZTE DIE GANZE ZEIT AN DIE DECKE MEINER EINZELZELLE.
MEIN ZELLENNACHBAR HATTE EIN GEILES PIN-UP AUS EINEM SCHMUDDELHEFT VERSTECKT UND ICH ÜBERLEGTE, WIE ICH ES IN DIE FINGER KRIEGEN KÖNNTE.
DIE NACHT WAR RUHIG.
DER MOND LAG HINTER WOLKEN UND ICH IM HALBDUNKEL.
DANN SPÜRTE ICH, WIE MICH JEMAND AUS DER DUNKELHEIT HERAUS ANSTARRTE …
ICH HATTE DAS GEFÜHL, DASS MICH JEMAND BEOBACHTETE … „DAS MUSS DIESER BESCHISSENE WÄRTER SEIN!", DACHTE ICH.
ABER DA LAG ICH FALSCH.

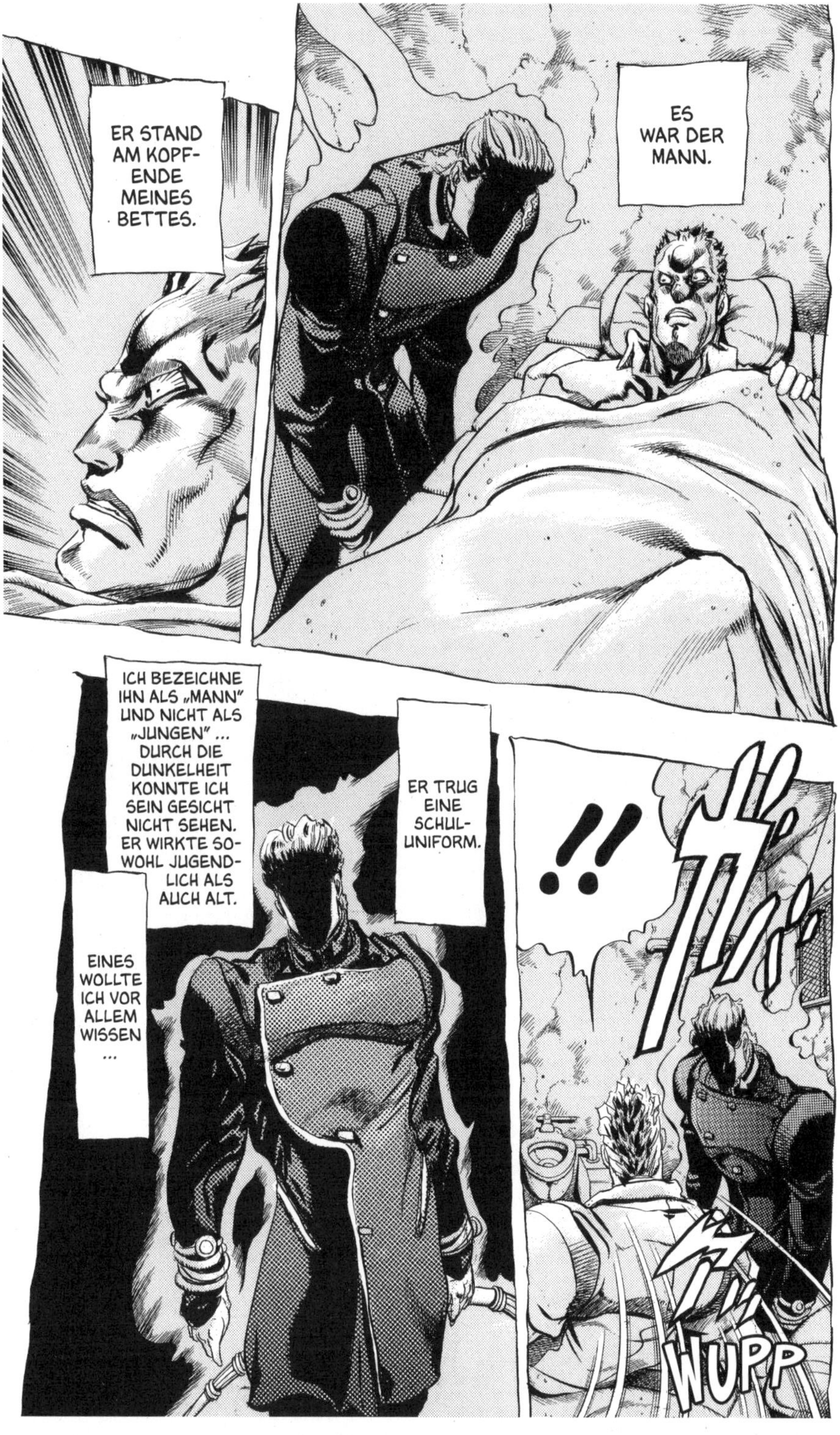
ER STAND AM KOPF-ENDE MEINES BETTES.
ES WAR DER MANN.
ICH BEZEICHNE IHN ALS „MANN" UND NICHT ALS „JUNGEN" ... DURCH DIE DUNKELHEIT KONNTE ICH SEIN GESICHT NICHT SEHEN. ER WIRKTE SO-WOHL JUGEND-LICH ALS AUCH ALT.
ER TRUG EINE SCHUL-UNIFORM.
EINES WOLLTE ICH VOR ALLEM WISSEN ...
!!
WUPP

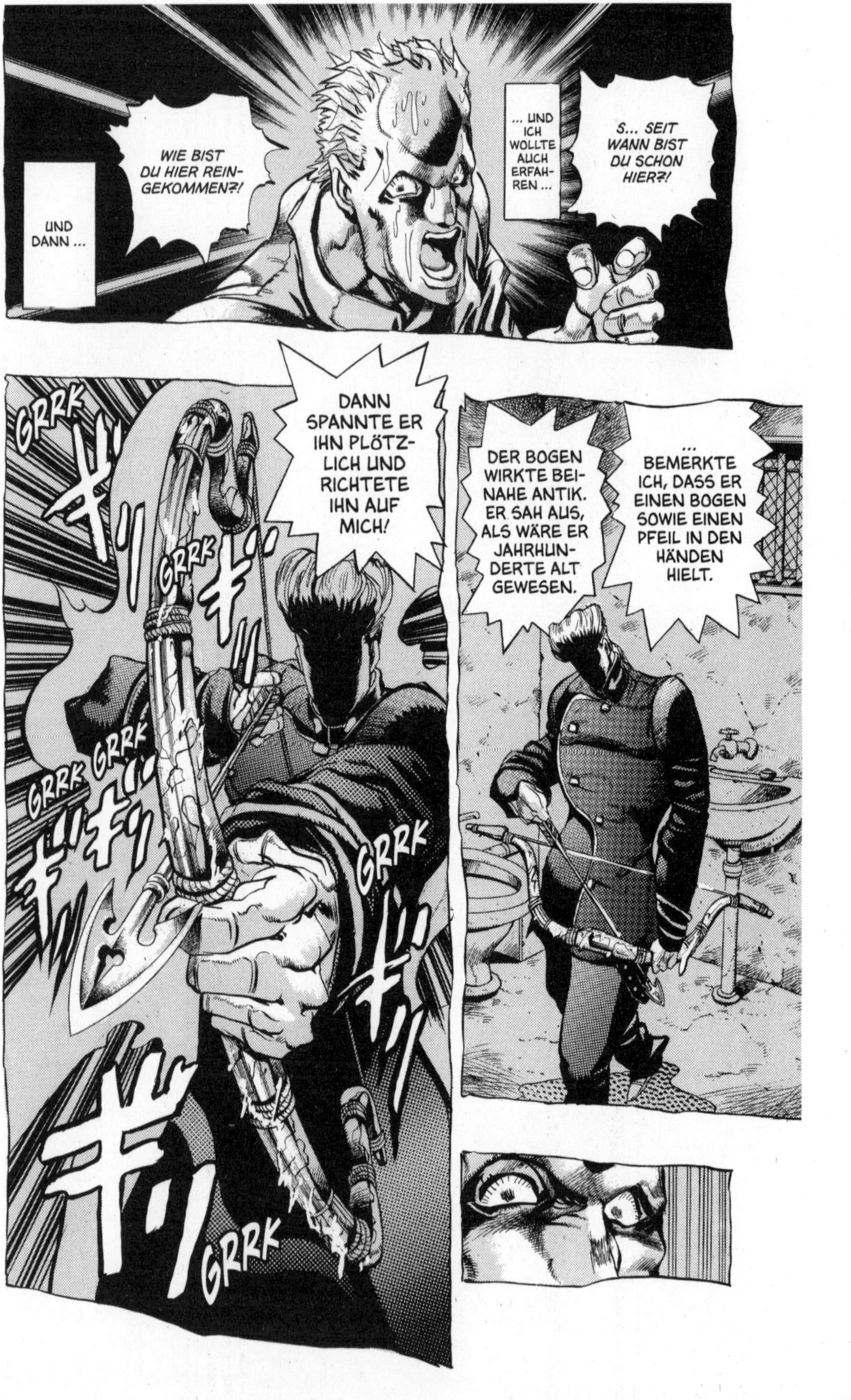

S... SEIT WANN BIST DU SCHON HIER?!
... UND ICH WOLLTE AUCH ERFAHREN ...
WIE BIST DU HIER REIN-GEKOMMEN?!
UND DANN ...
... BEMERKTE ICH, DASS ER EINEN BOGEN SOWIE EINEN PFEIL IN DEN HÄNDEN HIELT.
DER BOGEN WIRKTE BEINAHE ANTIK. ER SAH AUS, ALS WÄRE ER JAHRHUNDERTE ALT GEWESEN.
DANN SPANNTE ER IHN PLÖTZLICH UND RICHTETE IHN AUF MICH!
GRRK
GRRK
GRRK GRRK
GRRK
GRRK

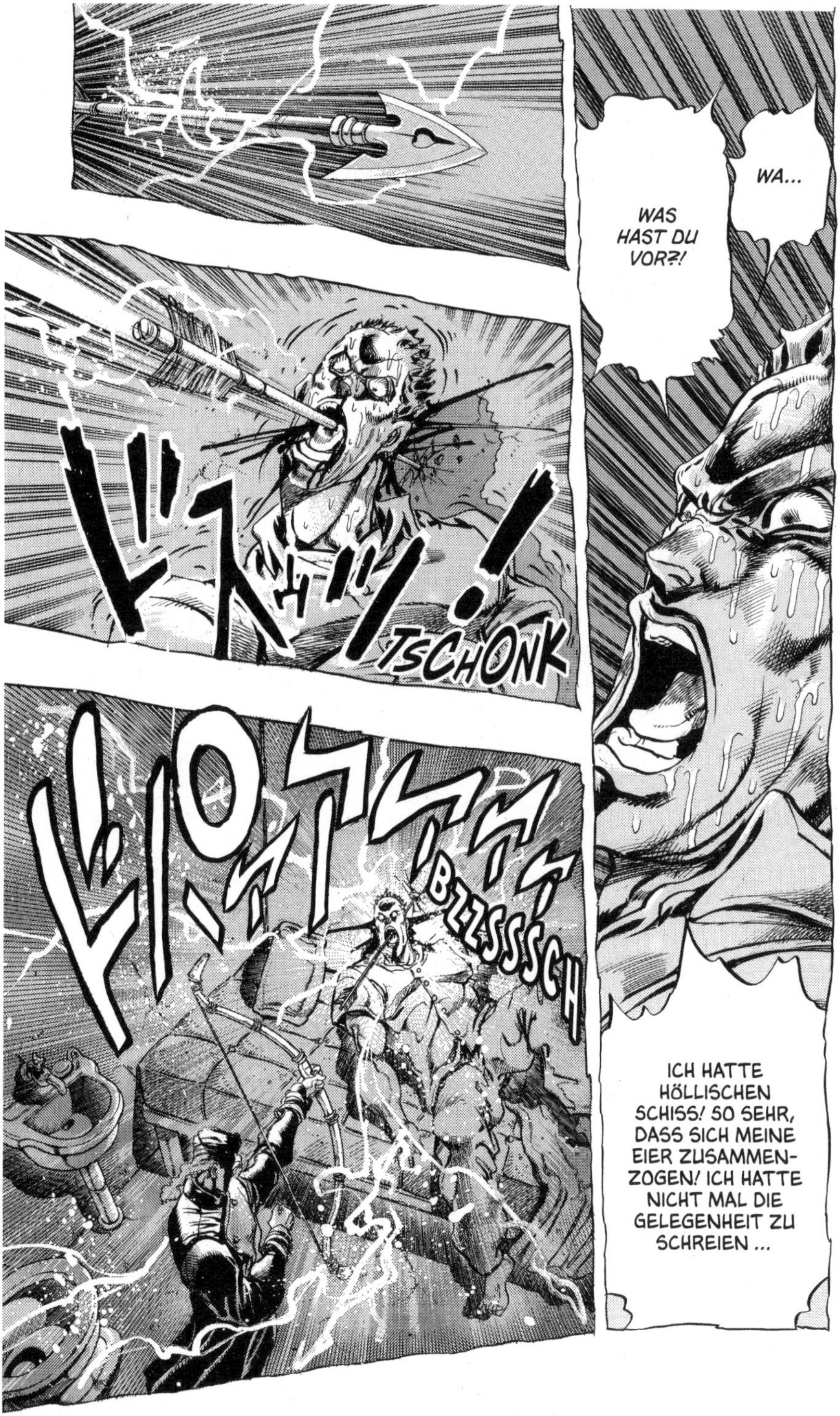

WA...
WAS HAST DU VOR?!
TSCHONK
BZZSSSSCH
ICH HATTE HÖLLISCHEN SCHISS! SO SEHR, DASS SICH MEINE EIER ZUSAMMEN-ZOGEN! ICH HATTE NICHT MAL DIE GELEGENHEIT ZU SCHREIEN ...

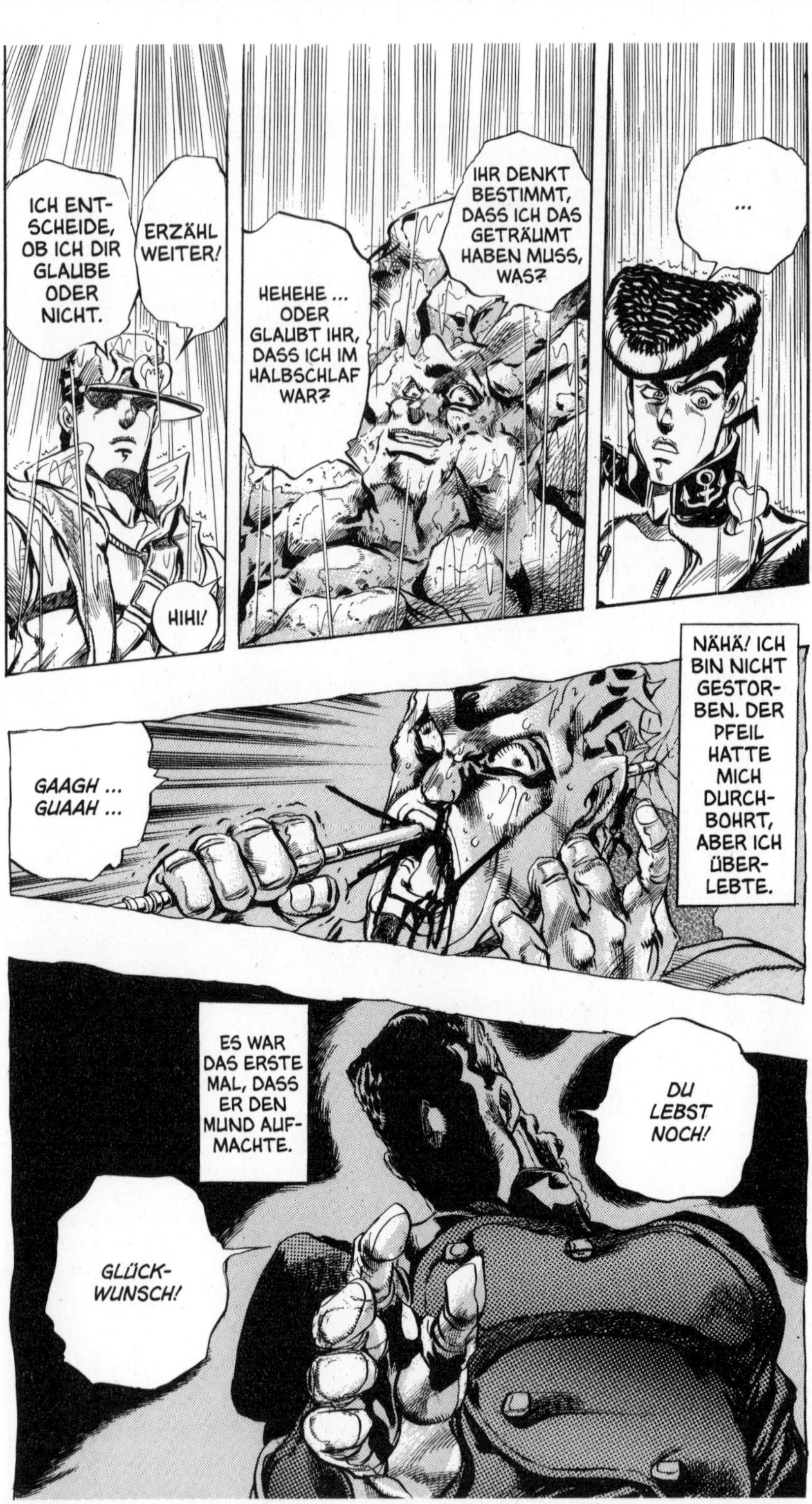

ERZÄHL WEITER!
ICH ENTSCHEIDE, OB ICH DIR GLAUBE ODER NICHT.
HIHI!
IHR DENKT BESTIMMT, DASS ICH DAS GETRÄUMT HABEN MUSS, WAS?
HEHEHE … ODER GLAUBT IHR, DASS ICH IM HALBSCHLAF WAR?
…
NÄHÄ! ICH BIN NICHT GESTORBEN. DER PFEIL HATTE MICH DURCHBOHRT, ABER ICH ÜBERLEBTE.
GAAGH … GUAAH …
DU LEBST NOCH!
ES WAR DAS ERSTE MAL, DASS ER DEN MUND AUFMACHTE.
GLÜCKWUNSCH!

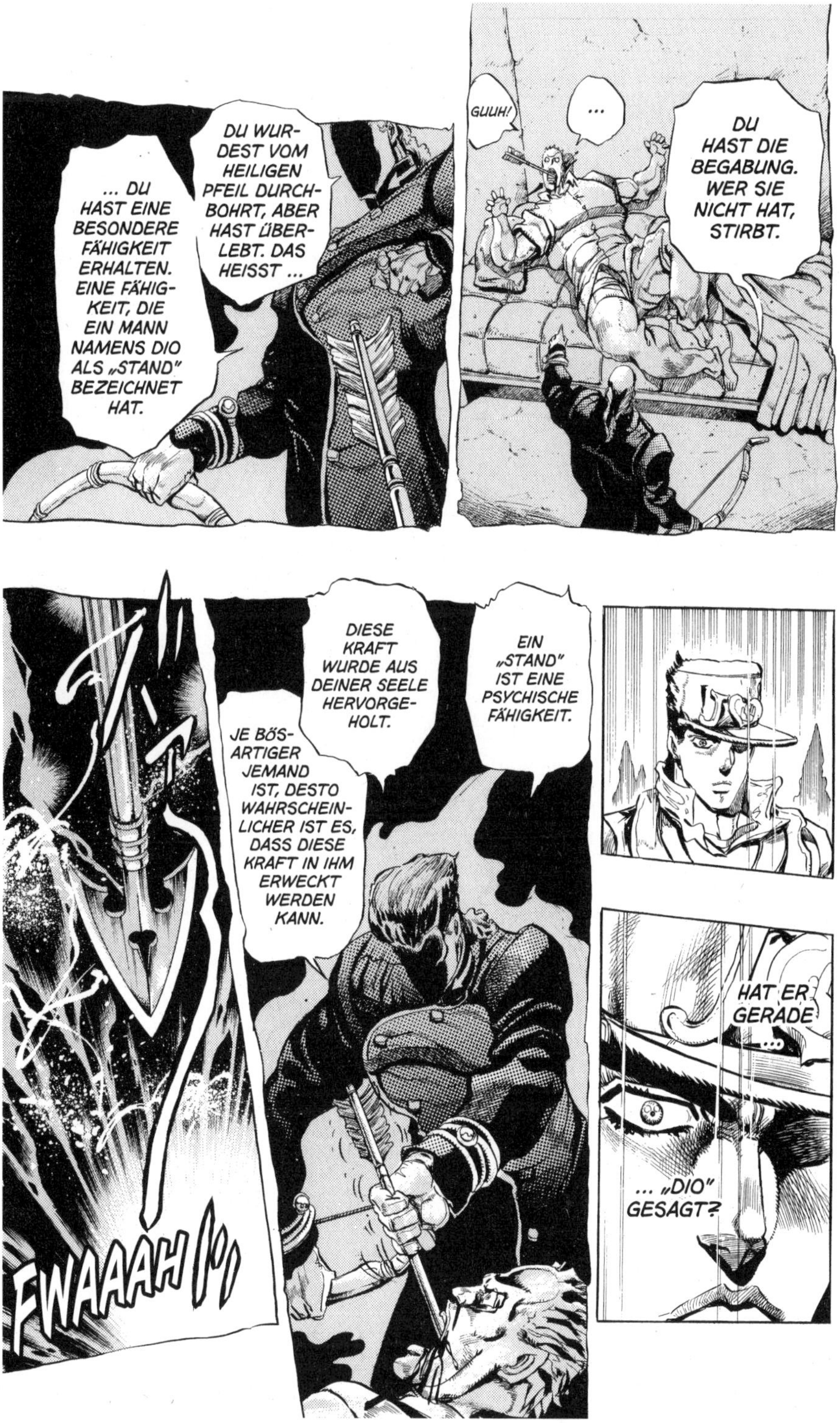
GUUH!
...
DU HAST DIE BEGABUNG. WER SIE NICHT HAT, STIRBT.
DU WURDEST VOM HEILIGEN PFEIL DURCHBOHRT, ABER HAST ÜBERLEBT. DAS HEISST ...
... DU HAST EINE BESONDERE FÄHIGKEIT ERHALTEN. EINE FÄHIGKEIT, DIE EIN MANN NAMENS DIO ALS „STAND" BEZEICHNET HAT.
HAT ER GERADE ...
... „DIO" GESAGT?
EIN „STAND" IST EINE PSYCHISCHE FÄHIGKEIT.
DIESE KRAFT WURDE AUS DEINER SEELE HERVORGEHOLT.
JE BÖSARTIGER JEMAND IST, DESTO WAHRSCHEINLICHER IST ES, DASS DIESE KRAFT IN IHM ERWECKT WERDEN KANN.
FWAAAH

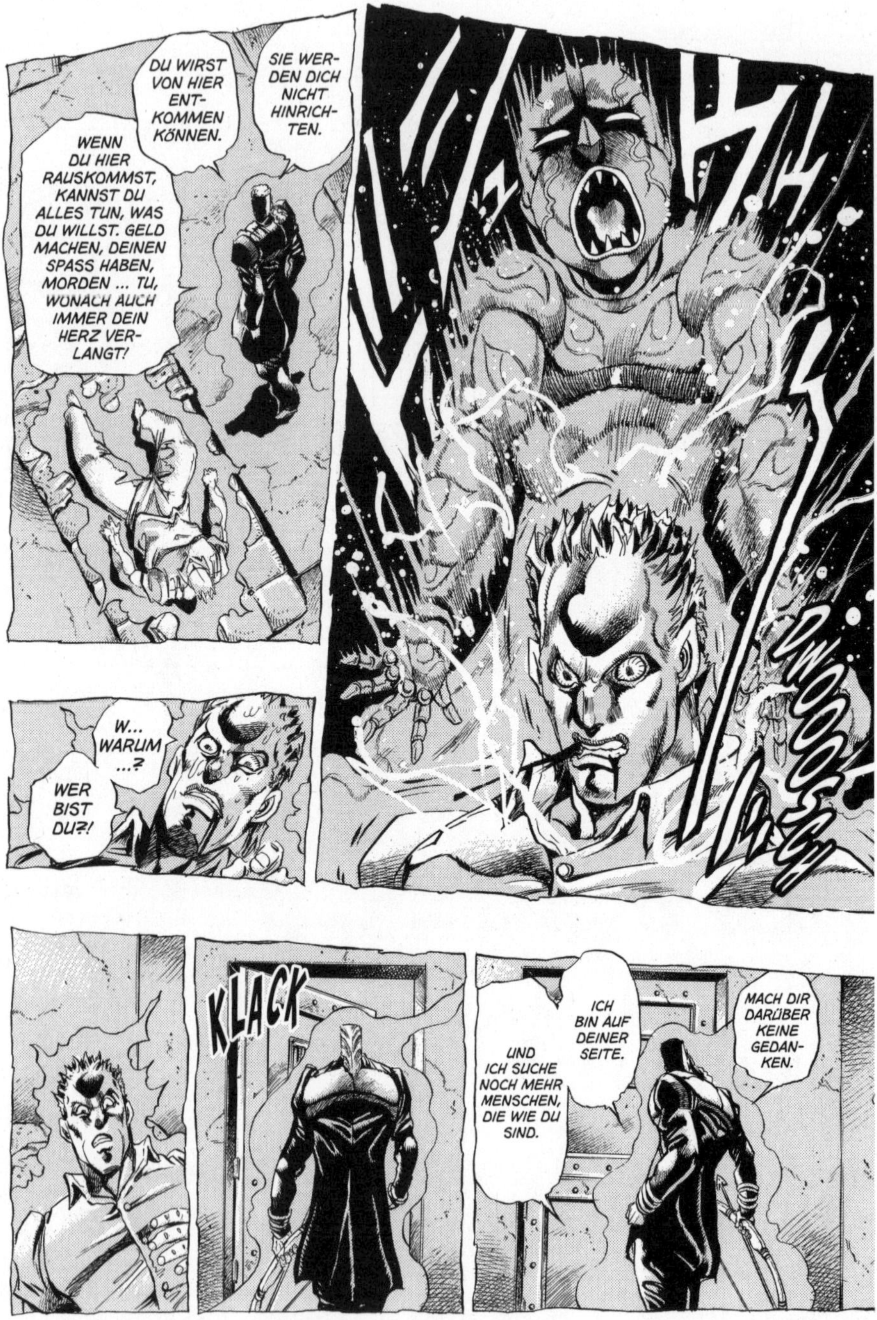
SIE WERDEN DICH NICHT HINRICHTEN.
DU WIRST VON HIER ENTKOMMEN KÖNNEN.
WENN DU HIER RAUSKOMMST, KANNST DU ALLES TUN, WAS DU WILLST. GELD MACHEN, DEINEN SPASS HABEN, MORDEN ... TU, WONACH AUCH IMMER DEIN HERZ VERLANGT!
W... WARUM ...?
WER BIST DU?!
MACH DIR DARÜBER KEINE GEDANKEN.
ICH BIN AUF DEINER SEITE.
UND ICH SUCHE NOCH MEHR MENSCHEN, DIE WIE DU SIND.
KLACK

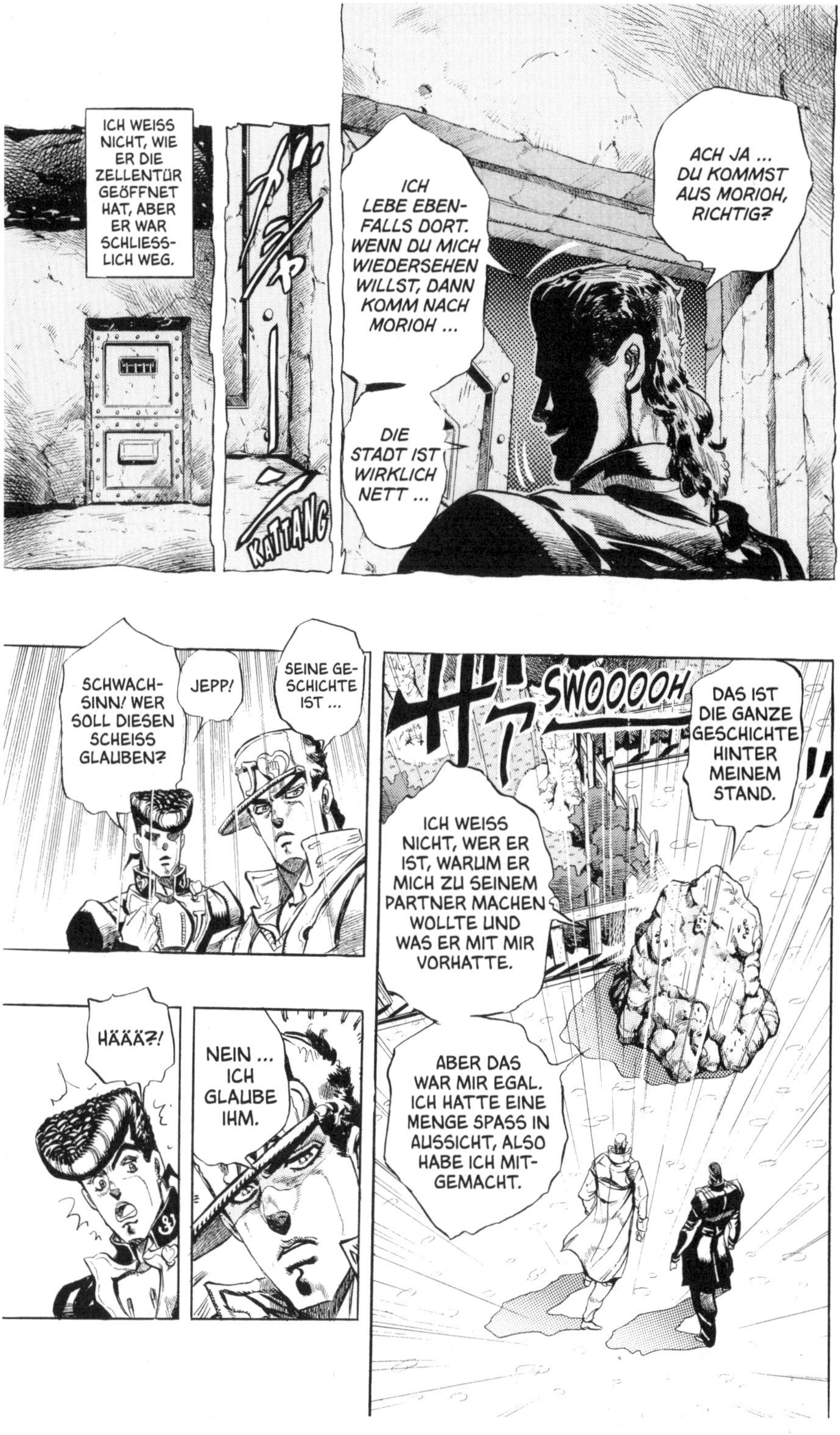
ACH JA ... DU KOMMST AUS MORIOH, RICHTIG?
ICH LEBE EBENFALLS DORT. WENN DU MICH WIEDERSEHEN WILLST, DANN KOMM NACH MORIOH ...
DIE STADT IST WIRKLICH NETT ...
KATTANG
ICH WEISS NICHT, WIE ER DIE ZELLENTÜR GEÖFFNET HAT, ABER ER WAR SCHLIESSLICH WEG.
SWOOOOH
DAS IST DIE GANZE GESCHICHTE HINTER MEINEM STAND.
ICH WEISS NICHT, WER ER IST, WARUM ER MICH ZU SEINEM PARTNER MACHEN WOLLTE UND WAS ER MIT MIR VORHATTE.
ABER DAS WAR MIR EGAL. ICH HATTE EINE MENGE SPASS IN AUSSICHT, ALSO HABE ICH MITGEMACHT.
SEINE GESCHICHTE IST ...
JEPP!
SCHWACHSINN! WER SOLL DIESEN SCHEISS GLAUBEN?
NEIN ... ICH GLAUBE IHM.
HÄÄÄ?!

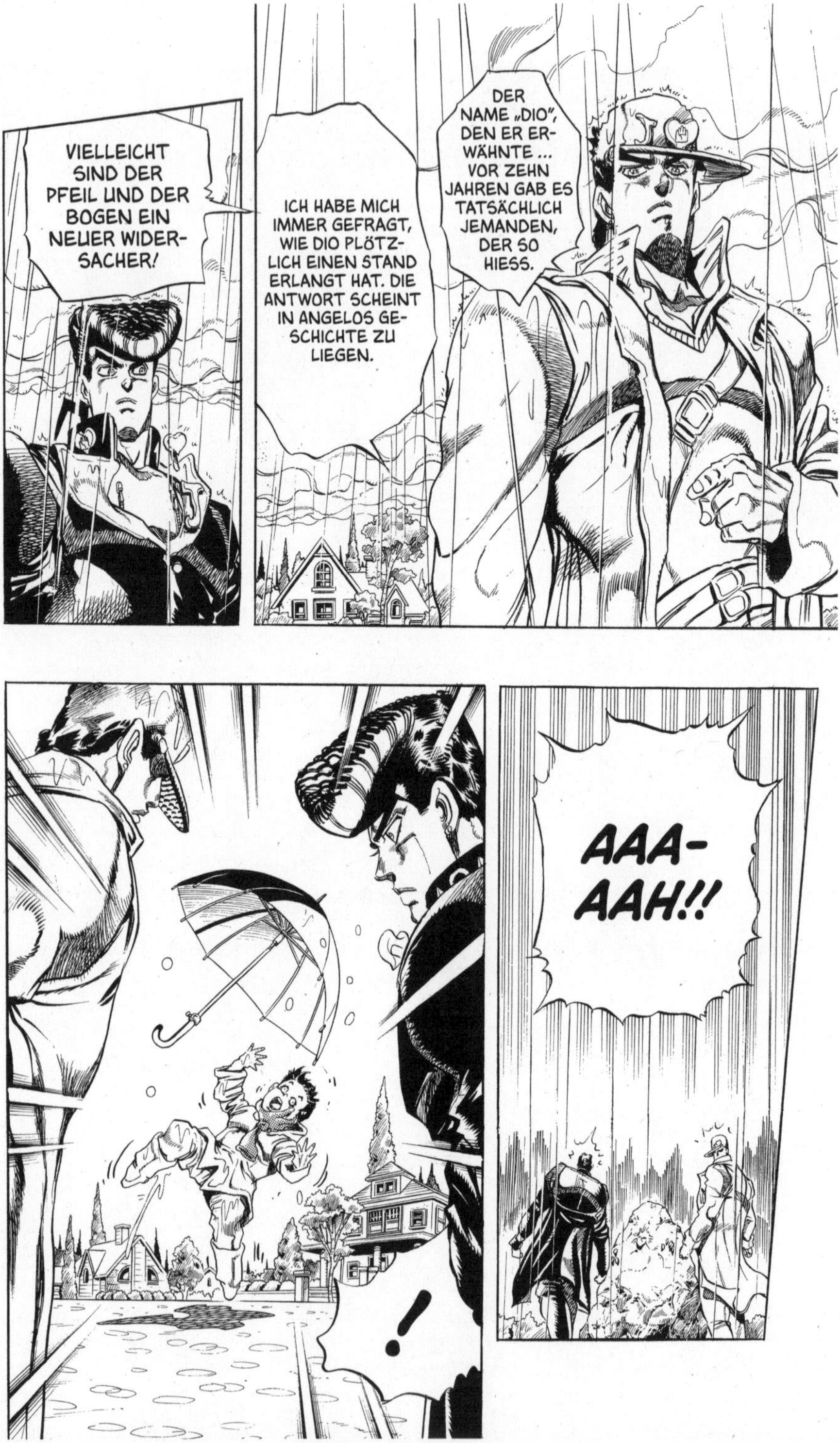
DER NAME „DIO", DEN ER ERWÄHNTE ... VOR ZEHN JAHREN GAB ES TATSÄCHLICH JEMANDEN, DER SO HIESS.
ICH HABE MICH IMMER GEFRAGT, WIE DIO PLÖTZLICH EINEN STAND ERLANGT HAT. DIE ANTWORT SCHEINT IN ANGELOS GESCHICHTE ZU LIEGEN.
VIELLEICHT SIND DER PFEIL UND DER BOGEN EIN NEUER WIDERSACHER!
AAA-AAH!!
!

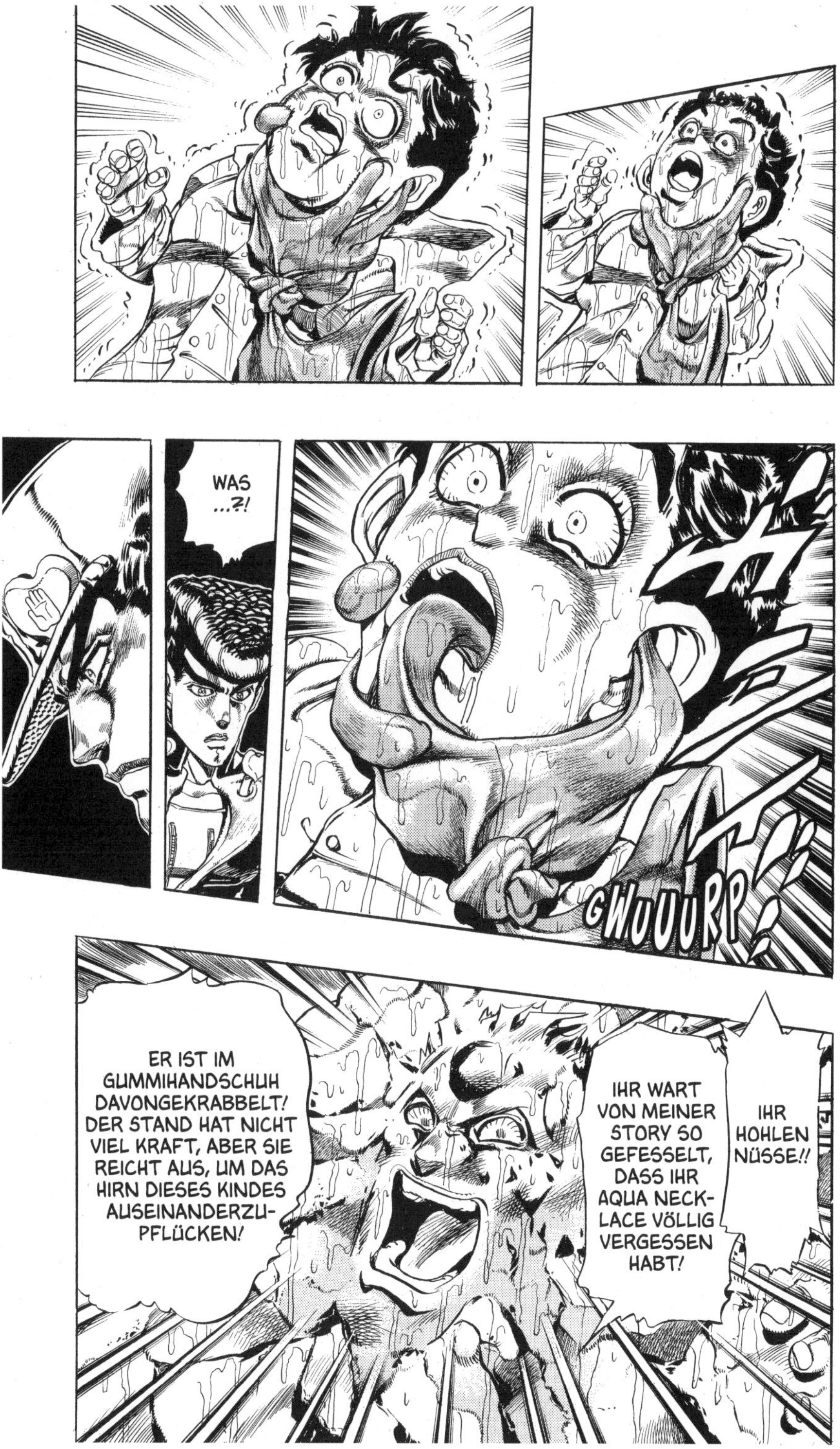
GWUUURP!!
WAS ...?!
IHR HOHLEN NÜSSE!!
IHR WART VON MEINER STORY SO GEFESSELT, DASS IHR AQUA NECK-LACE VÖLLIG VERGESSEN HABT!
ER IST IM GUMMIHANDSCHUH DAVONGEKRABBELT! DER STAND HAT NICHT VIEL KRAFT, ABER SIE REICHT AUS, UM DAS HIRN DIESES KINDES AUSEINANDERZU-PFLÜCKEN!

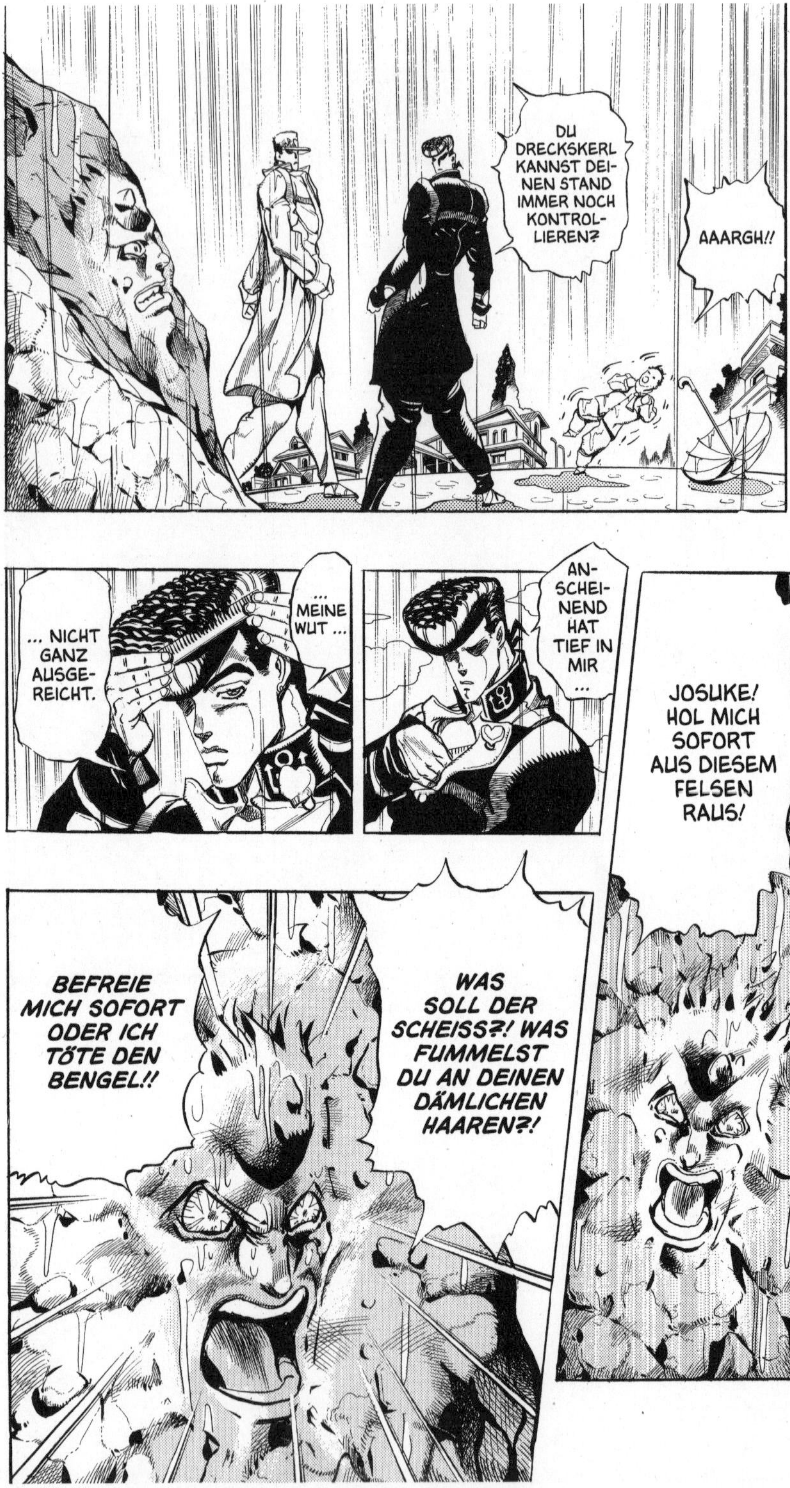
AAARGH!!
DU DRECKSKERL KANNST DEINEN STAND IMMER NOCH KONTROLLIEREN?
JOSUKE! HOL MICH SOFORT AUS DIESEM FELSEN RAUS!
ANSCHEINEND HAT TIEF IN MIR ...
... MEINE WUT ...
... NICHT GANZ AUSGEREICHT.
WAS SOLL DER SCHEISS?! WAS FUMMELST DU AN DEINEN DÄMLICHEN HAAREN?!
BEFREIE MICH SOFORT ODER ICH TÖTE DEN BENGEL!!

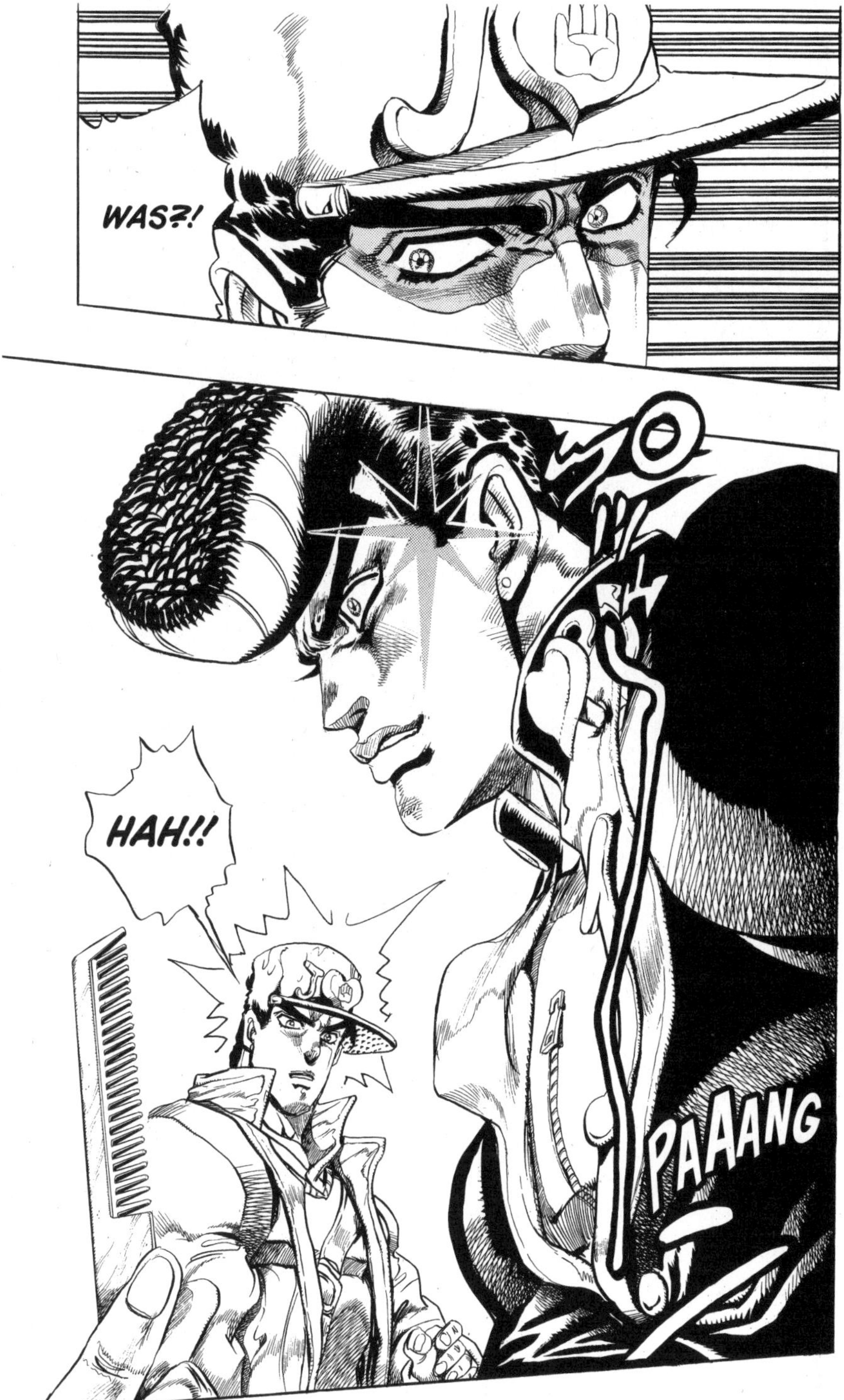
WAS?!
HAH!!
PAAANG

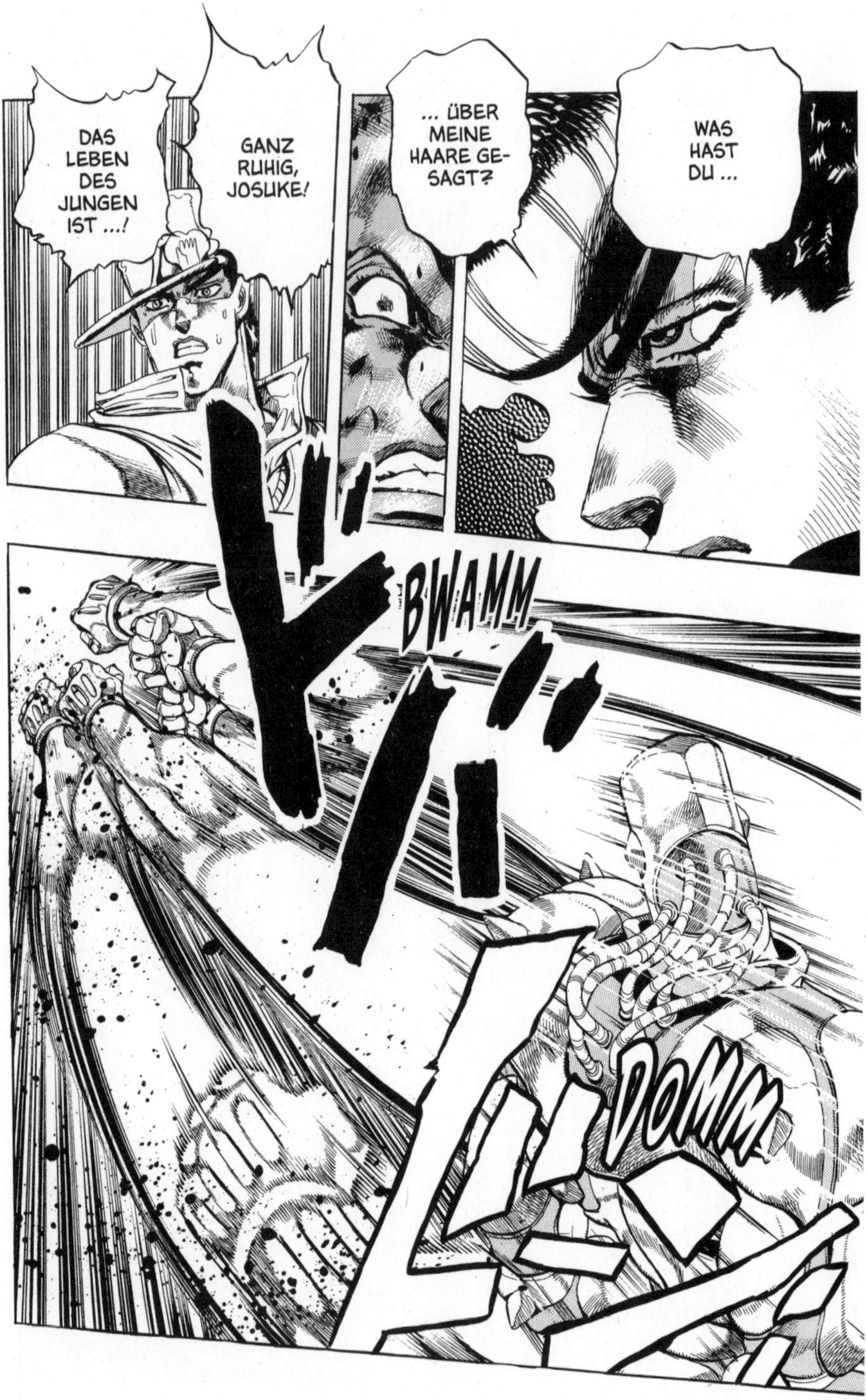
WAS HAST DU ...
... ÜBER MEINE HAARE GESAGT?
GANZ RUHIG, JOSUKE!
DAS LEBEN DES JUNGEN IST ...!
BWAMM
DOMM

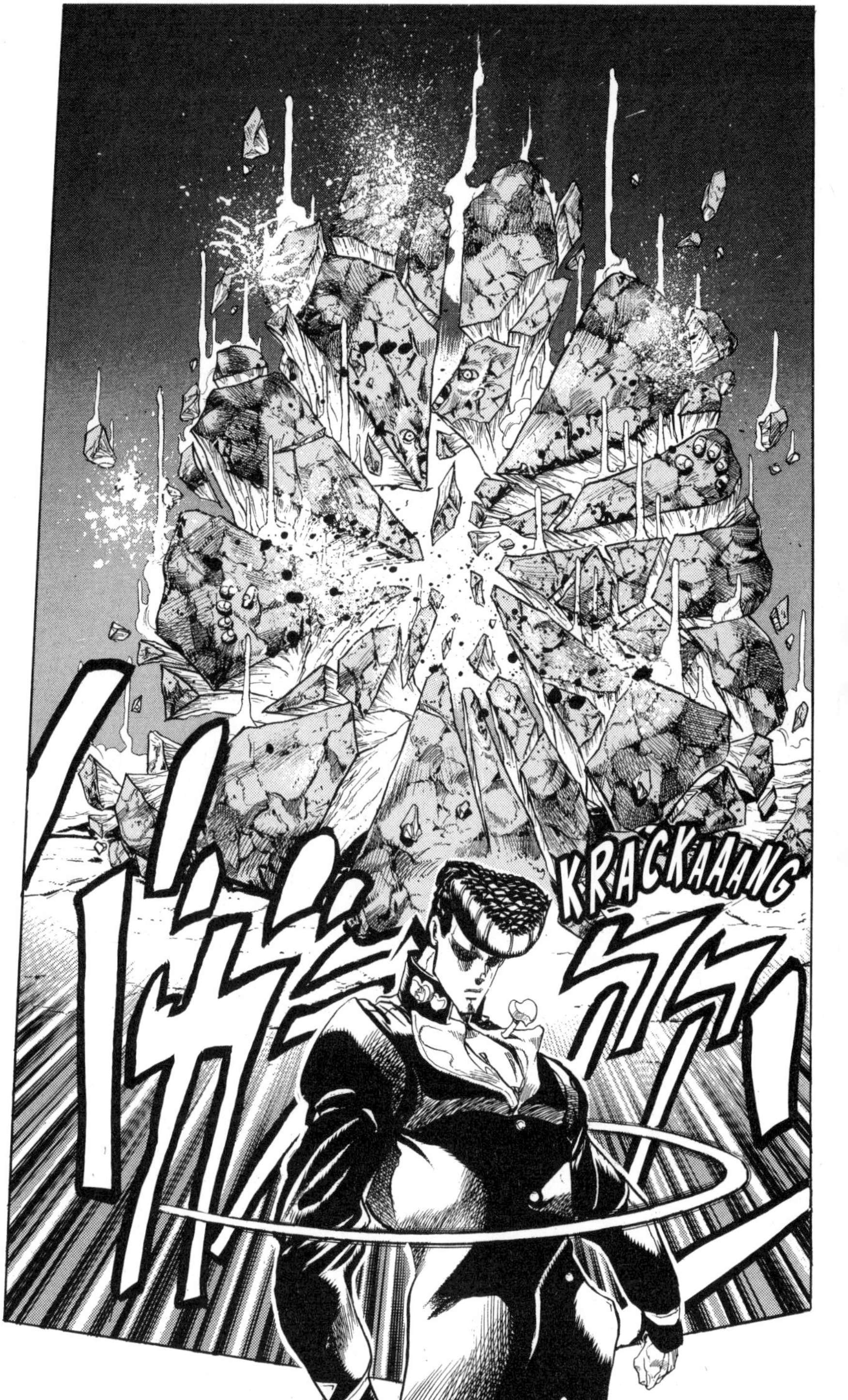
KRACKAAANG

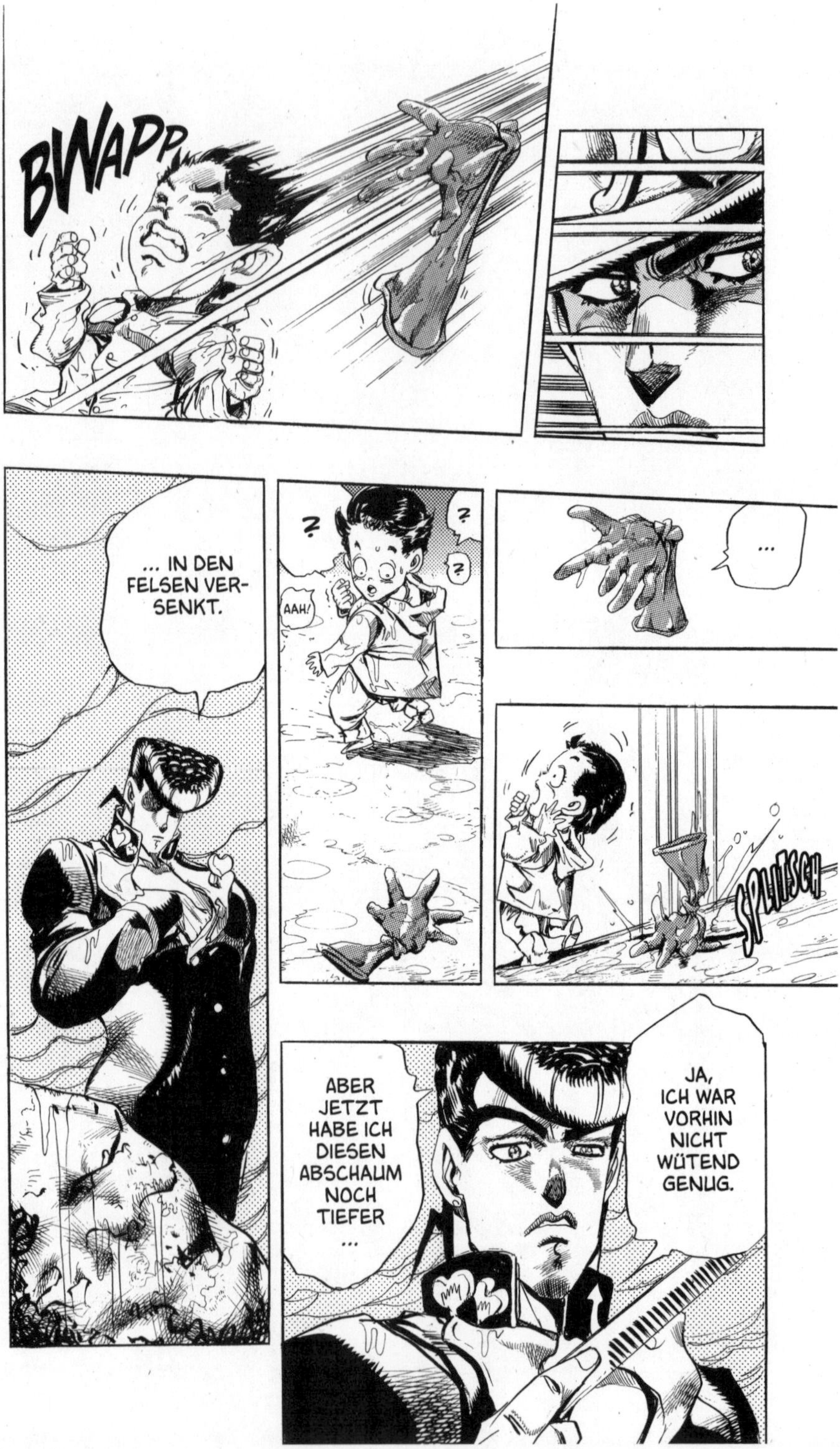
BWAPP
...
?
?
?
AAH!
SPLITSCH
JA, ICH WAR VORHIN NICHT WÜTEND GENUG.
ABER JETZT HABE ICH DIESEN ABSCHAUM NOCH TIEFER ...
... IN DEN FELSEN VERSENKT.

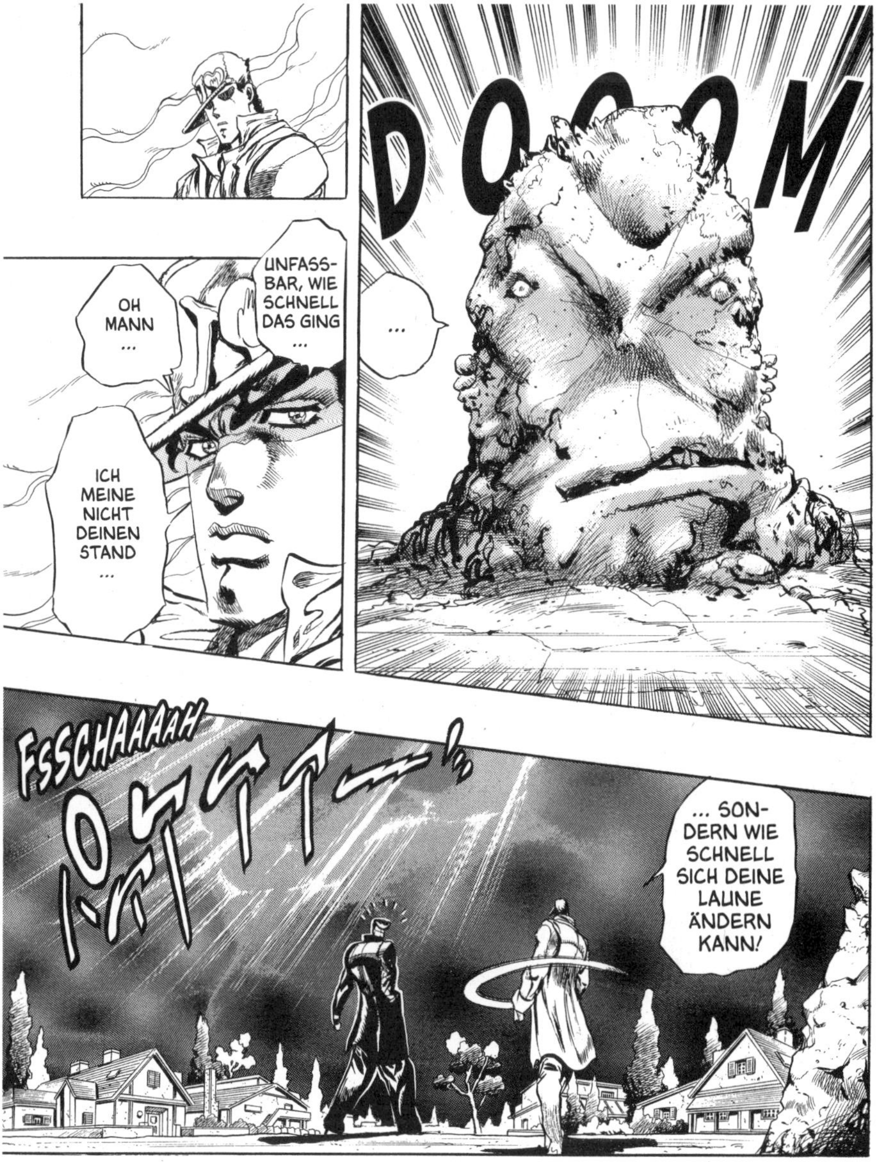

Josuke Higashikata

Name des Stands (von Jotaro Kujo gegeben)

Crazy Diamond

Fähigkeit: Sein Stand kann Dinge reparieren. Wenn Josuke dabei wütend ist, kann zerstörte Materie mitunter eine andere Form als die ursprüngliche annehmen.

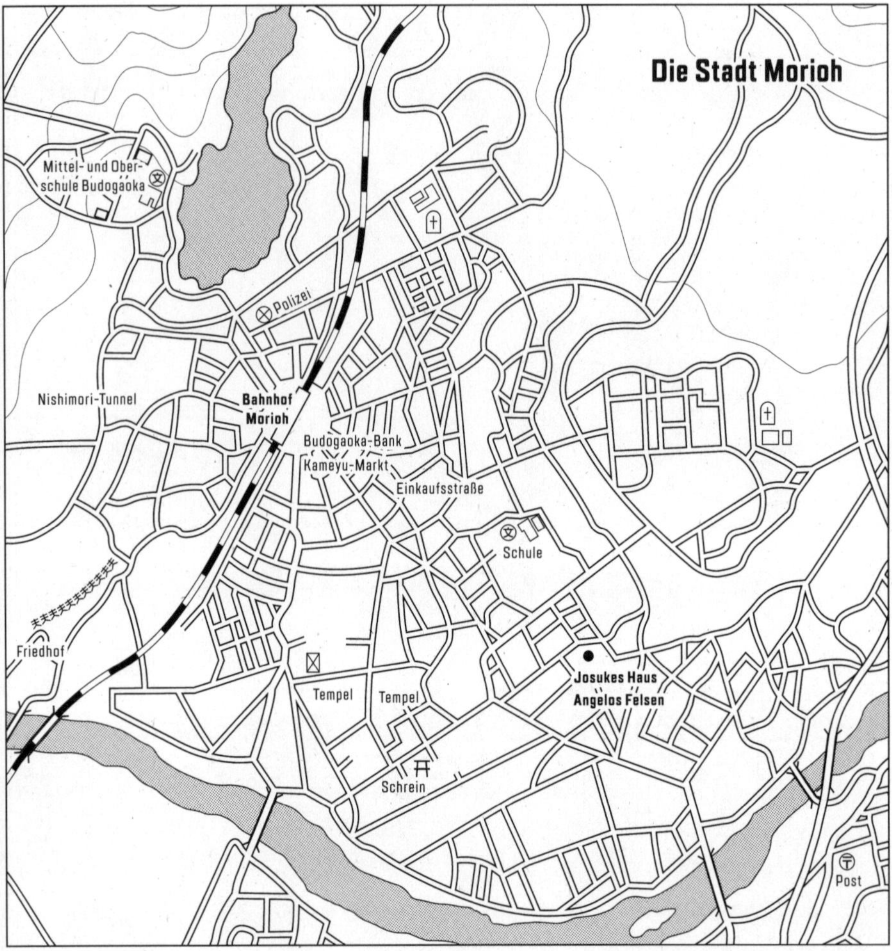
Die Stadt Morioh
Mittel- und Oberschule Budogaoka
Polizei
Nishimori-Tunnel
Bahnhof Morioh
Budogaoka-Bank
Kameyu-Markt
Einkaufsstraße
Schule
Friedhof
Tempel
Tempel
Schrein
Josukes Haus
Angelos Felsen
Post

Die Nijimura-Brüder: Teil 1

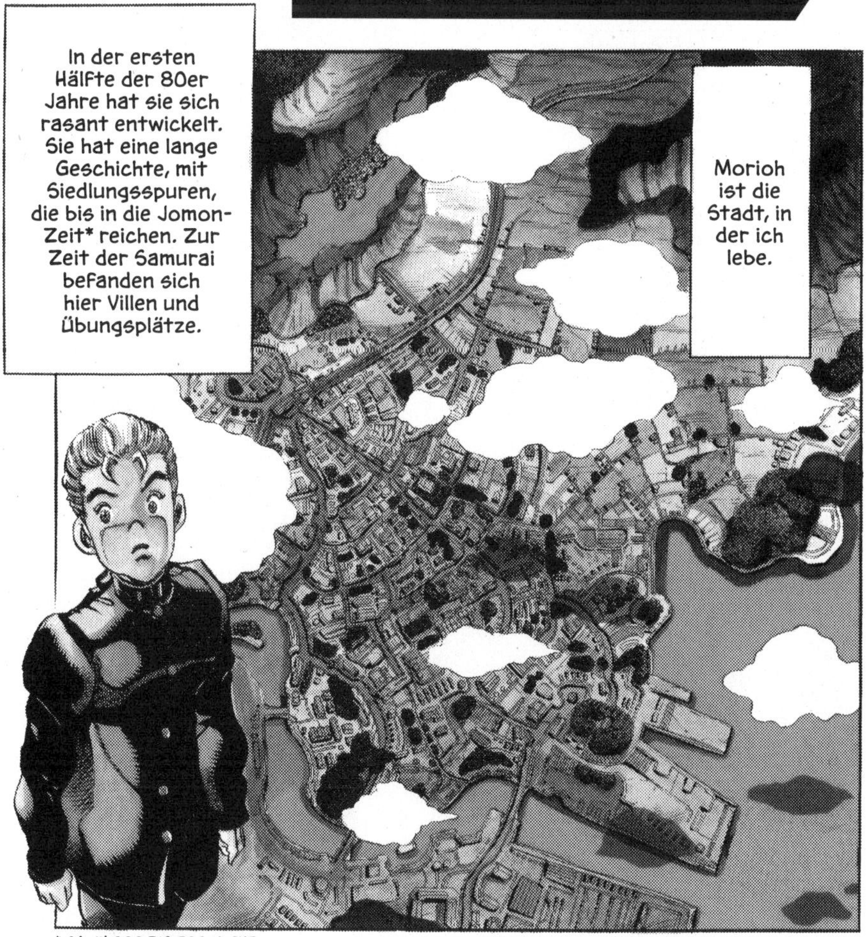

* CA. 14.000 BIS 300 V. CHR.

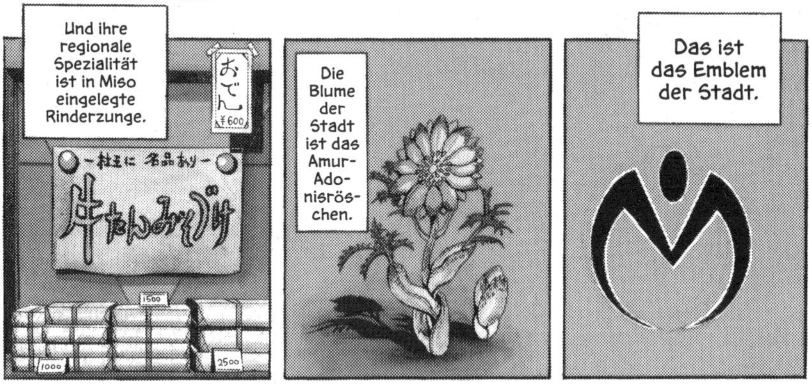

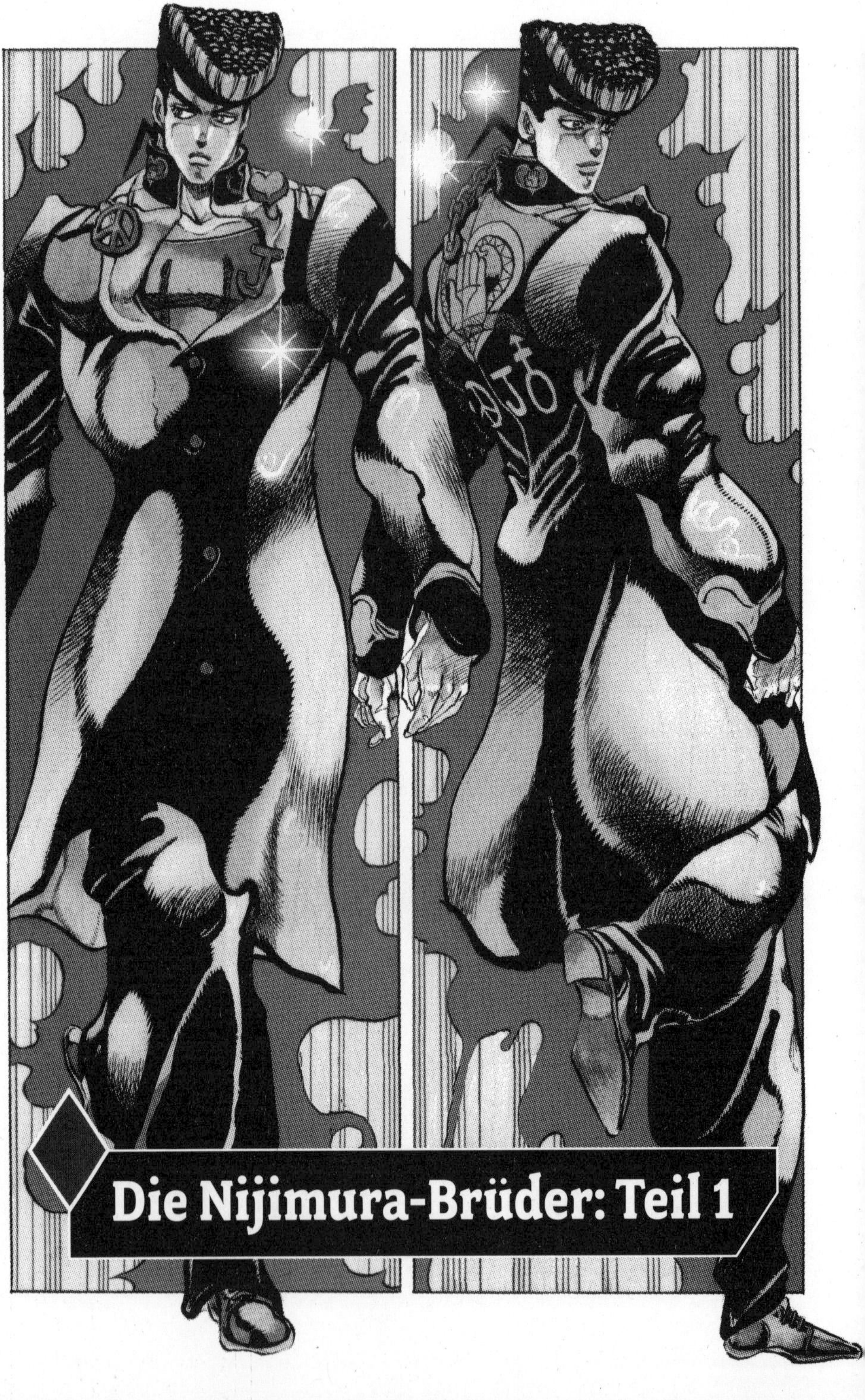
Die Nijimura-Brüder: Teil 1

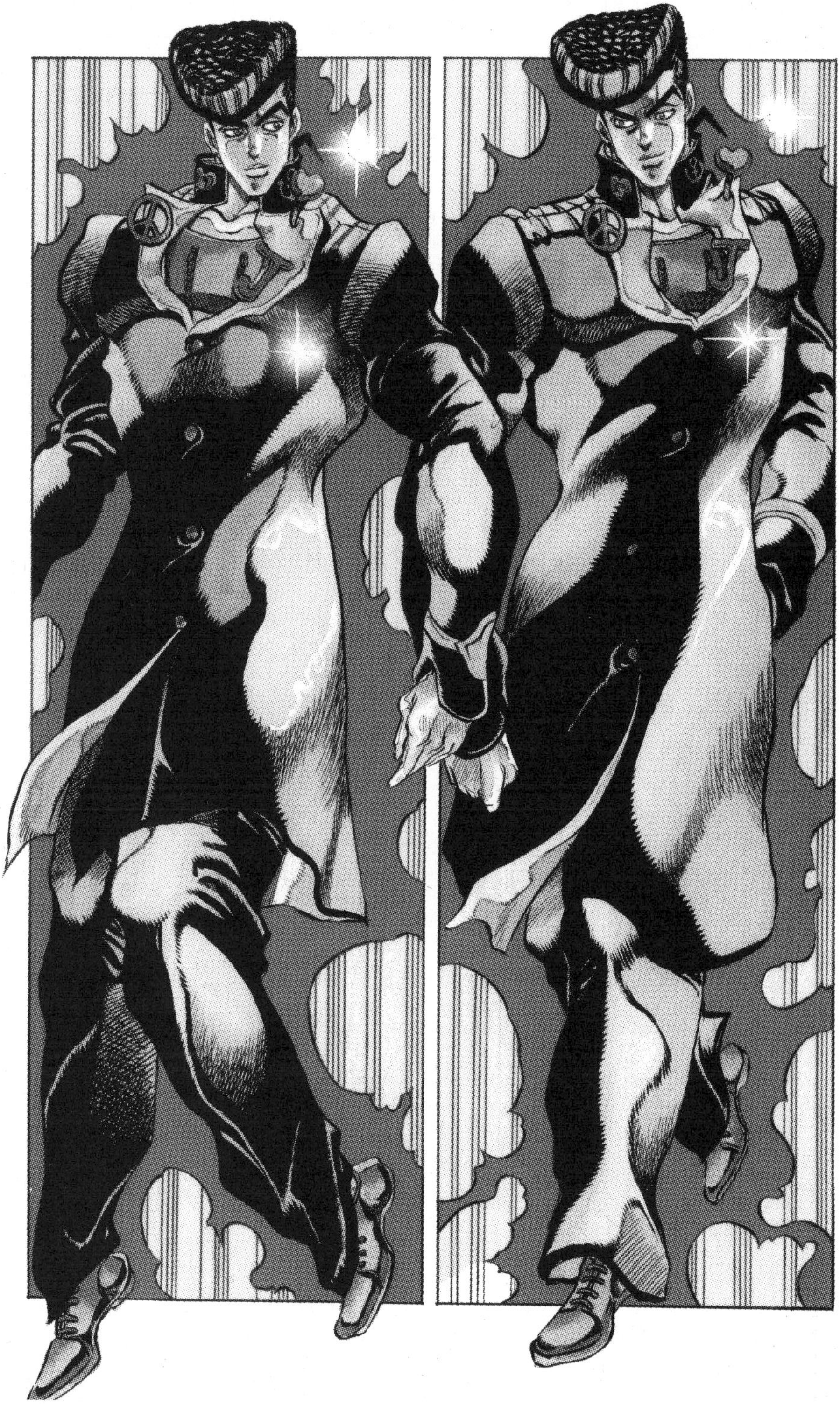

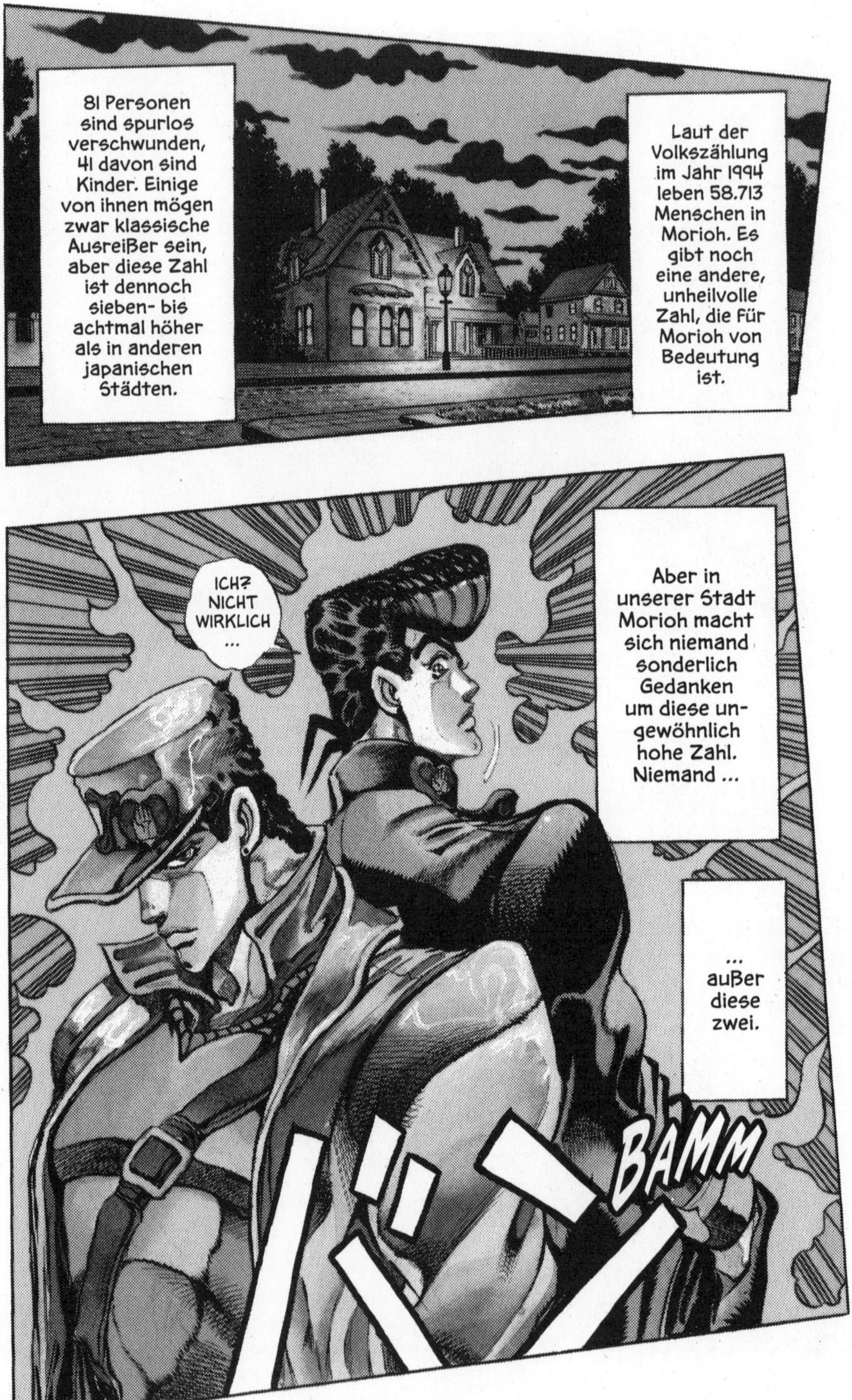
81 Personen sind spurlos verschwunden, 41 davon sind Kinder. Einige von ihnen mögen zwar klassische Ausreißer sein, aber diese Zahl ist dennoch sieben- bis achtmal höher als in anderen japanischen Städten.
Laut der Volkszählung im Jahr 1994 leben 58.713 Menschen in Morioh. Es gibt noch eine andere, unheilvolle Zahl, die für Morioh von Bedeutung ist.
Aber in unserer Stadt Morioh macht sich niemand sonderlich Gedanken um diese ungewöhnlich hohe Zahl. Niemand ...
ICH? NICHT WIRKLICH ...
... außer diese zwei.
BAMM

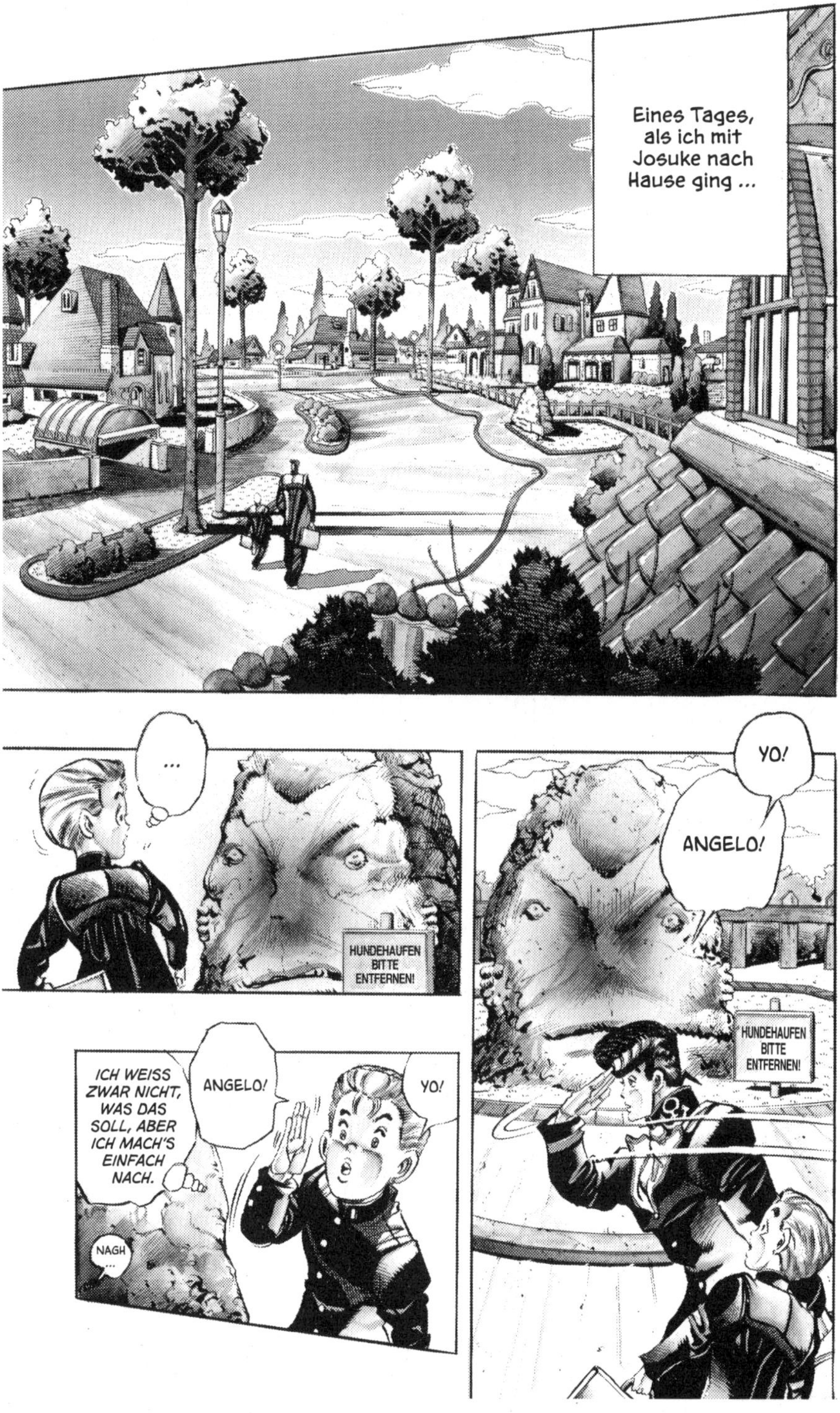

Eines Tages, als ich mit Josuke nach Hause ging ...
...
HUNDEHAUFEN BITTE ENTFERNEN!
YO!
ANGELO!
HUNDEHAUFEN BITTE ENTFERNEN!
ICH WEISS ZWAR NICHT, WAS DAS SOLL, ABER ICH MACH'S EINFACH NACH.
ANGELO!
YO!
NAGH ...

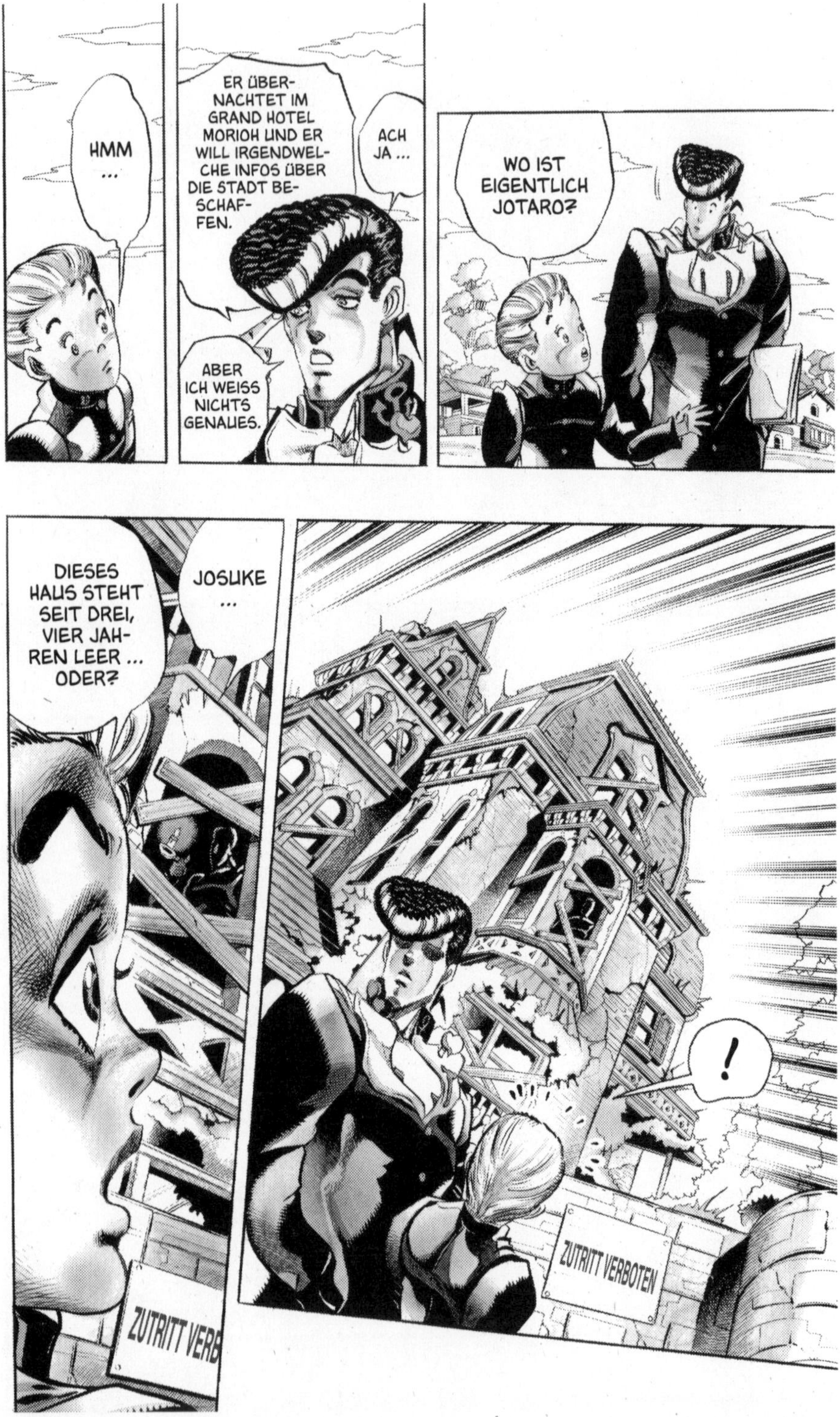
HMM ...
ER ÜBERNACHTET IM GRAND HOTEL MORIOH UND ER WILL IRGENDWELCHE INFOS ÜBER DIE STADT BESCHAFFEN.
ACH JA ...
ABER ICH WEISS NICHTS GENAUES.
WO IST EIGENTLICH JOTARO?
DIESES HAUS STEHT SEIT DREI, VIER JAHREN LEER ... ODER?
JOSUKE ...
!
ZUTRITT VERBOTEN
ZUTRITT VERB

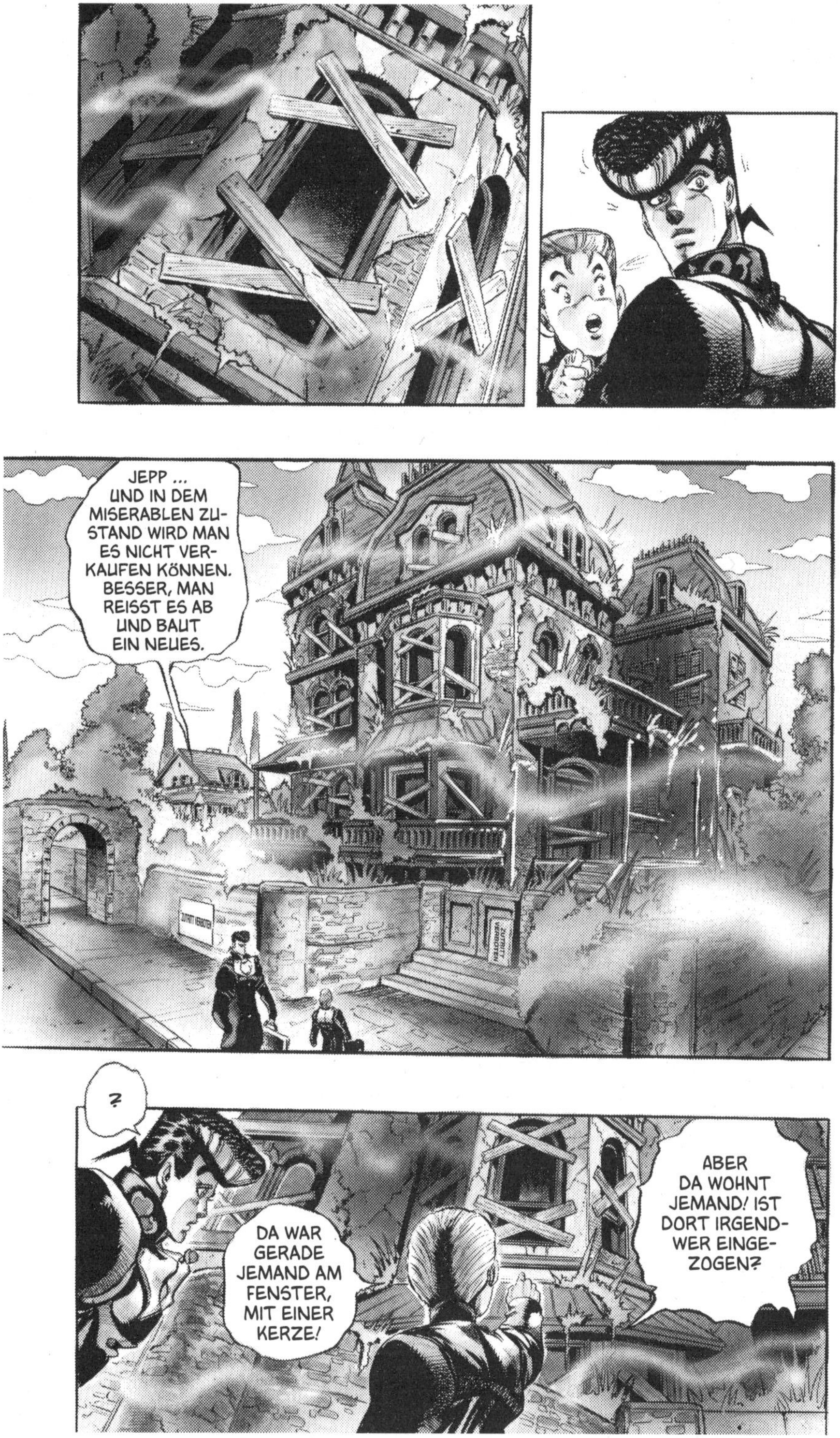
JEPP ... UND IN DEM MISERABLEN ZU-STAND WIRD MAN ES NICHT VER-KAUFEN KÖNNEN. BESSER, MAN REISST ES AB UND BAUT EIN NEUES.
?
ABER DA WOHNT JEMAND! IST DORT IRGEND-WER EINGE-ZOGEN?
DA WAR GERADE JEMAND AM FENSTER, MIT EINER KERZE!

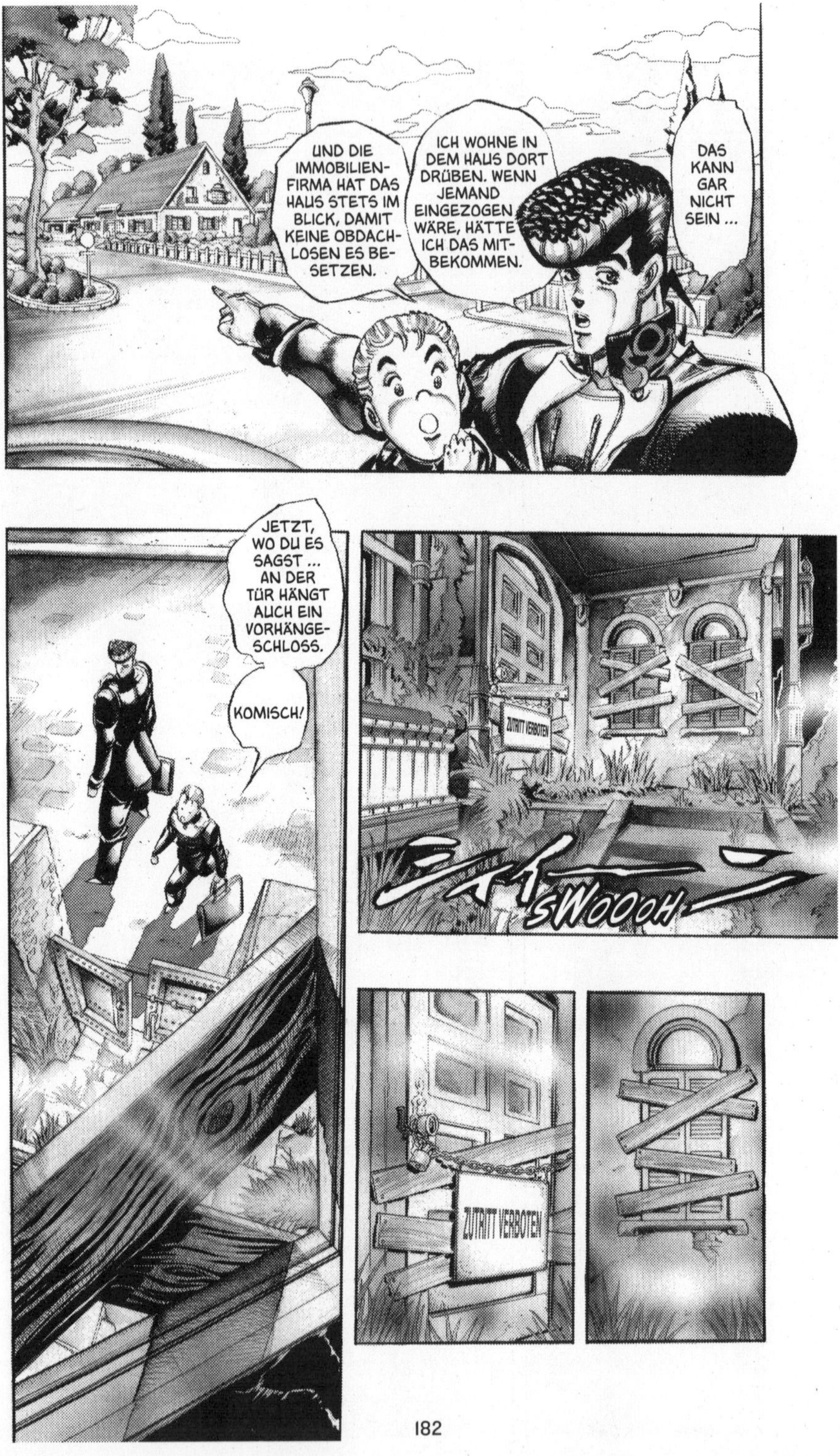
DAS KANN GAR NICHT SEIN ...
ICH WOHNE IN DEM HAUS DORT DRÜBEN. WENN JEMAND EINGEZOGEN WÄRE, HÄTTE ICH DAS MITBEKOMMEN.
UND DIE IMMOBILIENFIRMA HAT DAS HAUS STETS IM BLICK, DAMIT KEINE OBDACHLOSEN ES BESETZEN.
JETZT, WO DU ES SAGST ... AN DER TÜR HÄNGT AUCH EIN VORHÄNGESCHLOSS.
KOMISCH!
ZUTRITT VERBOTEN
SWOOOH
ZUTRITT VERBOTEN

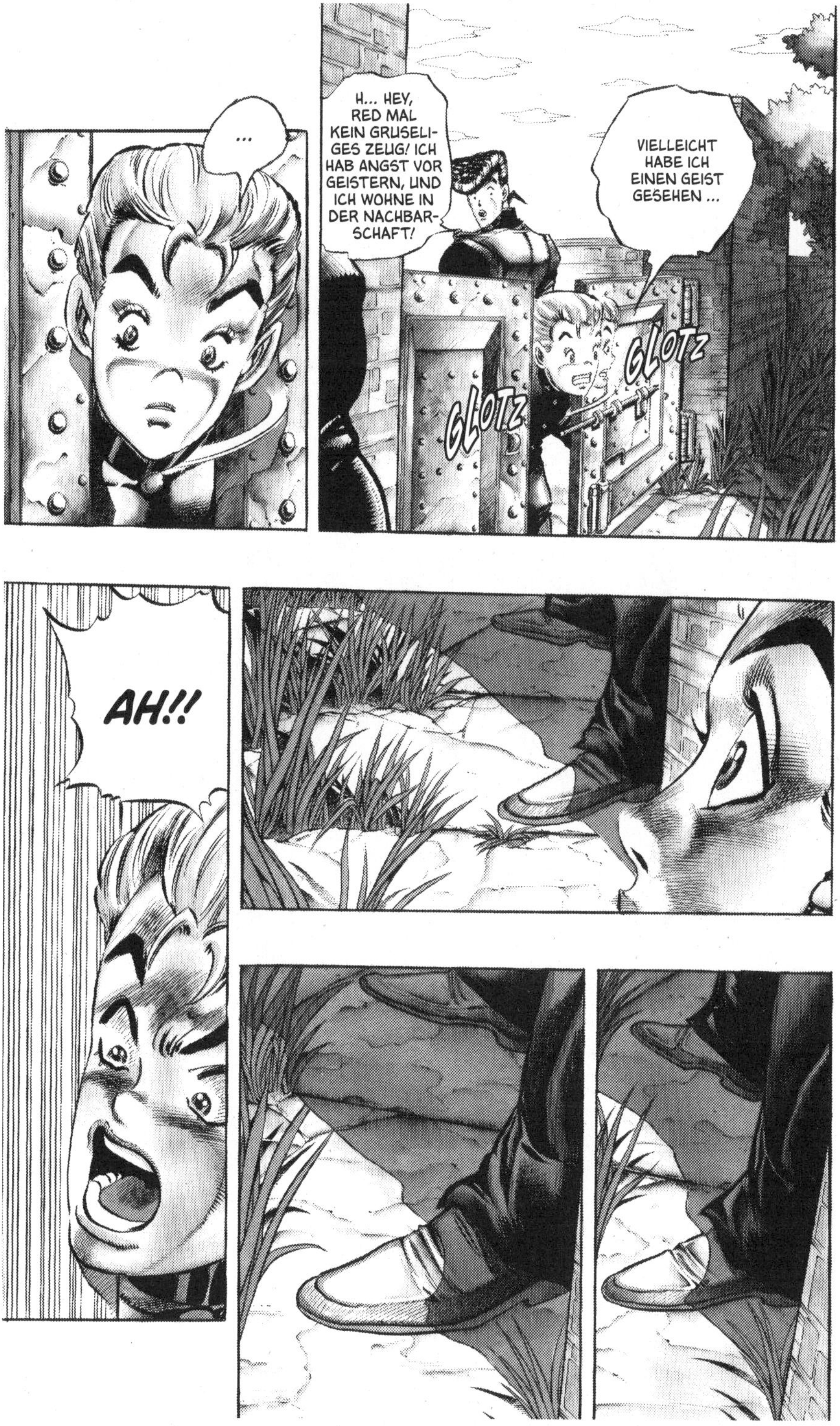
VIELLEICHT HABE ICH EINEN GEIST GESEHEN ...
H... HEY, RED MAL KEIN GRUSELIGES ZEUG! ICH HAB ANGST VOR GEISTERN, UND ICH WOHNE IN DER NACHBARSCHAFT!
GLOTZ
GLOTZ
...
AH!!

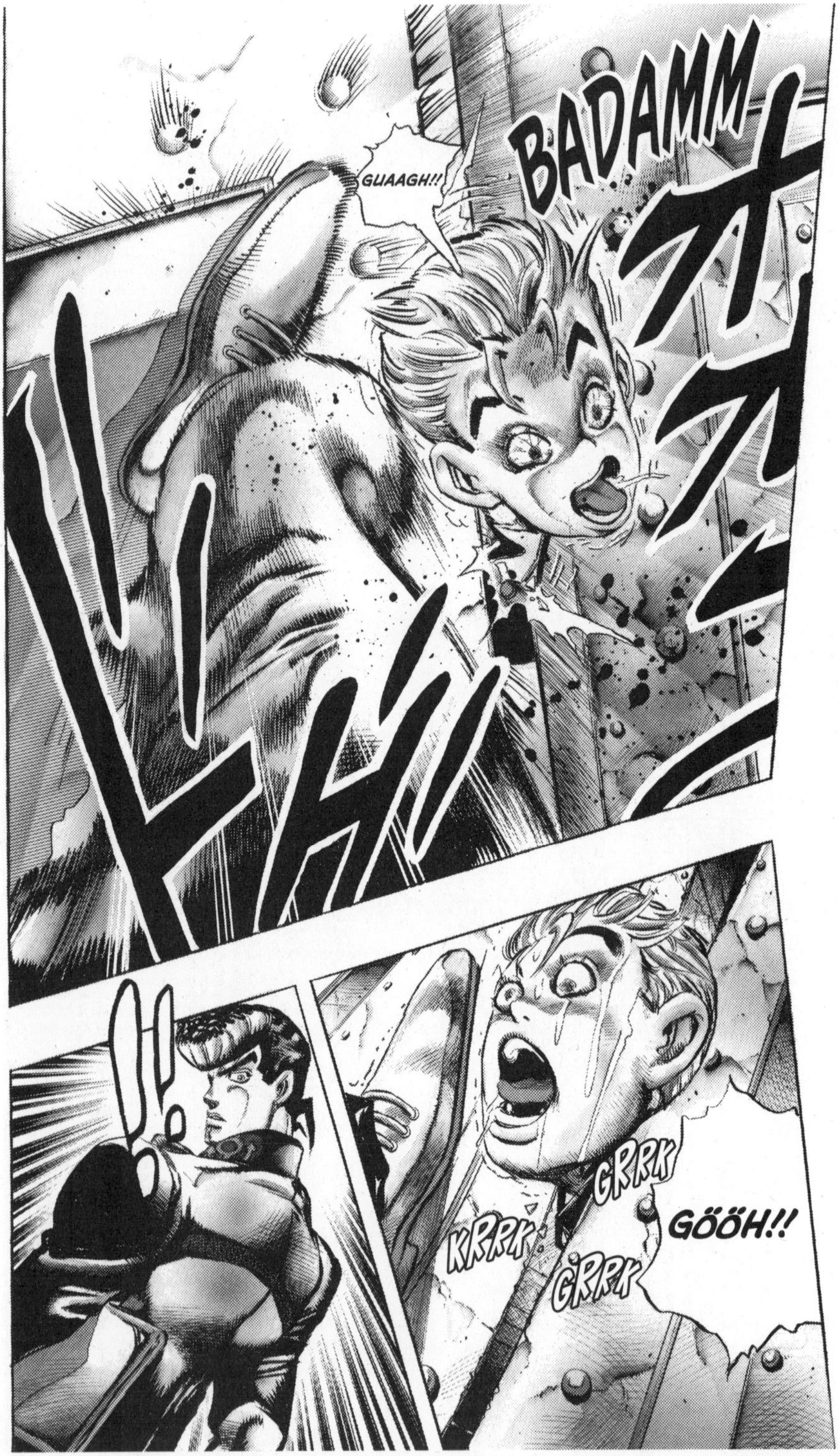

BADAMM
GUAAGH!!
!!
GRRK
KRRK
GRRK
GÖÖH!!

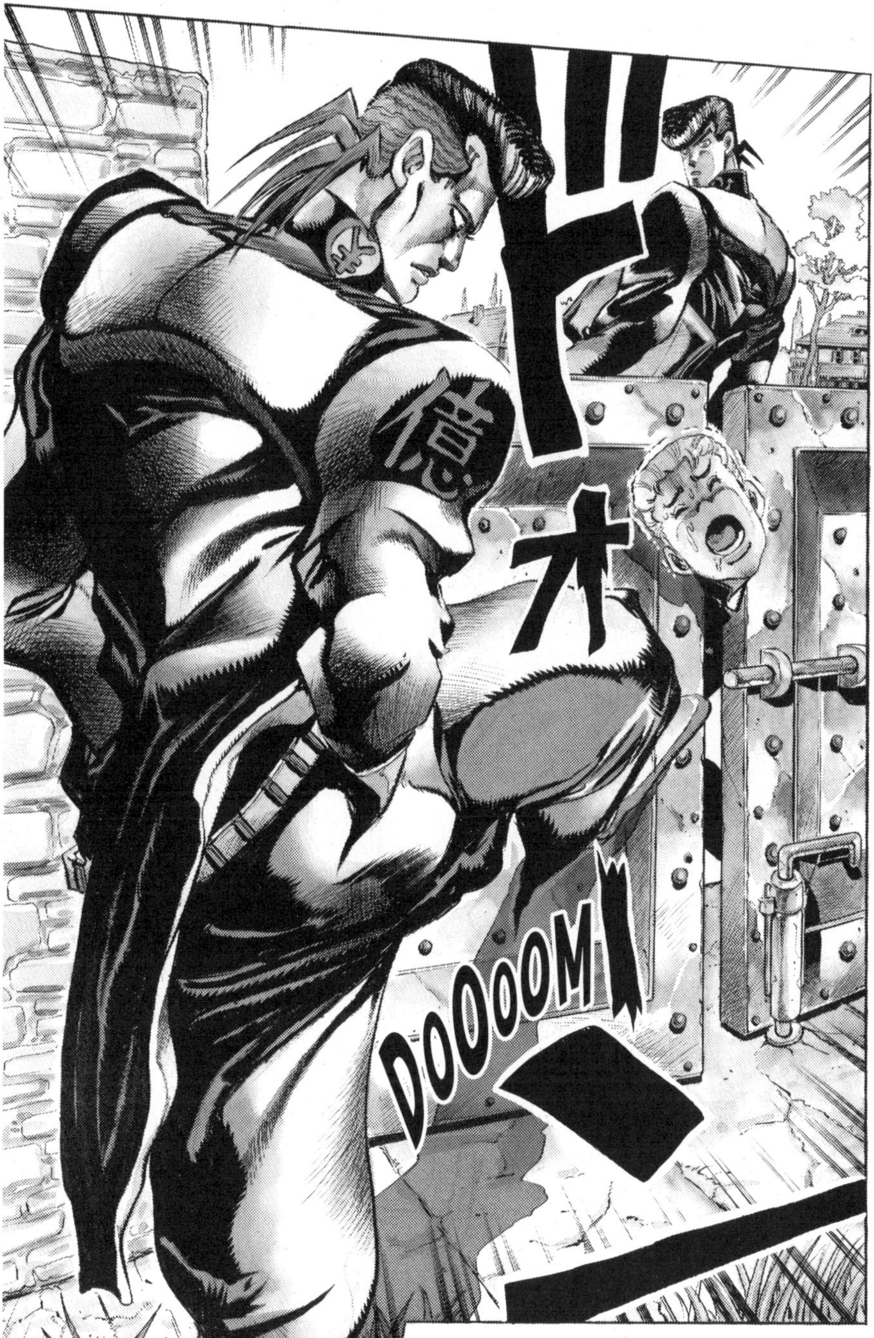
ドオ
DOOOOM

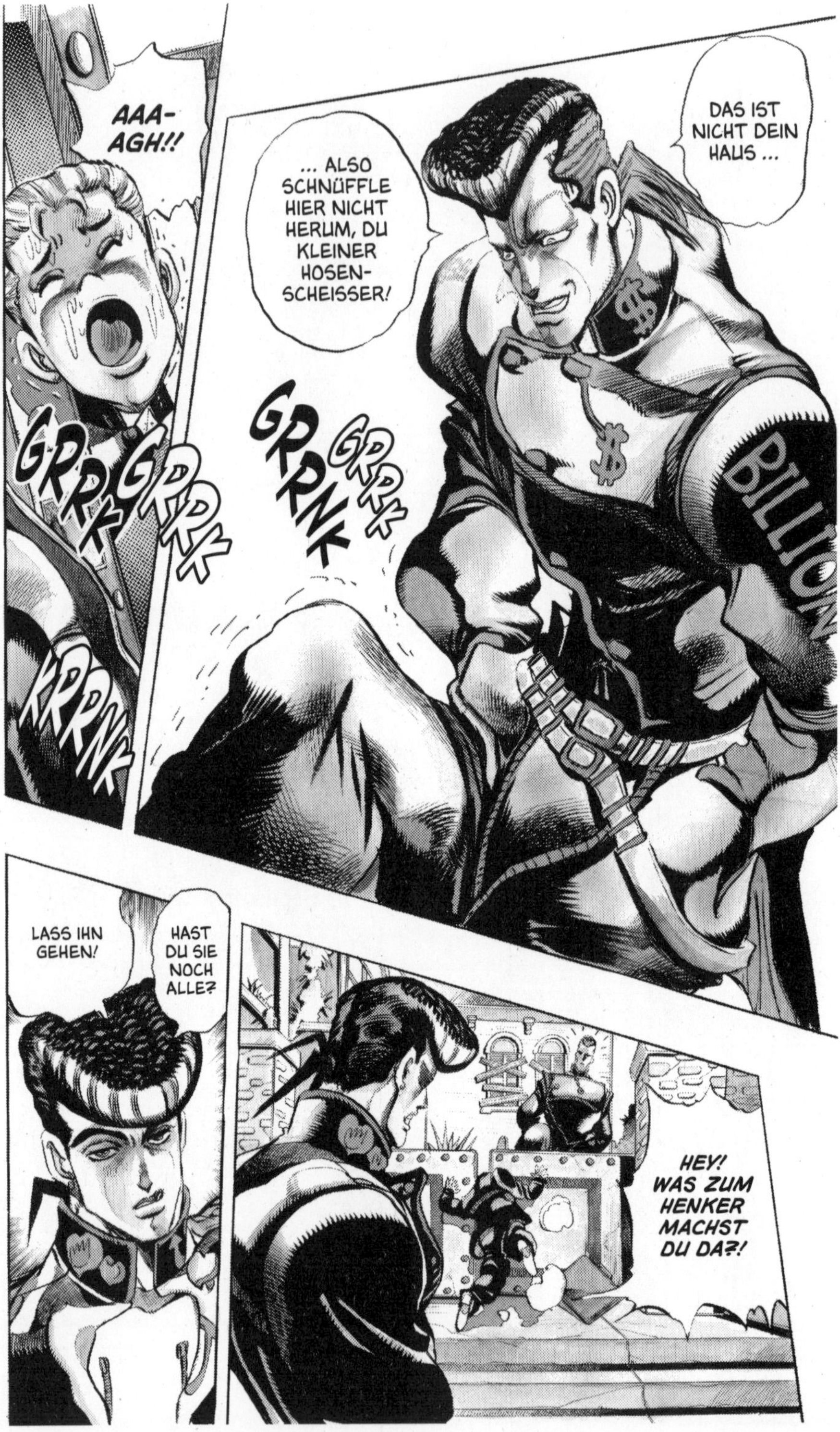
AAA-
AGH!!
DAS IST
NICHT DEIN
HAUS ...
... ALSO
SCHNÜFFLE
HIER NICHT
HERUM, DU
KLEINER
HOSEN-
SCHEISSER!
GRRK
GRRRK
GRRRNK
GRRRK
KRRRNK
BILLION
HAST
DU SIE
NOCH
ALLE?
LASS IHN
GEHEN!
HEY!
WAS ZUM
HENKER
MACHST
DU DA?!

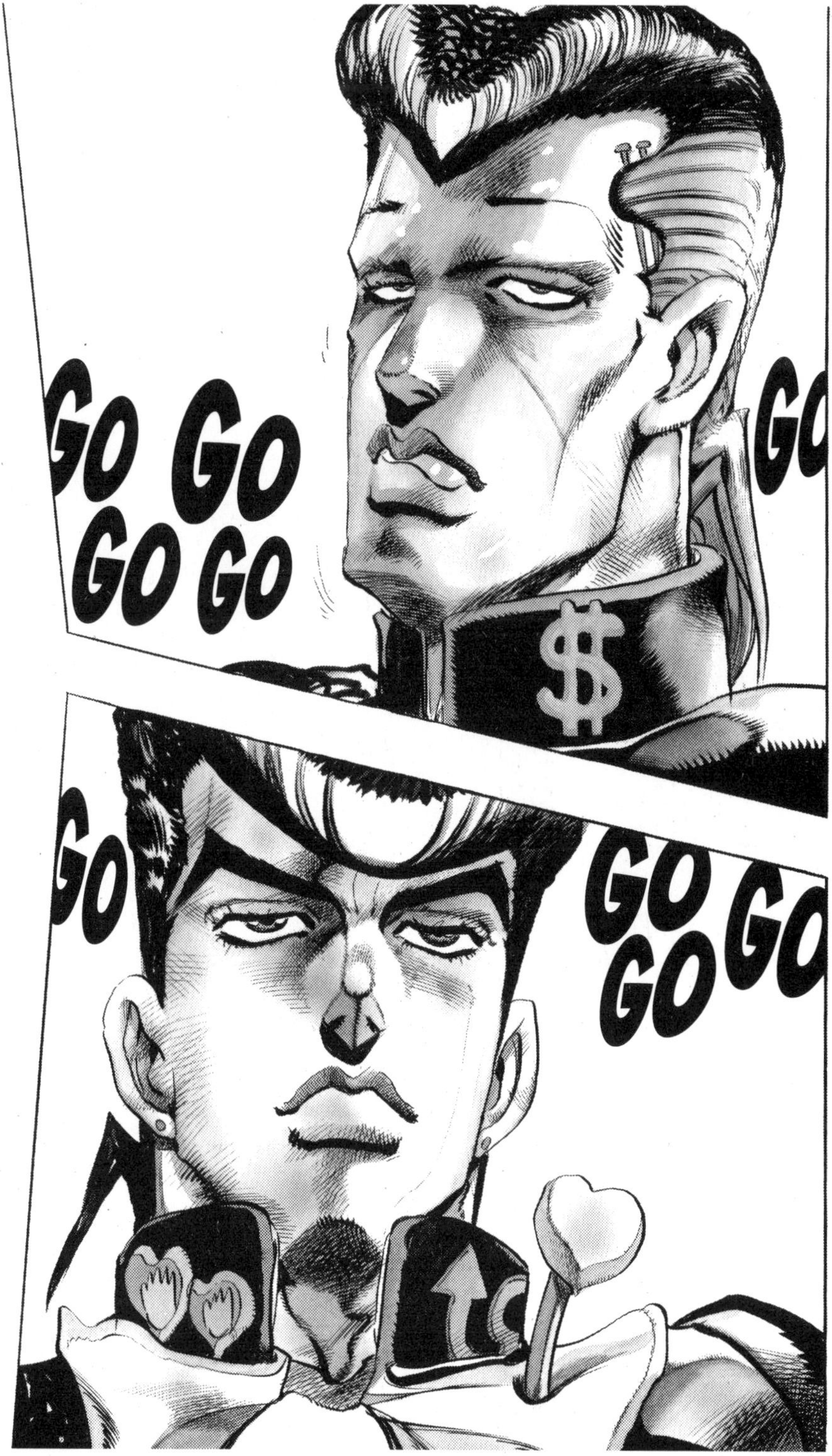
GO GO GO GO
GO
GO
GO GO GO

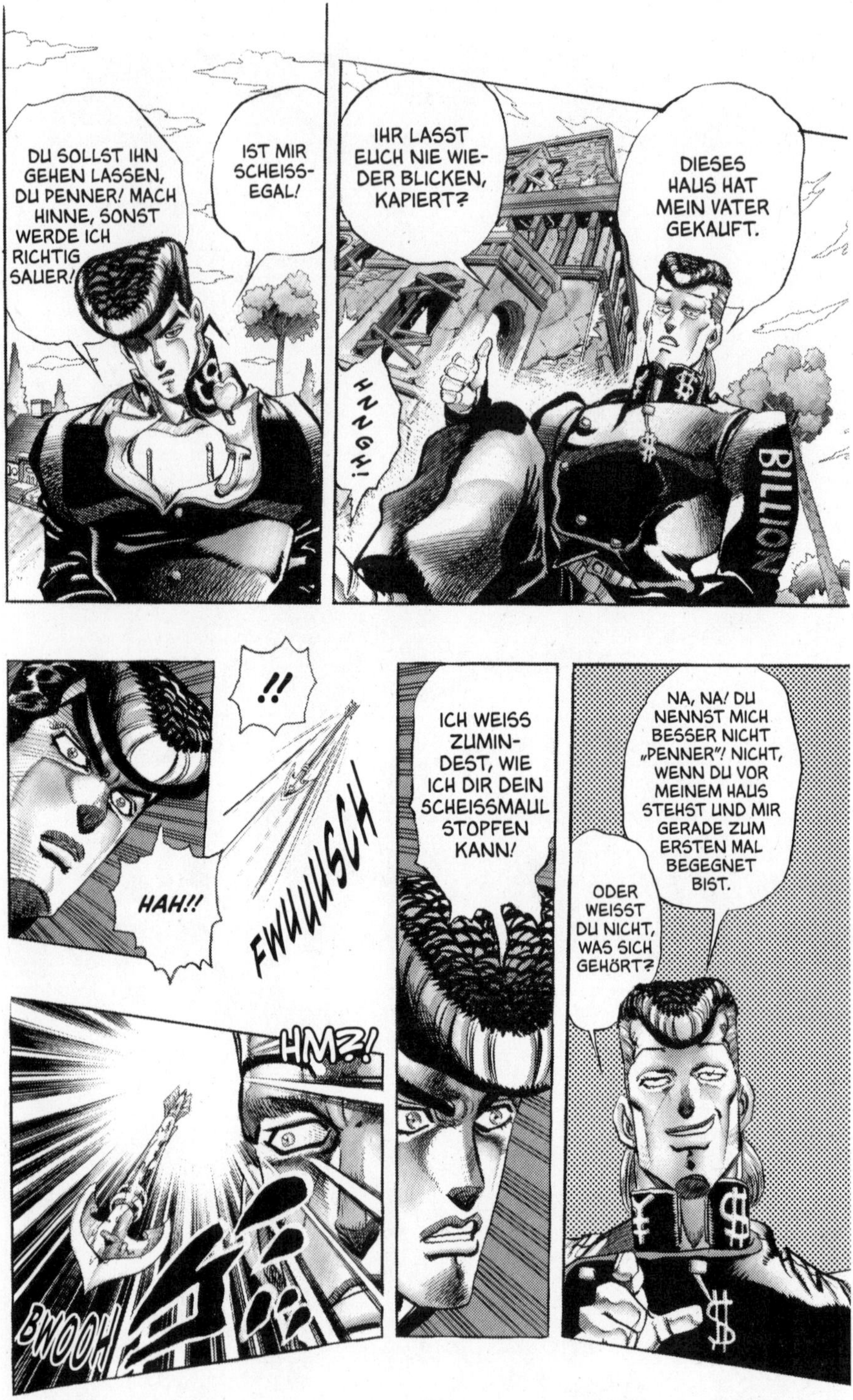
DIESES HAUS HAT MEIN VATER GEKAUFT.
IHR LASST EUCH NIE WIEDER BLICKEN, KAPIERT?
HNNGH!
IST MIR SCHEISS-EGAL!
DU SOLLST IHN GEHEN LASSEN, DU PENNER! MACH HINNE, SONST WERDE ICH RICHTIG SAUER!
NA, NA! DU NENNST MICH BESSER NICHT „PENNER"! NICHT, WENN DU VOR MEINEM HAUS STEHST UND MIR GERADE ZUM ERSTEN MAL BEGEGNET BIST.
ODER WEISST DU NICHT, WAS SICH GEHÖRT?
ICH WEISS ZUMINDEST, WIE ICH DIR DEIN SCHEISSMAUL STOPFEN KANN!
!!
FWUUUSCH
HAH!!
HM?!
BWOOH

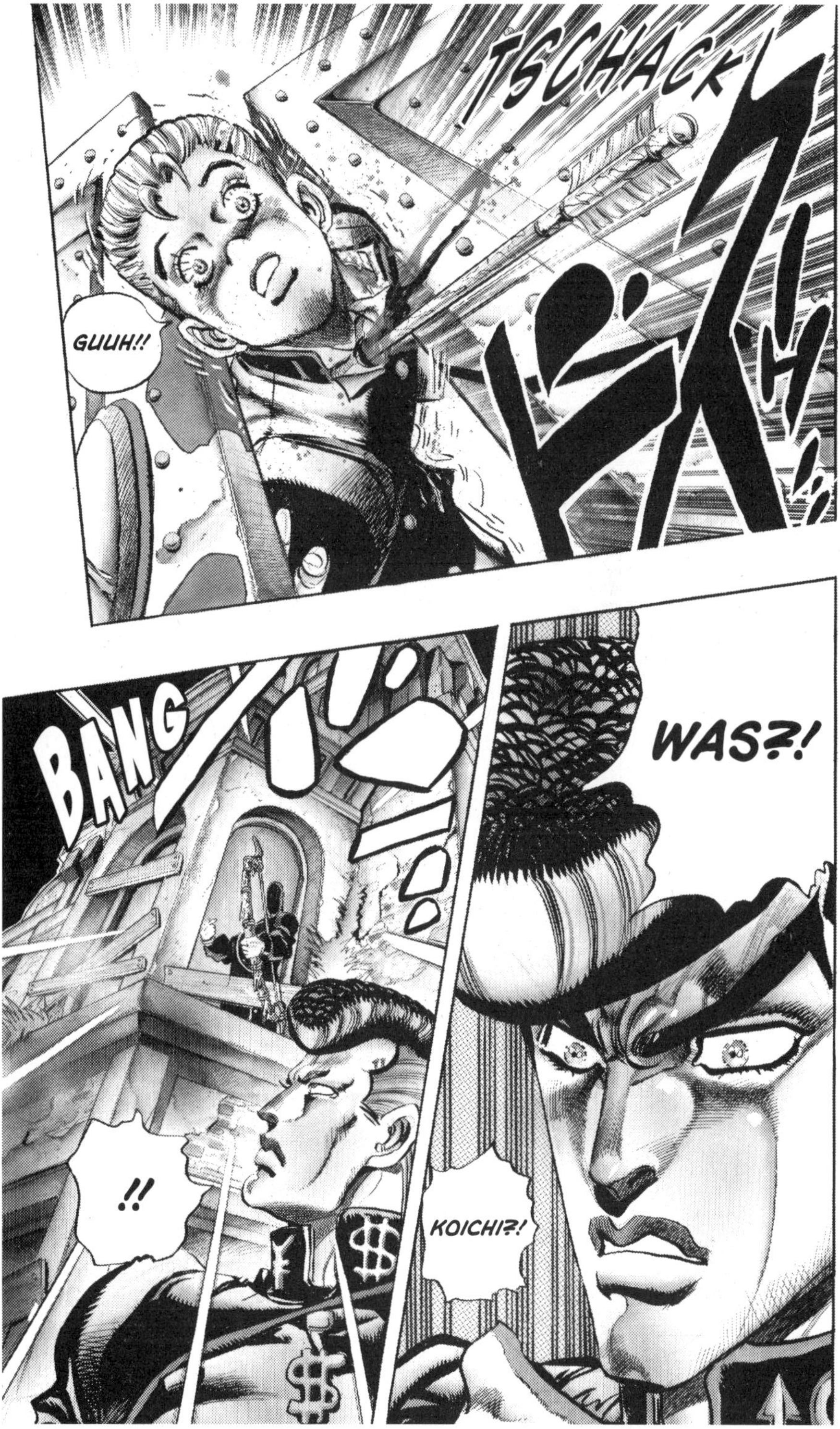
TSCHACK
GUUH!!
WAS?!
KOICHI?!
BANG
!!

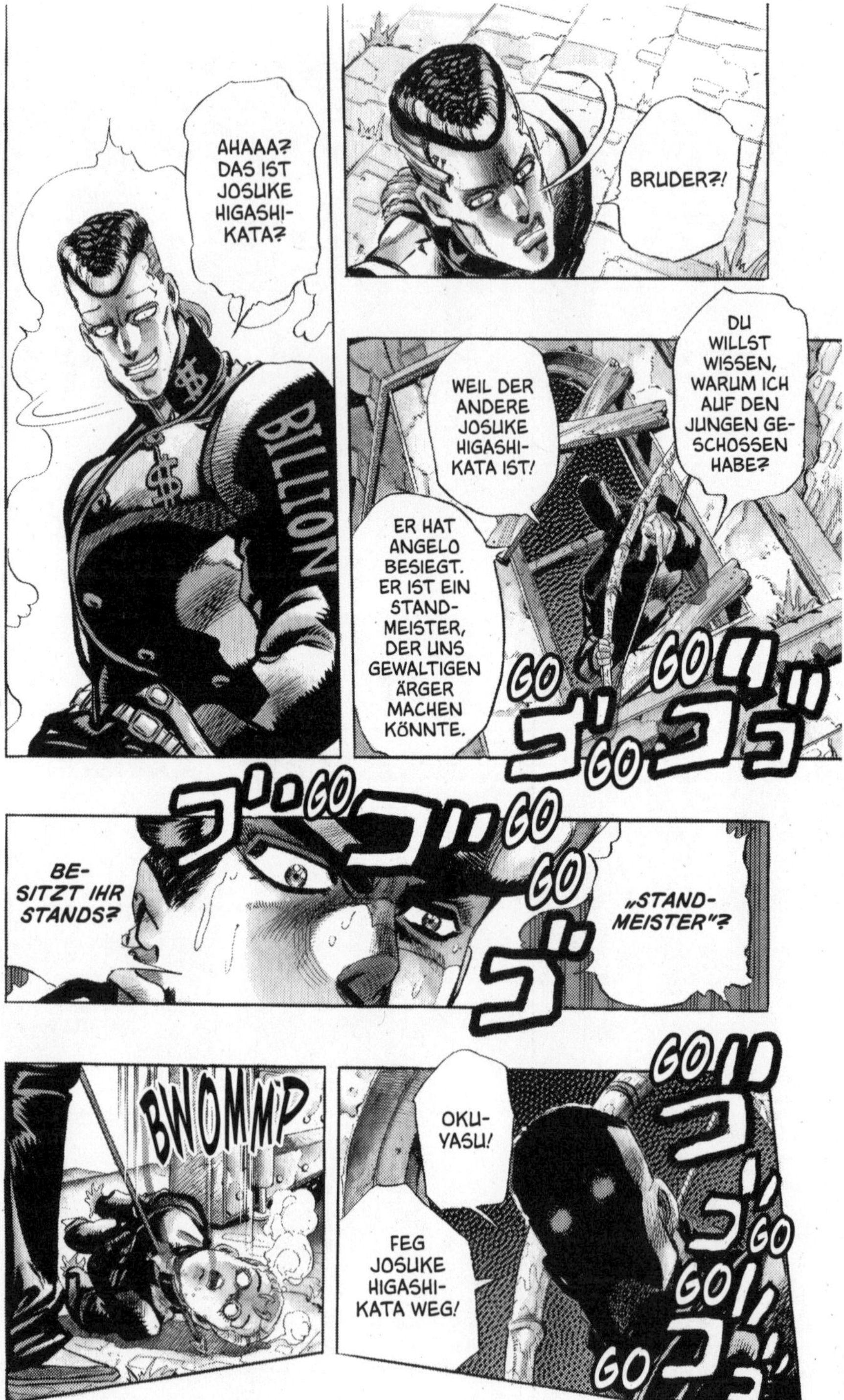

BRUDER?!
AHAAA? DAS IST JOSUKE HIGASHIKATA?
DU WILLST WISSEN, WARUM ICH AUF DEN JUNGEN GESCHOSSEN HABE?
WEIL DER ANDERE JOSUKE HIGASHIKATA IST!
ER HAT ANGELO BESIEGT. ER IST EIN STANDMEISTER, DER UNS GEWALTIGEN ÄRGER MACHEN KÖNNTE.
GO GO GO
GO GO GO GO
„STANDMEISTER"?
BESITZT IHR STANDS?
GO GO GO GO
OKUYASU!
FEG JOSUKE HIGASHIKATA WEG!
BWOMMP

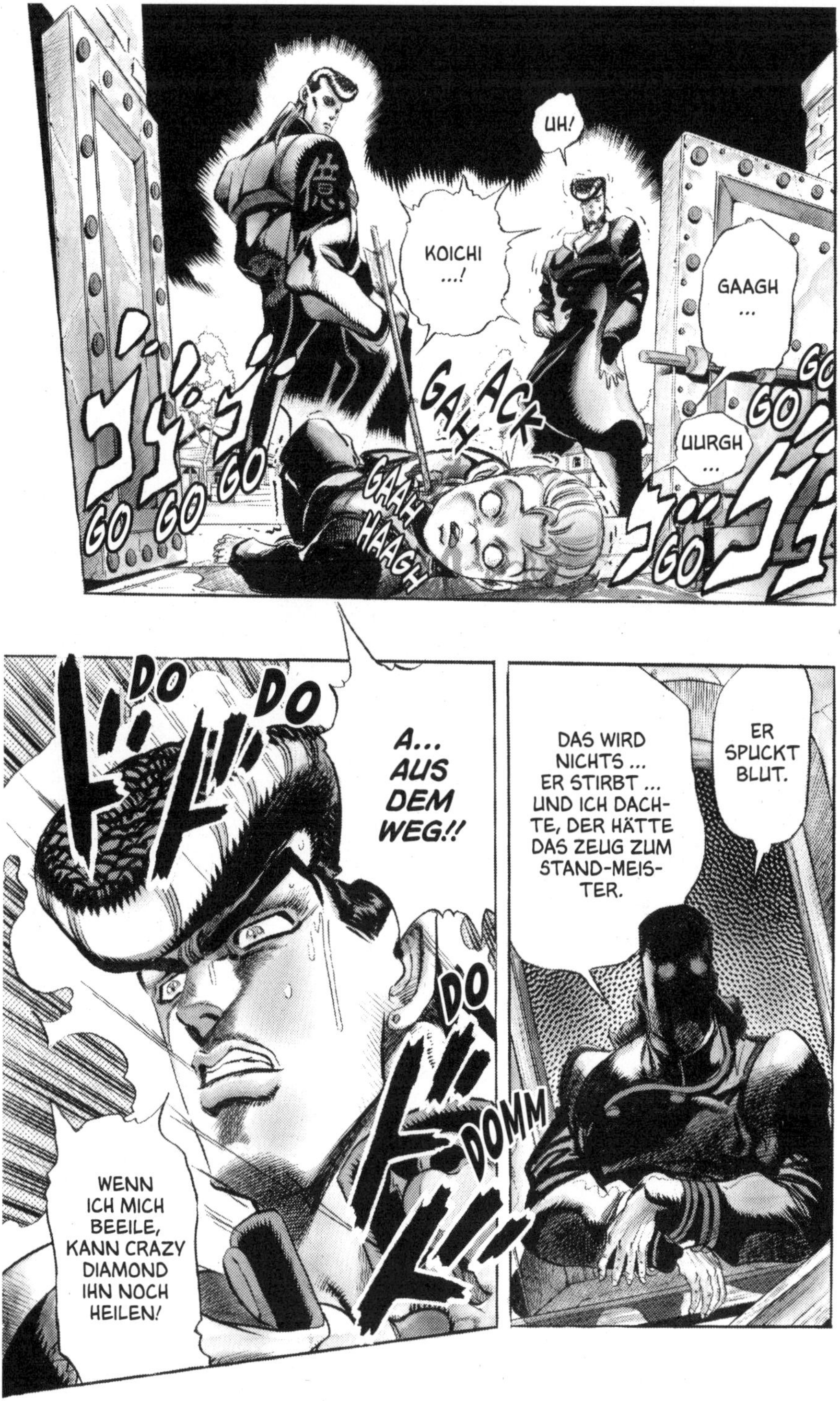
UH!
KOICHI ...!
GAAGH ...
UURGH ...
GO GO GO
GAH ACK
GAAH HAAGH
GO GO GO
ER SPUCKT BLUT.
DAS WIRD NICHTS ... ER STIRBT ... UND ICH DACHTE, DER HÄTTE DAS ZEUG ZUM STAND-MEISTER.
DO DO
A... AUS DEM WEG!!
DO DOMM
WENN ICH MICH BEEILE, KANN CRAZY DIAMOND IHN NOCH HEILEN!

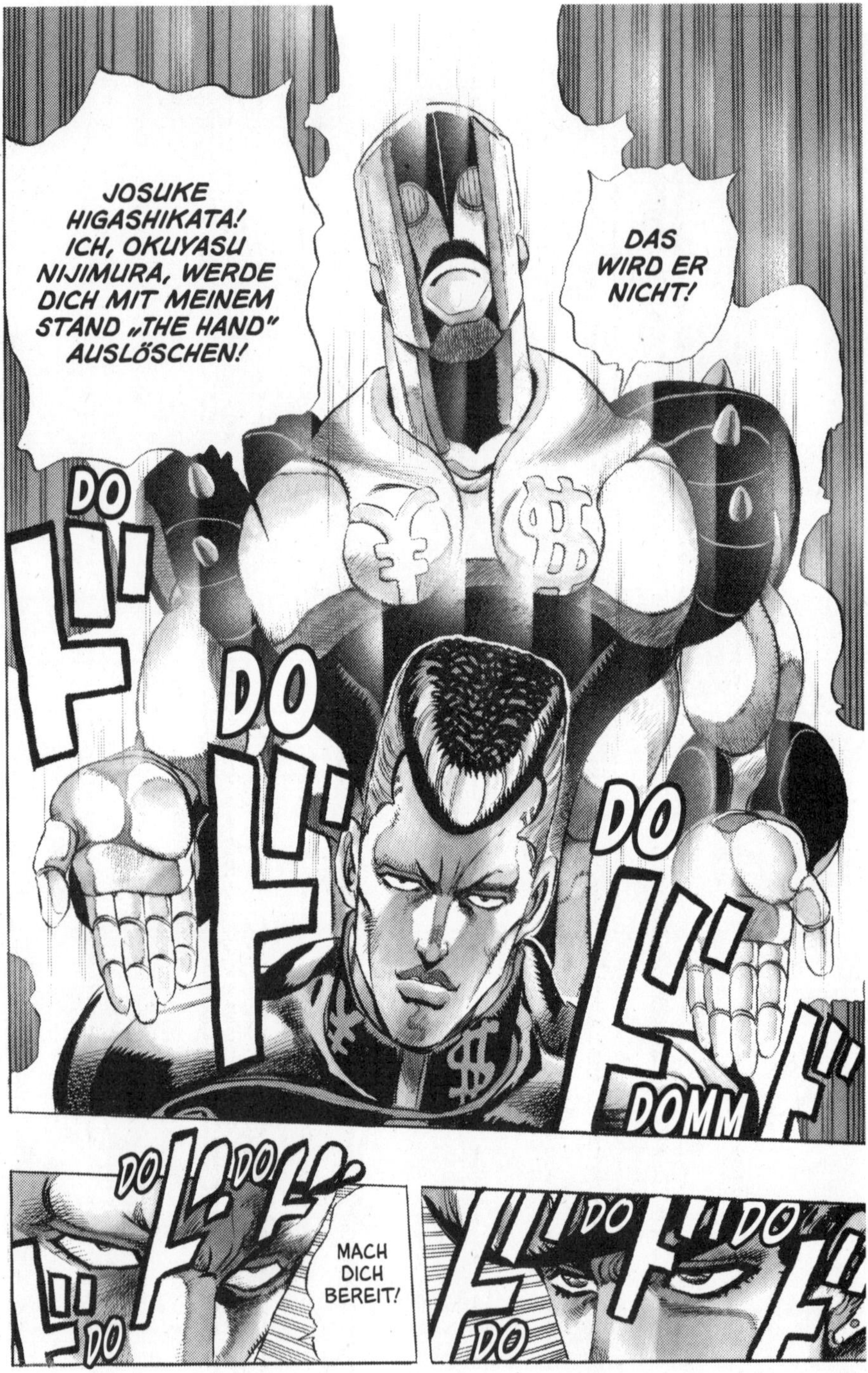
JOSUKE HIGASHIKATA! ICH, OKUYASU NIJIMURA, WERDE DICH MIT MEINEM STAND „THE HAND" AUSLÖSCHEN!
DAS WIRD ER NICHT!
DO
DO
DO
DOMM
DO
DO
DO
MACH DICH BEREIT!
DO
DO
DO

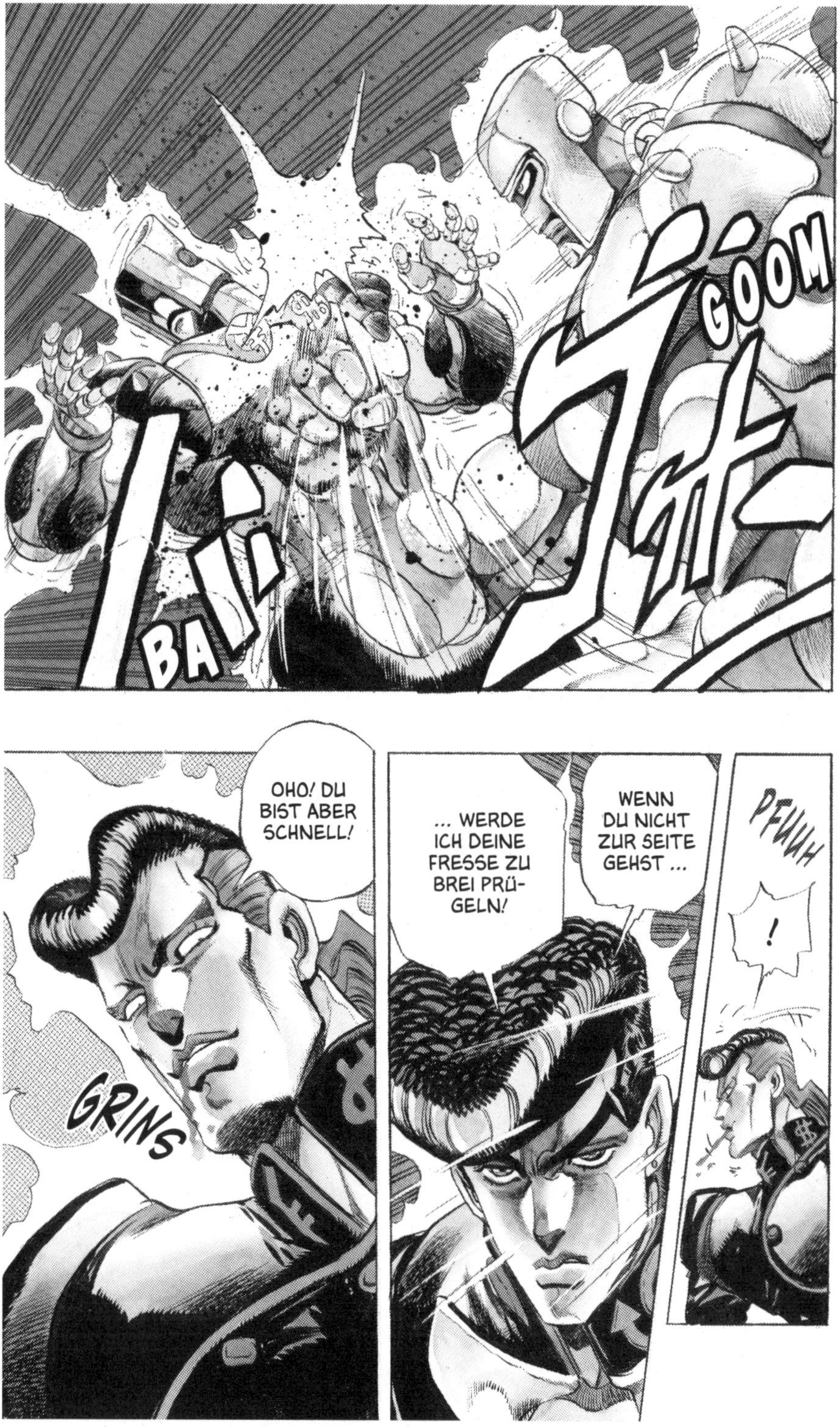
GOOM
BA
PFUUH
!
WENN DU NICHT ZUR SEITE GEHST ...
... WERDE ICH DEINE FRESSE ZU BREI PRÜGELN!
OHO! DU BIST ABER SCHNELL!
GRINS

JoJo's Bizarre Adventure
Part 4
Diamond Is Unbreakable

Die Nijimura-Brüder: Teil 2

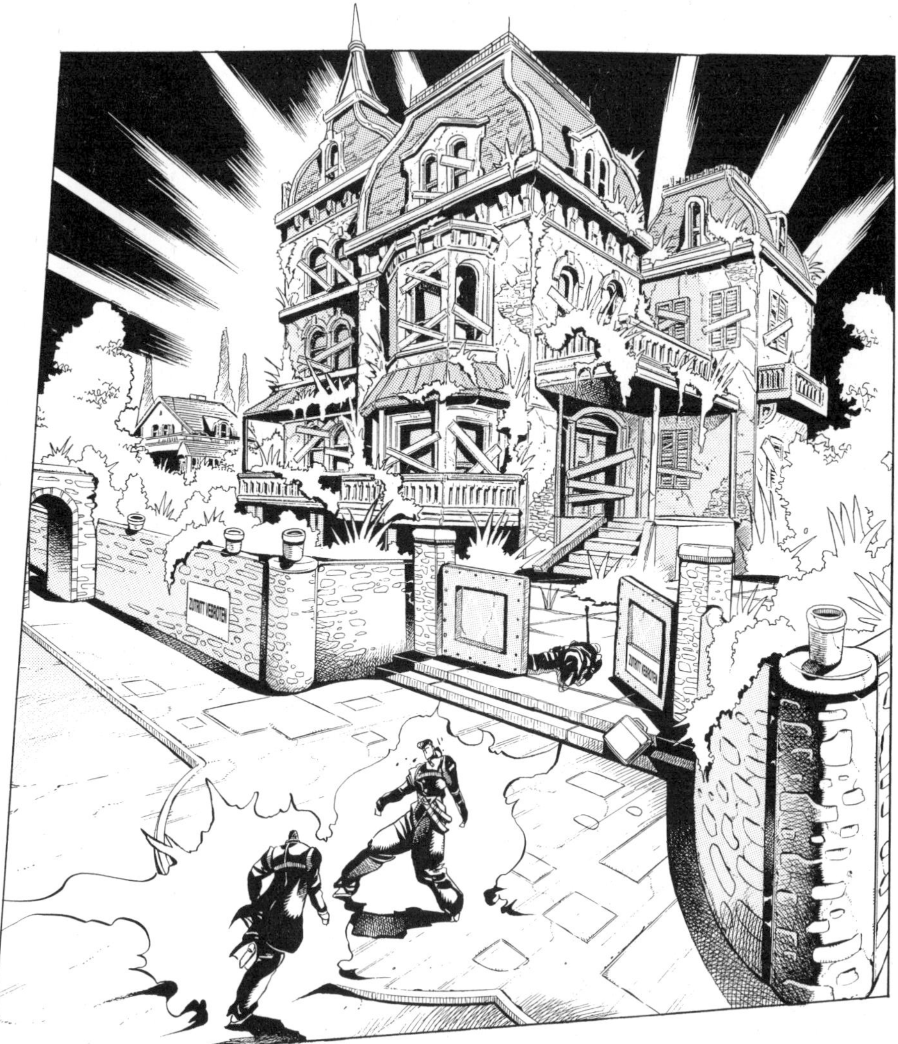

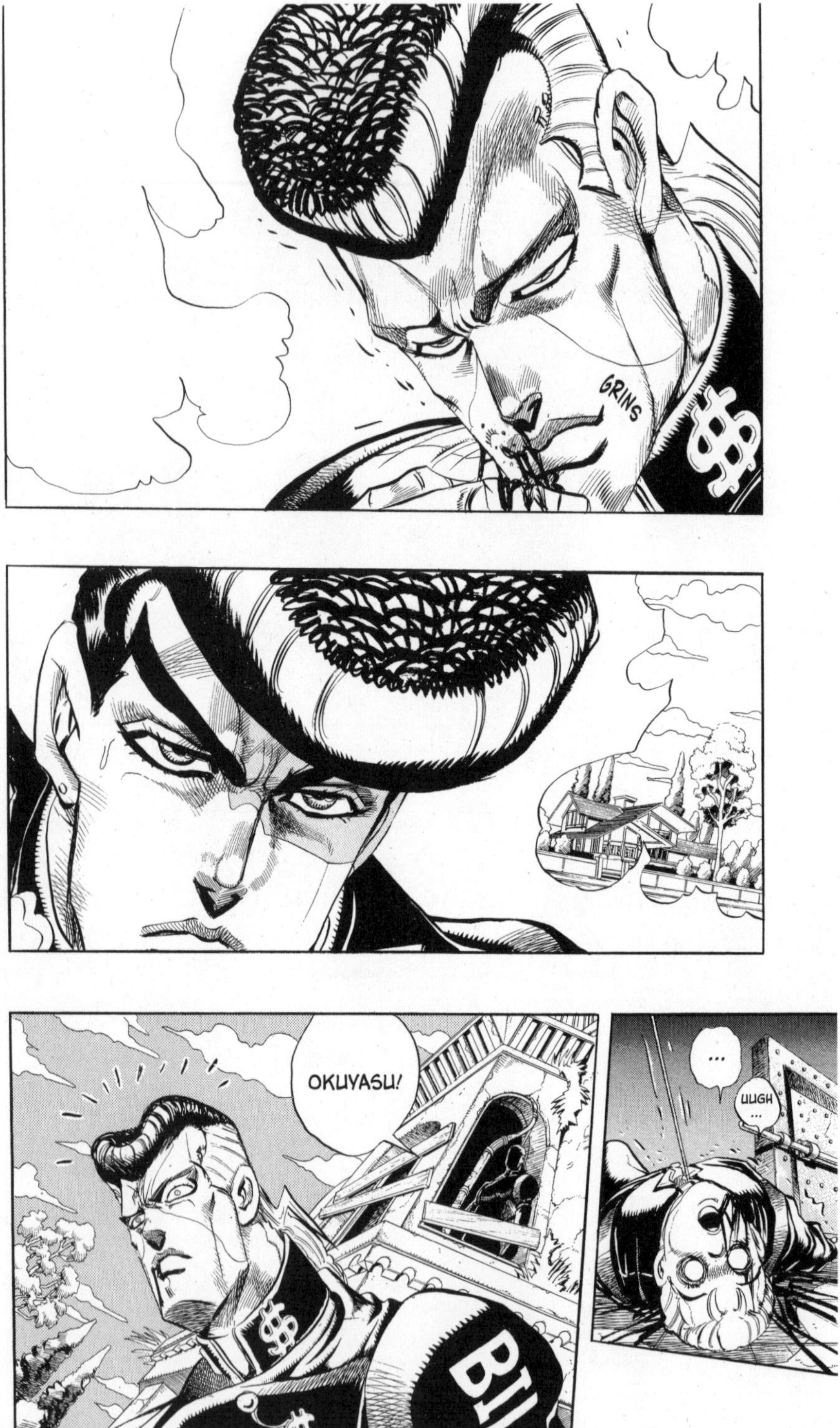
GRINS
...
UUGH ...
OKUYASU!

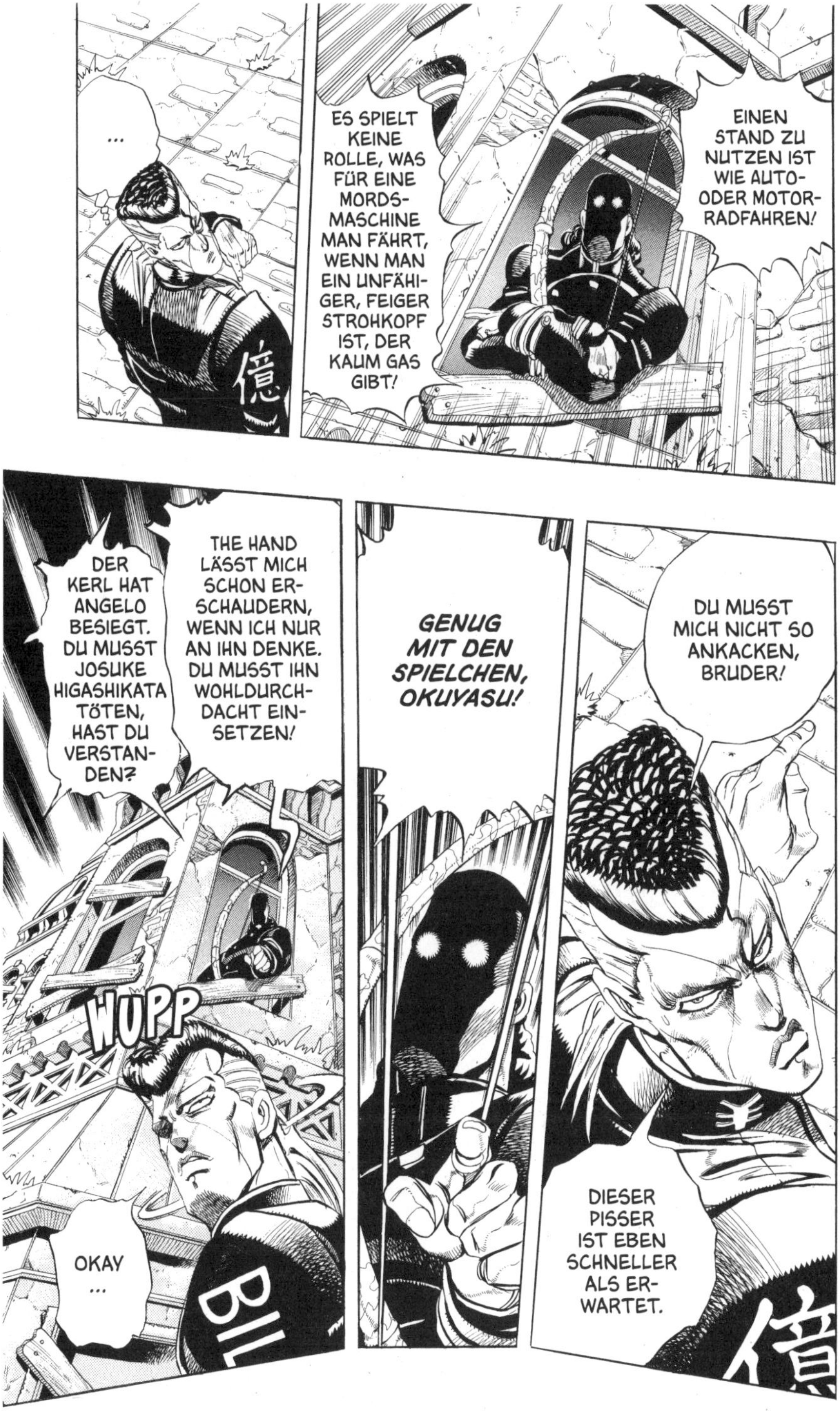
EINEN STAND ZU NUTZEN IST WIE AUTO- ODER MOTORRADFAHREN!
ES SPIELT KEINE ROLLE, WAS FÜR EINE MORDSMASCHINE MAN FÄHRT, WENN MAN EIN UNFÄHIGER, FEIGER STROHKOPF IST, DER KAUM GAS GIBT!
...
DU MUSST MICH NICHT SO ANKACKEN, BRUDER!
DIESER PISSER IST EBEN SCHNELLER ALS ERWARTET.
GENUG MIT DEN SPIELCHEN, OKUYASU!
THE HAND LÄSST MICH SCHON ERSCHAUDERN, WENN ICH NUR AN IHN DENKE. DU MUSST IHN WOHLDURCHDACHT EINSETZEN!
DER KERL HAT ANGELO BESIEGT. DU MUSST JOSUKE HIGASHIKATA TÖTEN, HAST DU VERSTANDEN?
WUPP
OKAY ...

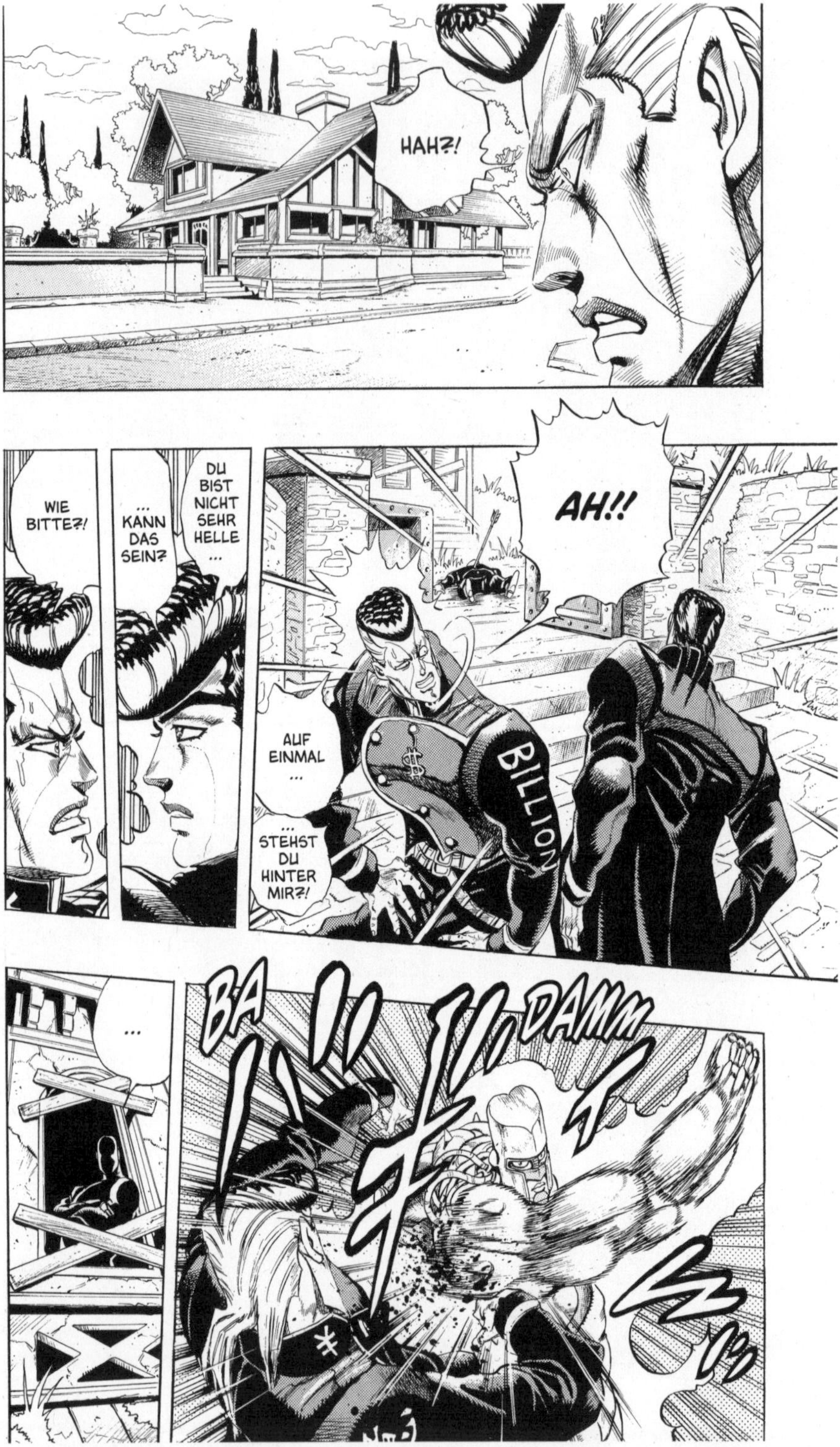
HAH?!
AH!!
AUF EINMAL ...
... STEHST DU HINTER MIR?!
DU BIST NICHT SEHR HELLE ...
... KANN DAS SEIN?
WIE BITTE?!
BA
DAMM
...

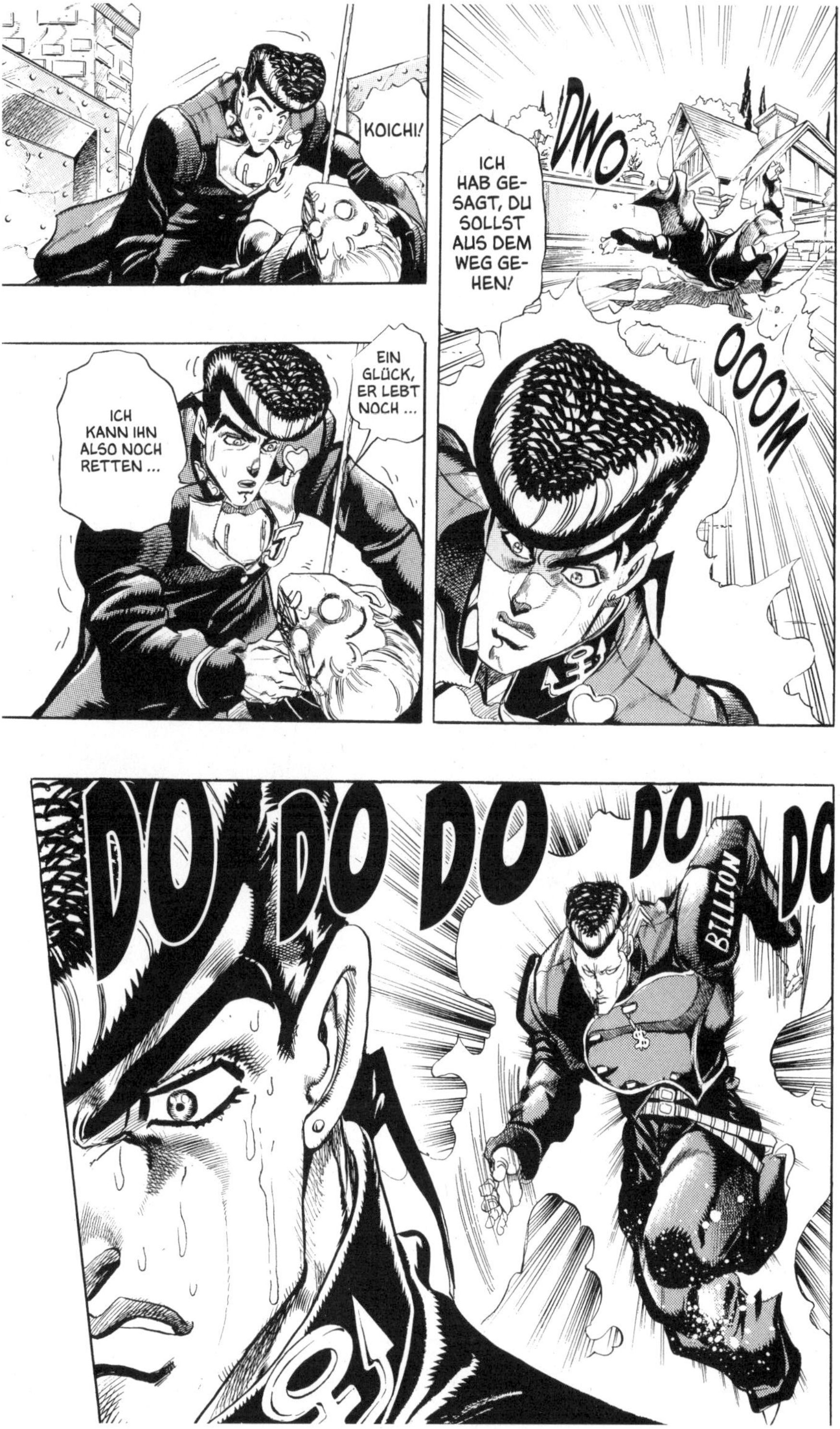
DWOOOOM
ICH HAB GESAGT, DU SOLLST AUS DEM WEG GEHEN!
KOICHI!
EIN GLÜCK, ER LEBT NOCH ...
ICH KANN IHN ALSO NOCH RETTEN ...
DO DO DO DO DO DO
BILLION

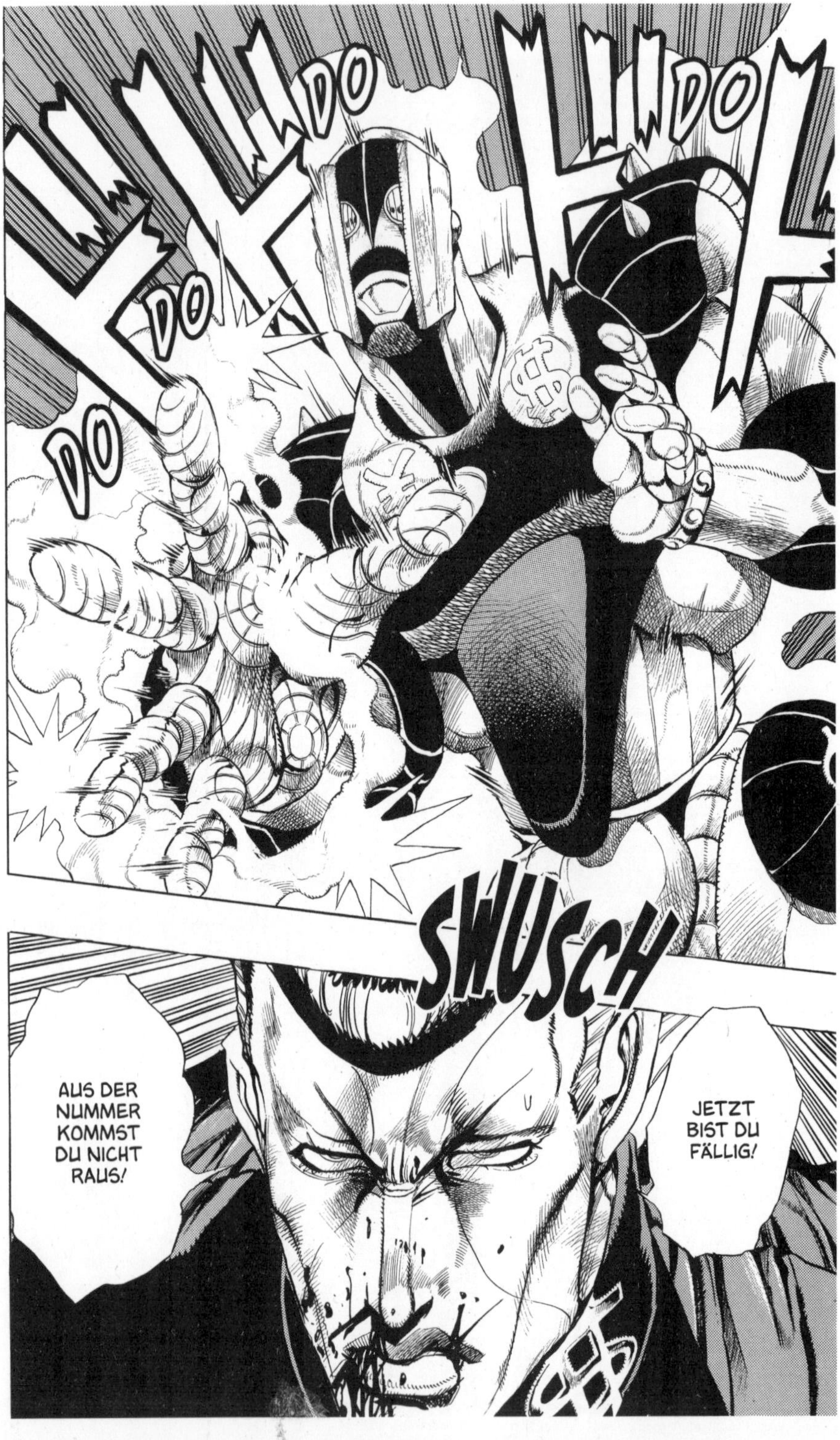
DO
DO
DO
DO
DO
SWUSCH
JETZT BIST DU FÄLLIG!
AUS DER NUMMER KOMMST DU NICHT RAUS!

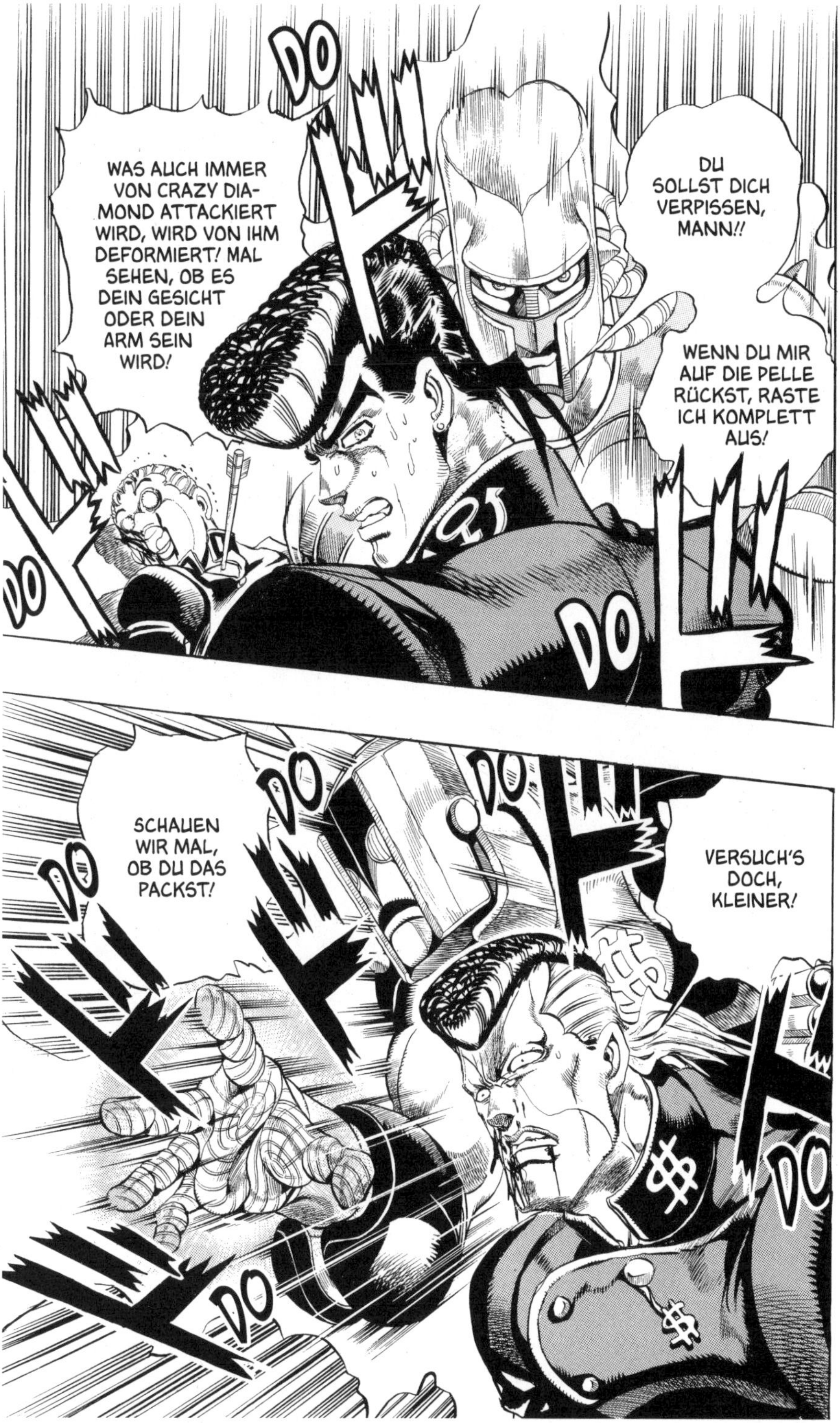
DO
DU SOLLST DICH VERPISSEN, MANN!!
WENN DU MIR AUF DIE PELLE RÜCKST, RASTE ICH KOMPLETT AUS!
WAS AUCH IMMER VON CRAZY DIAMOND ATTACKIERT WIRD, WIRD VON IHM DEFORMIERT! MAL SEHEN, OB ES DEIN GESICHT ODER DEIN ARM SEIN WIRD!
DO
DO
DO
VERSUCH'S DOCH, KLEINER!
SCHAUEN WIR MAL, OB DU DAS PACKST!
DO
DO
DO
DO

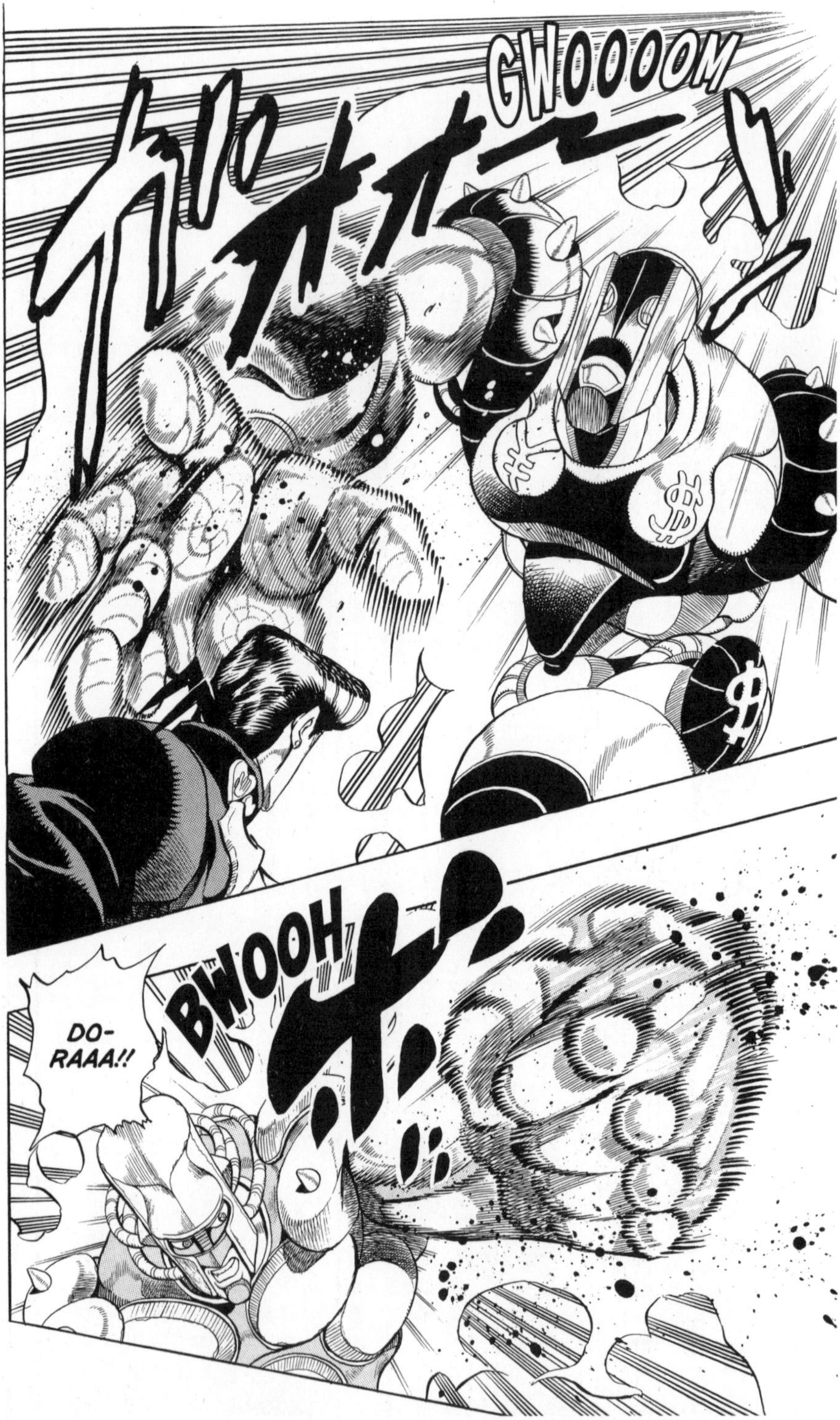
GWOOOOM
BWOOH
DO-
RAAA!!

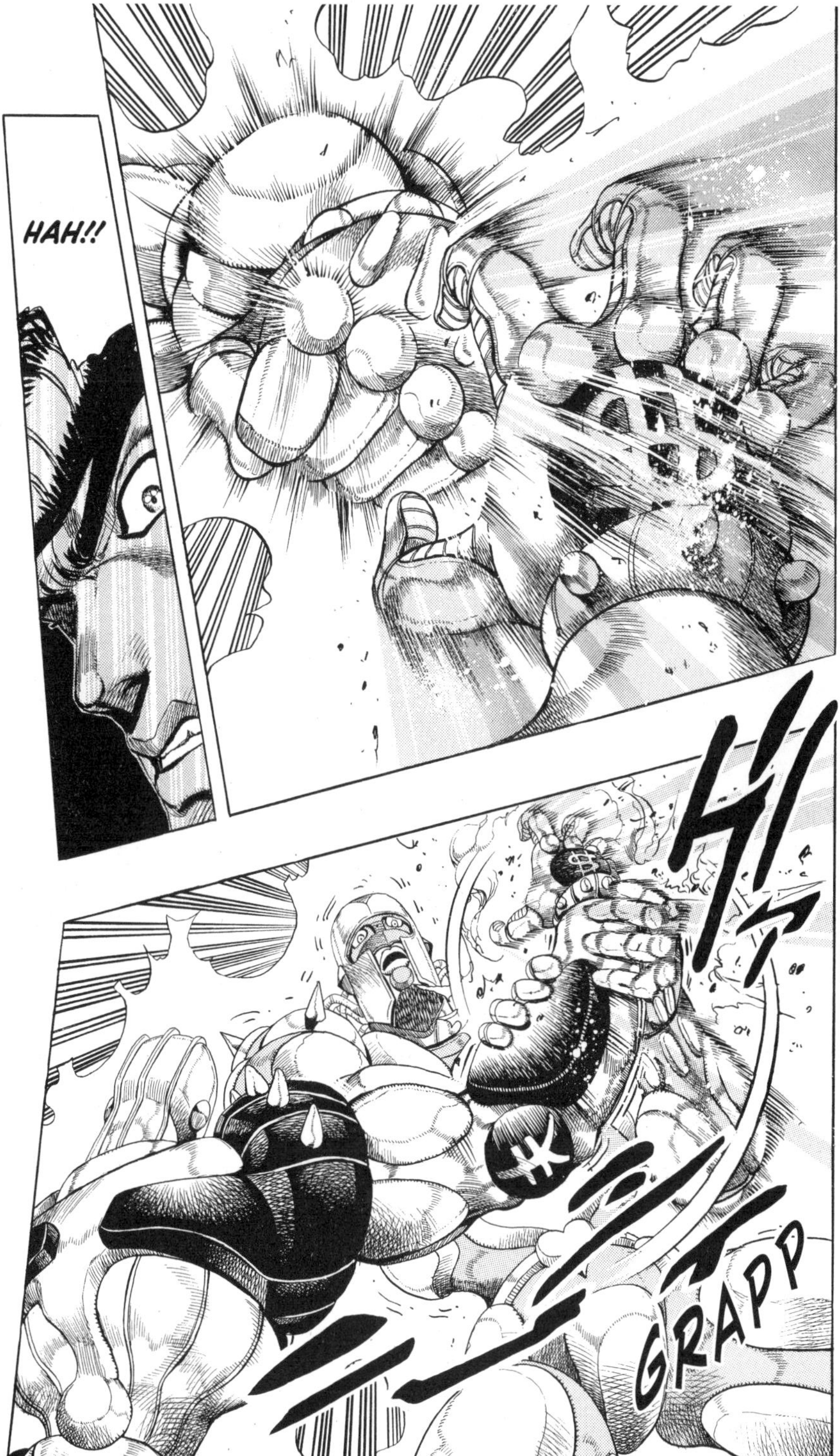
HAH!!
GRAPP

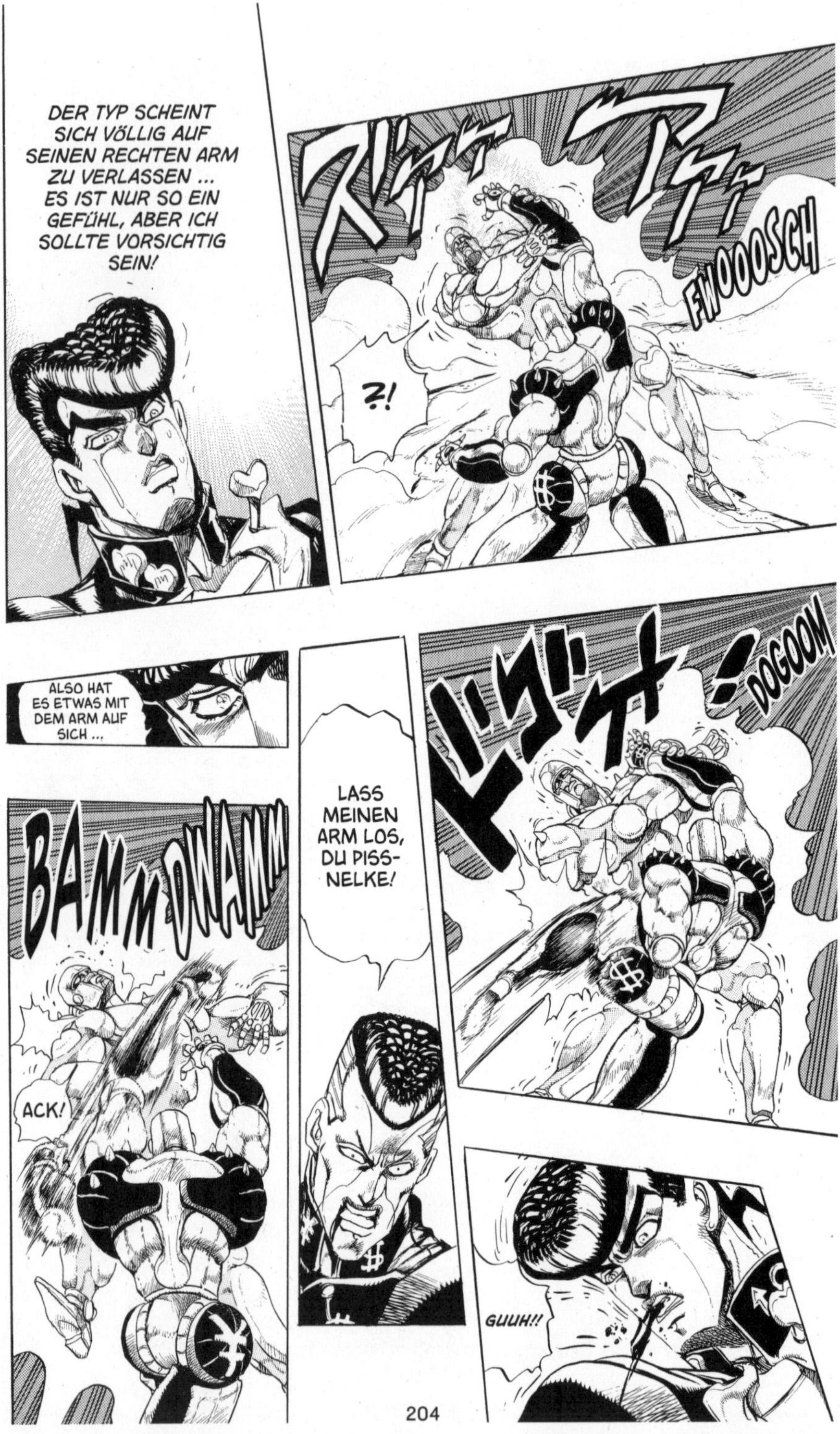

DER TYP SCHEINT SICH VÖLLIG AUF SEINEN RECHTEN ARM ZU VERLASSEN ... ES IST NUR SO EIN GEFÜHL, ABER ICH SOLLTE VORSICHTIG SEIN!
FWOOOSCH
?!
DOGOOM
ALSO HAT ES ETWAS MIT DEM ARM AUF SICH ...
LASS MEINEN ARM LOS, DU PISS-NELKE!
BAMM DWAMM
ACK!
GUUH!!

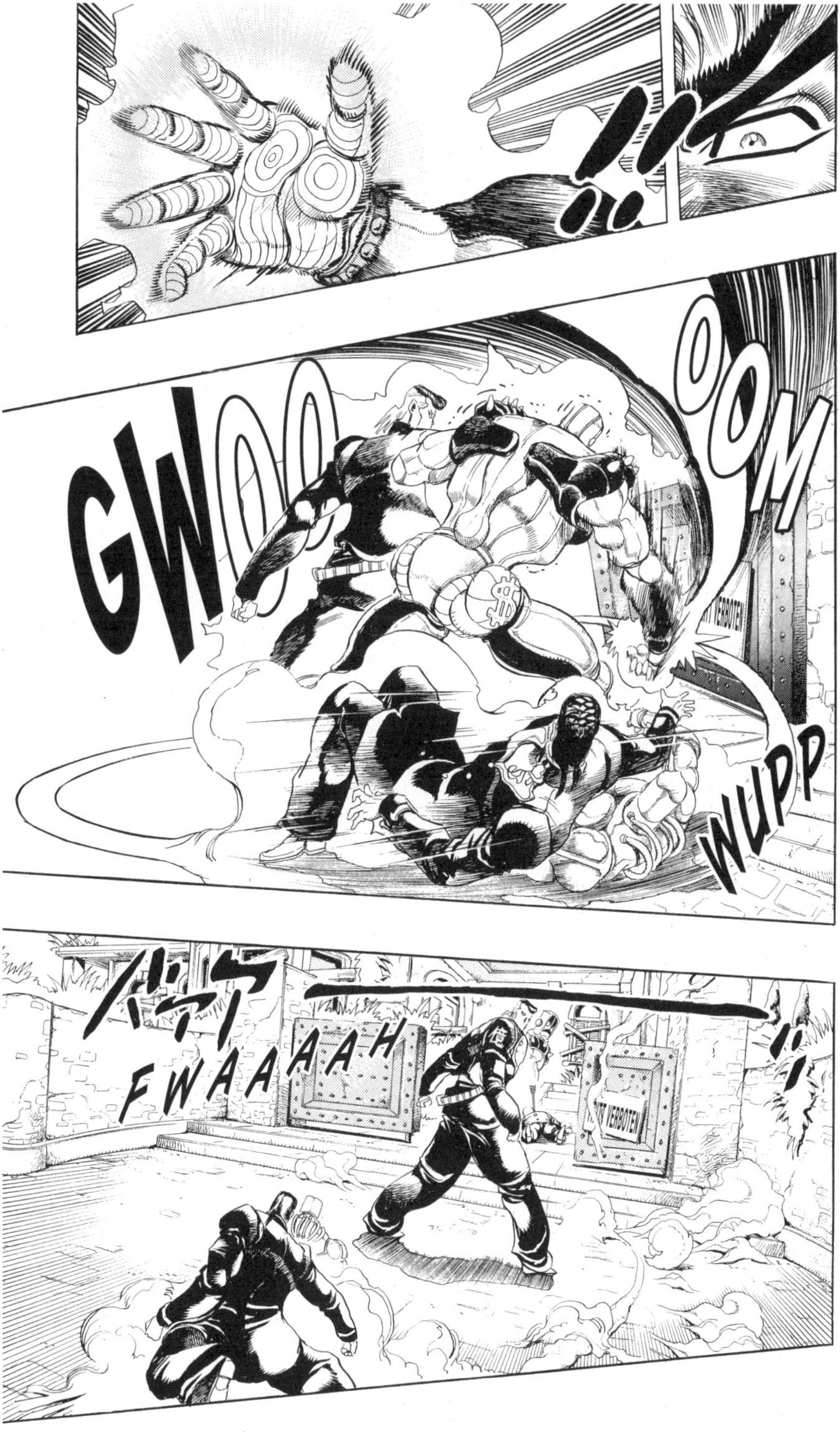
!!
GWOOOOM
VERBOTEN
WUPP
FWAAAAAH
VERBOTEN
!!

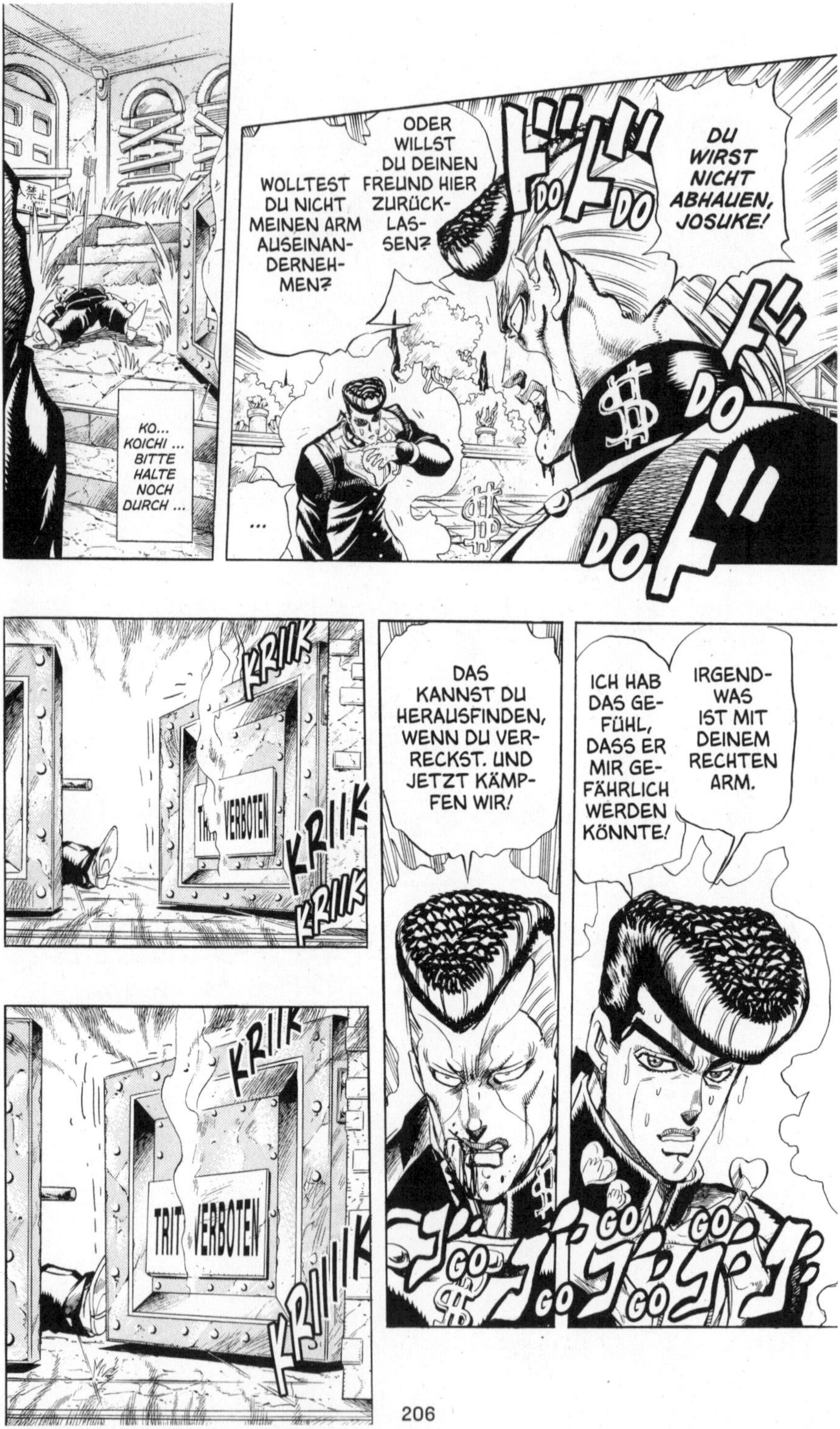
DO DO
DU WIRST NICHT ABHAUEN, JOSUKE!
DO DO
ODER WILLST DU DEINEN FREUND HIER ZURÜCK-LAS-SEN?
WOLLTEST DU NICHT MEINEN ARM AUSEINAN-DERNEH-MEN?
...
KO... KOICHI ... BITTE HALTE NOCH DURCH ...
IRGEND-WAS IST MIT DEINEM RECHTEN ARM.
ICH HAB DAS GE-FÜHL, DASS ER MIR GE-FÄHRLICH WERDEN KÖNNTE!
DAS KANNST DU HERAUSFINDEN, WENN DU VER-RECKST. UND JETZT KÄMP-FEN WIR!
GO GO GO GO GO GO
KRIIK
TRIT VERBOTEN
KRIIK
KRIIK
KRIIK
TRIT VERBOTEN
KRIIIIK

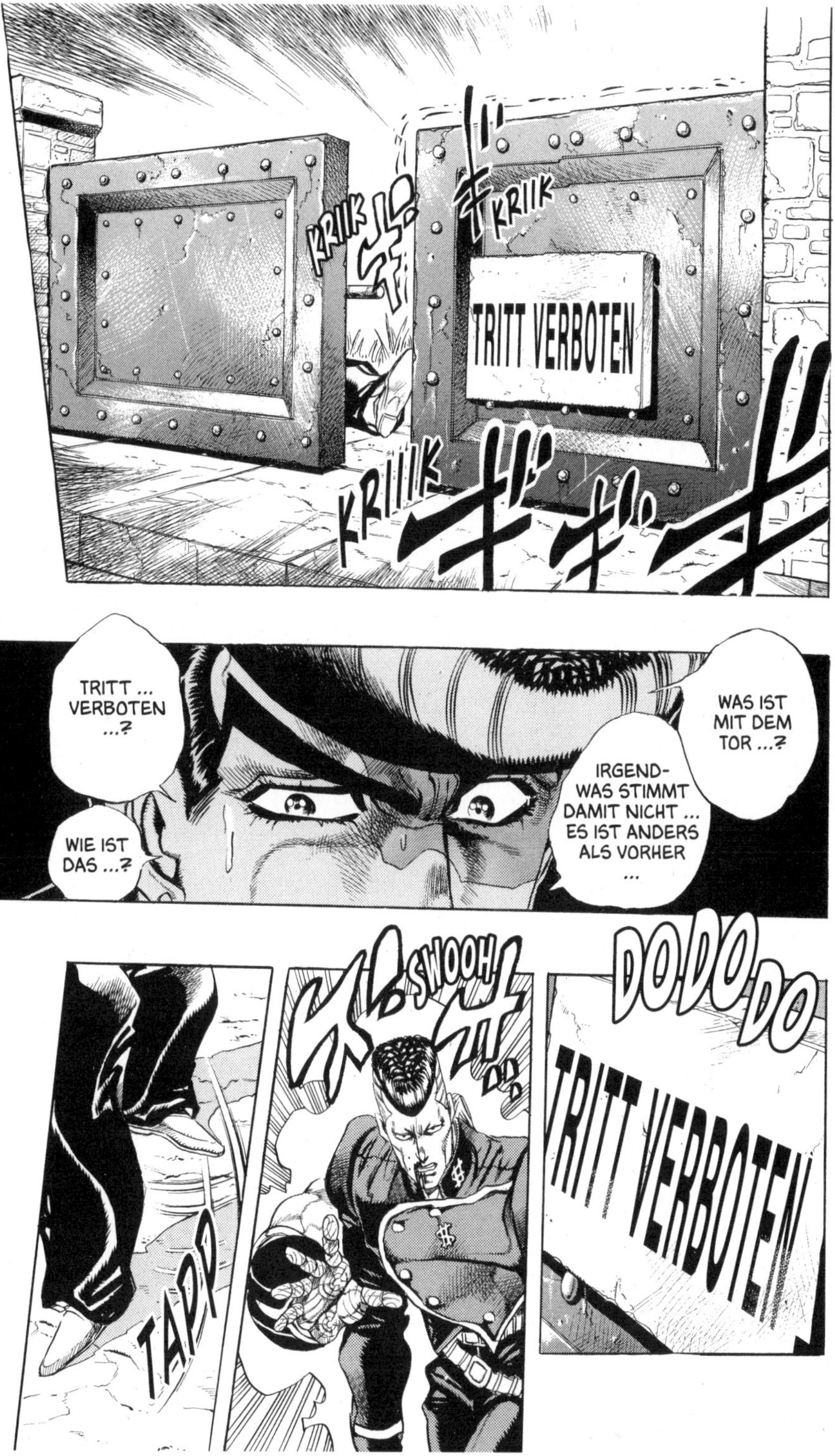
KRIIK
KRIIK
TRITT VERBOTEN
KRIIIK
WAS IST MIT DEM TOR ...?
IRGEND-WAS STIMMT DAMIT NICHT ... ES IST ANDERS ALS VORHER ...
TRITT ... VERBOTEN ...?
WIE IST DAS ...?
DODODODO
TRITT VERBOTEN
SWOOH
TAPP

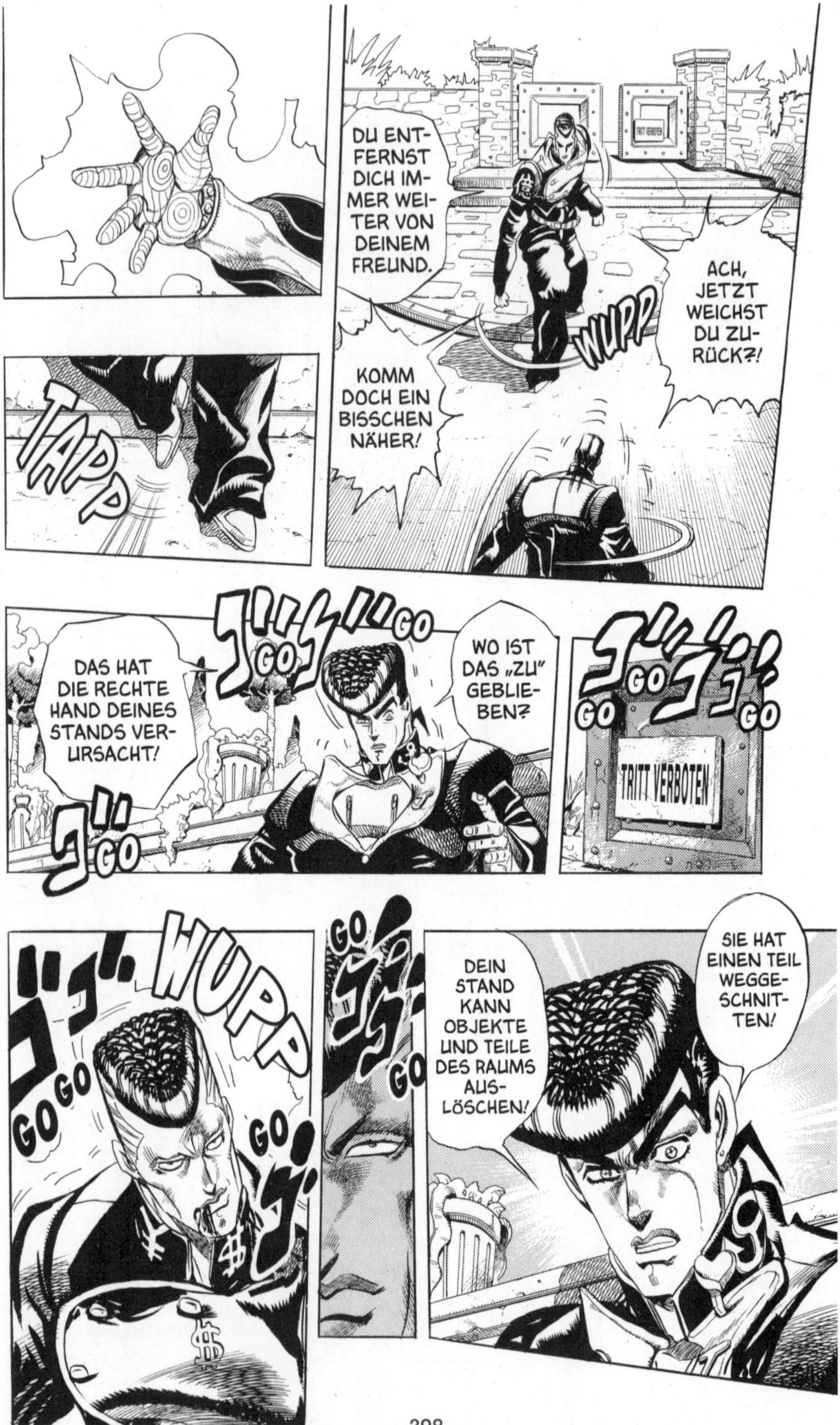

DU ENTFERNST DICH IMMER WEITER VON DEINEM FREUND.
WUPP
ACH, JETZT WEICHST DU ZURÜCK?!
KOMM DOCH EIN BISSCHEN NÄHER!
TAPP
GO GO GO GO
TRITT VERBOTEN
WO IST DAS „ZU" GEBLIEBEN?
GO GO GO
DAS HAT DIE RECHTE HAND DEINES STANDS VERURSACHT!
SIE HAT EINEN TEIL WEGGESCHNITTEN!
DEIN STAND KANN OBJEKTE UND TEILE DES RAUMS AUSLÖSCHEN!
GO GO
WUPP
GO GO GO

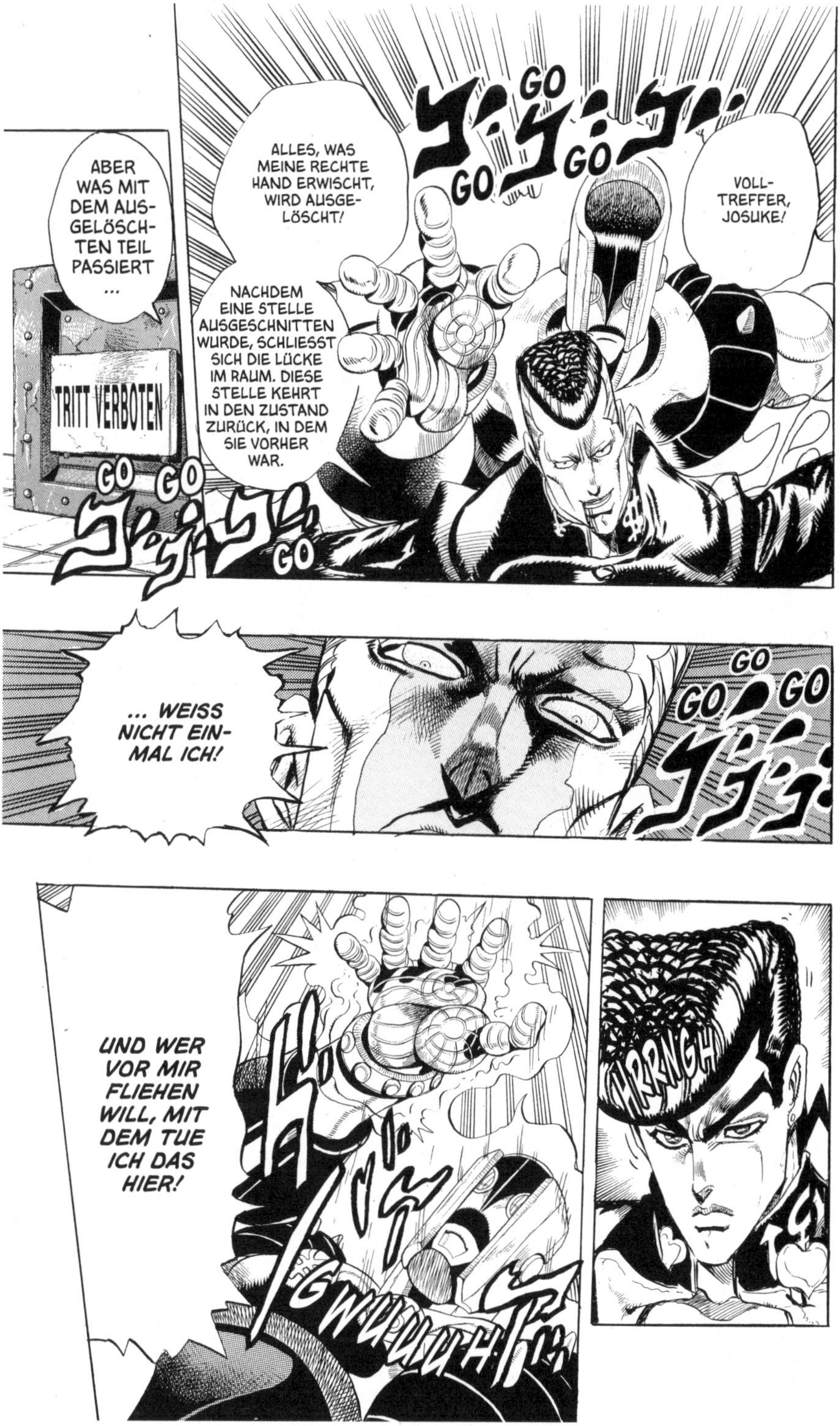
GO GO GO GO
VOLLTREFFER, JOSUKE!
ALLES, WAS MEINE RECHTE HAND ERWISCHT, WIRD AUSGELÖSCHT!
NACHDEM EINE STELLE AUSGESCHNITTEN WURDE, SCHLIESST SICH DIE LÜCKE IM RAUM. DIESE STELLE KEHRT IN DEN ZUSTAND ZURÜCK, IN DEM SIE VORHER WAR.
ABER WAS MIT DEM AUSGELÖSCHTEN TEIL PASSIERT …
TRITT VERBOTEN
GO GO GO
GO GO GO
… WEISS NICHT EINMAL ICH!
HRRNGH
UND WER VOR MIR FLIEHEN WILL, MIT DEM TUE ICH DAS HIER!
GWUUUUH

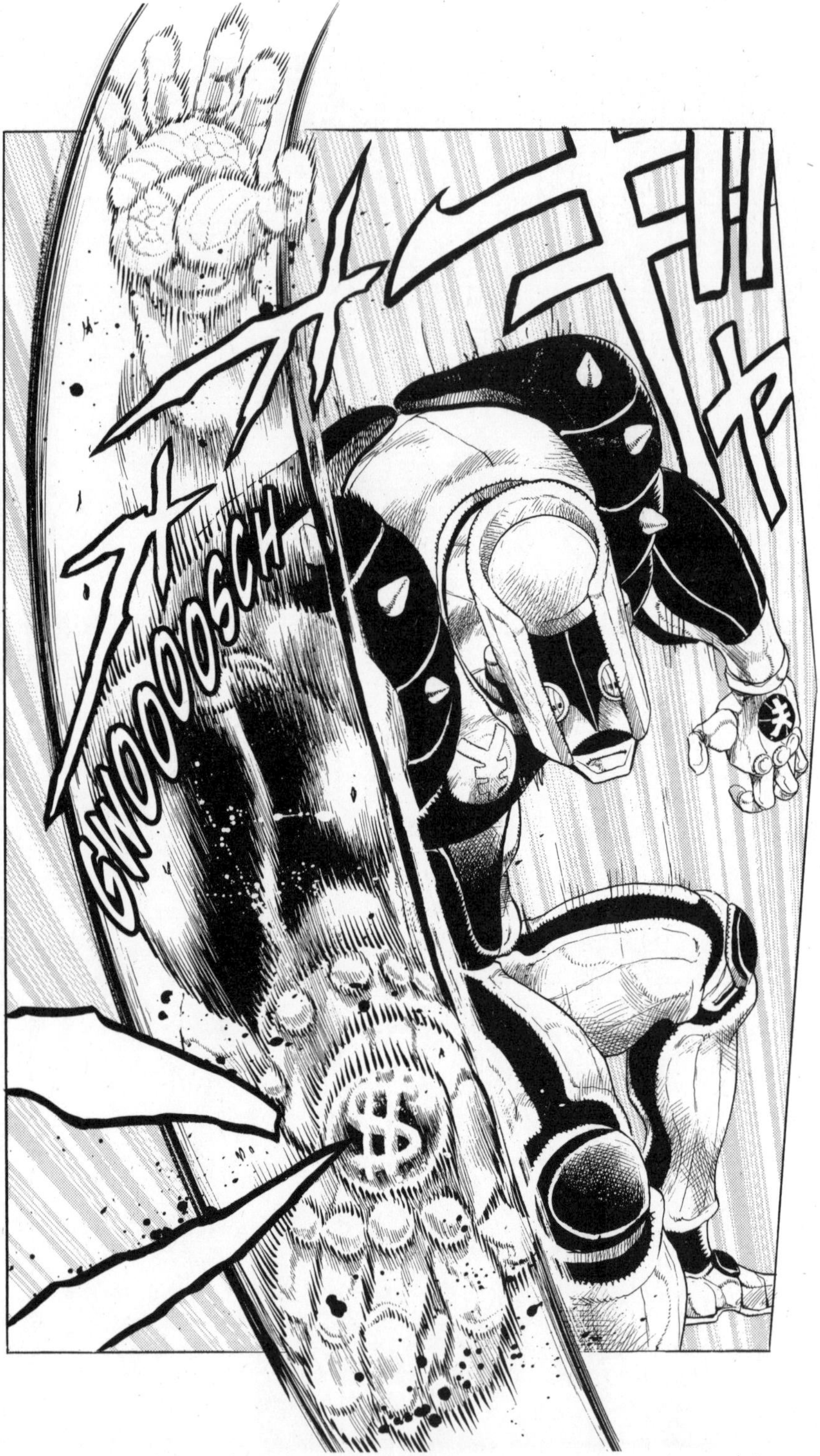
GWOOOSCH

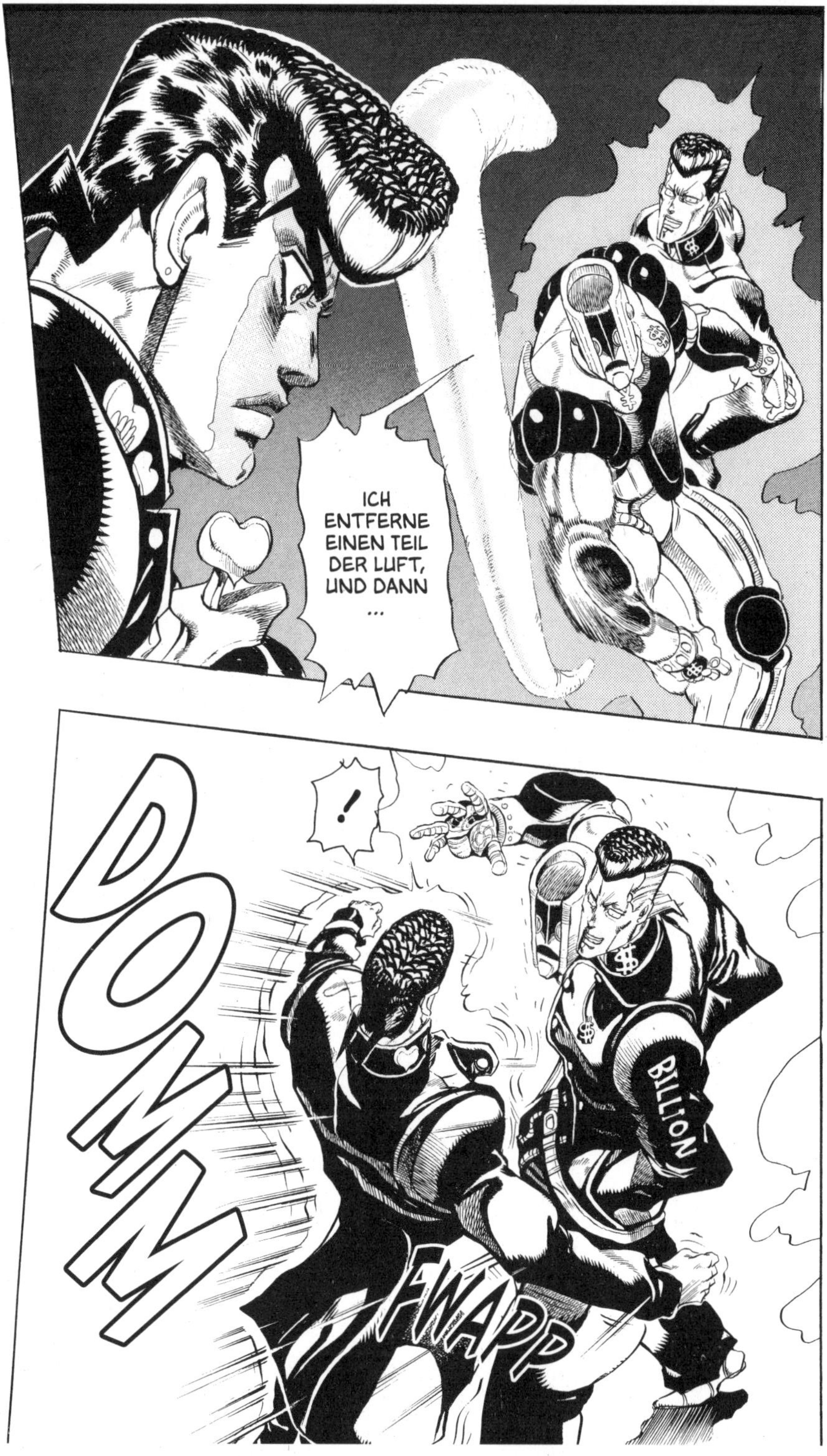
ICH ENTFERNE EINEN TEIL DER LUFT, UND DANN ...
!
DOMM
FWAPP
BILLION

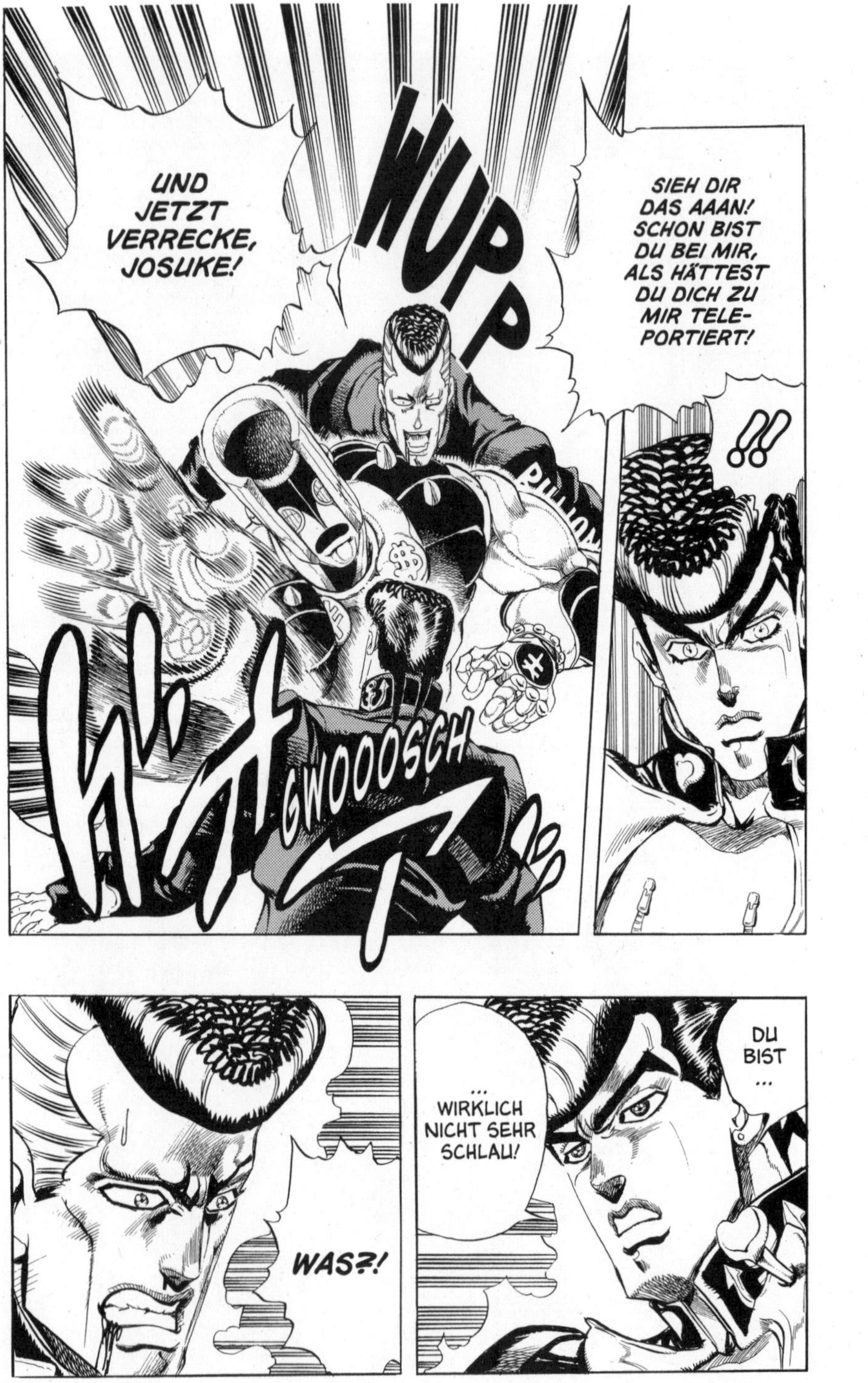
SIEH DIR DAS AAAN! SCHON BIST DU BEI MIR, ALS HÄTTEST DU DICH ZU MIR TELE-PORTIERT!
!!
WUPP
UND JETZT VERRECKE, JOSUKE!
GWOOOSCH
DU BIST ...
... WIRKLICH NICHT SEHR SCHLAU!
WAS?!

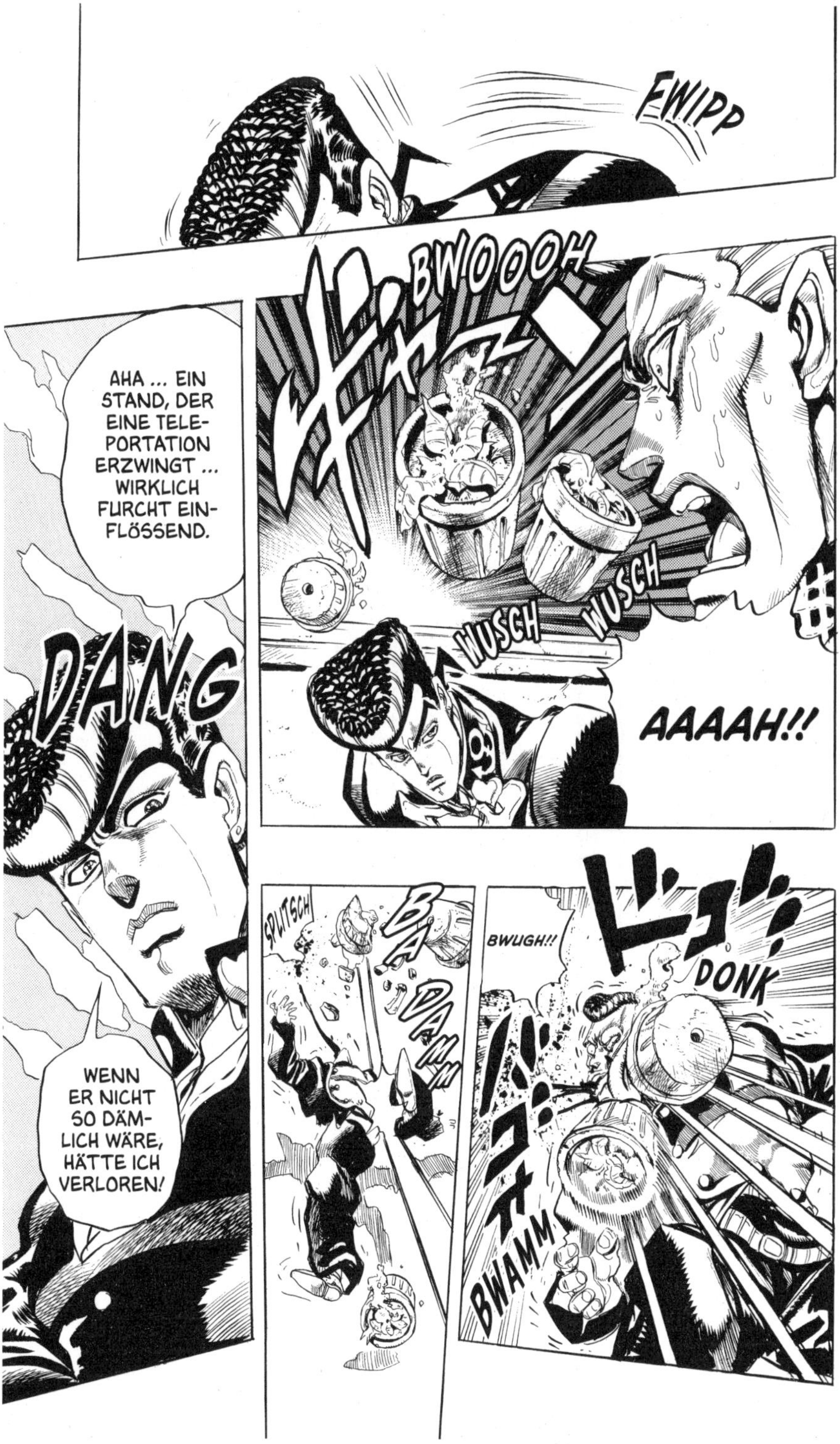
FWIPP
BWOOOH
AAAAH!!
WUSCH
WUSCH
AHA ... EIN STAND, DER EINE TELE-PORTATION ERZWINGT ... WIRKLICH FURCHT EIN-FLÖSSEND.
DANG
BWUGH!!
DONK
BWAMM
SPLITSCH
BADAMM
WENN ER NICHT SO DÄM-LICH WÄRE, HÄTTE ICH VERLOREN!

JOJO'S BIZARRE ADVENTURE

PART 4

DIAMOND IS UNBREAKABLE

Die Nijimura-Brüder: Teil 3

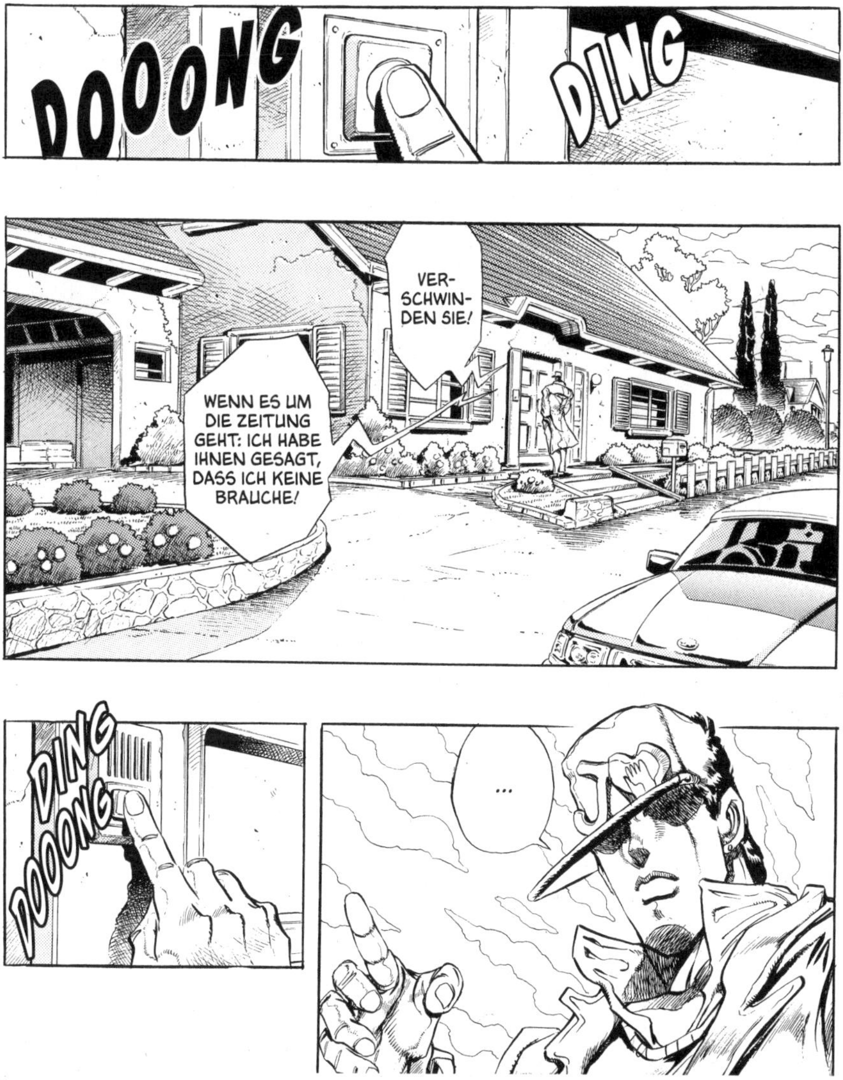

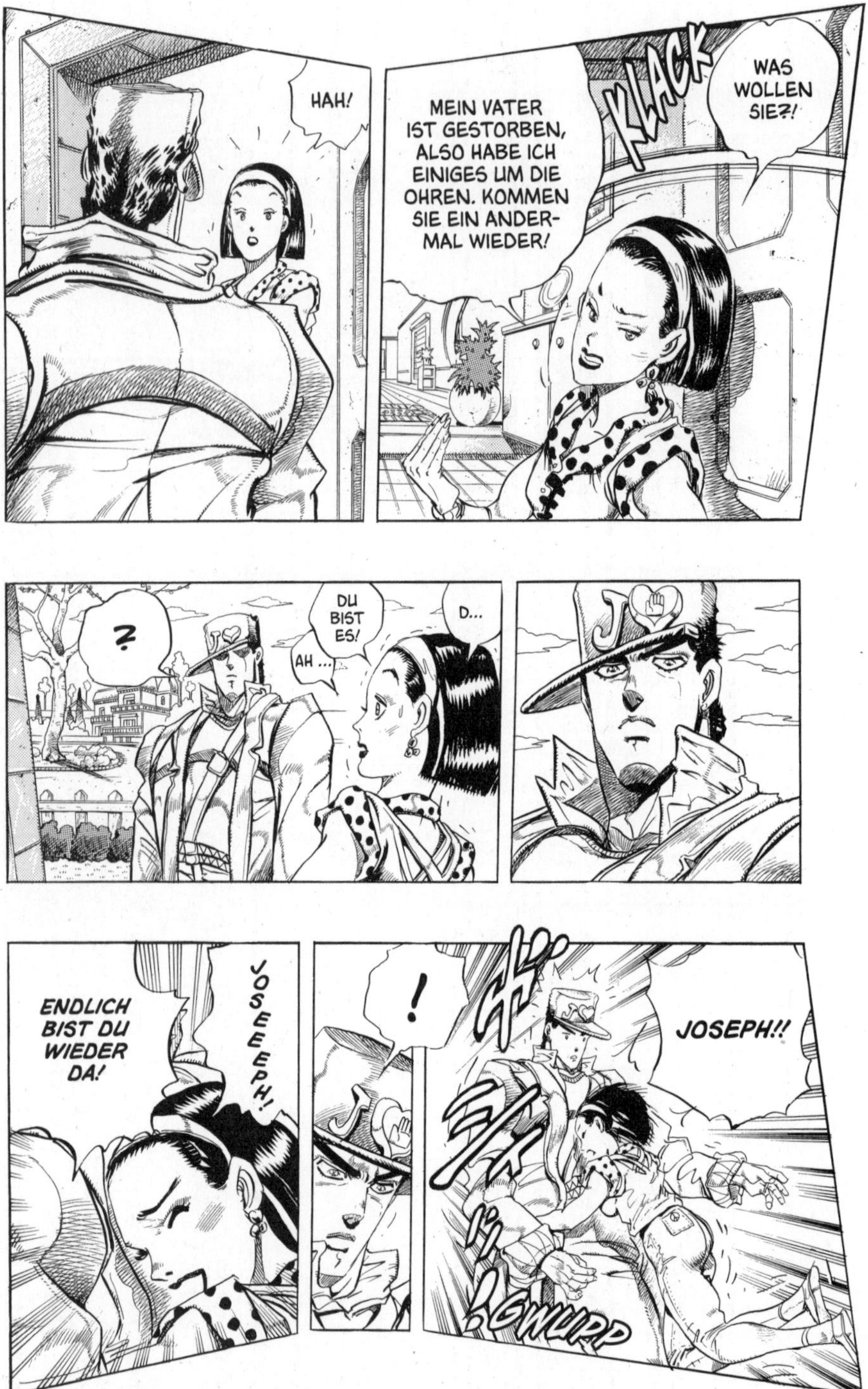
KLACK
WAS WOLLEN SIE?!
MEIN VATER IST GESTORBEN, ALSO HABE ICH EINIGES UM DIE OHREN. KOMMEN SIE EIN ANDERMAL WIEDER!
HAH!
D...
DU BIST ES!
AH ...
?
JOSEPH!!
GWUPP
!
JOSEEEPH!
ENDLICH BIST DU WIEDER DA!

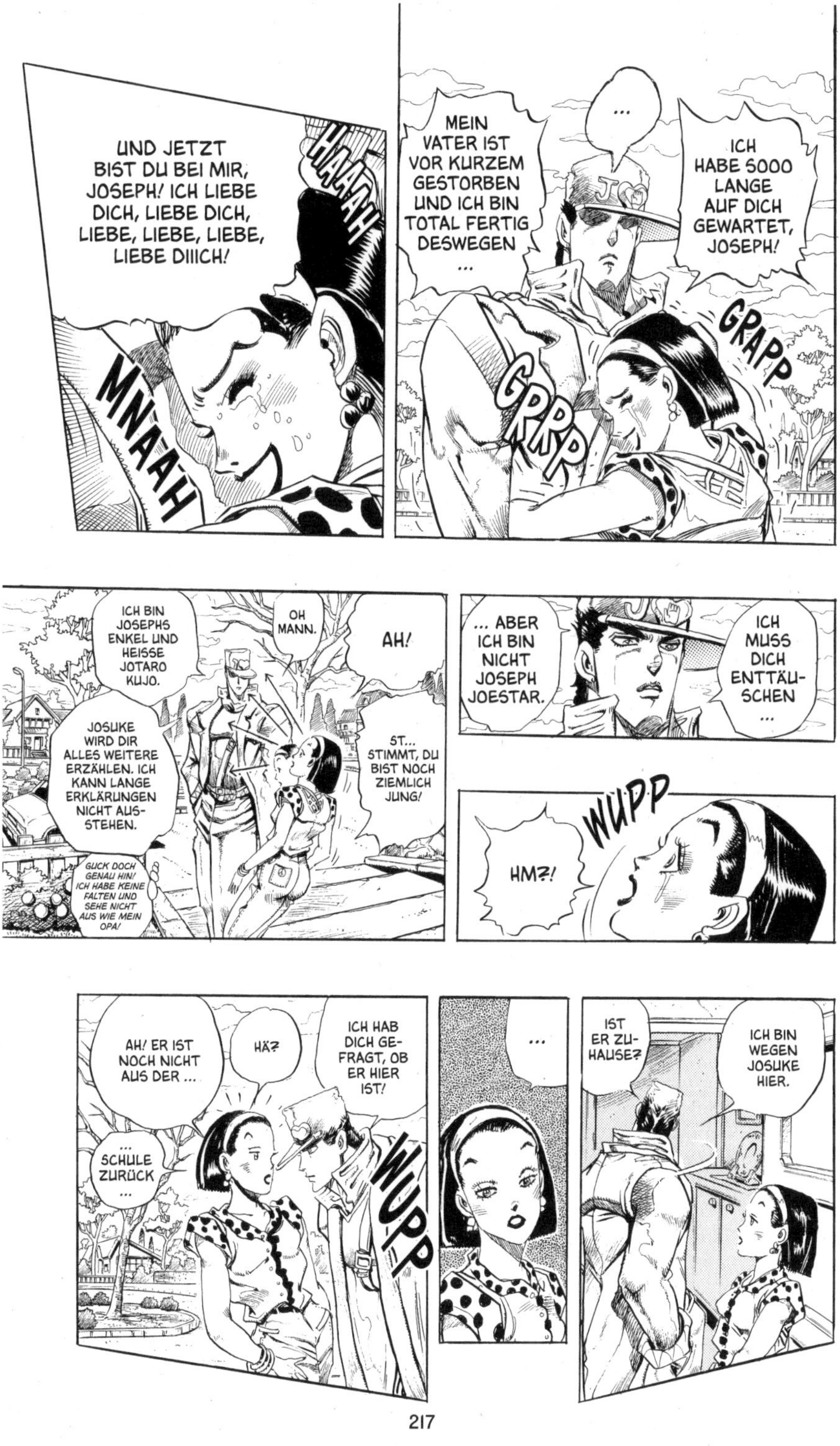
ICH HABE SOOO LANGE AUF DICH GEWARTET, JOSEPH!
GRAPP
...
MEIN VATER IST VOR KURZEM GESTORBEN UND ICH BIN TOTAL FERTIG DESWEGEN ...
GRRP
HAAAAH
UND JETZT BIST DU BEI MIR, JOSEPH! ICH LIEBE DICH, LIEBE DICH, LIEBE, LIEBE, LIEBE, LIEBE DIIICH!
MNAAAH
ICH MUSS DICH ENTTÄUSCHEN ...
... ABER ICH BIN NICHT JOSEPH JOESTAR.
WUPP
HM?!
AH!
ST... STIMMT, DU BIST NOCH ZIEMLICH JUNG!
OH MANN.
ICH BIN JOSEPHS ENKEL UND HEISSE JOTARO KUJO.
JOSUKE WIRD DIR ALLES WEITERE ERZÄHLEN. ICH KANN LANGE ERKLÄRUNGEN NICHT AUS-STEHEN.
GUCK DOCH GENAU HIN! ICH HABE KEINE FALTEN UND SEHE NICHT AUS WIE MEIN OPA!
ICH BIN WEGEN JOSUKE HIER.
IST ER ZU-HAUSE?
...
ICH HAB DICH GE-FRAGT, OB ER HIER IST!
WUPP
HÄ?
AH! ER IST NOCH NICHT AUS DER ...
... SCHULE ZURÜCK ...

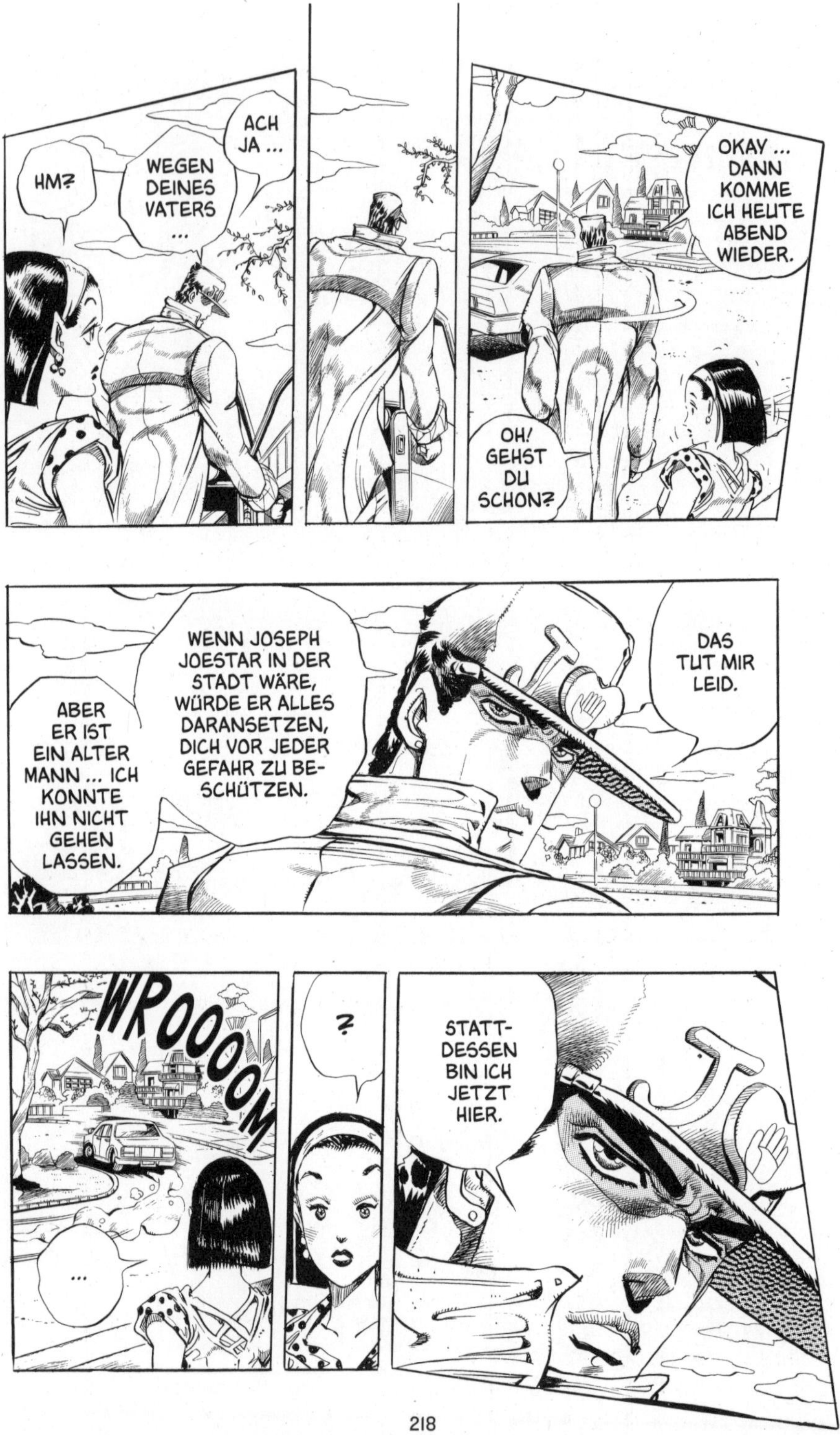
OKAY ... DANN KOMME ICH HEUTE ABEND WIEDER.
OH! GEHST DU SCHON?
ACH JA ...
WEGEN DEINES VATERS ...
HM?
DAS TUT MIR LEID.
WENN JOSEPH JOESTAR IN DER STADT WÄRE, WÜRDE ER ALLES DARANSETZEN, DICH VOR JEDER GEFAHR ZU BESCHÜTZEN.
ABER ER IST EIN ALTER MANN ... ICH KONNTE IHN NICHT GEHEN LASSEN.
STATTDESSEN BIN ICH JETZT HIER.
?
WROOOOM
...

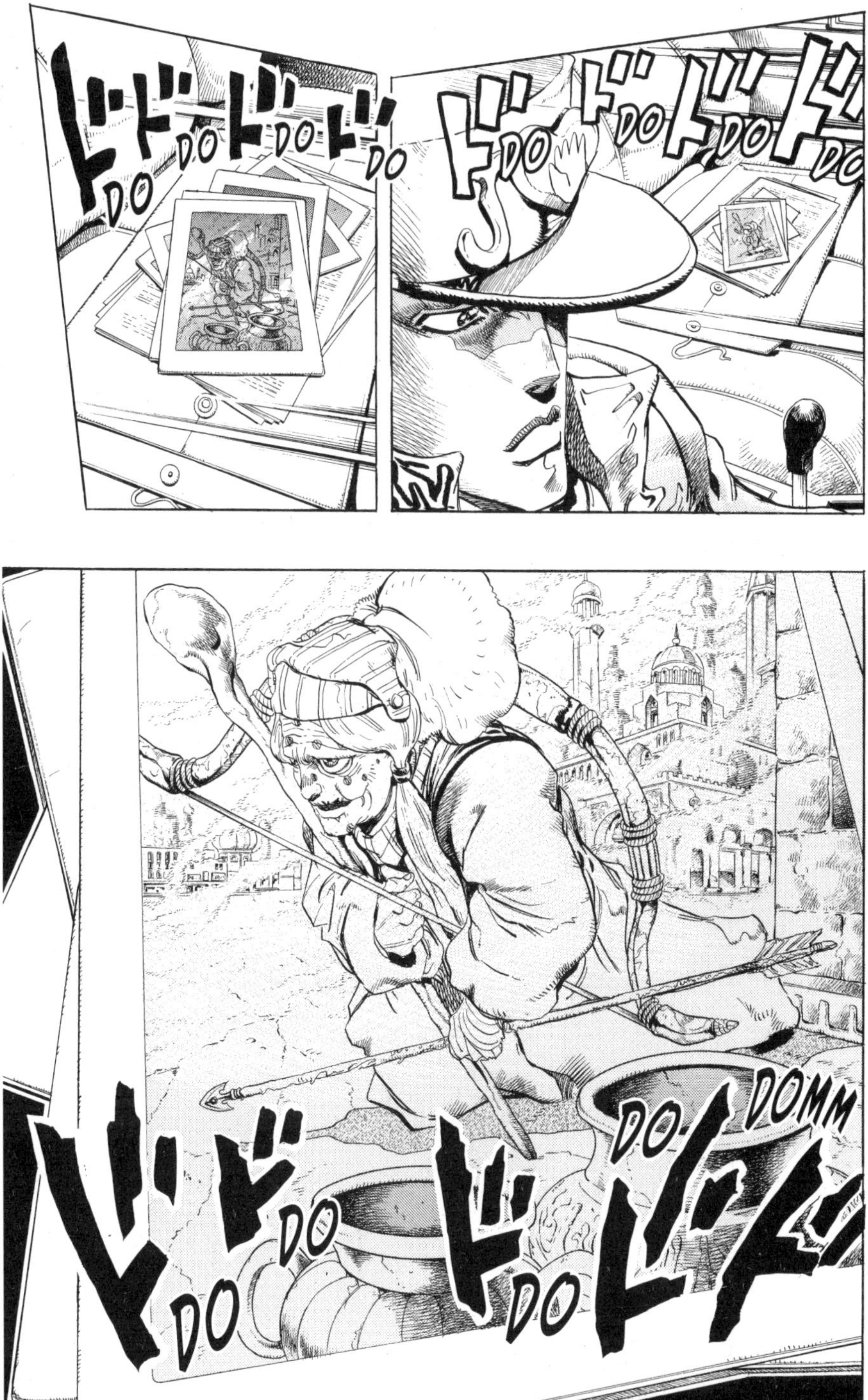

ドドドド
DO DO DO DO
ドドドドド
DO DO DO DO
ドドドドドドン
DO DO DO DO DOMM

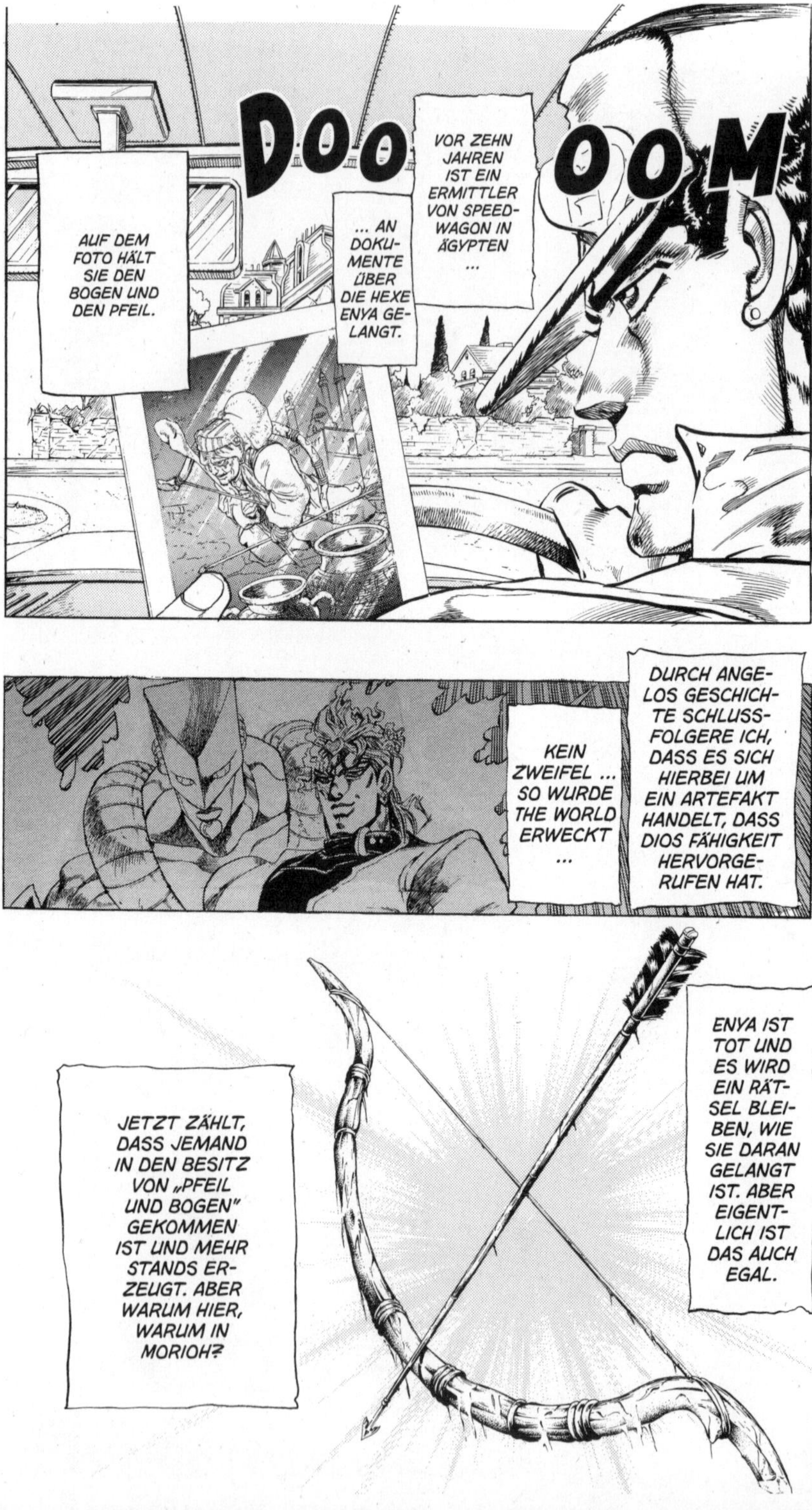

DOOOOOM
VOR ZEHN JAHREN IST EIN ERMITTLER VON SPEEDWAGON IN ÄGYPTEN …
… AN DOKUMENTE ÜBER DIE HEXE ENYA GELANGT.
AUF DEM FOTO HÄLT SIE DEN BOGEN UND DEN PFEIL.
DURCH ANGELOS GESCHICHTE SCHLUSSFOLGERE ICH, DASS ES SICH HIERBEI UM EIN ARTEFAKT HANDELT, DASS DIOS FÄHIGKEIT HERVORGERUFEN HAT.
KEIN ZWEIFEL … SO WURDE THE WORLD ERWECKT …
ENYA IST TOT UND ES WIRD EIN RÄTSEL BLEIBEN, WIE SIE DARAN GELANGT IST. ABER EIGENTLICH IST DAS AUCH EGAL.
JETZT ZÄHLT, DASS JEMAND IN DEN BESITZ VON „PFEIL UND BOGEN" GEKOMMEN IST UND MEHR STANDS ERZEUGT. ABER WARUM HIER, WARUM IN MORIOH?

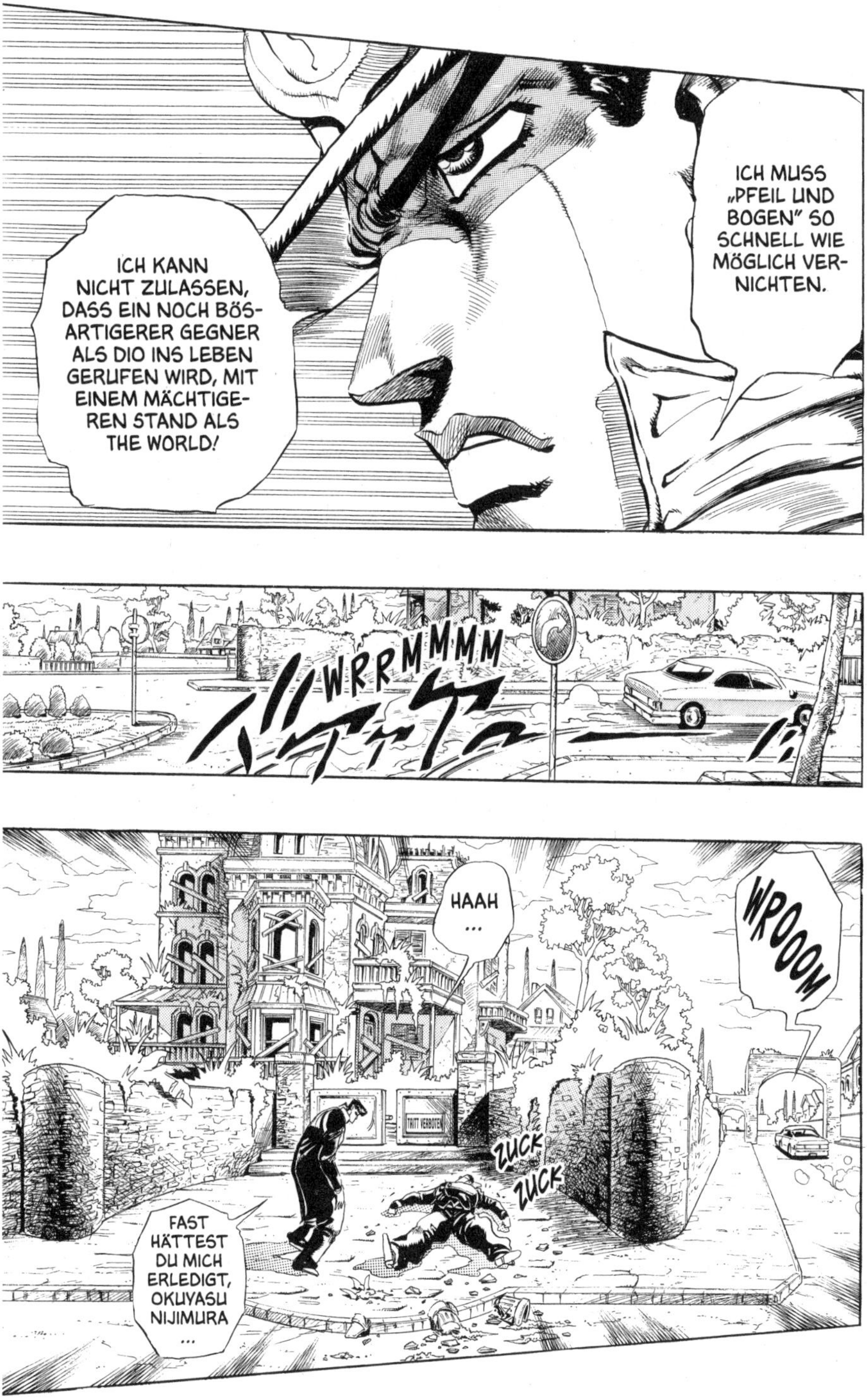
ICH MUSS „PFEIL UND BOGEN" SO SCHNELL WIE MÖGLICH VERNICHTEN.
ICH KANN NICHT ZULASSEN, DASS EIN NOCH BÖSARTIGERER GEGNER ALS DIO INS LEBEN GERUFEN WIRD, MIT EINEM MÄCHTIGEREN STAND ALS THE WORLD!
WRRMMMM
WROOOM
HAAH ...
TRITT VERBOTEN
ZUCK
ZUCK
FAST HÄTTEST DU MICH ERLEDIGT, OKUYASU NIJIMURA ...

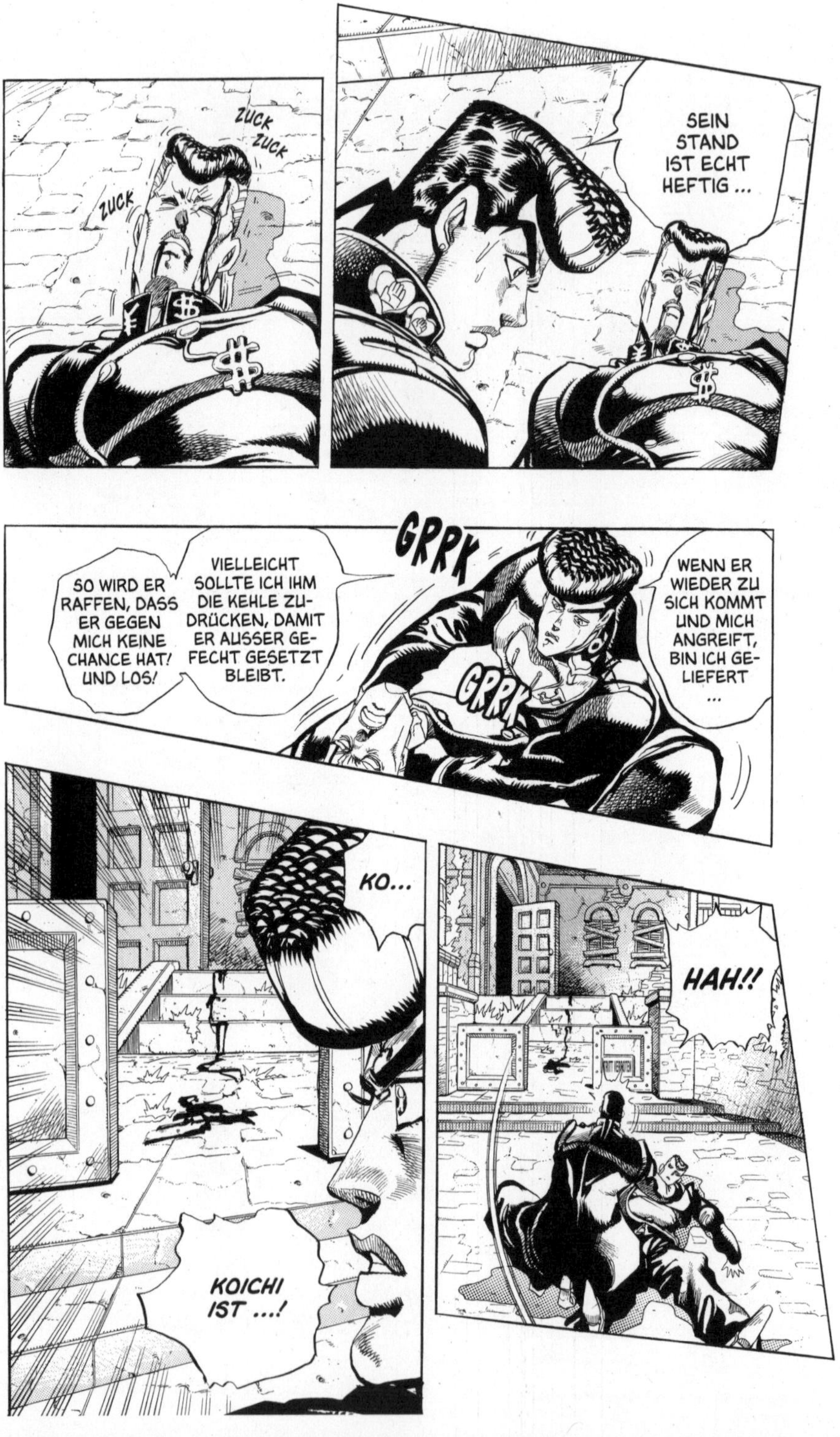
SEIN STAND IST ECHT HEFTIG ...
ZUCK
ZUCK
ZUCK
WENN ER WIEDER ZU SICH KOMMT UND MICH ANGREIFT, BIN ICH GELIEFERT ...
GRRK
GRRK
VIELLEICHT SOLLTE ICH IHM DIE KEHLE ZUDRÜCKEN, DAMIT ER AUSSER GEFECHT GESETZT BLEIBT.
SO WIRD ER RAFFEN, DASS ER GEGEN MICH KEINE CHANCE HAT! UND LOS!
HAH!!
KO...
KOICHI IST ...!

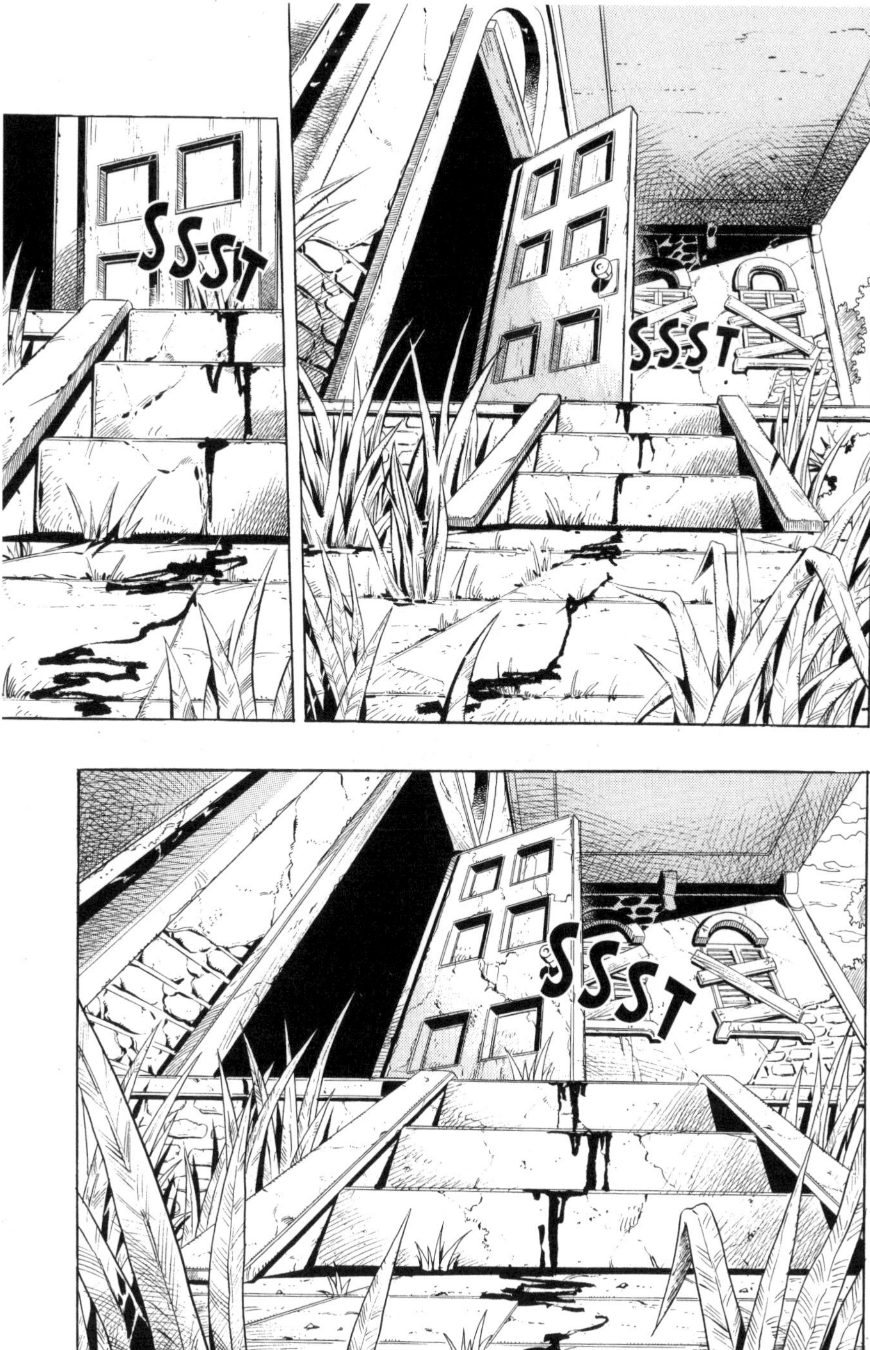
SSST
SSST
SSST

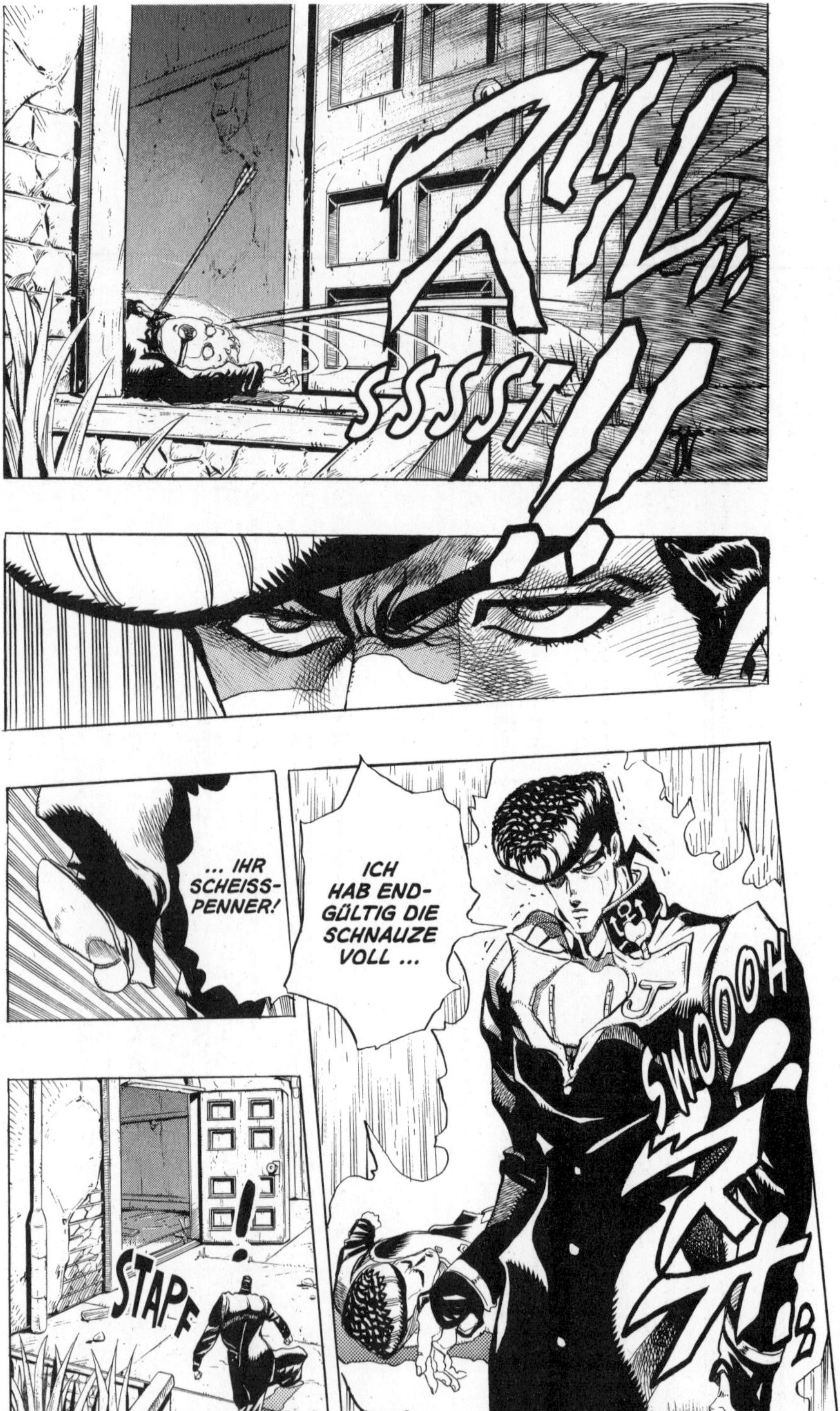
SSSST
ICH HAB END-GÜLTIG DIE SCHNAUZE VOLL ...
... IHR SCHEISS-PENNER!
SWOOOH
STAPF

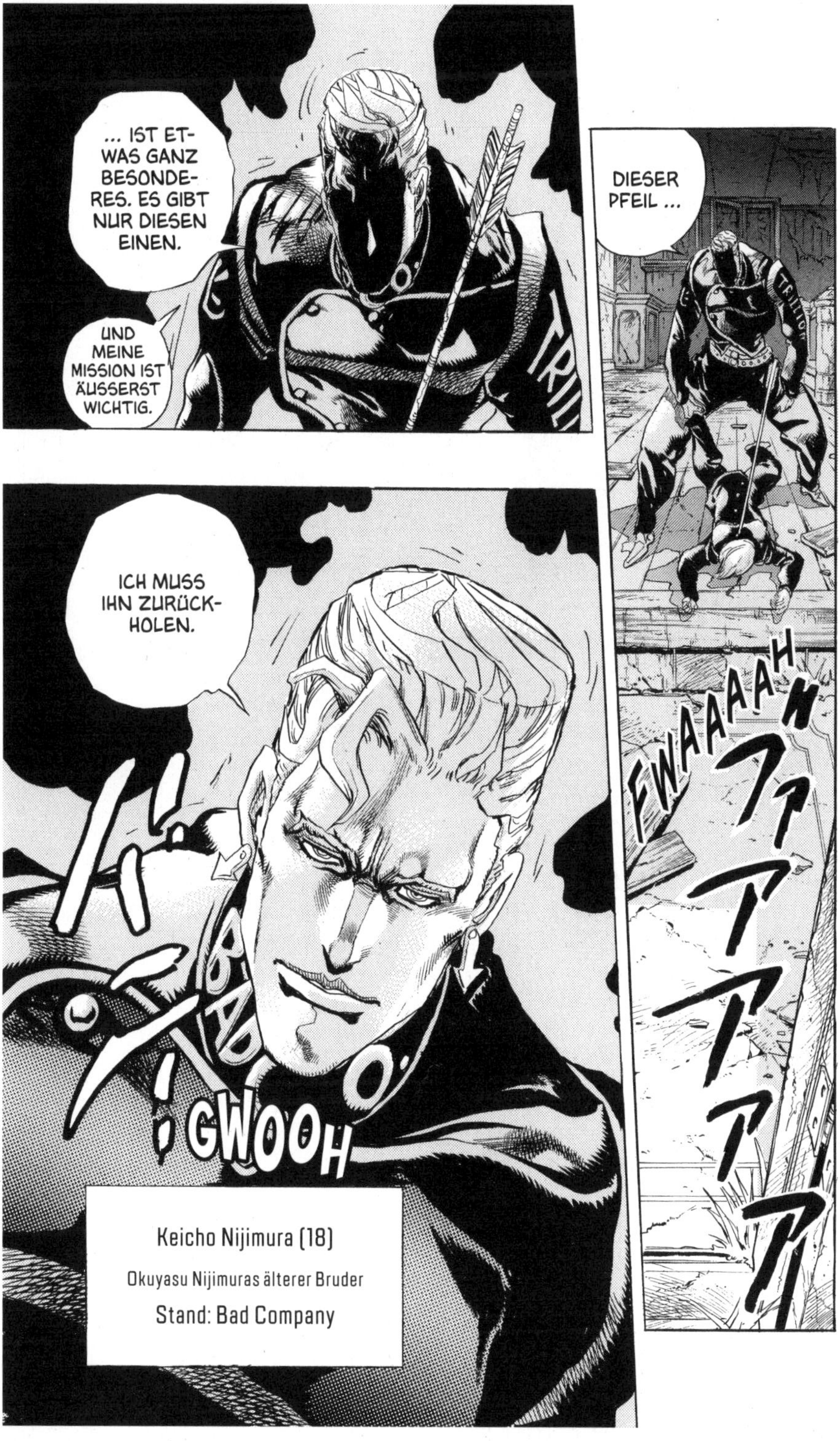
DIESER PFEIL ...
... IST ETWAS GANZ BESONDERES. ES GIBT NUR DIESEN EINEN.
UND MEINE MISSION IST ÄUSSERST WICHTIG.
ICH MUSS IHN ZURÜCKHOLEN.
FWAAAAH
GWOOH
Keicho Nijimura (18)
Okuyasu Nijimuras älterer Bruder
Stand: Bad Company

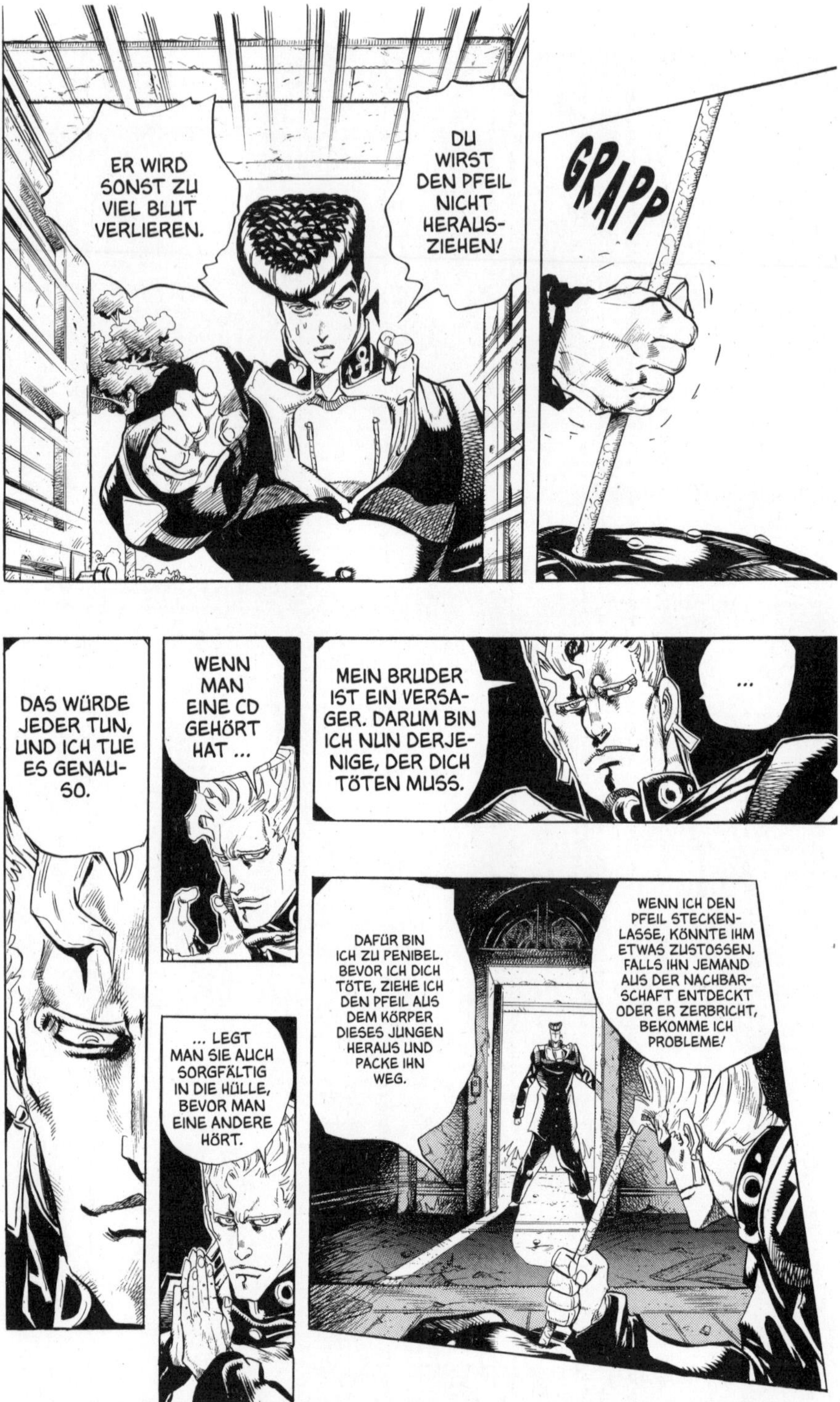
GRAPP
DU WIRST DEN PFEIL NICHT HERAUS-ZIEHEN!
ER WIRD SONST ZU VIEL BLUT VERLIEREN.
...
MEIN BRUDER IST EIN VERSA-GER. DARUM BIN ICH NUN DERJE-NIGE, DER DICH TÖTEN MUSS.
WENN ICH DEN PFEIL STECKEN-LASSE, KÖNNTE IHM ETWAS ZUSTOSSEN. FALLS IHN JEMAND AUS DER NACHBAR-SCHAFT ENTDECKT ODER ER ZERBRICHT, BEKOMME ICH PROBLEME!
DAFÜR BIN ICH ZU PENIBEL. BEVOR ICH DICH TÖTE, ZIEHE ICH DEN PFEIL AUS DEM KÖRPER DIESES JUNGEN HERAUS UND PACKE IHN WEG.
WENN MAN EINE CD GEHÖRT HAT ...
... LEGT MAN SIE AUCH SORGFÄLTIG IN DIE HÜLLE, BEVOR MAN EINE ANDERE HÖRT.
DAS WÜRDE JEDER TUN, UND ICH TUE ES GENAU-SO.

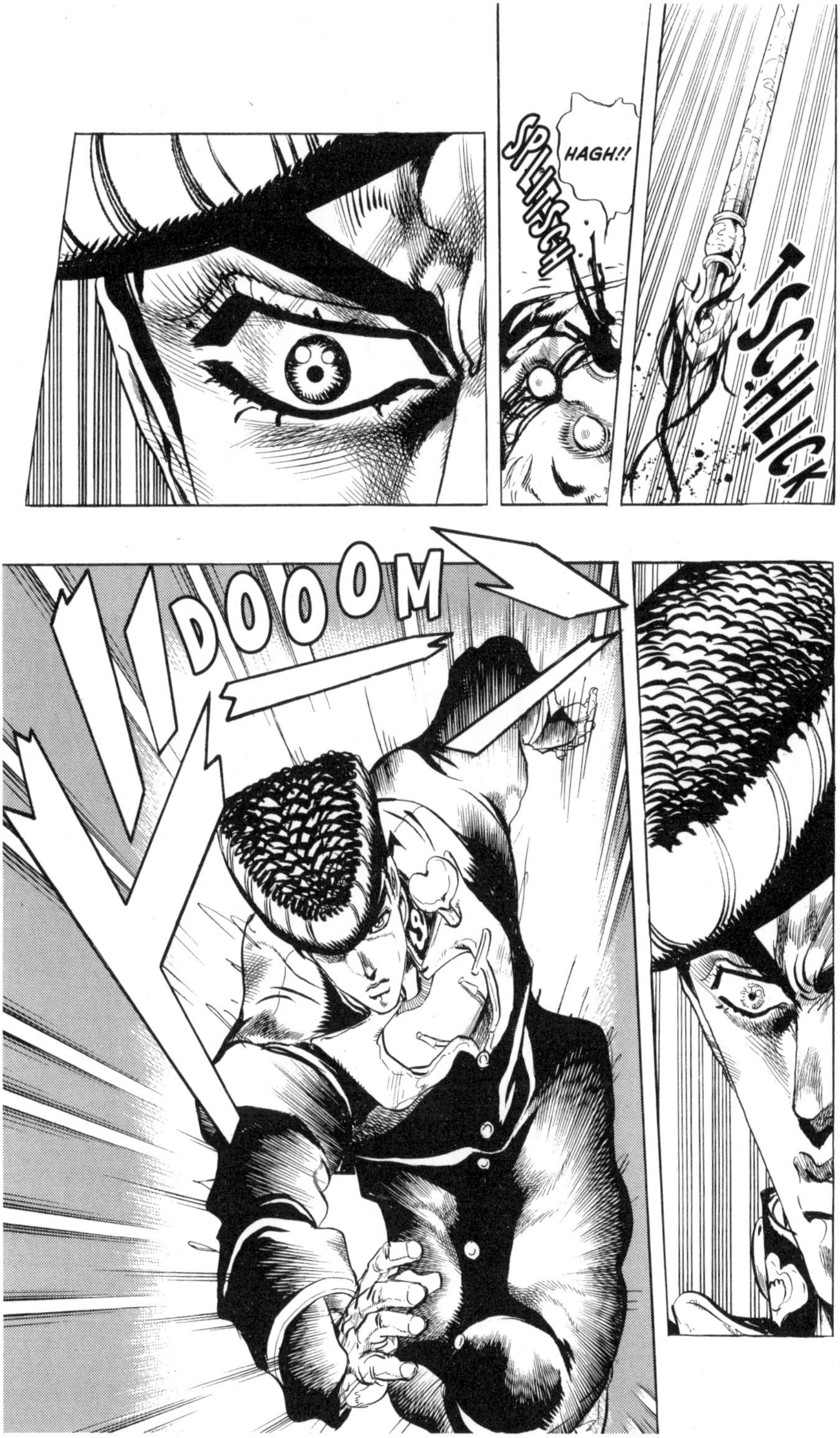
TSCHLICK
HAGH!!
SPLATSCH
DOOOM

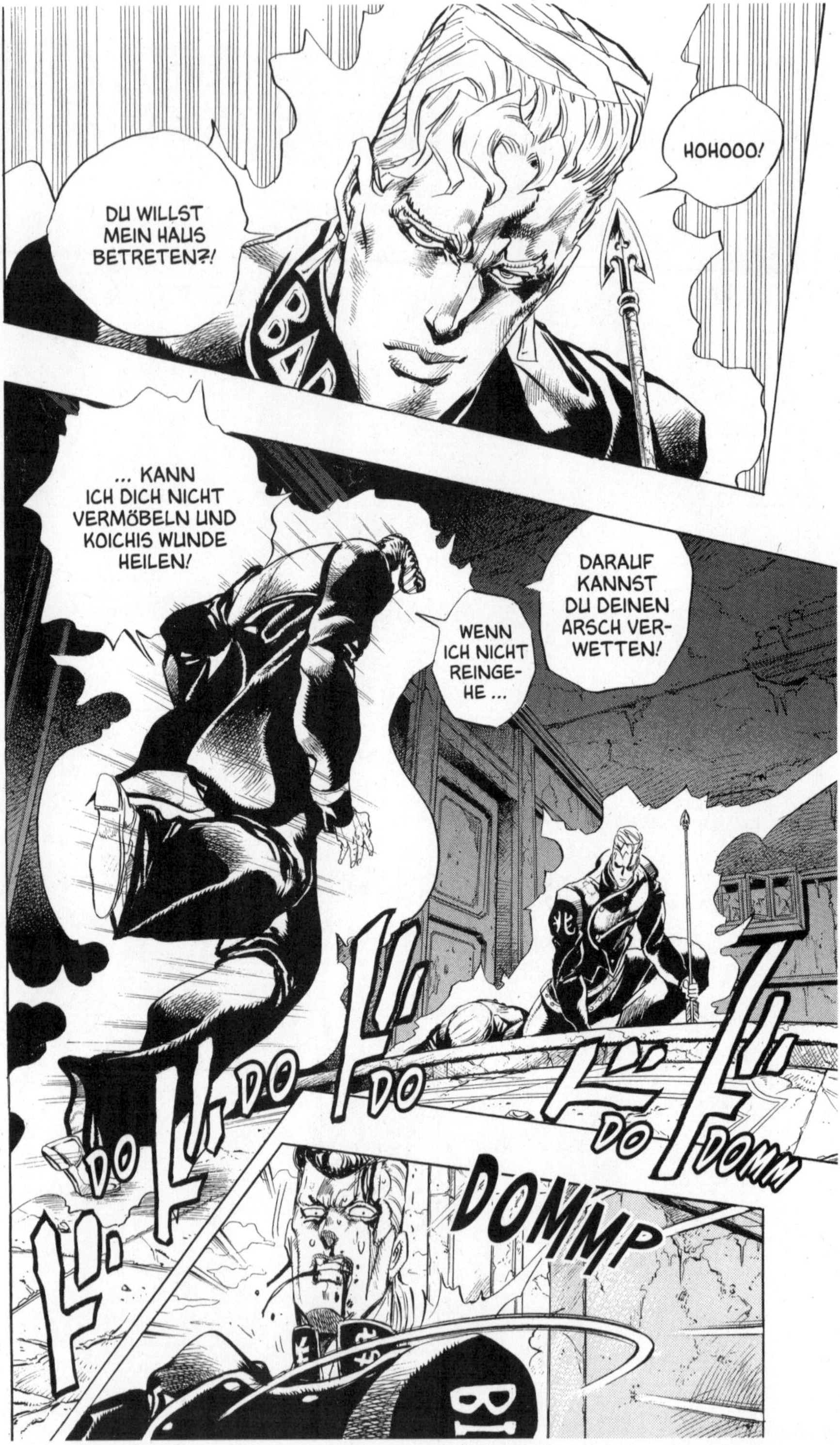
HOHOOO!
DU WILLST MEIN HAUS BETRETEN?!
DARAUF KANNST DU DEINEN ARSCH VER-WETTEN!
WENN ICH NICHT REINGE-HE ...
... KANN ICH DICH NICHT VERMÖBELN UND KOICHIS WUNDE HEILEN!
DO
DOMM
DO
DO
DO
DOMMP

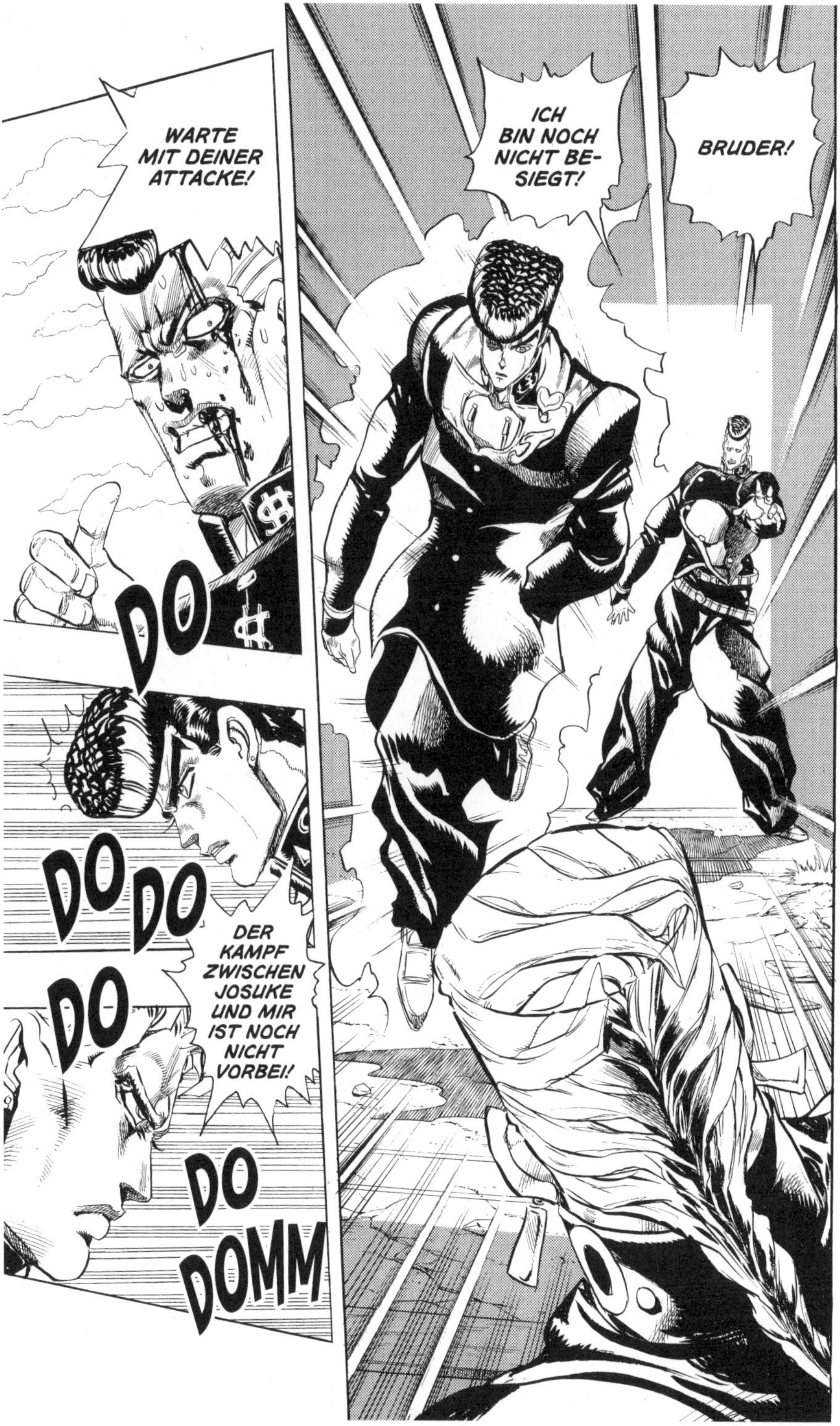
BRUDER!
ICH BIN NOCH NICHT BE-SIEGT!
WARTE MIT DEINER ATTACKE!
DO
DO DO
DO
DER KAMPF ZWISCHEN JOSUKE UND MIR IST NOCH NICHT VORBEI!
DO
DOMM

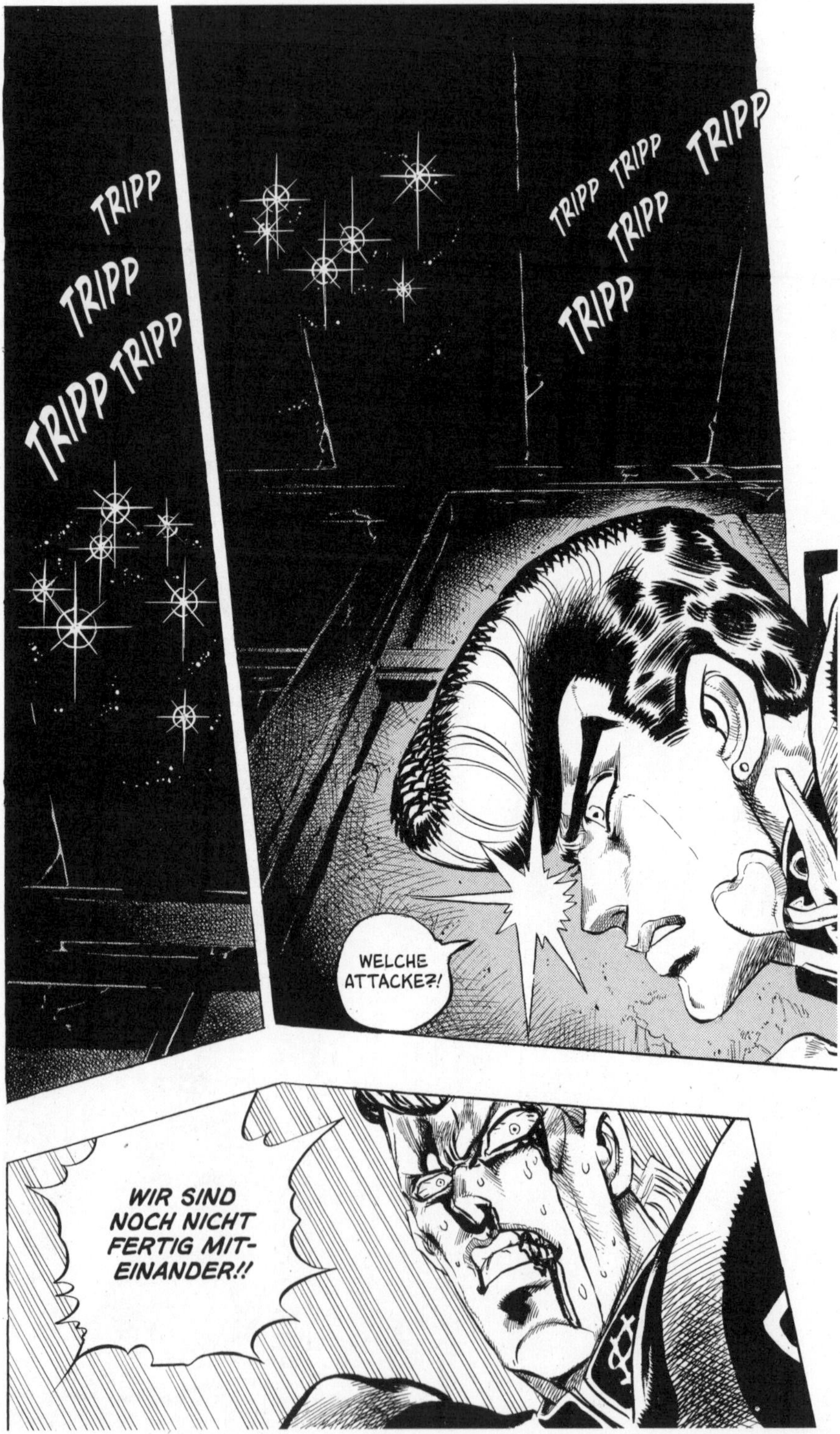
TRIPP
TRIPP
TRIPP TRIPP
TRIPP TRIPP TRIPP
TRIPP
TRIPP
WELCHE ATTACKE?!
WIR SIND NOCH NICHT FERTIG MIT-EINANDER!!

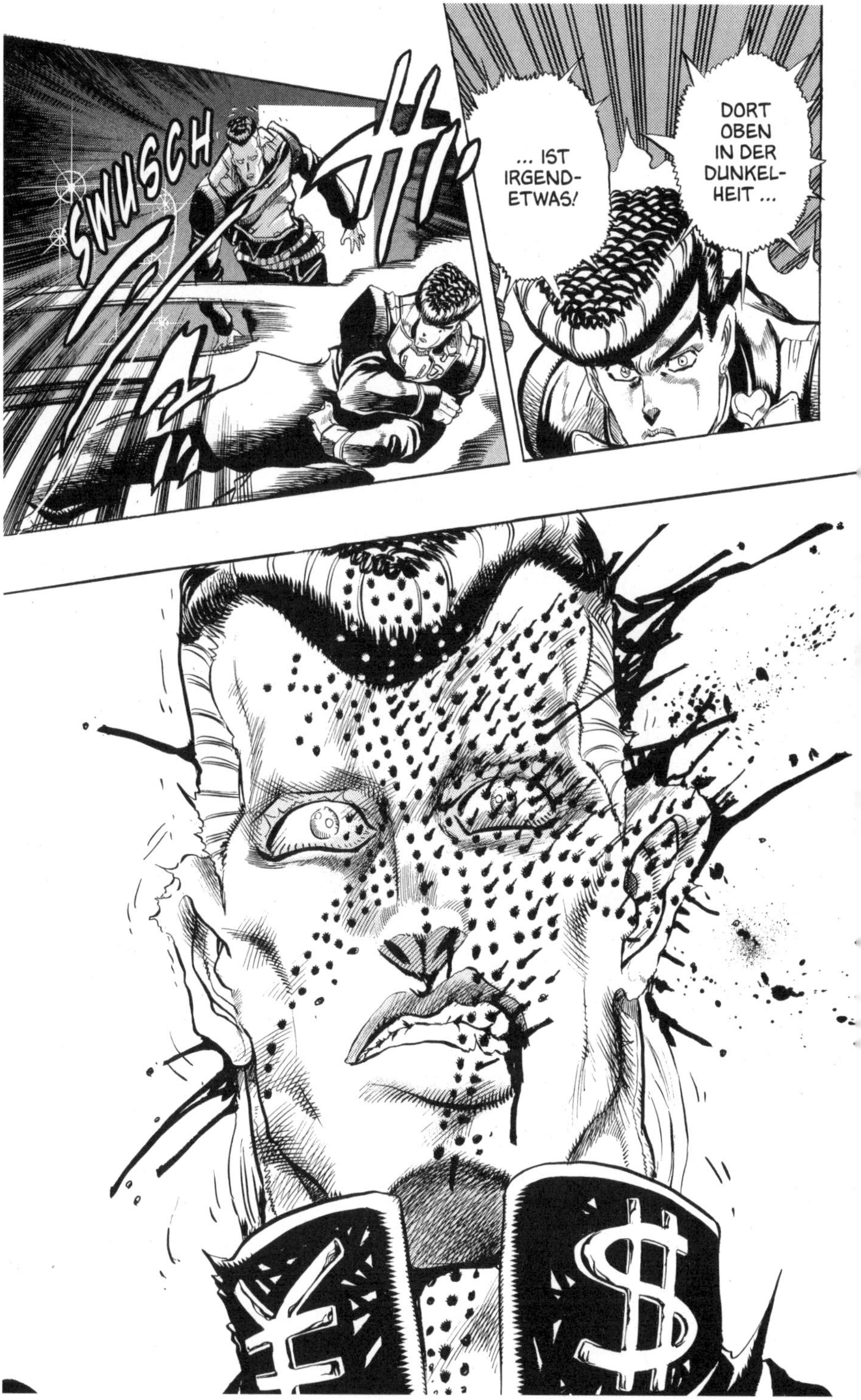
SWUSCH
DORT OBEN IN DER DUNKEL- HEIT ...
... IST IRGEND- ETWAS!

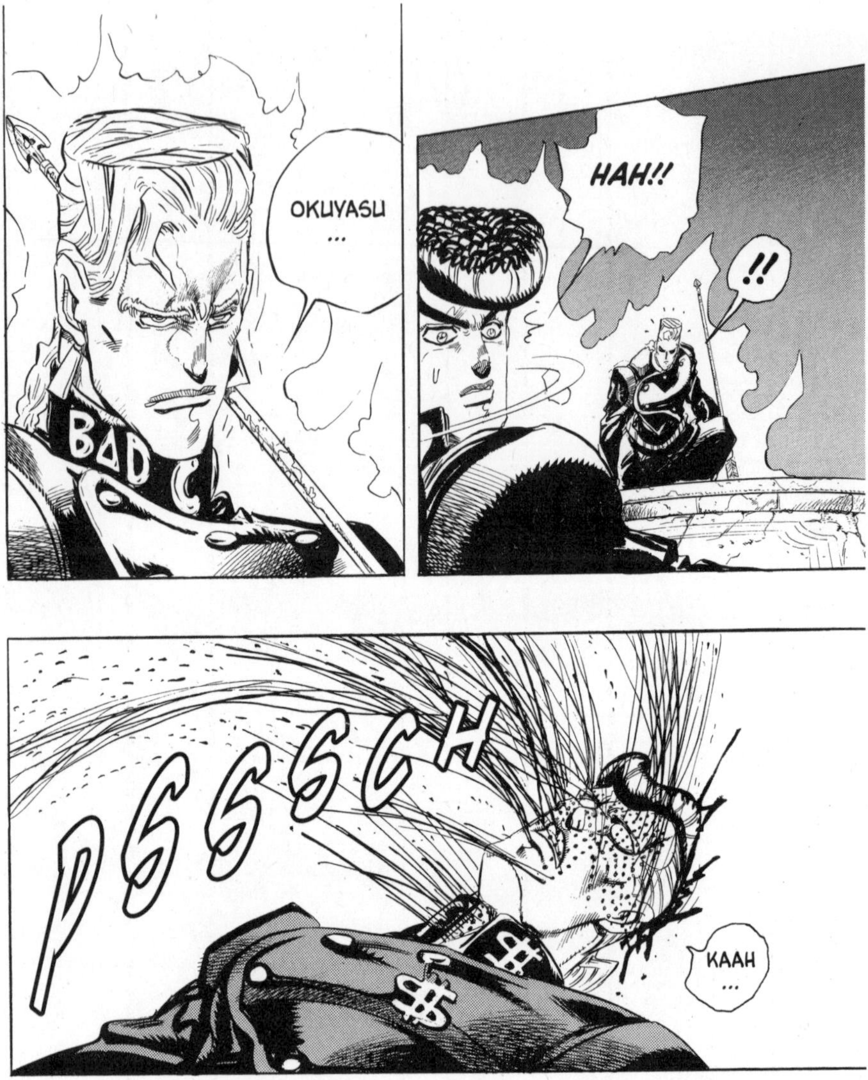
OKUYASU
...
HAH!!
!!
PSSSCH
KAAH
...
BWAMM

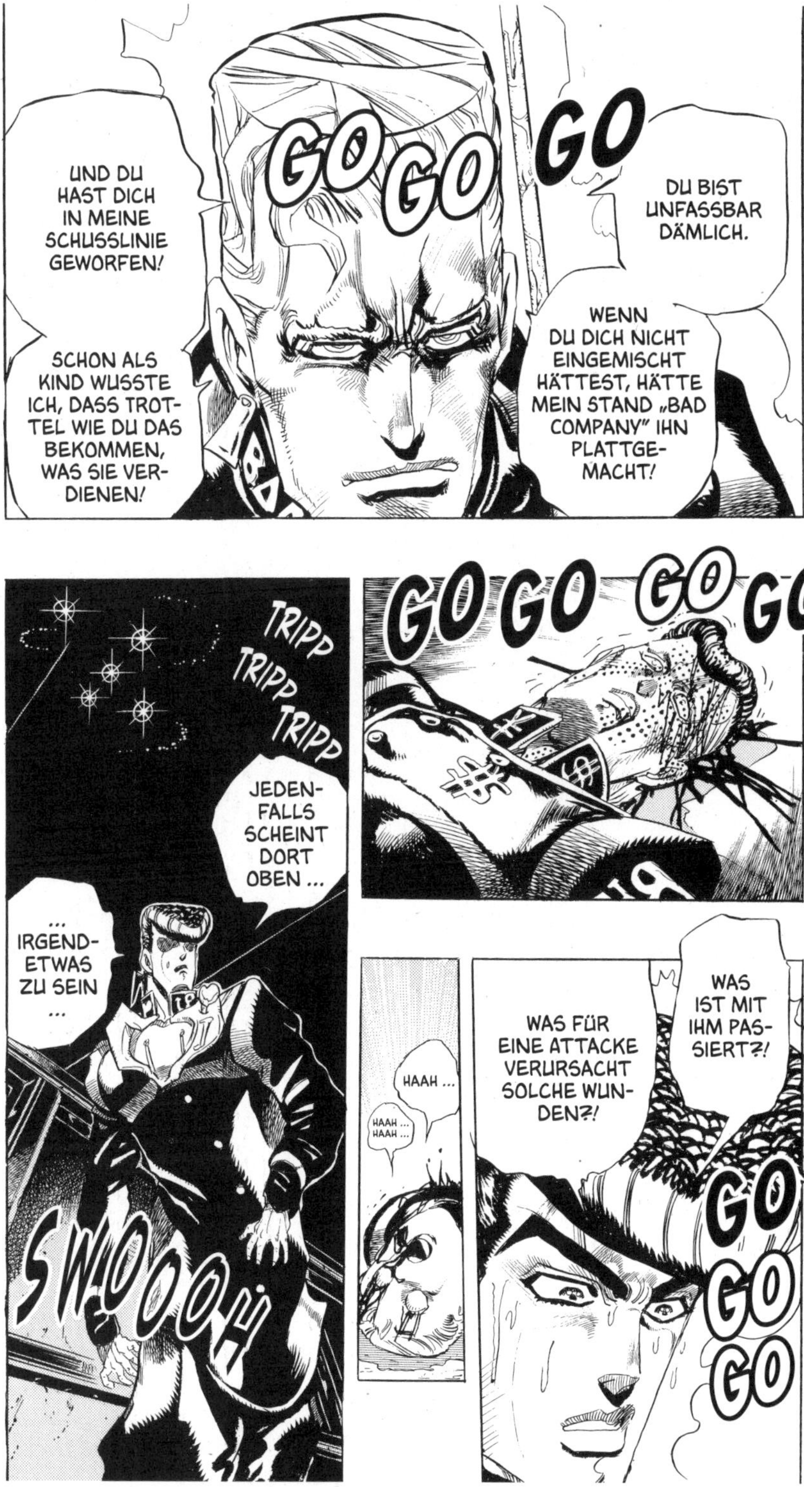
GO GO GO
DU BIST UNFASSBAR DÄMLICH.
WENN DU DICH NICHT EINGEMISCHT HÄTTEST, HÄTTE MEIN STAND „BAD COMPANY" IHN PLATTGEMACHT!
UND DU HAST DICH IN MEINE SCHUSSLINIE GEWORFEN!
SCHON ALS KIND WUSSTE ICH, DASS TROTTEL WIE DU DAS BEKOMMEN, WAS SIE VERDIENEN!
GO GO GO GO GO
WAS IST MIT IHM PASSIERT?!
WAS FÜR EINE ATTACKE VERURSACHT SOLCHE WUNDEN?!
GO GO GO
HAAH …
HAAH … HAAH …
TRIPP TRIPP TRIPP
JEDENFALLS SCHEINT DORT OBEN …
… IRGENDETWAS ZU SEIN …
SWOOOH

JOJO'S BIZARRE ADVENTURE PART 4

DIAMOND IS UNBREAKABLE

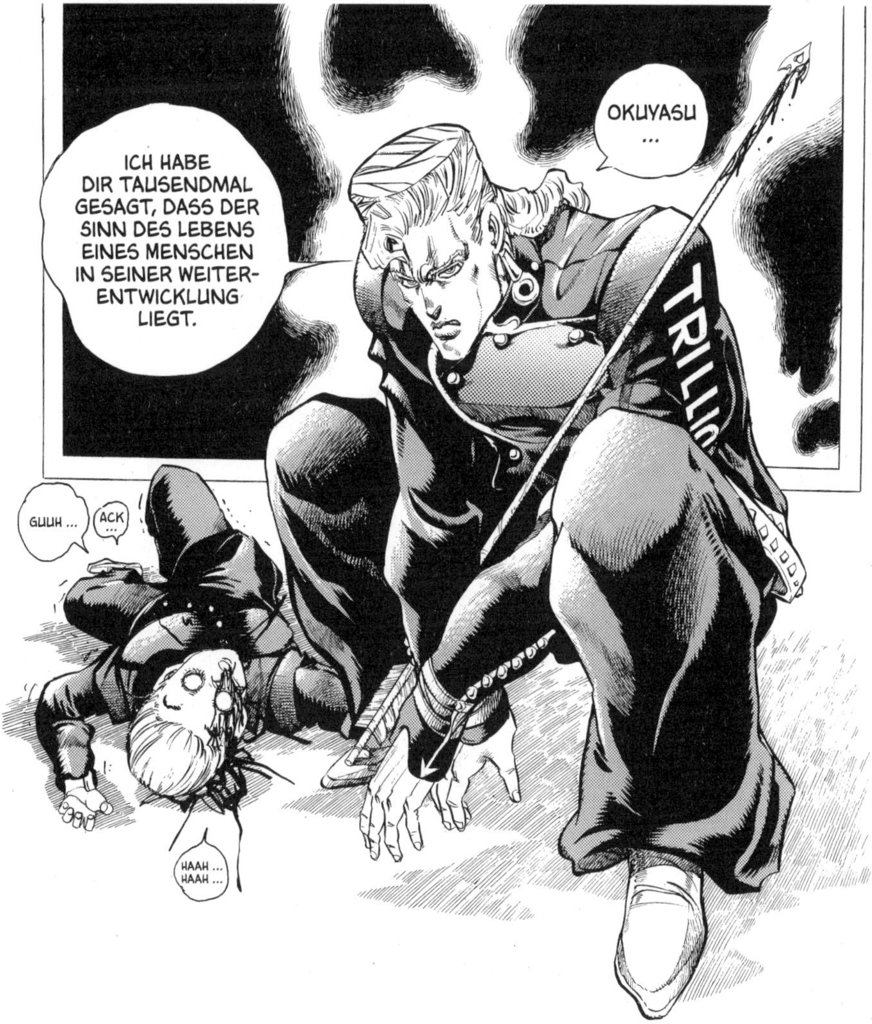

Die Nijimura-Brüder: Teil 4

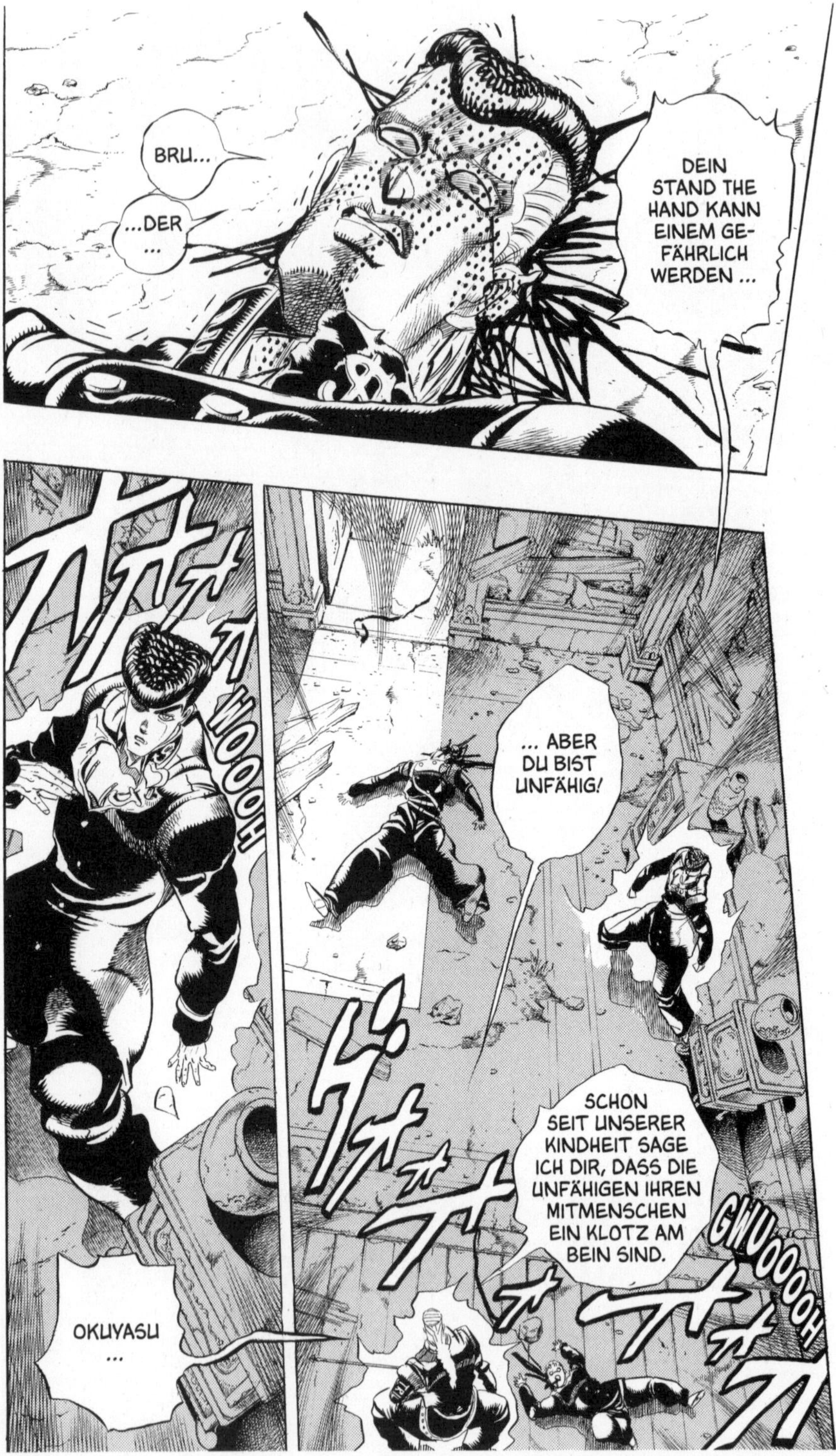
DEIN STAND THE HAND KANN EINEM GE-FÄHRLICH WERDEN ...
BRU...
...DER ...
... ABER DU BIST UNFÄHIG!
SCHON SEIT UNSERER KINDHEIT SAGE ICH DIR, DASS DIE UNFÄHIGEN IHREN MITMENSCHEN EIN KLOTZ AM BEIN SIND.
GWUOOOOH
WOOOOH
OKUYASU ...

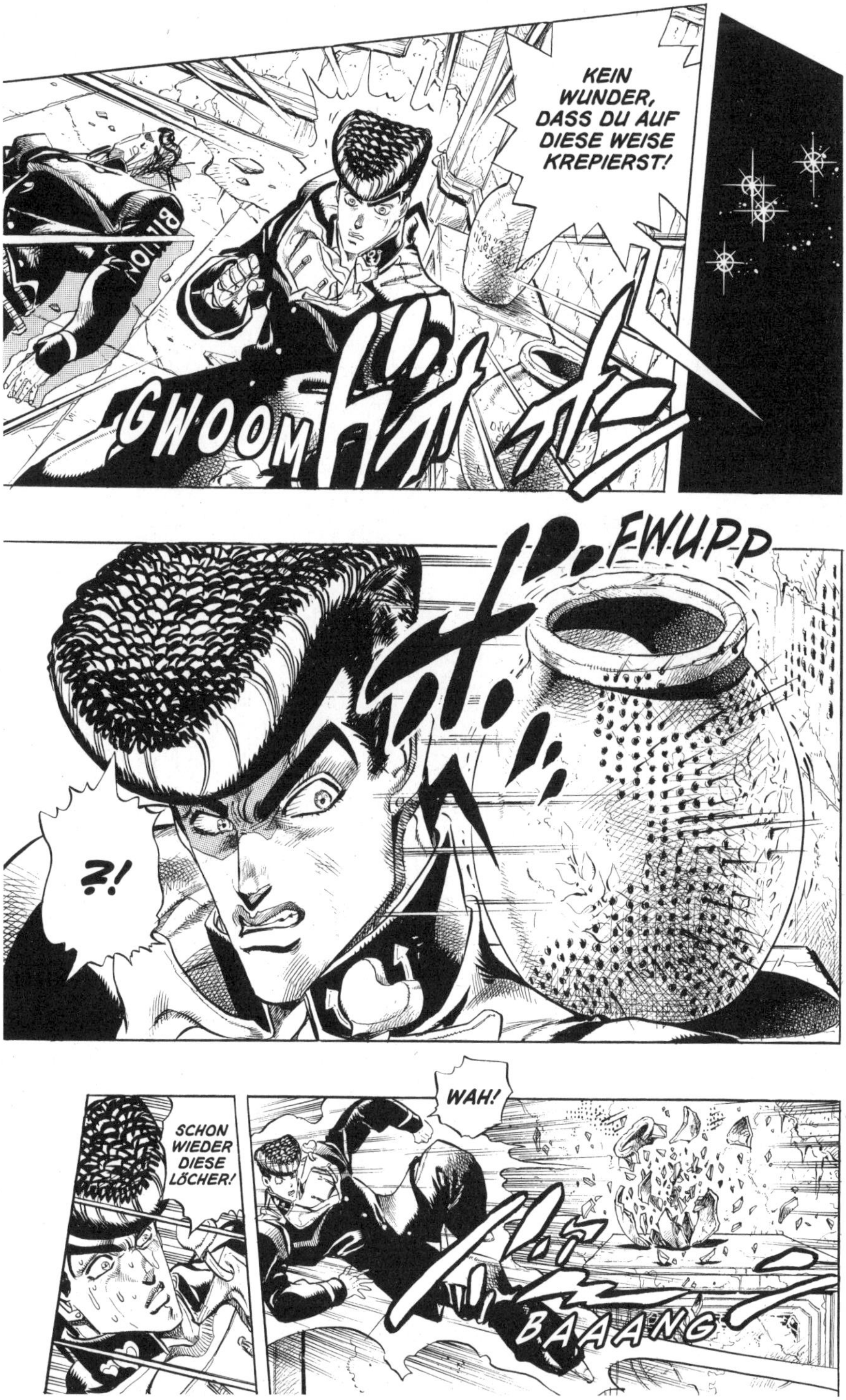
KEIN WUNDER, DASS DU AUF DIESE WEISE KREPIERST!
GWOOM
FWUPP
?!
WAH!
BAAANG
SCHON WIEDER DIESE LÖCHER!

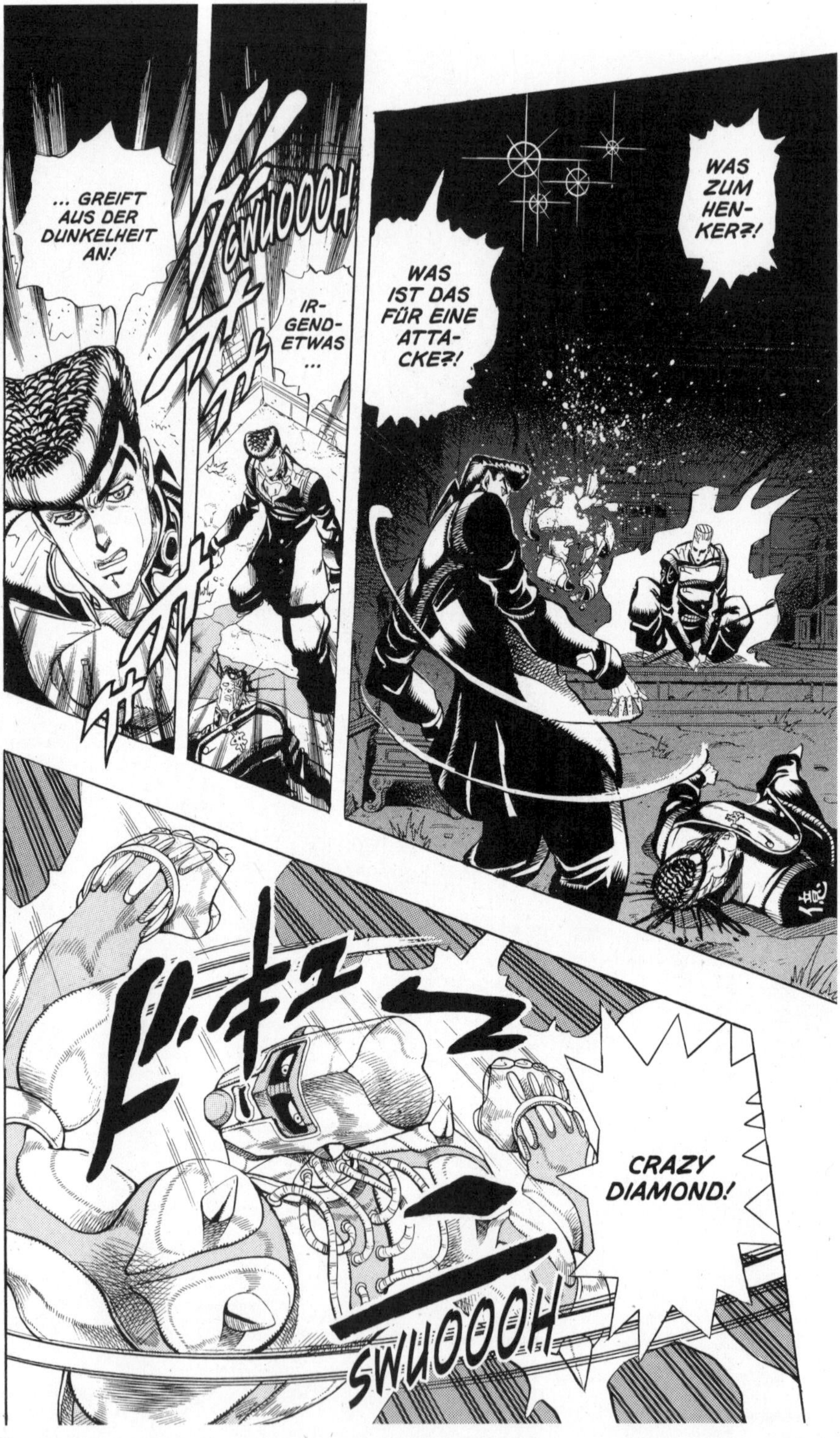
WAS ZUM HEN-KER?!
WAS IST DAS FÜR EINE ATTA-CKE?!
SWUOOOH
IR-GEND-ETWAS ...
... GREIFT AUS DER DUNKELHEIT AN!
CRAZY DIAMOND!
SWUOOOH

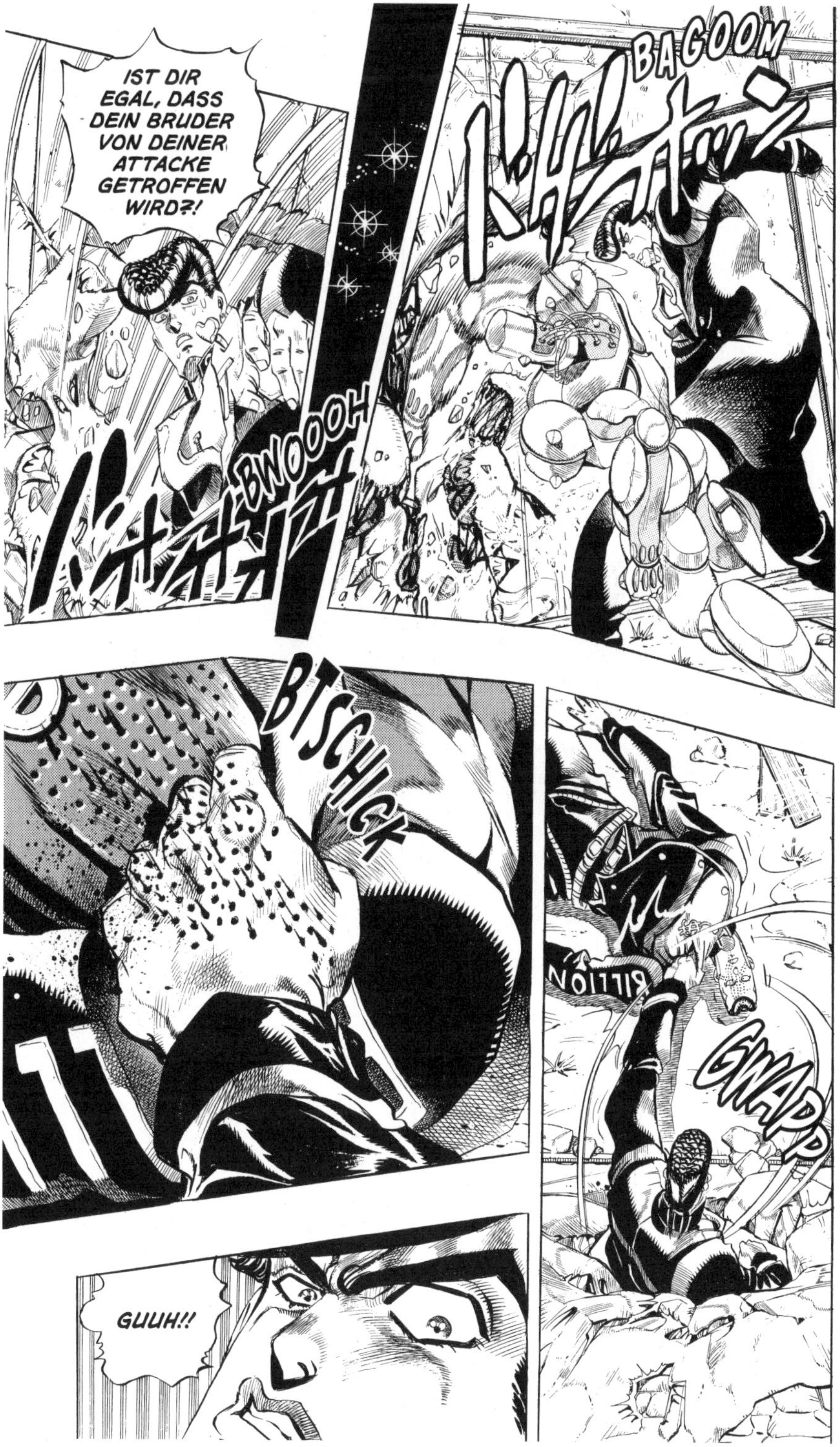
BAGOOM
IST DIR EGAL, DASS DEIN BRUDER VON DEINER ATTACKE GETROFFEN WIRD?!
BWOOOH
GWAPP
BTSCHICK
GUUH!!

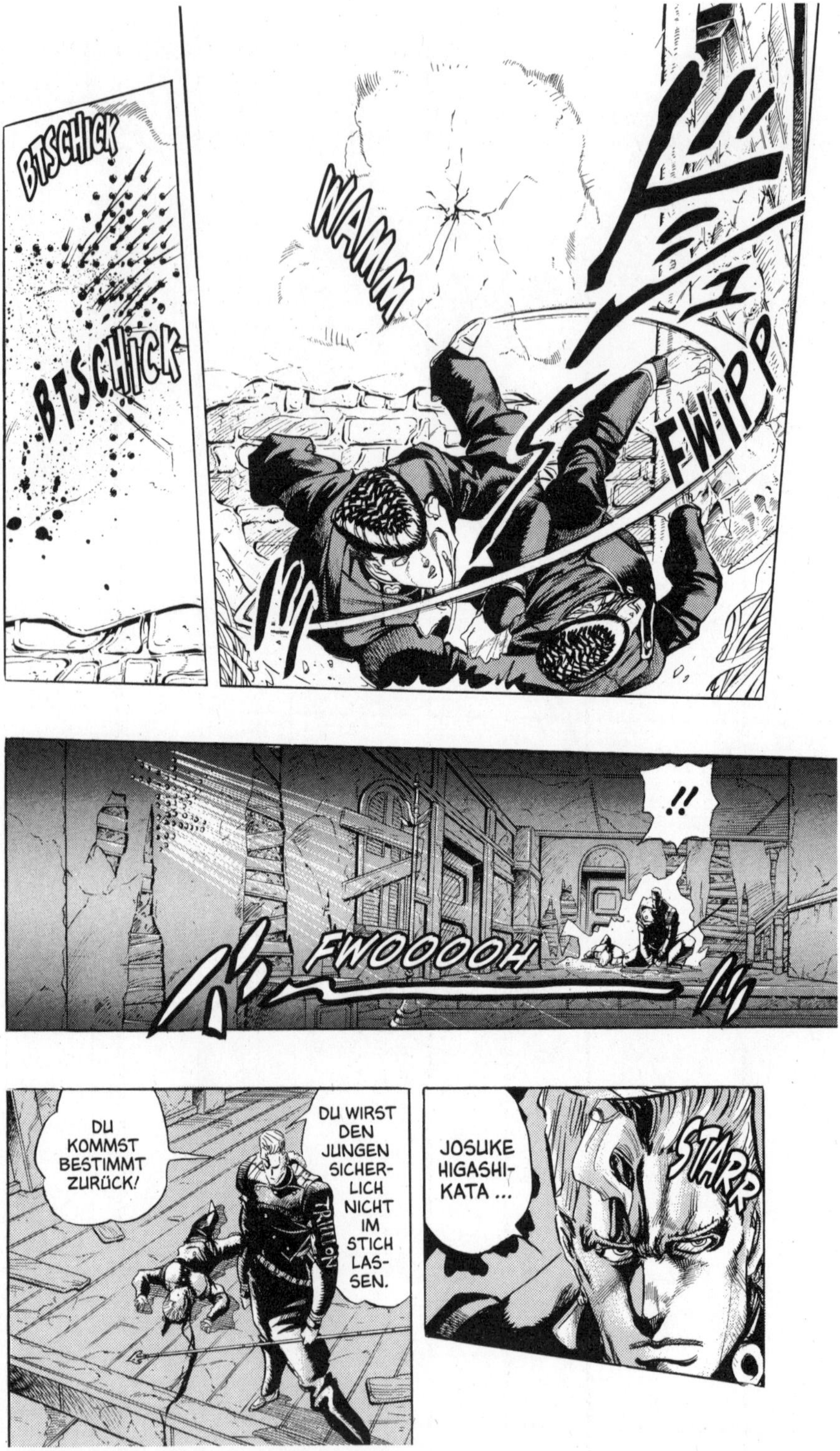
FWIPP
WAMM
BTSCHICK
BTSCHICK
!!
FWOOOOH
JOSUKE HIGASHI-KATA ...
STARR
DU WIRST DEN JUNGEN SICHER-LICH NICHT IM STICH LAS-SEN.
DU KOMMST BESTIMMT ZURÜCK!

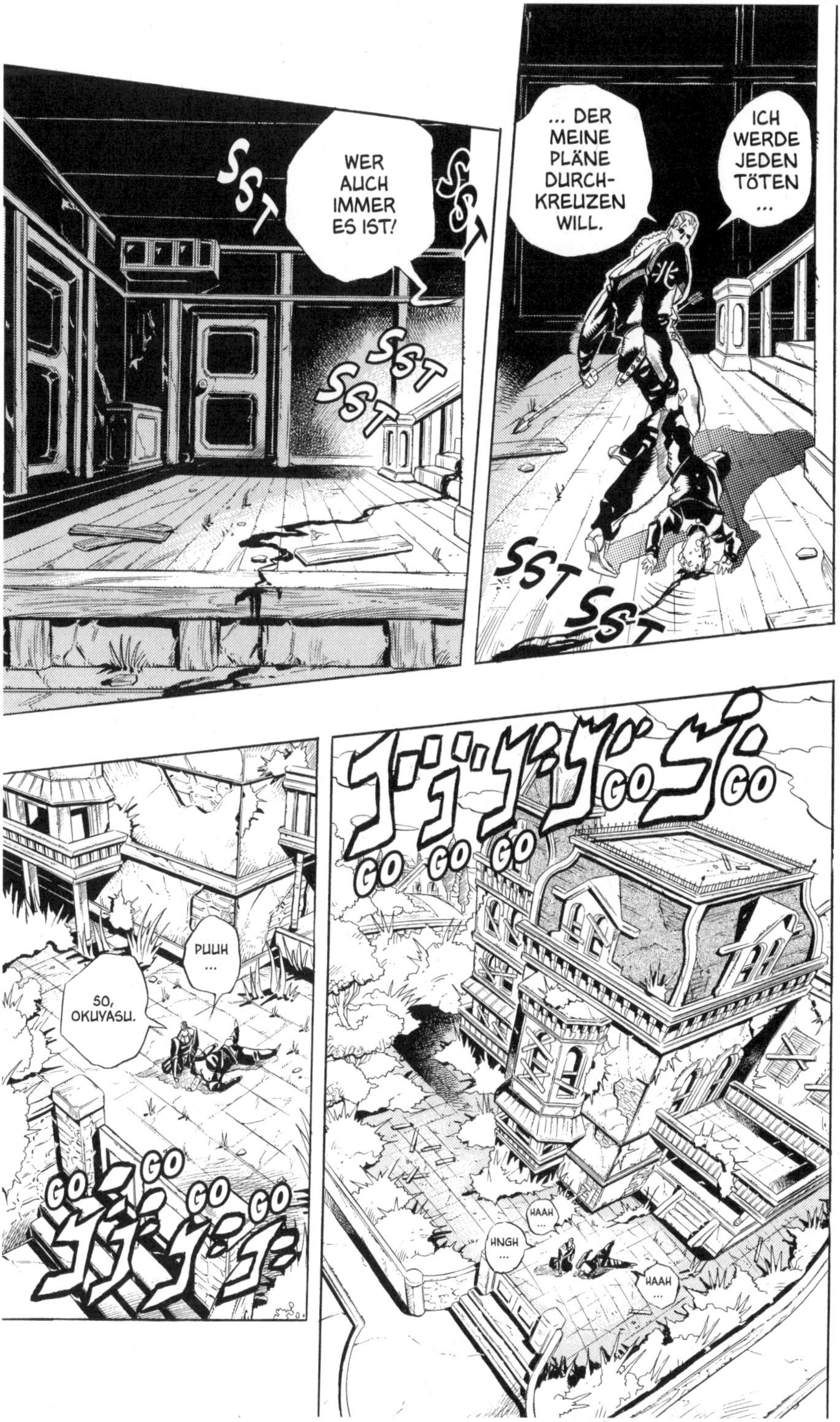
ICH WERDE JEDEN TÖTEN ...
... DER MEINE PLÄNE DURCHKREUZEN WILL.
SST
SST
SST
WER AUCH IMMER ES IST!
SST
SST
SST
GO GO GO
GO GO
HAAH ...
HNGH ...
HAAH ...
PUUH ...
SO, OKUYASU.
GO GO GO GO

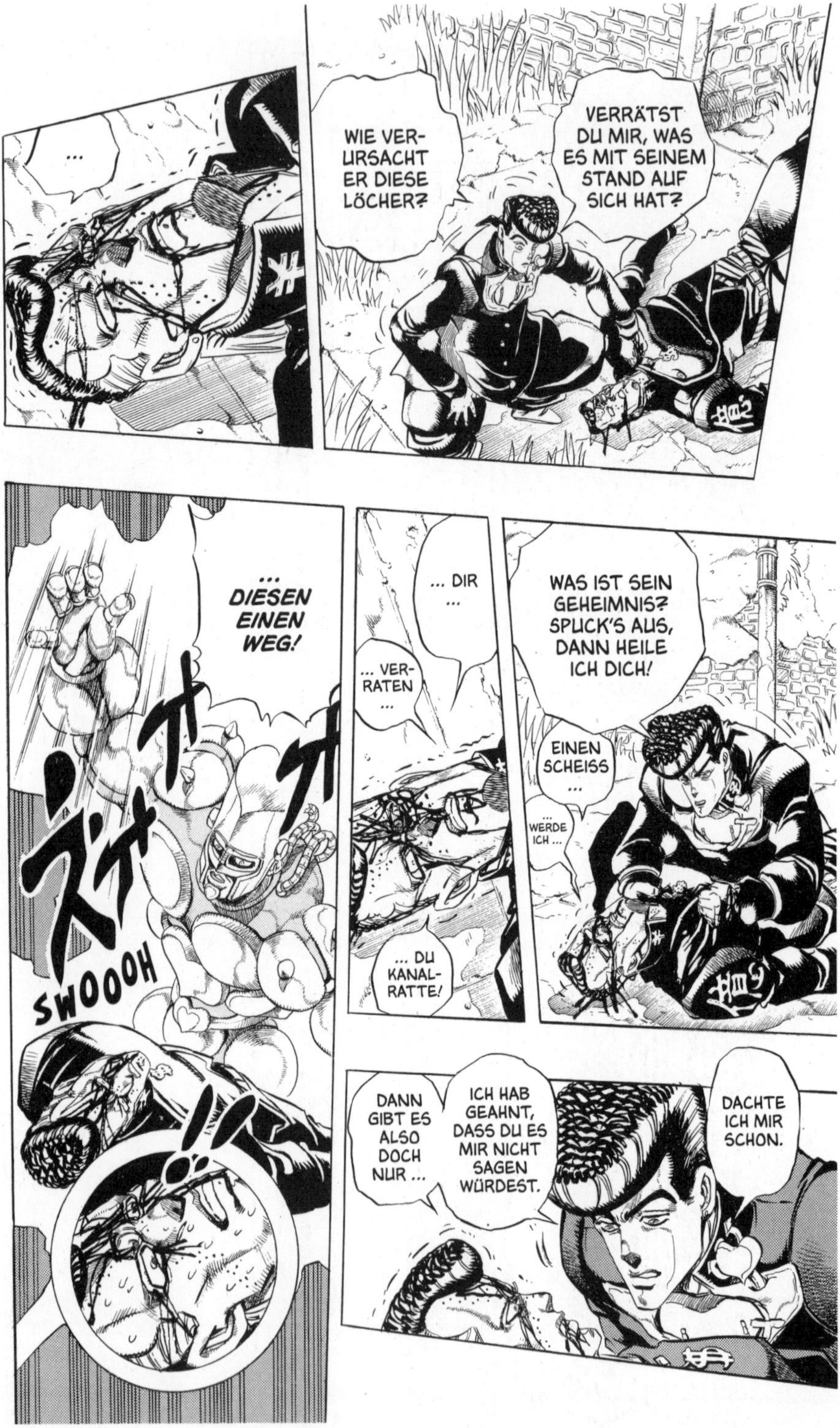
VERRÄTST DU MIR, WAS ES MIT SEINEM STAND AUF SICH HAT?
WIE VER-URSACHT ER DIESE LÖCHER?
...
WAS IST SEIN GEHEIMNIS? SPUCK'S AUS, DANN HEILE ICH DICH!
EINEN SCHEISS ...
... WERDE ICH ...
... DIR ...
... VER-RATEN ...
... DU KANAL-RATTE!
DACHTE ICH MIR SCHON.
ICH HAB GEAHNT, DASS DU ES MIR NICHT SAGEN WÜRDEST.
DANN GIBT ES ALSO DOCH NUR ...
... DIESEN EINEN WEG!
SWOOOH

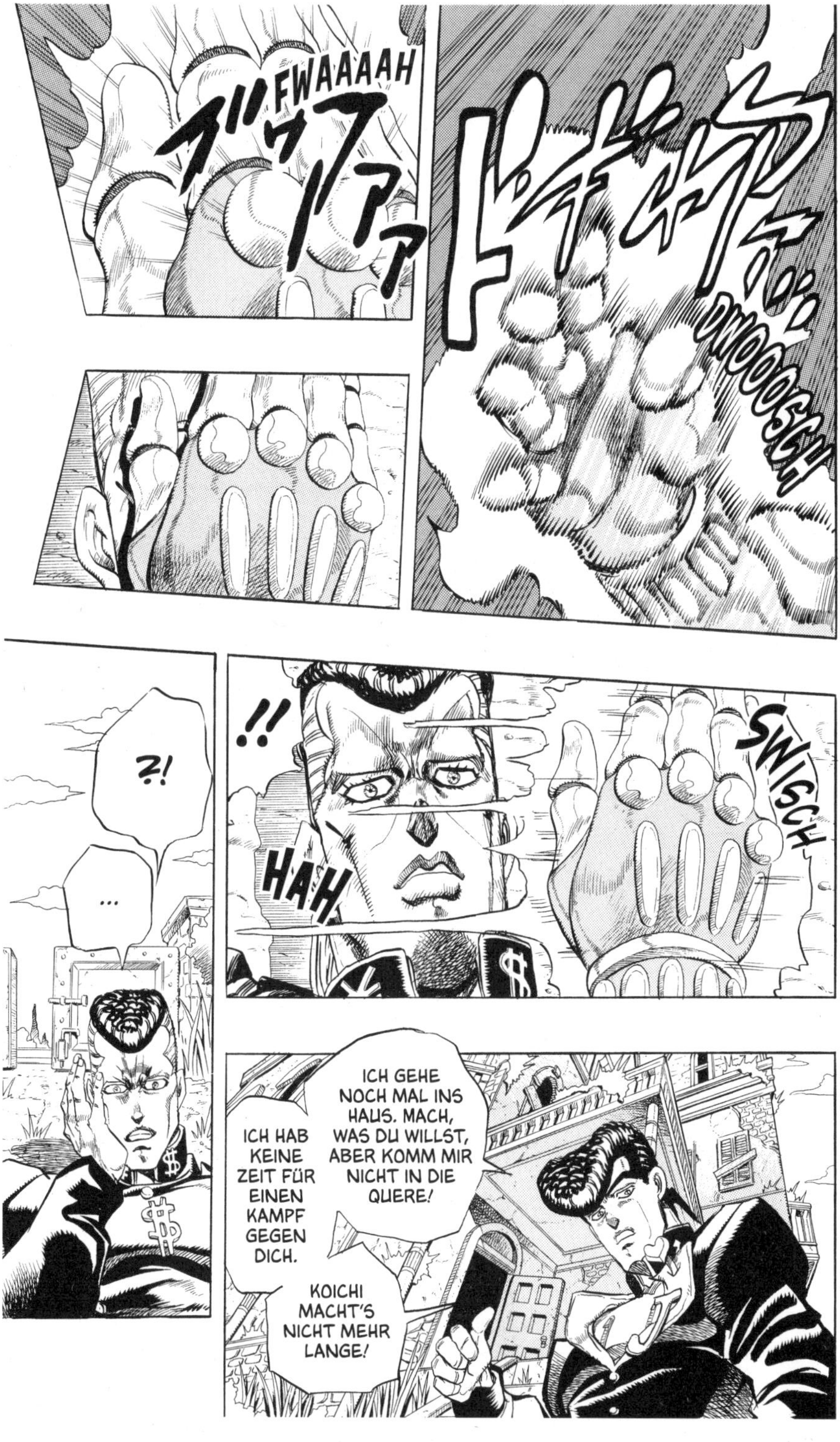
FWAAAAH
DWOOOSCH
!!
HAH
SWISCH
?!
...
ICH GEHE NOCH MAL INS HAUS. MACH, WAS DU WILLST, ABER KOMM MIR NICHT IN DIE QUERE!
ICH HAB KEINE ZEIT FÜR EINEN KAMPF GEGEN DICH.
KOICHI MACHT'S NICHT MEHR LANGE!

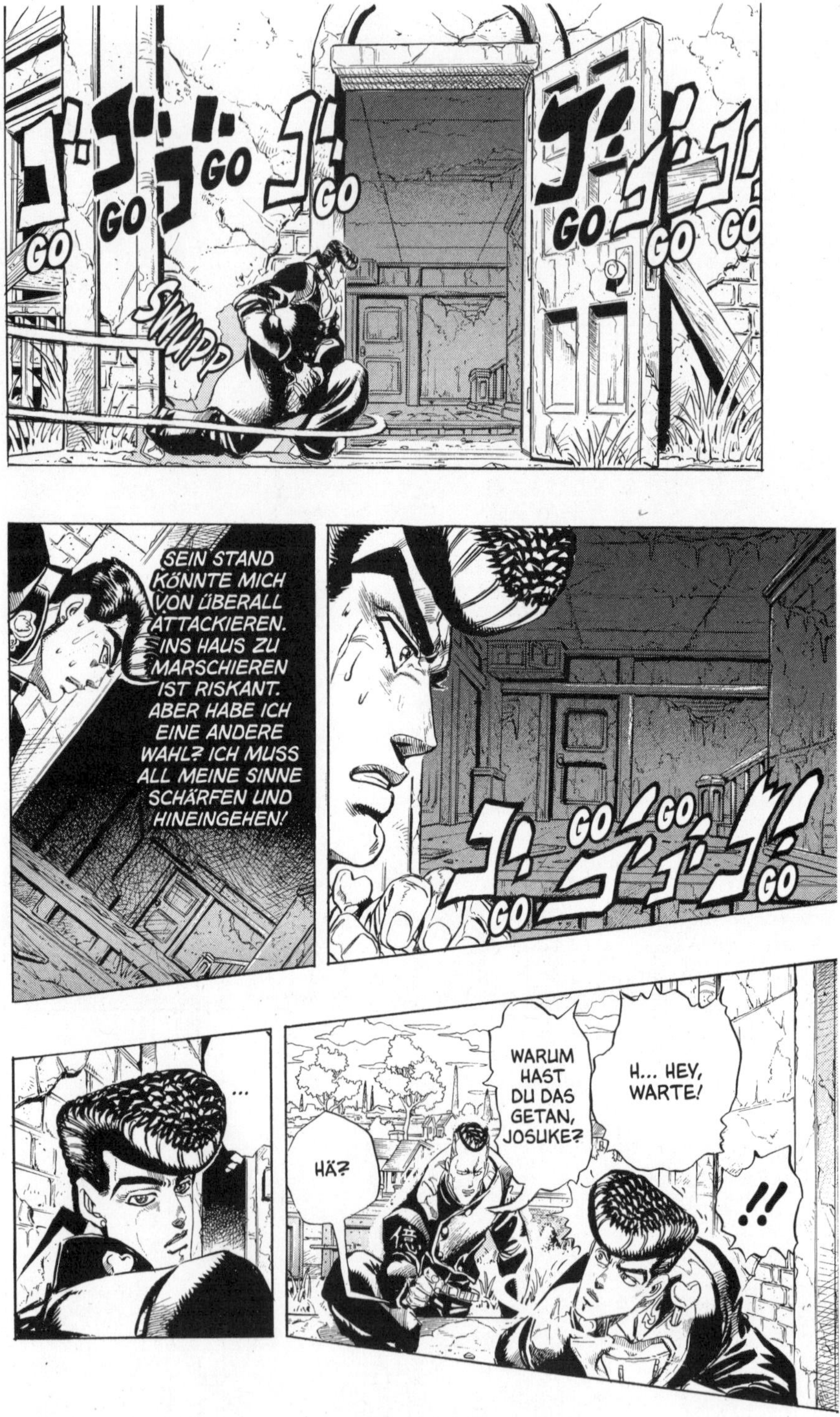

GO GO GO GO GO GO GO GO
SWIPP
GO GO GO GO
SEIN STAND KÖNNTE MICH VON ÜBERALL ATTACKIEREN. INS HAUS ZU MARSCHIEREN IST RISKANT. ABER HABE ICH EINE ANDERE WAHL? ICH MUSS ALL MEINE SINNE SCHÄRFEN UND HINEINGEHEN!
H... HEY, WARTE!
WARUM HAST DU DAS GETAN, JOSUKE?
!!
HÄ?
...

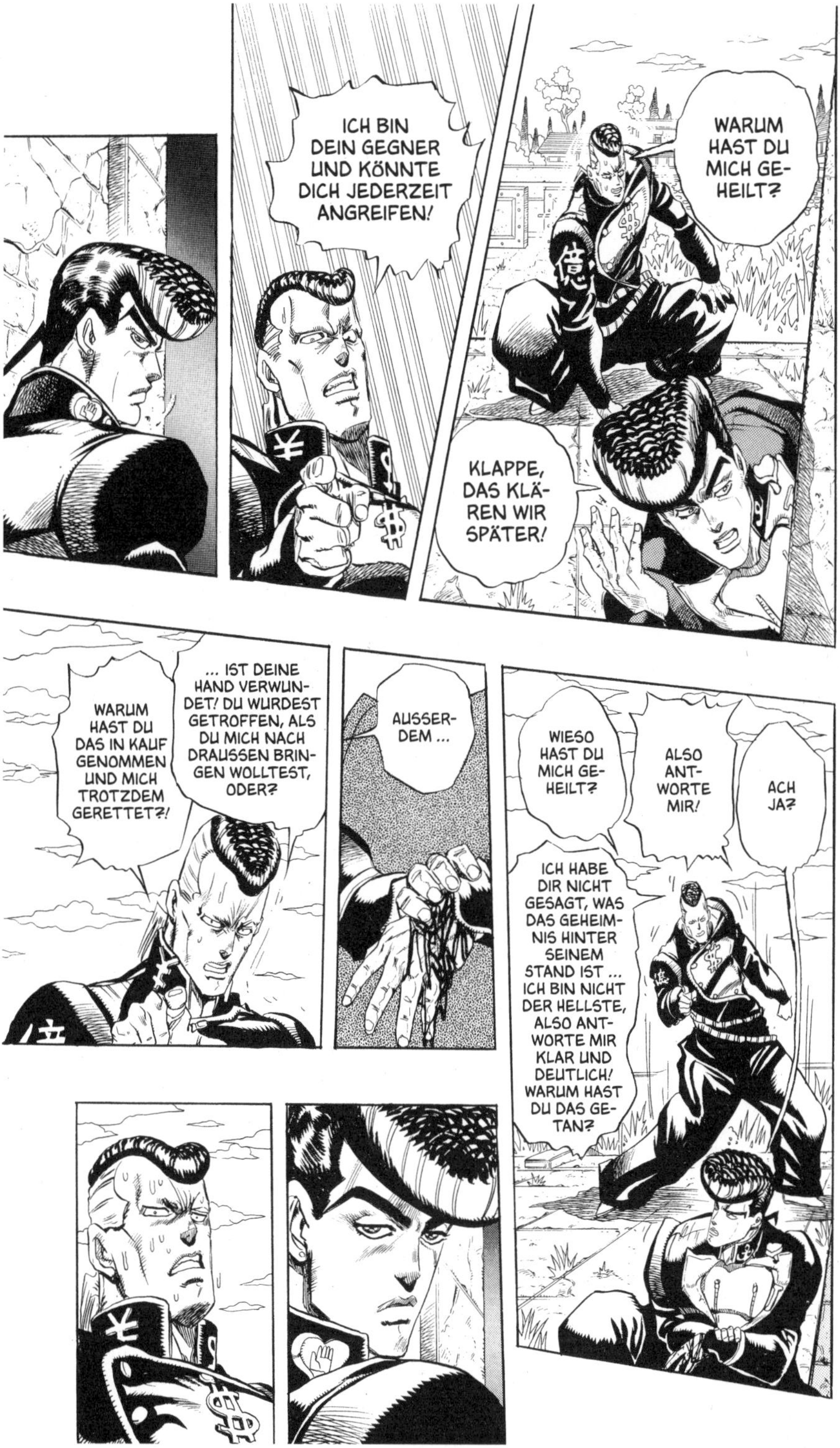
WARUM HAST DU MICH GEHEILT?
KLAPPE, DAS KLÄREN WIR SPÄTER!
ICH BIN DEIN GEGNER UND KÖNNTE DICH JEDERZEIT ANGREIFEN!
ACH JA?
ALSO ANTWORTE MIR!
WIESO HAST DU MICH GEHEILT?
ICH HABE DIR NICHT GESAGT, WAS DAS GEHEIMNIS HINTER SEINEM STAND IST ... ICH BIN NICHT DER HELLSTE, ALSO ANTWORTE MIR KLAR UND DEUTLICH! WARUM HAST DU DAS GETAN?
AUSSERDEM ...
... IST DEINE HAND VERWUNDET! DU WURDEST GETROFFEN, ALS DU MICH NACH DRAUSSEN BRINGEN WOLLTEST, ODER?
WARUM HAST DU DAS IN KAUF GENOMMEN UND MICH TROTZDEM GERETTET?!

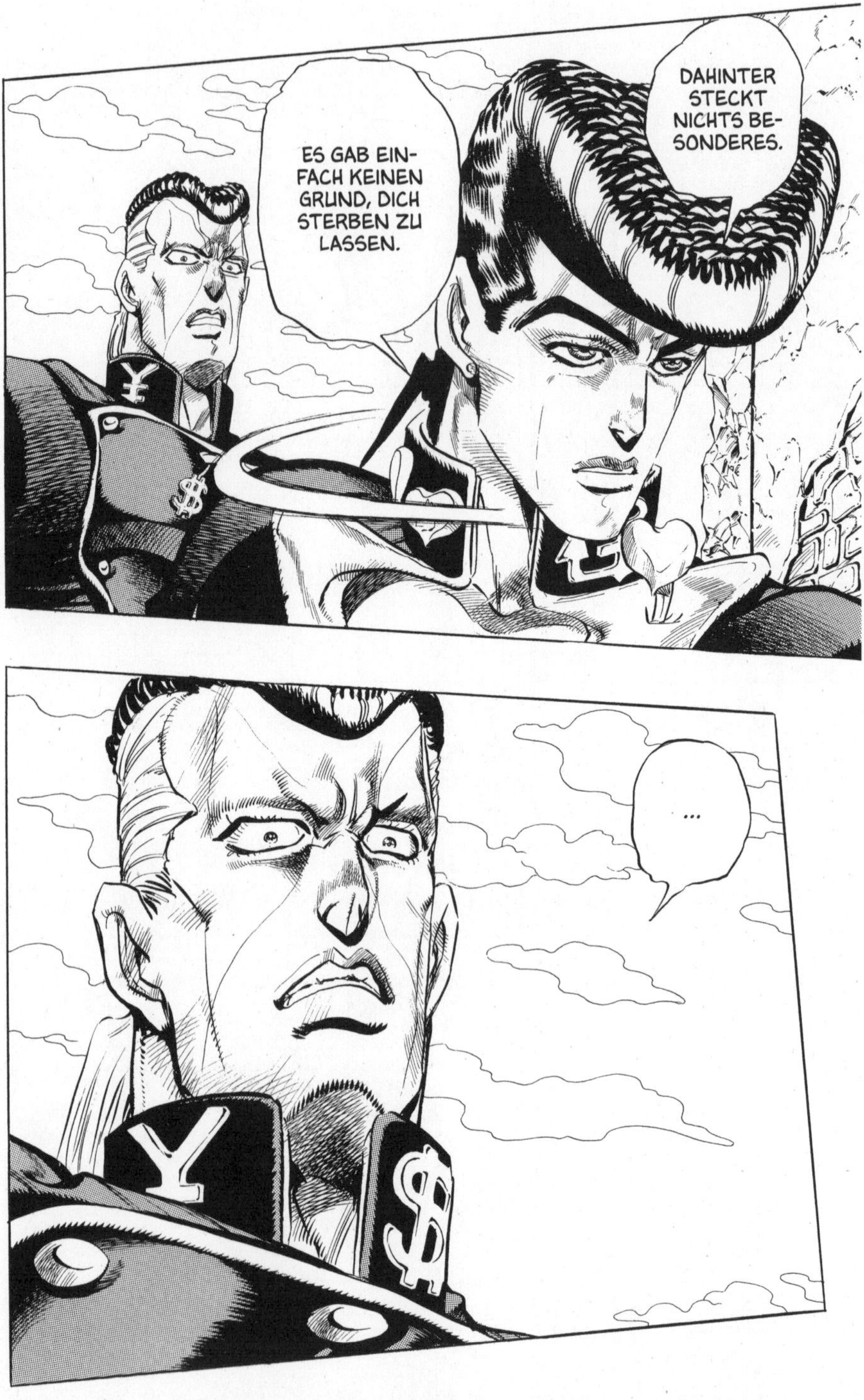
DAHINTER STECKT NICHTS BE- SONDERES.
ES GAB EIN- FACH KEINEN GRUND, DICH STERBEN ZU LASSEN.
...

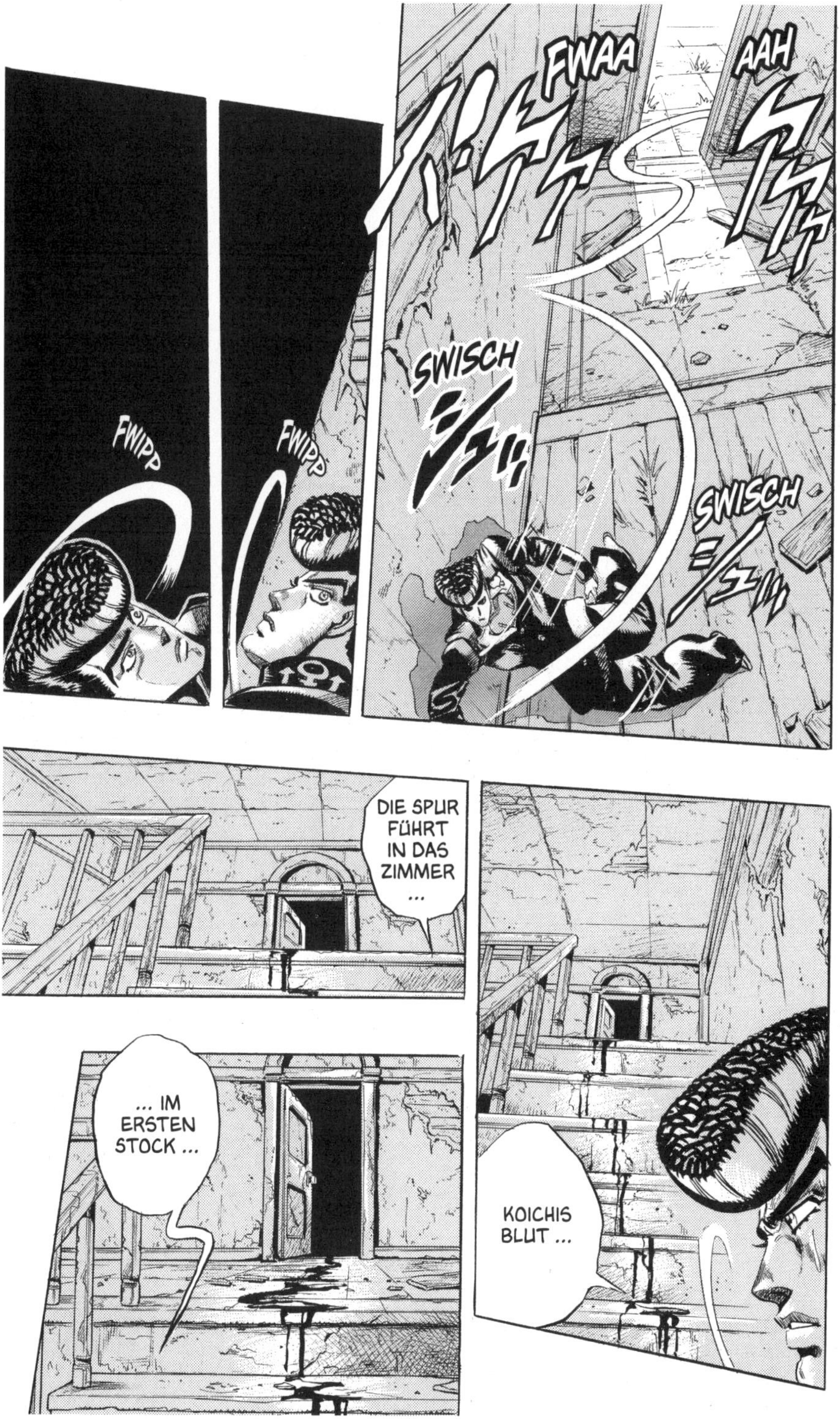
FWAA
AAH
SWISCH
SWISCH
FWIPP
FWIPP
DIE SPUR FÜHRT IN DAS ZIMMER ...
KOICHIS BLUT ...
... IM ERSTEN STOCK ...

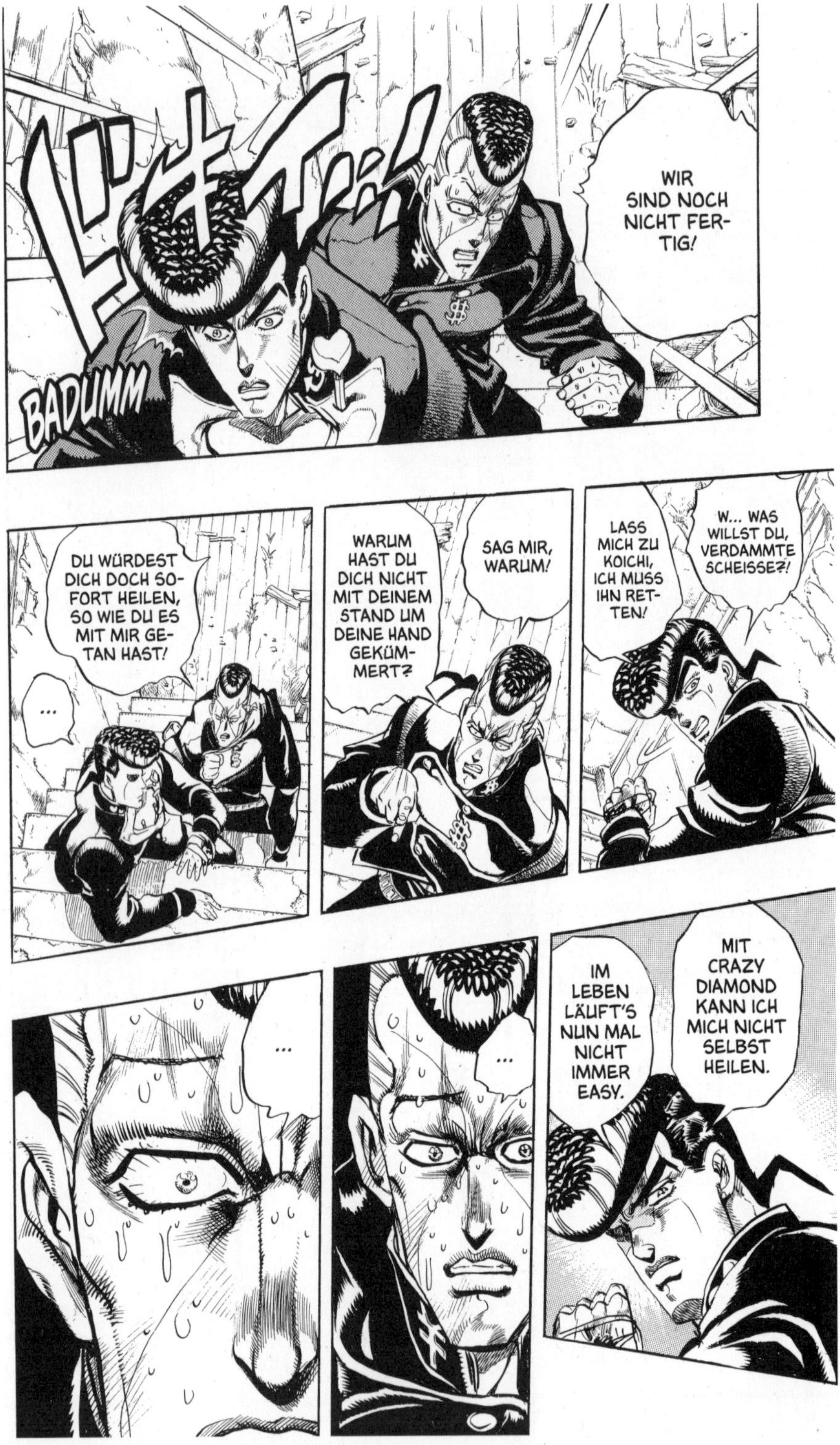

WIR SIND NOCH NICHT FERTIG!
BADUMM
W... WAS WILLST DU, VERDAMMTE SCHEISSE?!
LASS MICH ZU KOICHI, ICH MUSS IHN RETTEN!
SAG MIR, WARUM!
WARUM HAST DU DICH NICHT MIT DEINEM STAND UM DEINE HAND GEKÜMMERT?
DU WÜRDEST DICH DOCH SOFORT HEILEN, SO WIE DU ES MIT MIR GETAN HAST!
...
MIT CRAZY DIAMOND KANN ICH MICH NICHT SELBST HEILEN.
IM LEBEN LÄUFT'S NUN MAL NICHT IMMER EASY.
...
...

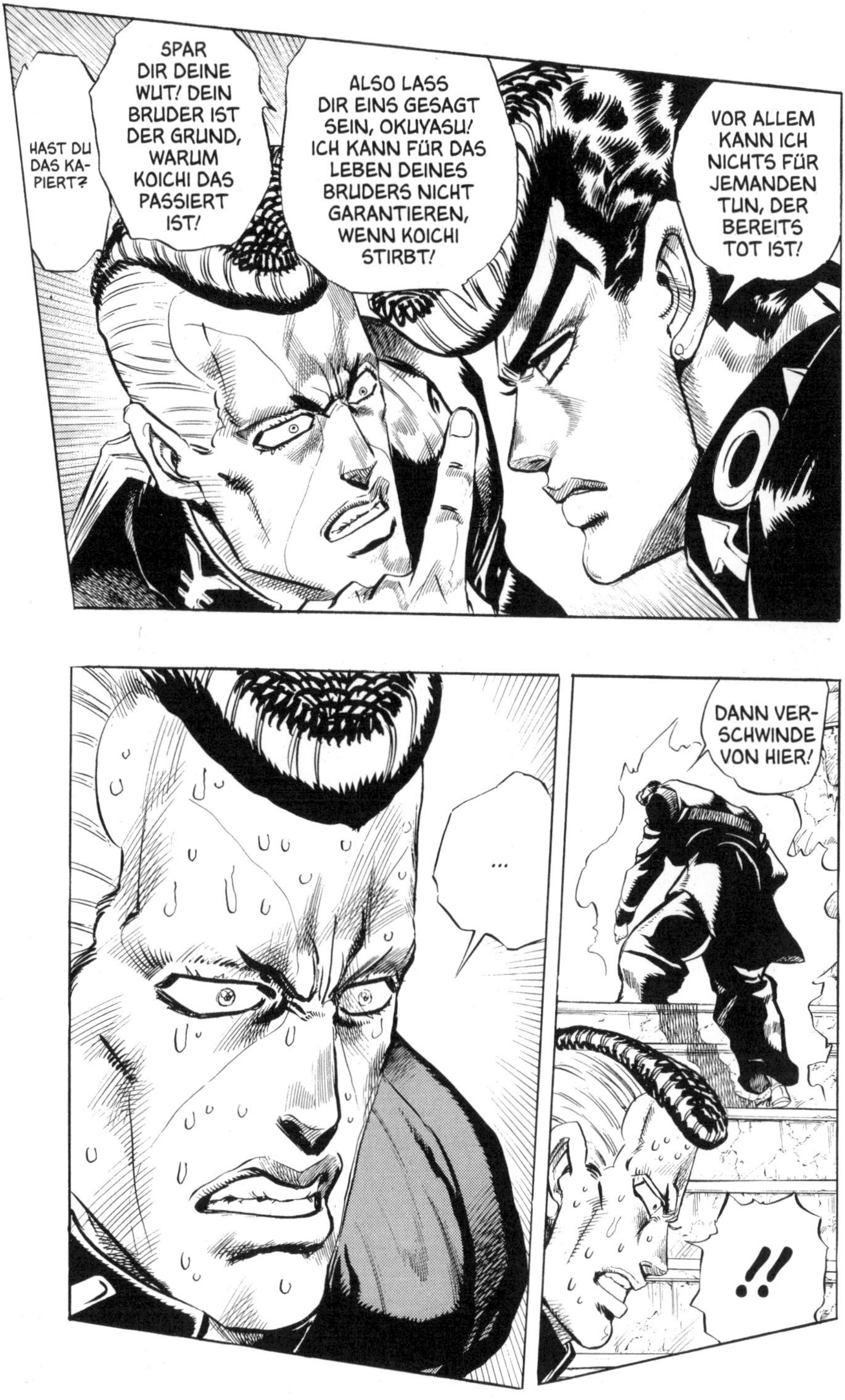
VOR ALLEM KANN ICH NICHTS FÜR JEMANDEN TUN, DER BEREITS TOT IST!
ALSO LASS DIR EINS GESAGT SEIN, OKUYASU! ICH KANN FÜR DAS LEBEN DEINES BRUDERS NICHT GARANTIEREN, WENN KOICHI STIRBT!
SPAR DIR DEINE WUT! DEIN BRUDER IST DER GRUND, WARUM KOICHI DAS PASSIERT IST!
HAST DU DAS KA-PIERT?
DANN VER-SCHWINDE VON HIER!
...
!!

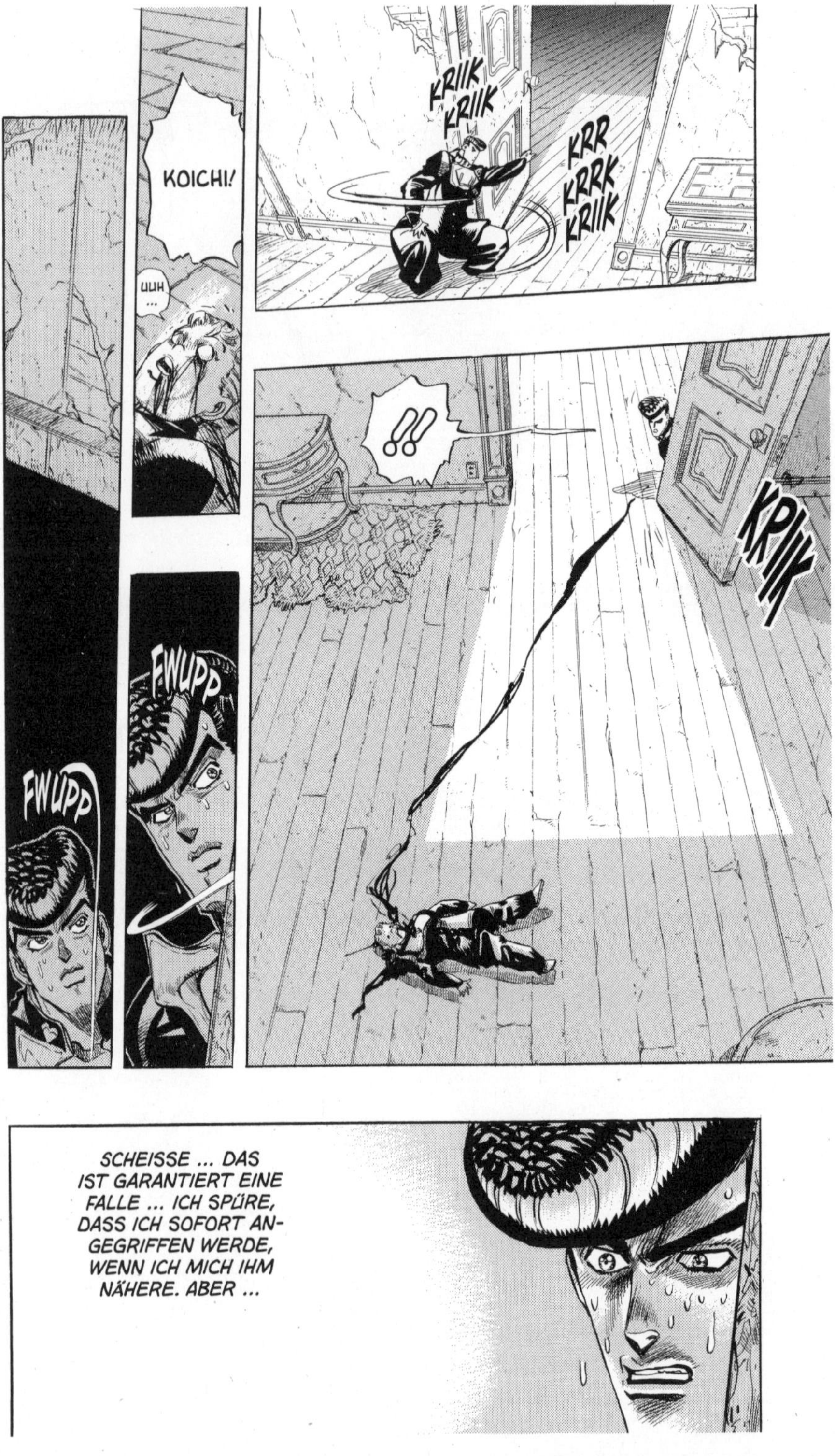
KRIIK
KRIIK
KRR
KRRK
KRIIK
KOICHI!
UUH ...
!!
KRIIK
FWUPP
FWUPP
SCHEISSE ... DAS IST GARANTIERT EINE FALLE ... ICH SPÜRE, DASS ICH SOFORT ANGEGRIFFEN WERDE, WENN ICH MICH IHM NÄHERE. ABER ...

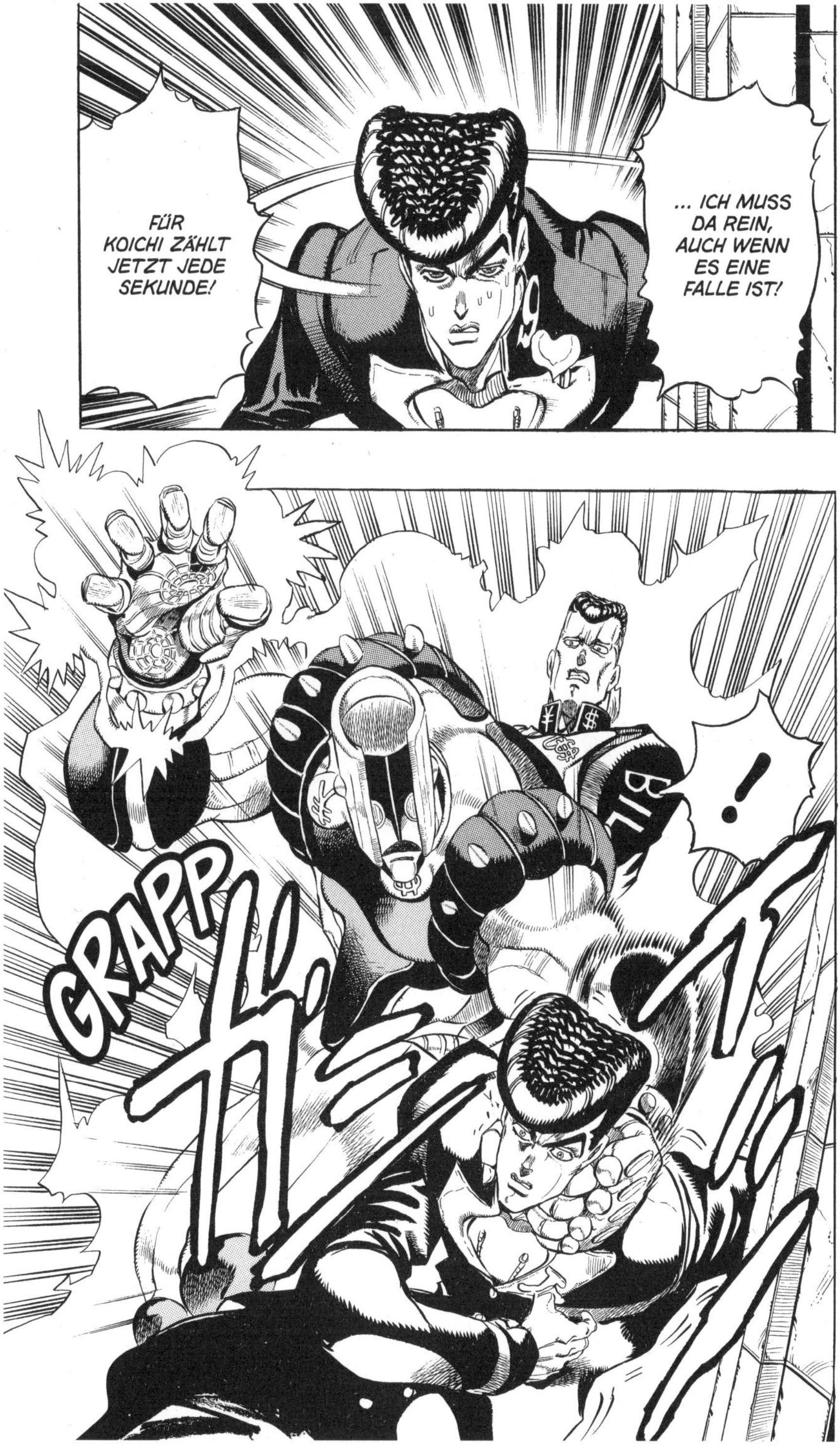
... ICH MUSS DA REIN, AUCH WENN ES EINE FALLE IST!
FÜR KOICHI ZÄHLT JETZT JEDE SEKUNDE!
!
GRAPP

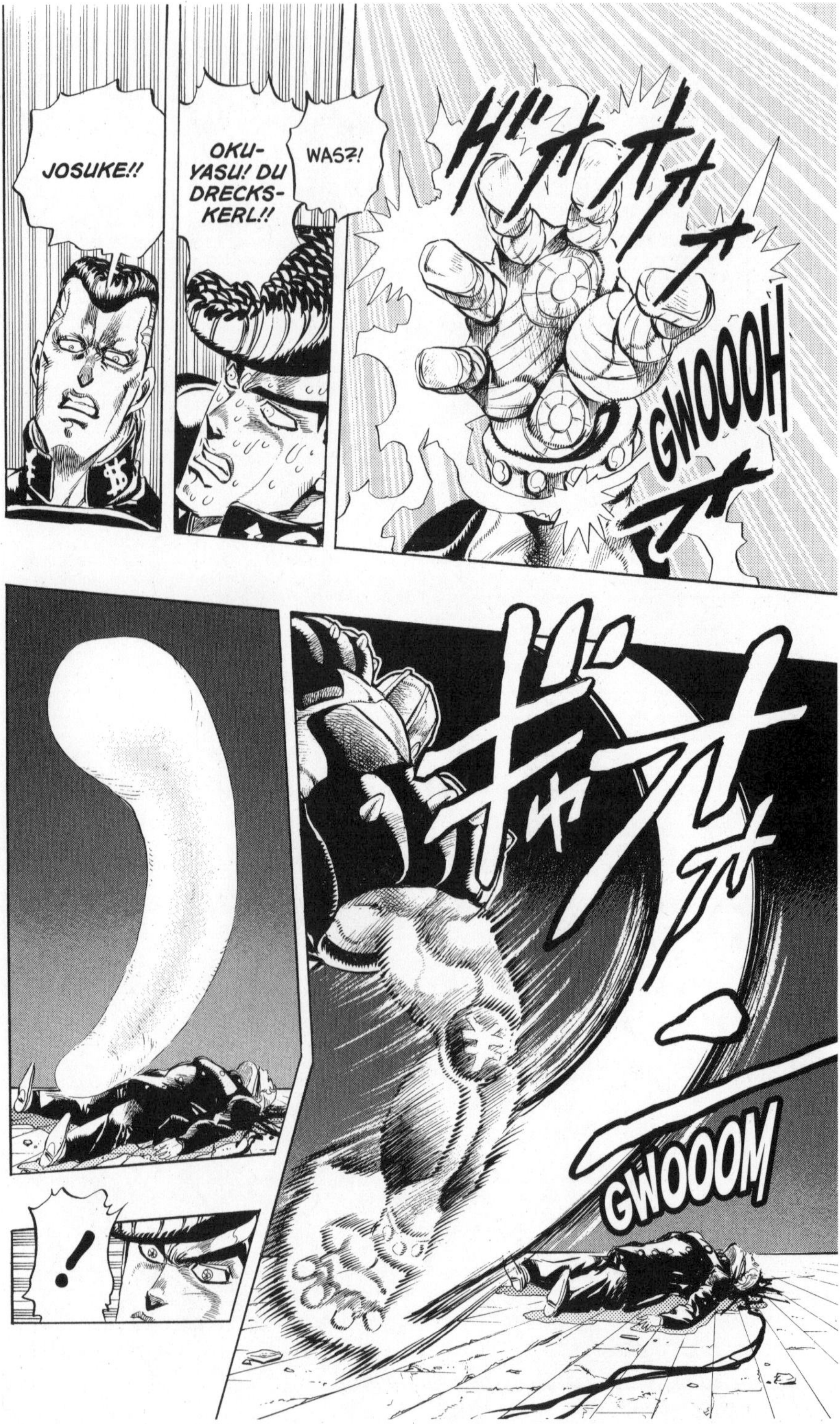
GWOOOH
WAS?!
OKU-YASU! DU DRECKS-KERL!!
JOSUKE!!
GWOOOM
!

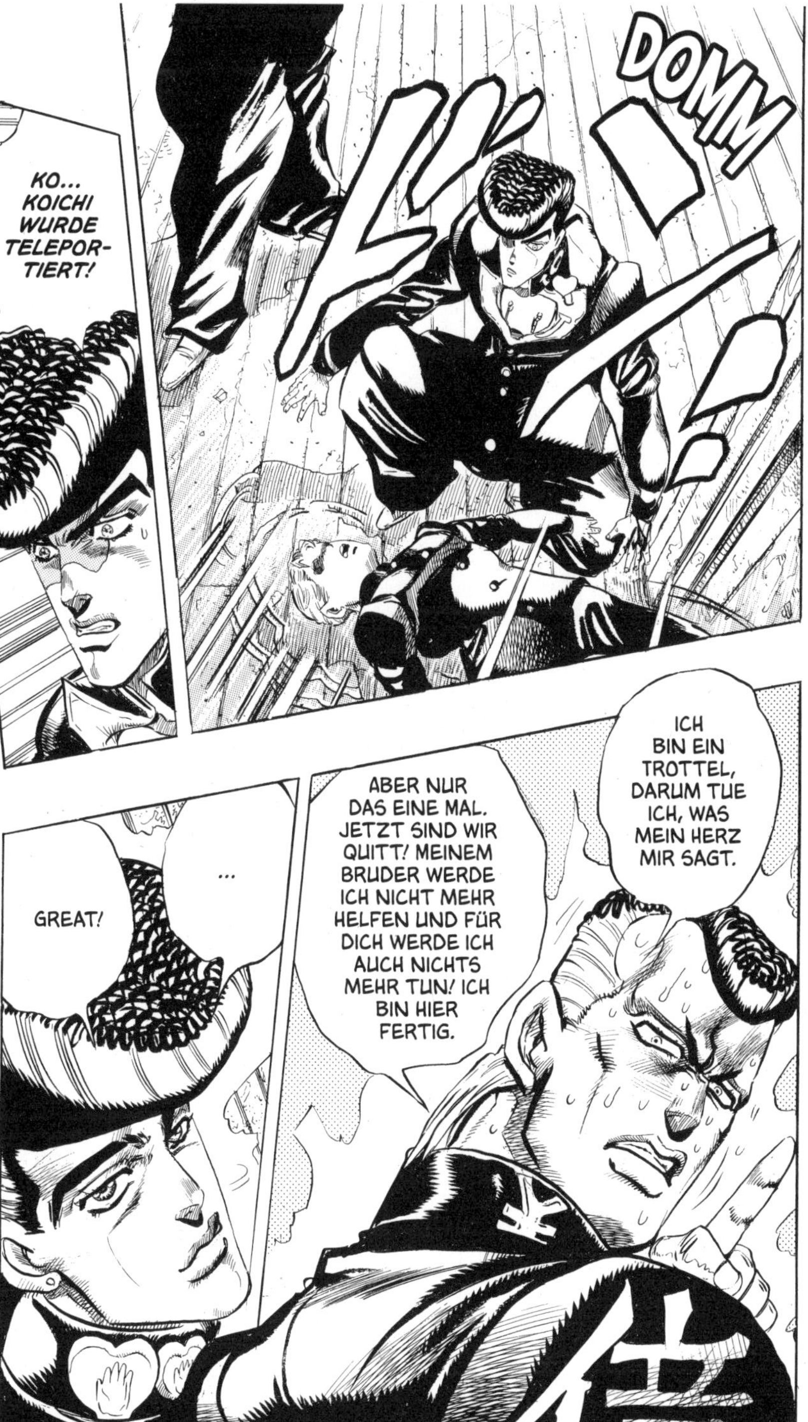
DOMM
KO... KOICHI WURDE TELEPORTIERT!
ICH BIN EIN TROTTEL, DARUM TUE ICH, WAS MEIN HERZ MIR SAGT.
ABER NUR DAS EINE MAL. JETZT SIND WIR QUITT! MEINEM BRUDER WERDE ICH NICHT MEHR HELFEN UND FÜR DICH WERDE ICH AUCH NICHTS MEHR TUN! ICH BIN HIER FERTIG.
...
GREAT!

JOJO'S BIZARRE ADVENTURE PART 4

DIAMOND IS UNBREAKABLE

Die Nijimura-Brüder: Teil 5

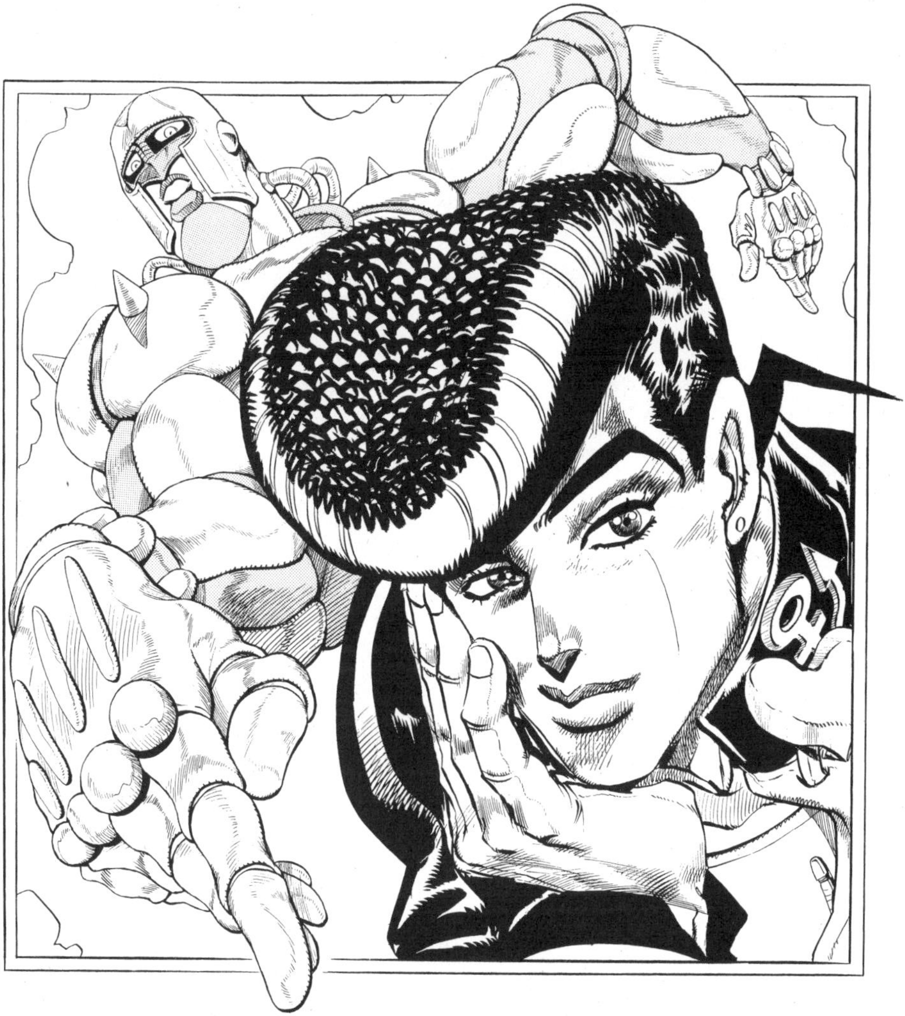

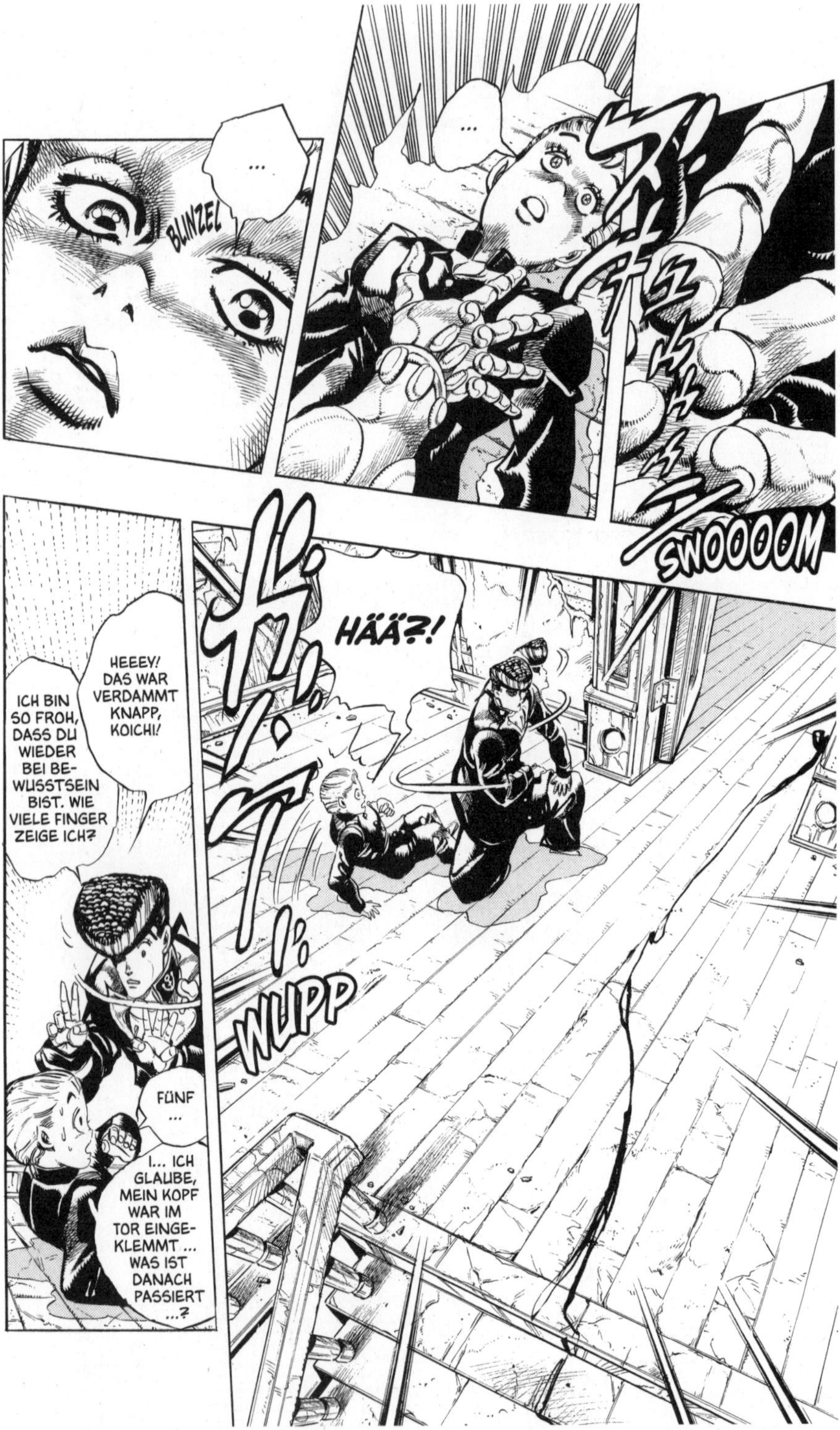

...
...
BLINZEL
SWOOOOM
HÄÄ?!
WUPP
HEEEY! DAS WAR VERDAMMT KNAPP, KOICHI!
ICH BIN SO FROH, DASS DU WIEDER BEI BEWUSSTSEIN BIST. WIE VIELE FINGER ZEIGE ICH?
FÜNF ...
I... ICH GLAUBE, MEIN KOPF WAR IM TOR EINGEKLEMMT ... WAS IST DANACH PASSIERT ...?

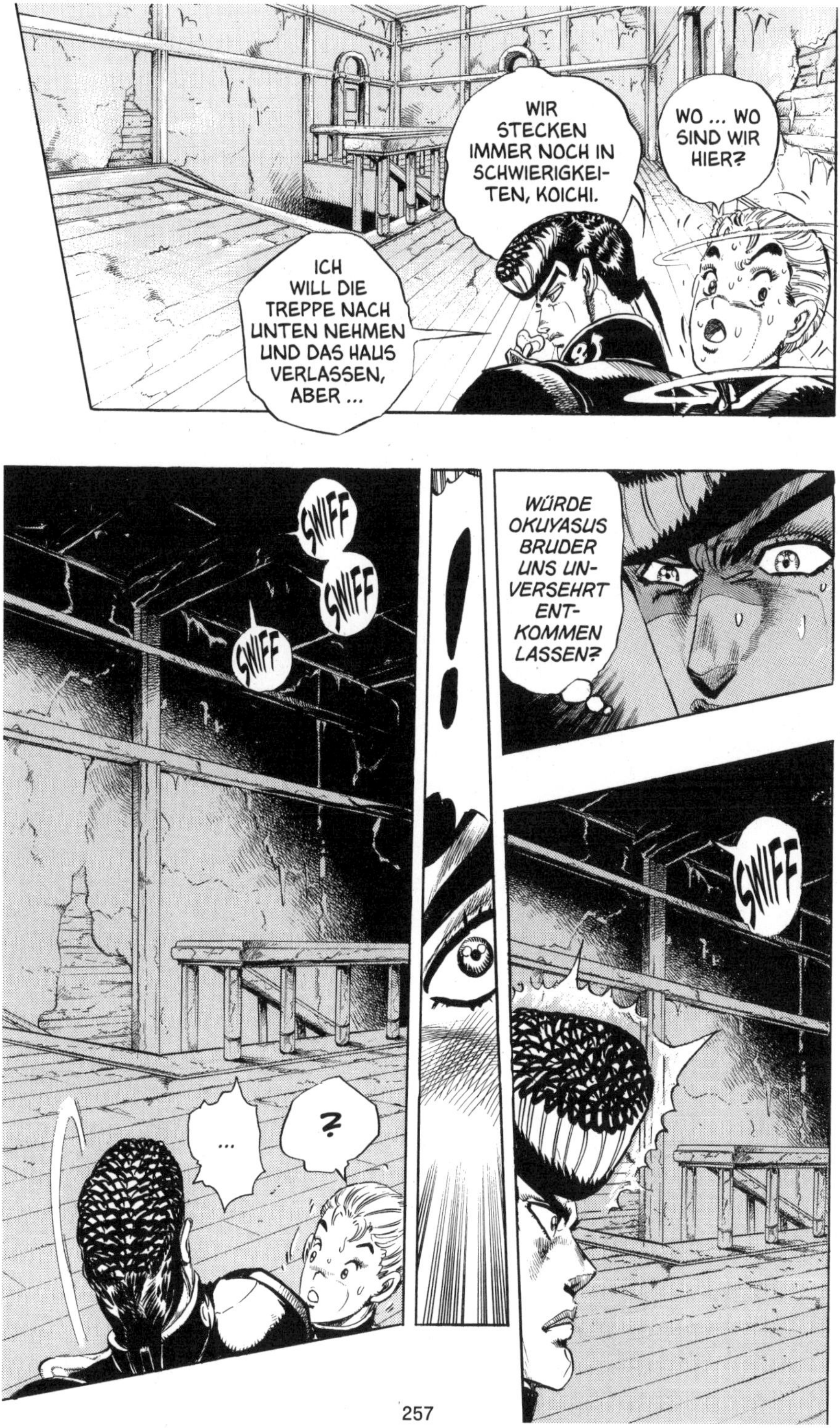
WO ... WO SIND WIR HIER?
WIR STECKEN IMMER NOCH IN SCHWIERIGKEI-TEN, KOICHI.
ICH WILL DIE TREPPE NACH UNTEN NEHMEN UND DAS HAUS VERLASSEN, ABER ...
WÜRDE OKUYASUS BRUDER UNS UN-VERSEHRT ENT-KOMMEN LASSEN?
!
SWIFF
SWIFF
SWIFF
SWIFF
?
...

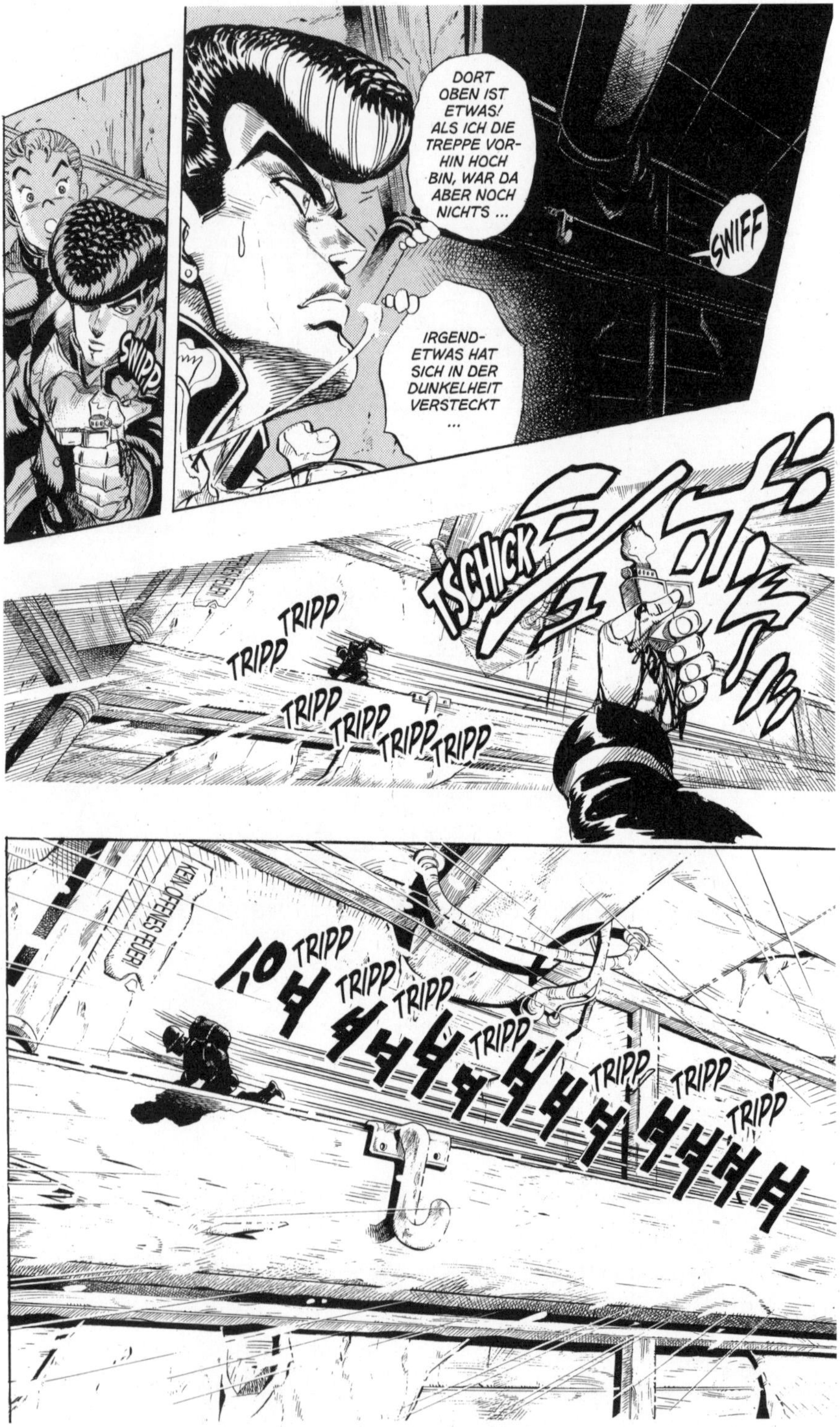
DORT OBEN IST ETWAS! ALS ICH DIE TREPPE VORHIN HOCH BIN, WAR DA ABER NOCH NICHTS …
SWIFF
IRGENDETWAS HAT SICH IN DER DUNKELHEIT VERSTECKT …
SWIPP
TSCHICK
TRIPP TRIPP
TRIPP TRIPP TRIPP TRIPP
KEIN OFFENES FEUER!
TRIPP TRIPP TRIPP TRIPP TRIPP TRIPP TRIPP

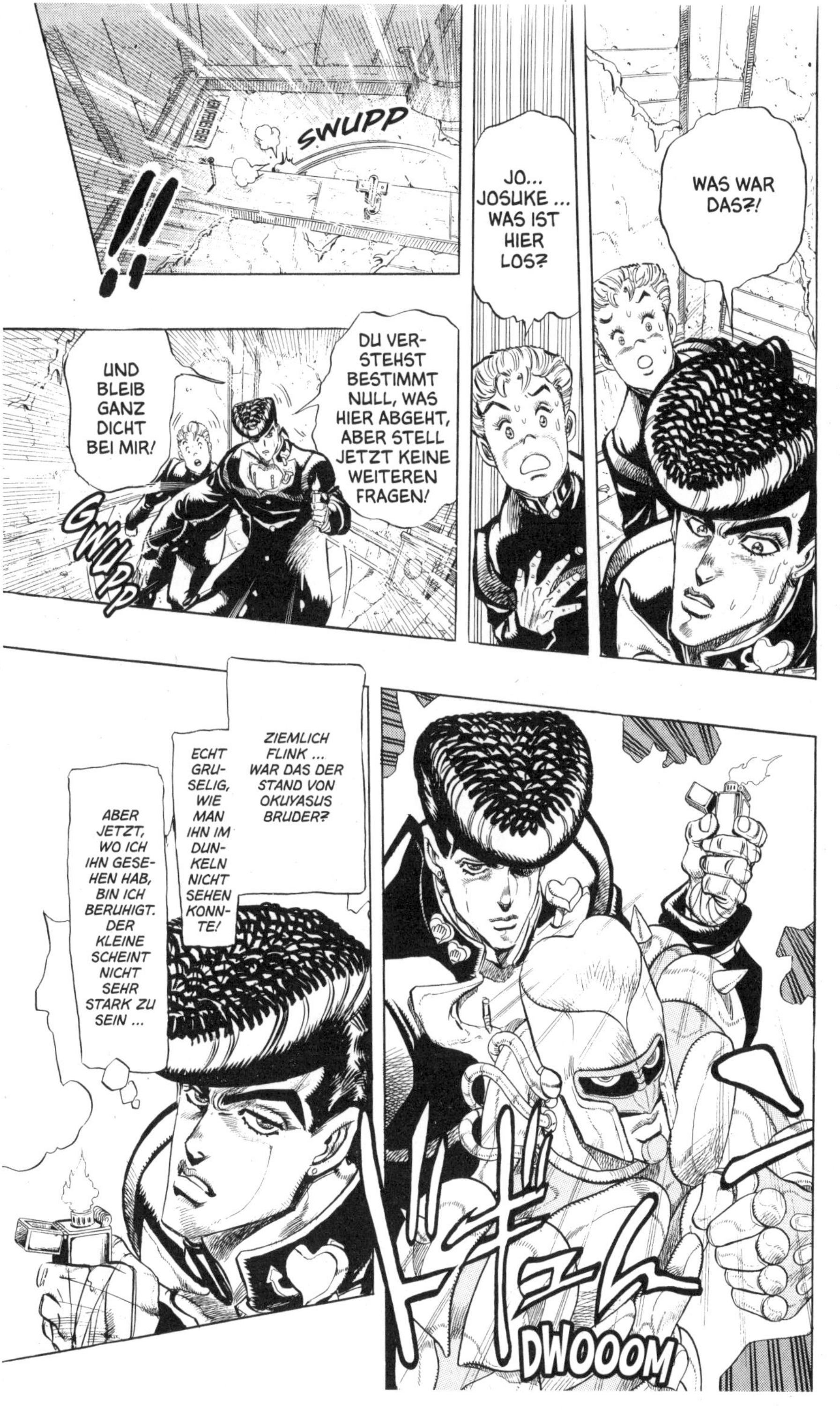
SWUPP
!!
JO... JOSUKE ... WAS IST HIER LOS?
WAS WAR DAS?!
DU VERSTEHST BESTIMMT NULL, WAS HIER ABGEHT, ABER STELL JETZT KEINE WEITEREN FRAGEN!
UND BLEIB GANZ DICHT BEI MIR!
GWUPP
ZIEMLICH FLINK ... WAR DAS DER STAND VON OKUYASUS BRUDER?
ECHT GRUSELIG, WIE MAN IHN IM DUNKELN NICHT SEHEN KONNTE!
ABER JETZT, WO ICH IHN GESEHEN HAB, BIN ICH BERUHIGT. DER KLEINE SCHEINT NICHT SEHR STARK ZU SEIN ...
DWOOOM

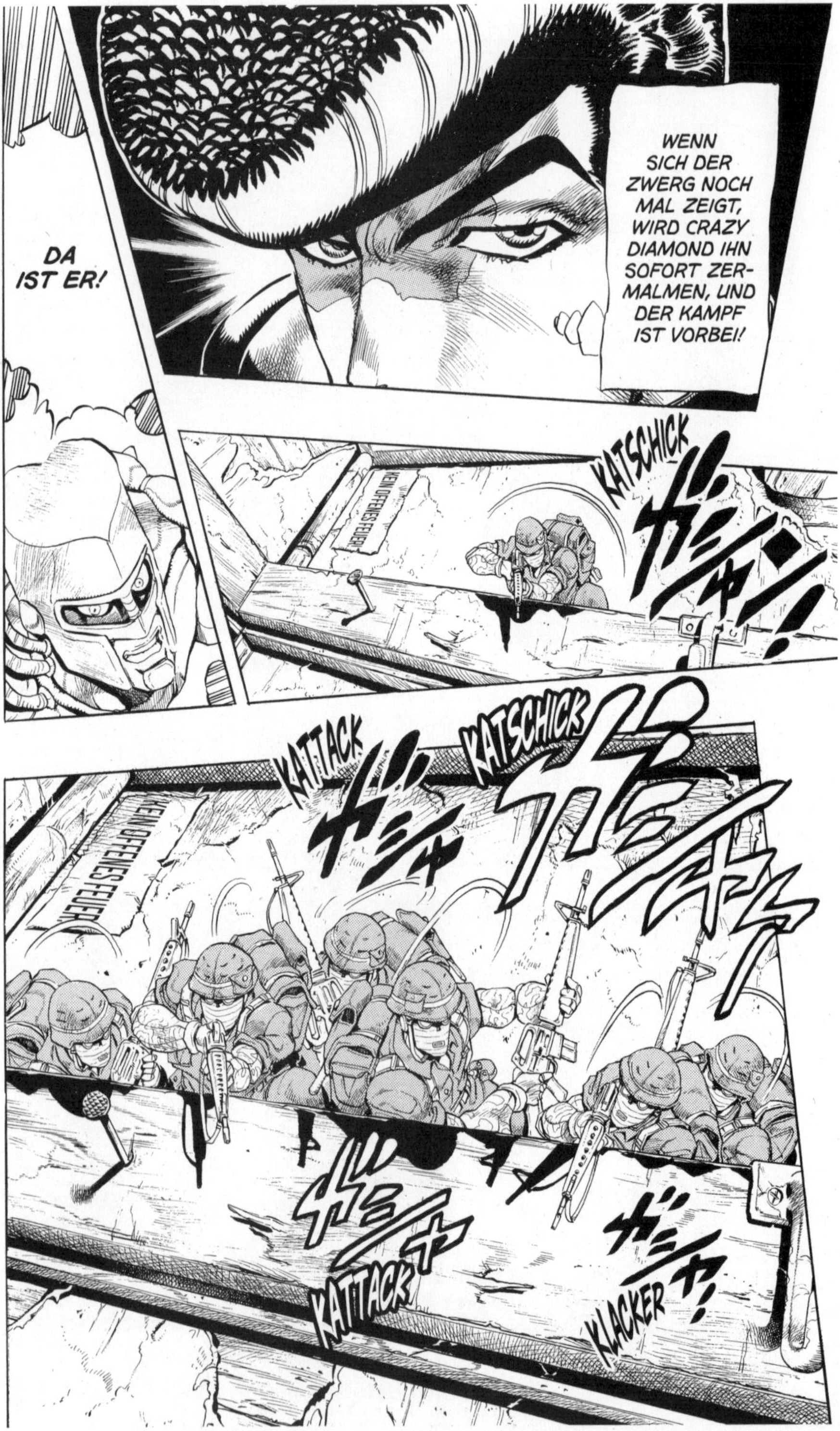
WENN SICH DER ZWERG NOCH MAL ZEIGT, WIRD CRAZY DIAMOND IHN SOFORT ZERMALMEN, UND DER KAMPF IST VORBEI!
DA IST ER!
KEIN OFFENES FEUER
KATSCHICK
ガシャン!!
KATSCHICK
KATTACK
KEIN OFFENES FEUER
KATTACK
KLACKER
ガシャ!

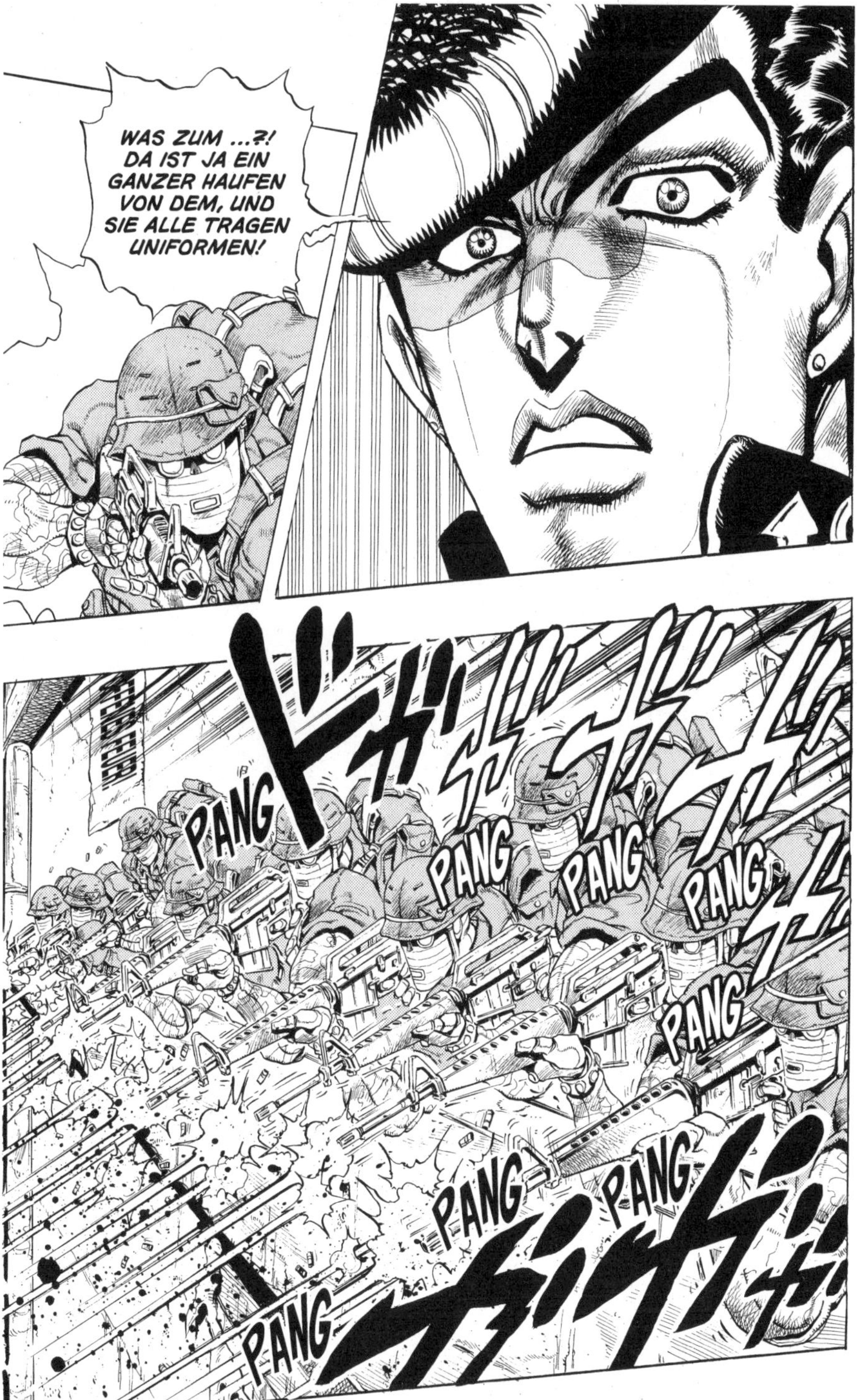
WAS ZUM ...?! DA IST JA EIN GANZER HAUFEN VON DEM, UND SIE ALLE TRAGEN UNIFORMEN!
PANG
PANG
PANG
PANG
PANG
PANG
PANG
PANG

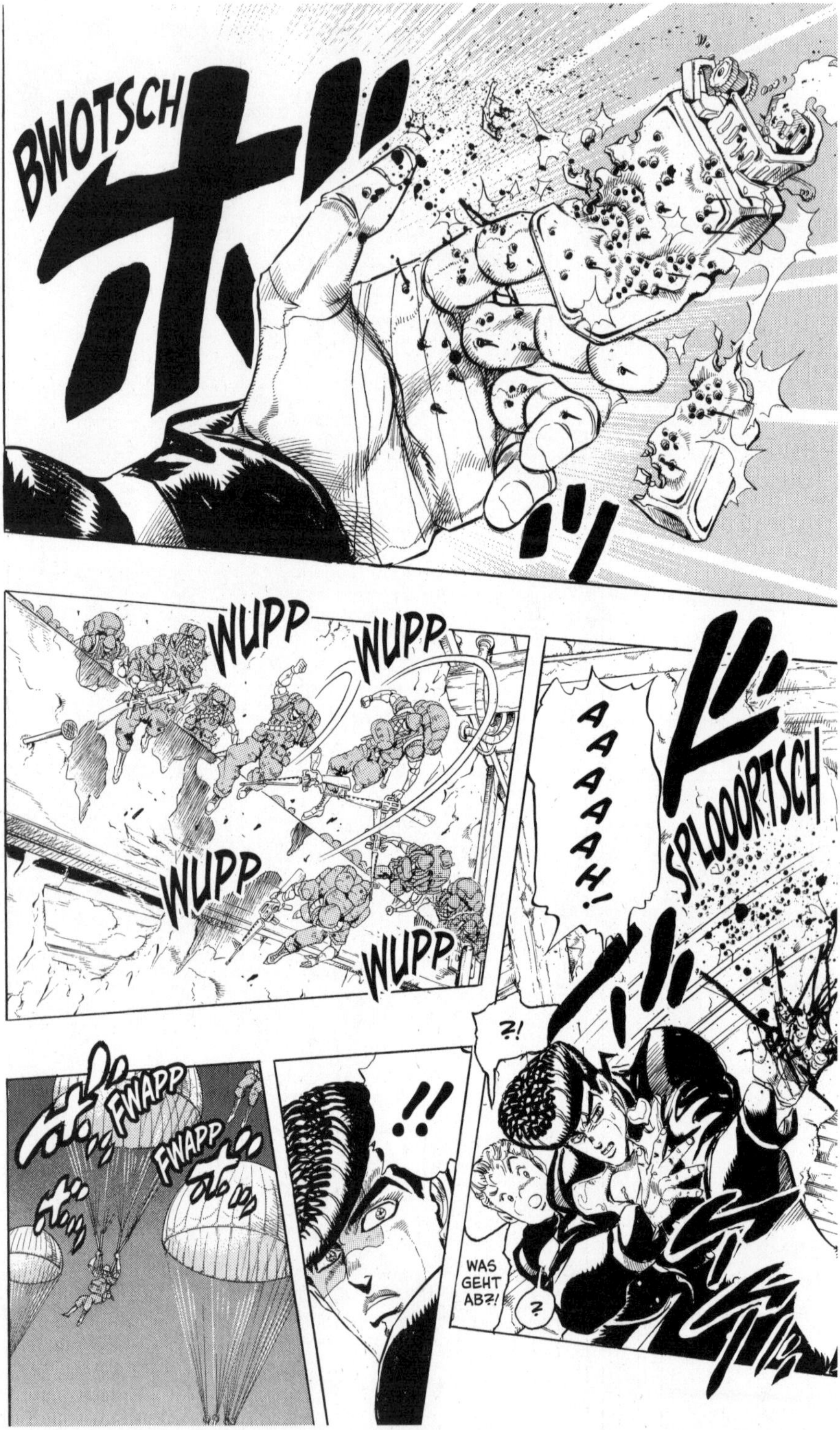
BWOTSCH
WUPP
WUPP
WUPP
WUPP
AAAAAAH!
SPLOOORTSCH
?!
WAS GEHT AB?!
?
!!
FWAPP
FWAPP

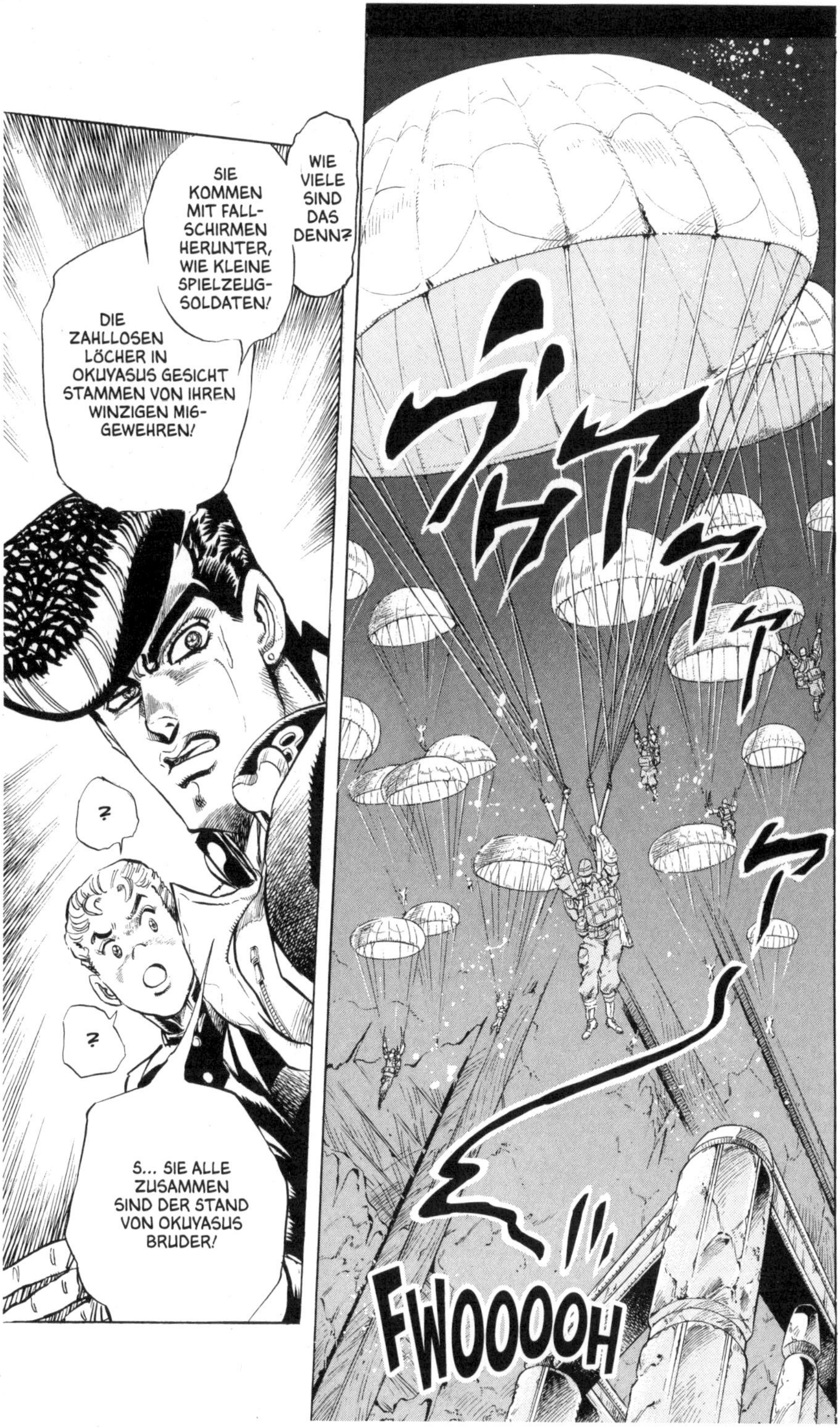
FWOOOOH
WIE VIELE SIND DAS DENN?
SIE KOMMEN MIT FALL-SCHIRMEN HERUNTER, WIE KLEINE SPIELZEUG-SOLDATEN!
DIE ZAHLLOSEN LÖCHER IN OKUYASUS GESICHT STAMMEN VON IHREN WINZIGEN MIG-GEWEHREN!
?
?
S... SIE ALLE ZUSAMMEN SIND DER STAND VON OKUYASUS BRUDER!

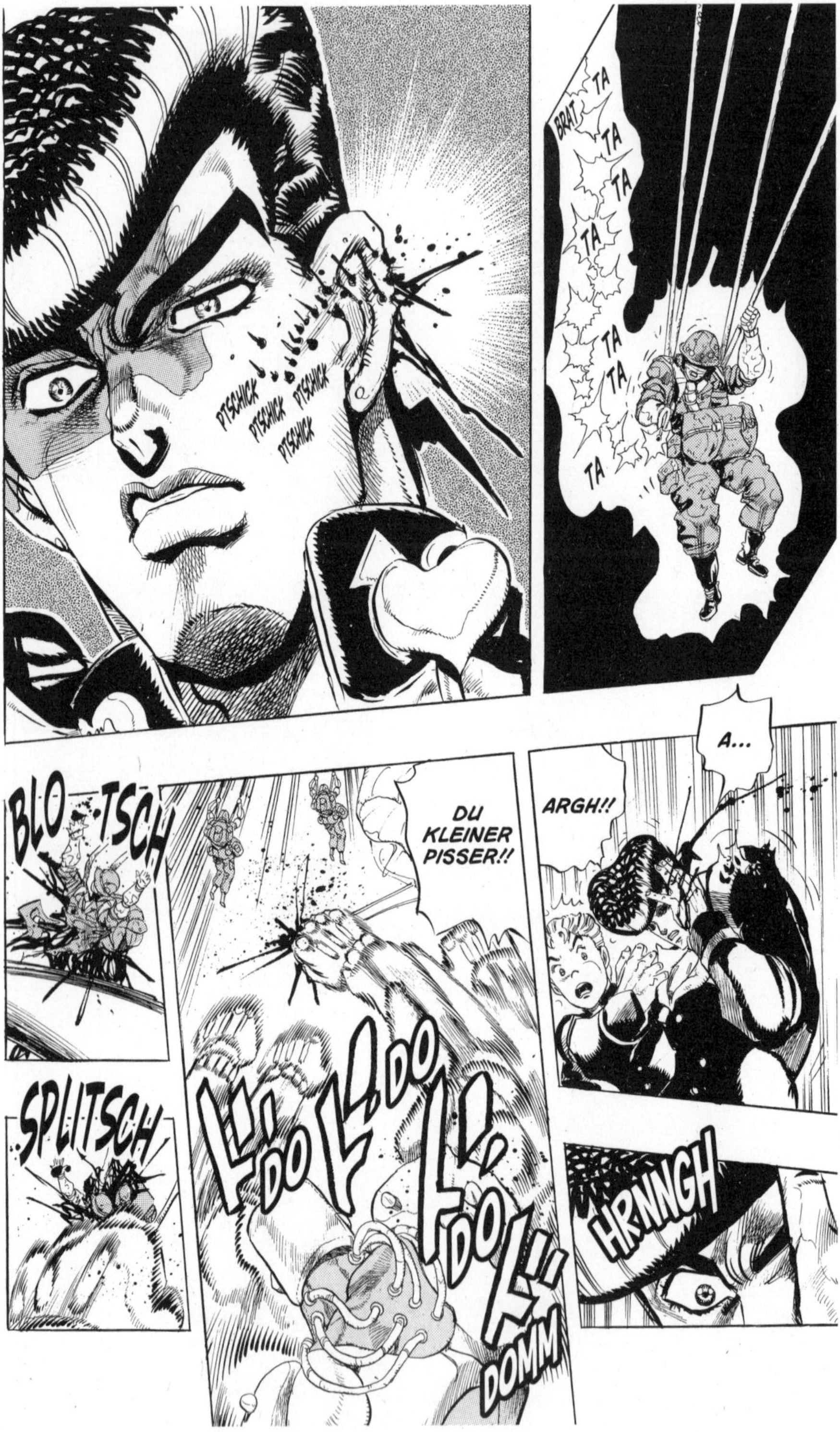

BRAT TA TA TA TA TA TA TA TA
DTSCHICK DTSCHICK DTSCHICK DTSCHICK
A...
ARGH!!
DU KLEINER PISSER!!
BLO-TSCH
HRNNGH
DO DO DO DO
DOMM
SPLITSCH

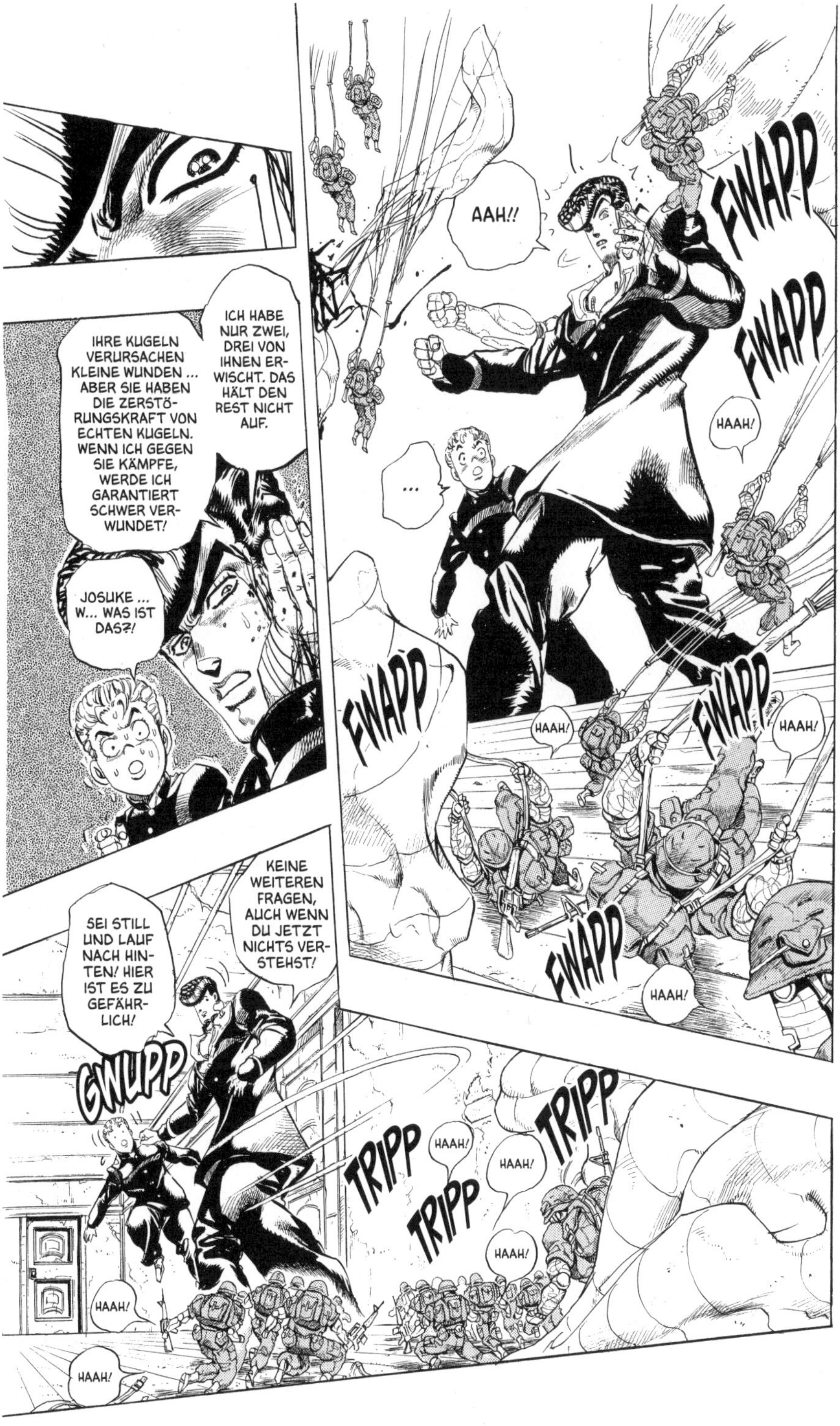
AAH!!
FWAPP
FWAPP
HAAH!
...
FWAPP
HAAH!
FWAPP
HAAH!
FWAPP
HAAH!
ICH HABE NUR ZWEI, DREI VON IHNEN ERWISCHT. DAS HÄLT DEN REST NICHT AUF.
IHRE KUGELN VERURSACHEN KLEINE WUNDEN ... ABER SIE HABEN DIE ZERSTÖRUNGSKRAFT VON ECHTEN KUGELN. WENN ICH GEGEN SIE KÄMPFE, WERDE ICH GARANTIERT SCHWER VERWUNDET!
JOSUKE ... W... WAS IST DAS?!
KEINE WEITEREN FRAGEN, AUCH WENN DU JETZT NICHTS VERSTEHST!
SEI STILL UND LAUF NACH HINTEN! HIER IST ES ZU GEFÄHRLICH!
GWUPP
TRIPP
HAAH!
HAAH!
TRIPP
TRIPP
HAAH!
HAAH!
HAAH!

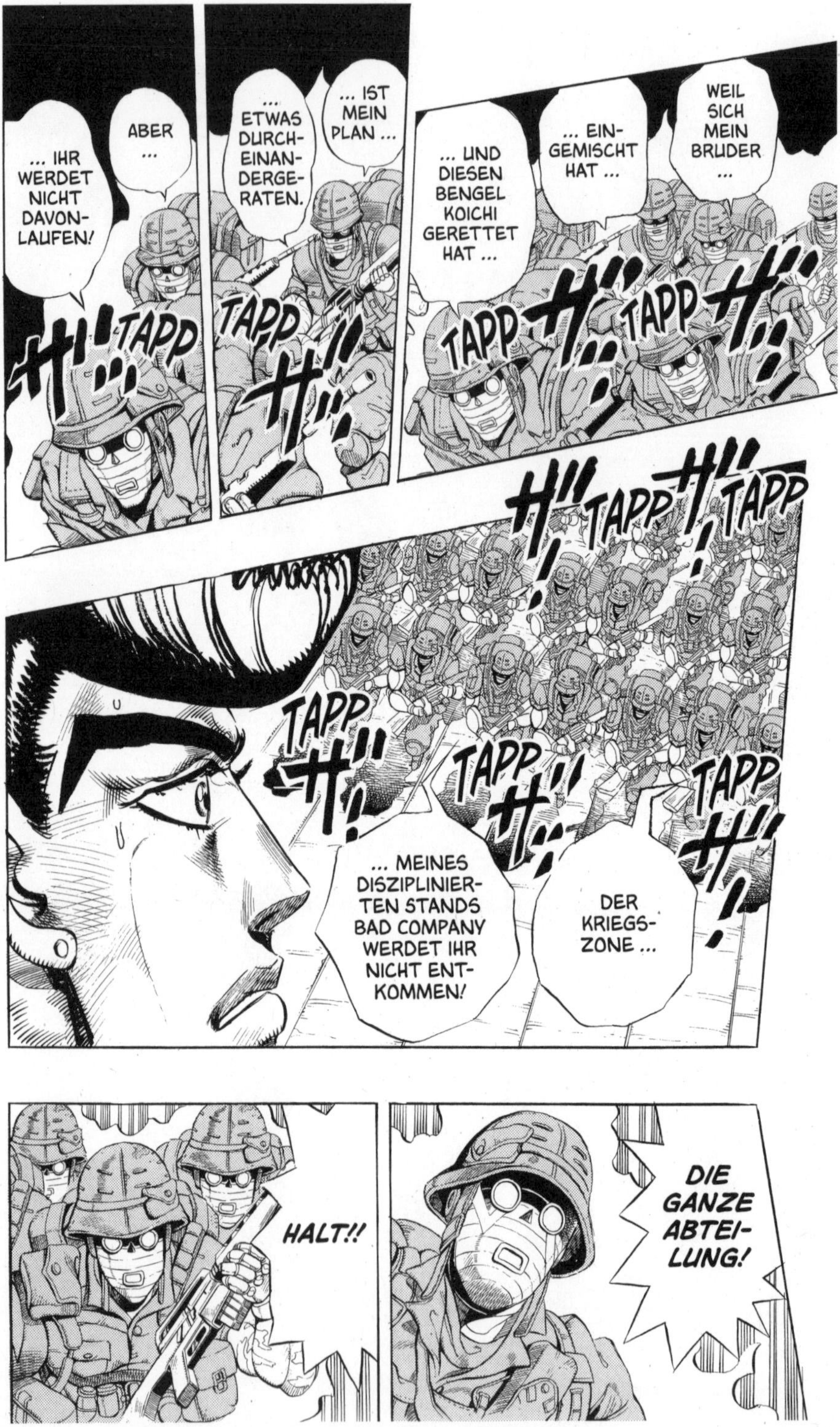
WEIL SICH MEIN BRUDER ...
... EIN-GEMISCHT HAT ...
... UND DIESEN BENGEL KOICHI GERETTET HAT ...
TAPP
TAPP
... IST MEIN PLAN ...
... ETWAS DURCH-EINAN-DERGE-RATEN.
TAPP
ABER ...
... IHR WERDET NICHT DAVON-LAUFEN!
TAPP
TAPP
TAPP
TAPP
TAPP
TAPP
DER KRIEGS-ZONE ...
... MEINES DISZIPLINIER-TEN STANDS BAD COMPANY WERDET IHR NICHT ENT-KOMMEN!
DIE GANZE ABTEI-LUNG!
HALT!!

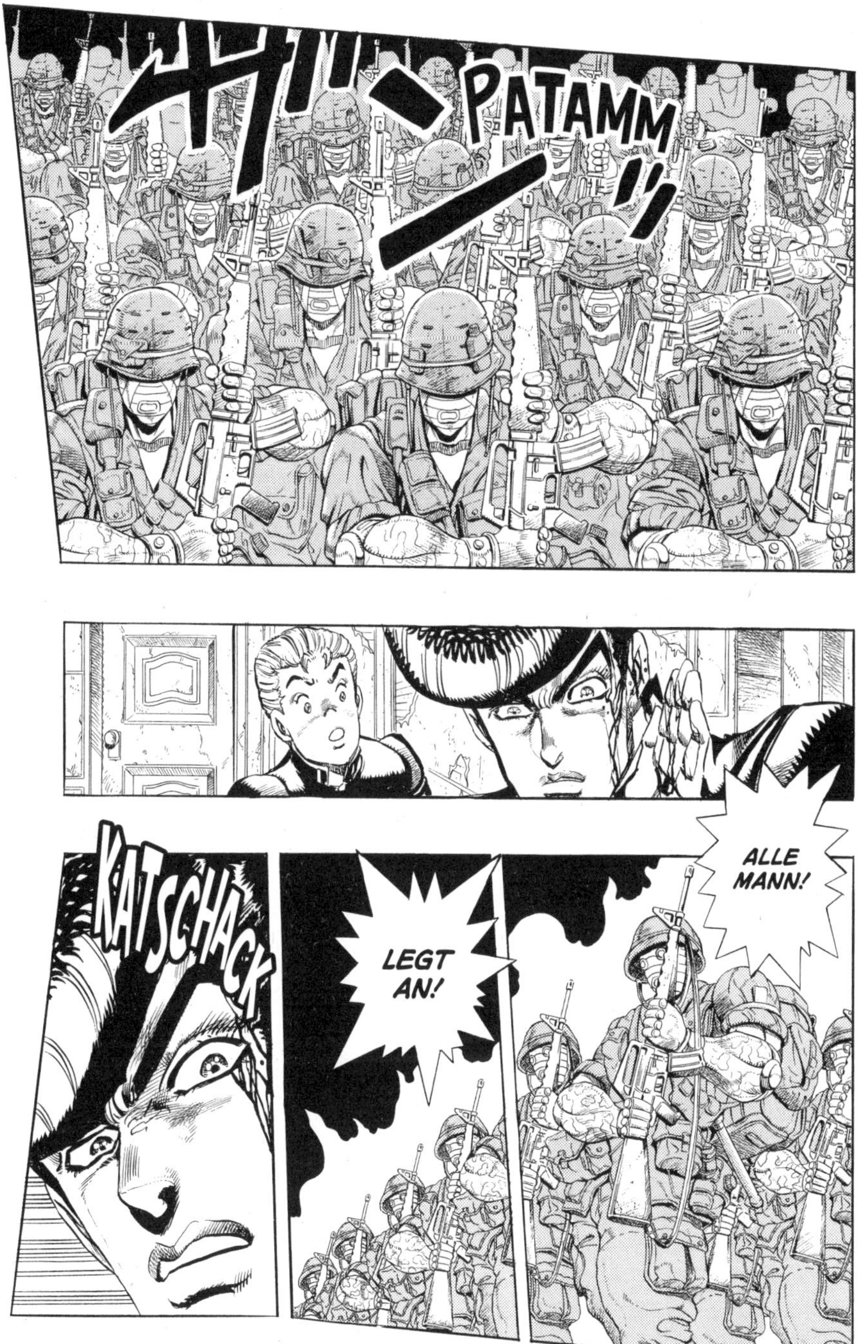
PATAMM
KATSCHACK
ALLE MANN!
LEGT AN!

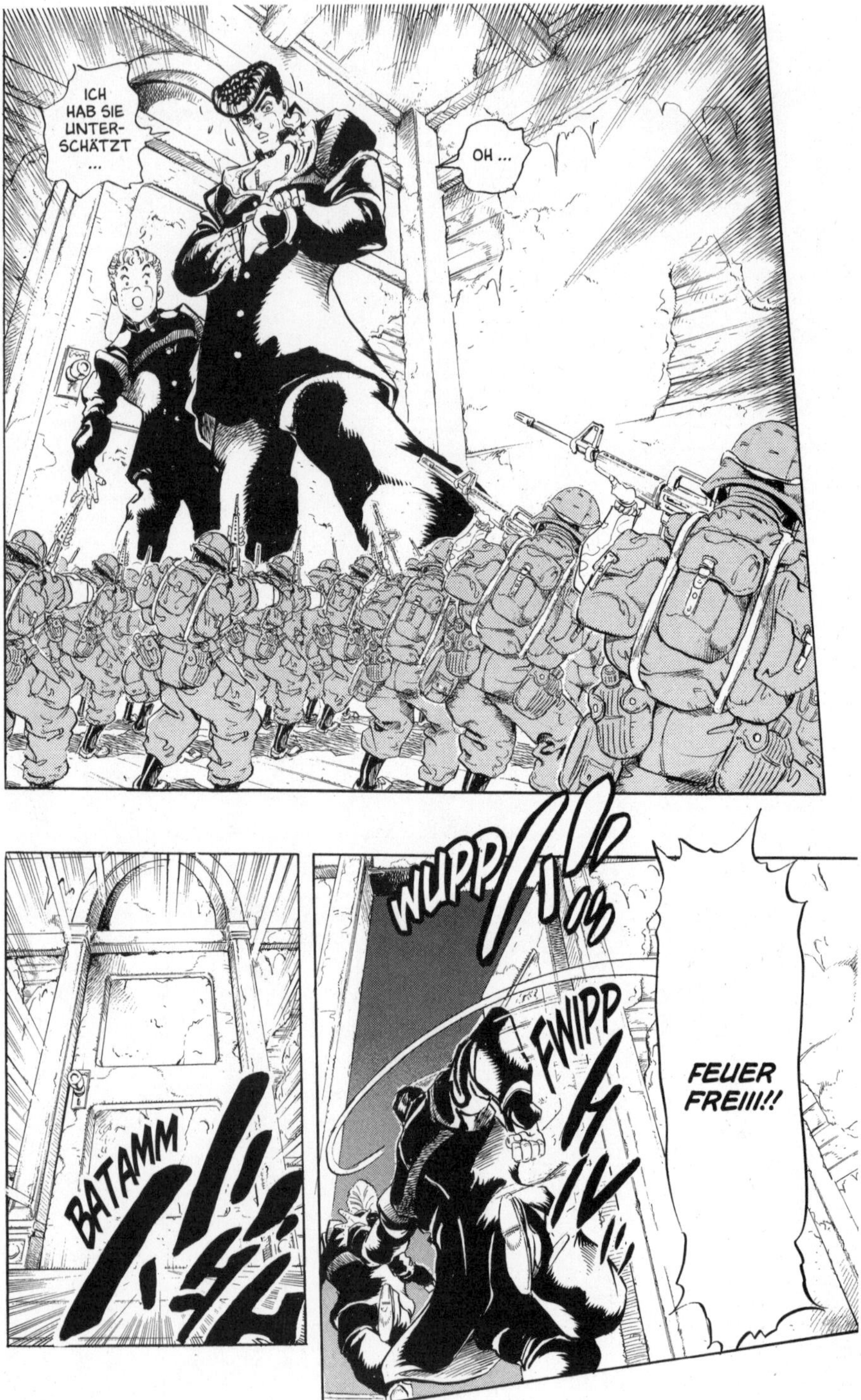
OH ...
ICH HAB SIE UNTER-SCHÄTZT ...
FEUER FREIII!!
WUPP
FWIPP
BATAMM

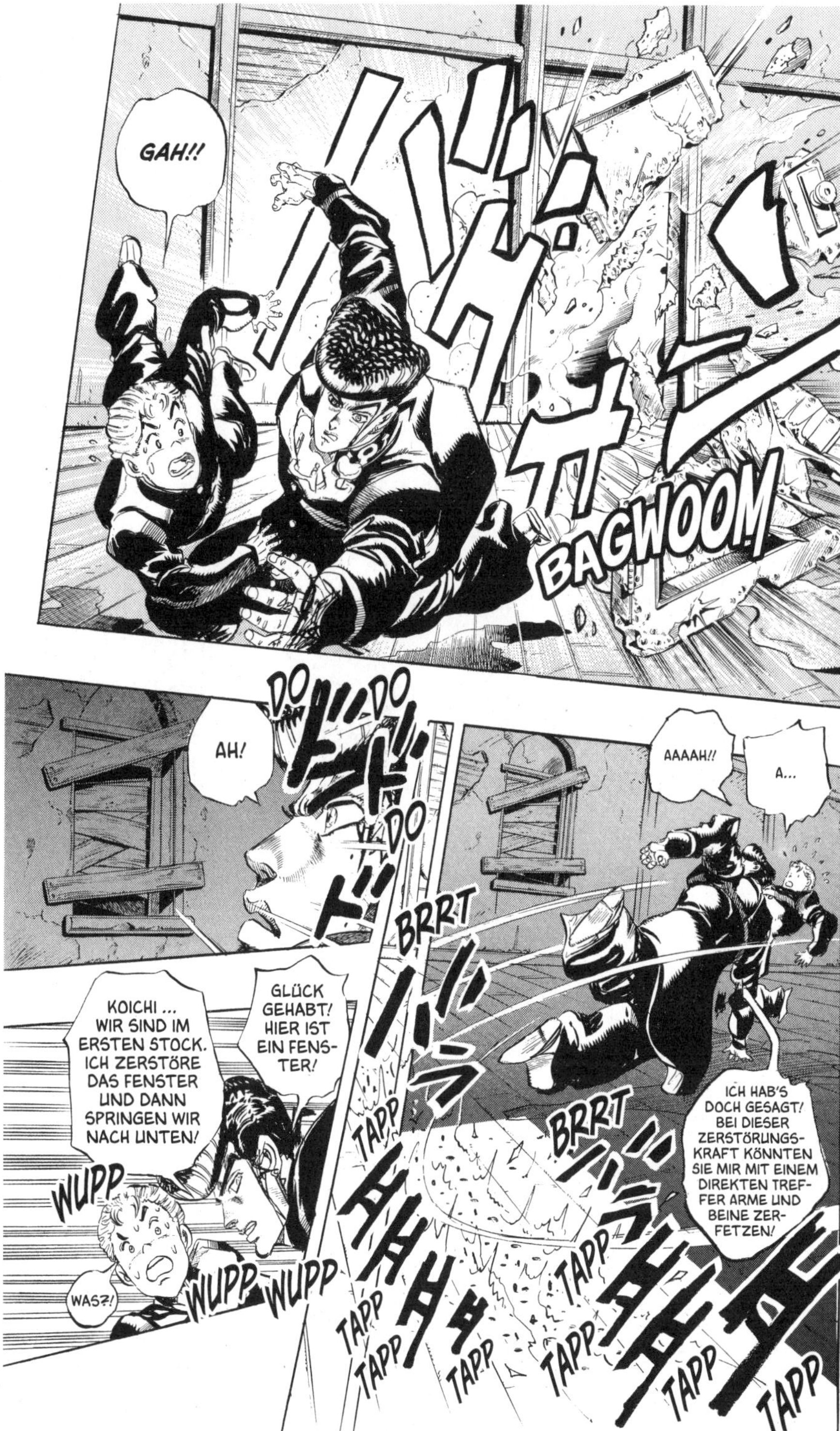
GAH!!
BAGWOOM
A...
AAAAH!!
AH!
DO
DO
DO
BRRT
BRRT
ICH HAB'S DOCH GESAGT! BEI DIESER ZERSTÖRUNGS-KRAFT KÖNNTEN SIE MIR MIT EINEM DIREKTEN TREF-FER ARME UND BEINE ZER-FETZEN!
TAPP
TAPP
TAPP
TAPP
TAPP
TAPP
TAPP
TAPP
TAPP
TAPP
TAPP
GLÜCK GEHABT! HIER IST EIN FENS-TER!
KOICHI ... WIR SIND IM ERSTEN STOCK. ICH ZERSTÖRE DAS FENSTER UND DANN SPRINGEN WIR NACH UNTEN!
WUPP
WUPP
WUPP
WAS?!

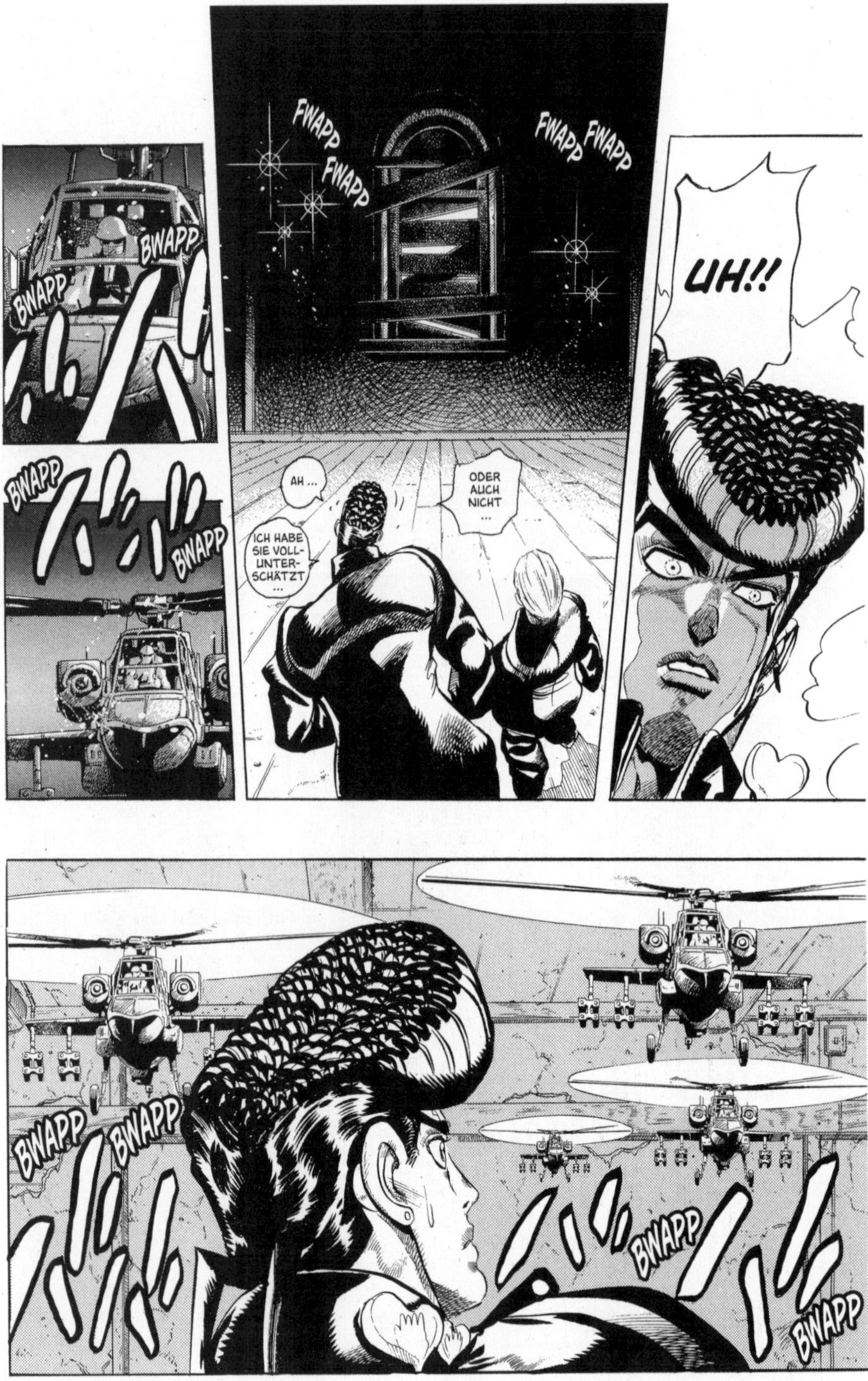
UH!!
FWAPP FWAPP
FWAPP
FWAPP
ODER AUCH NICHT ...
AH ...
ICH HABE SIE VOLL-UNTERSCHÄTZT ...
BWAPP
BWAPP
BWAPP
BWAPP
BWAPP
BWAPP
BWAPP
BWAPP

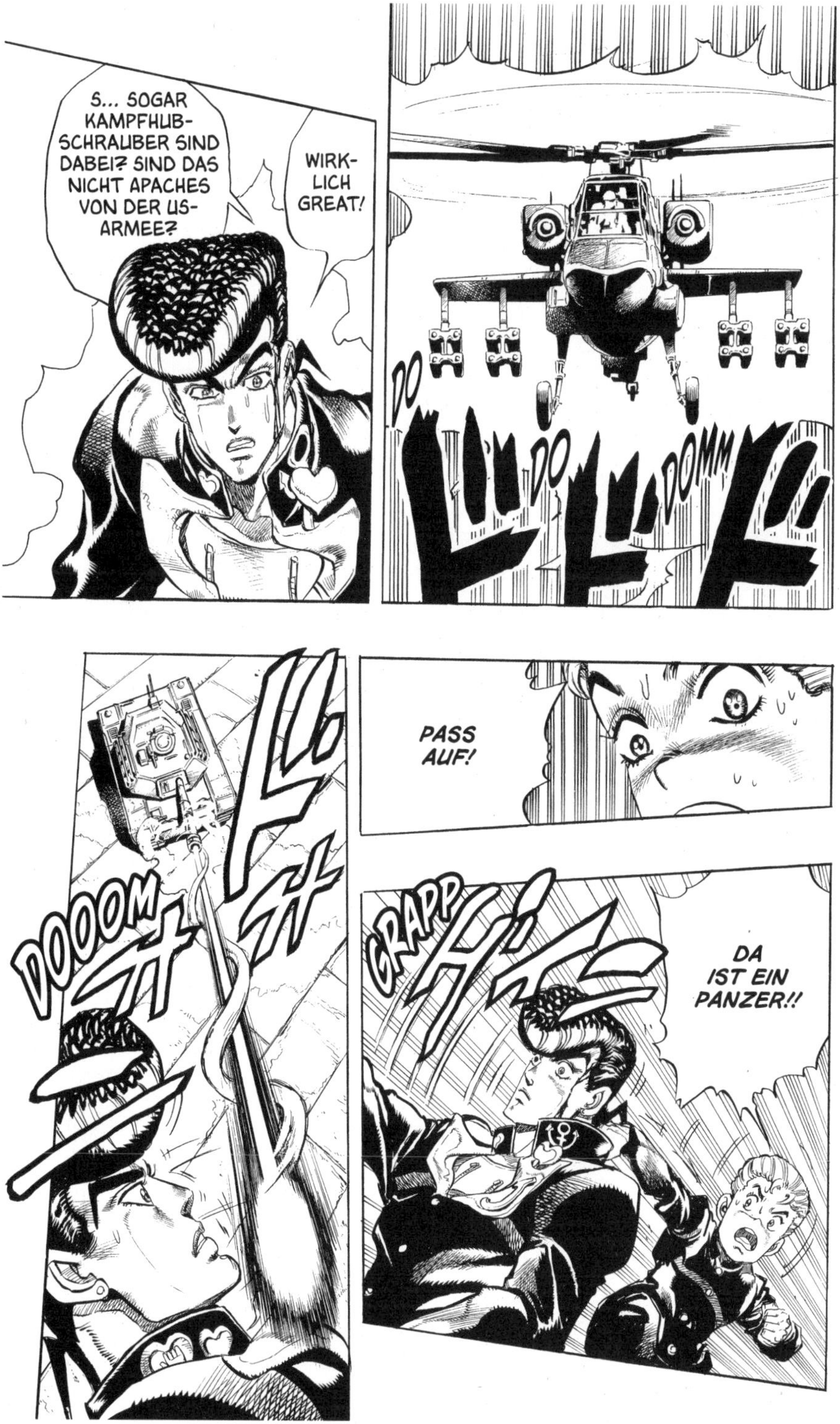
DO
DO
DOMM
S... SOGAR KAMPFHUB-SCHRAUBER SIND DABEI? SIND DAS NICHT APACHES VON DER US-ARMEE?
WIRK-LICH GREAT!
PASS AUF!
GRAPP
DA IST EIN PANZER!!
DOOOM

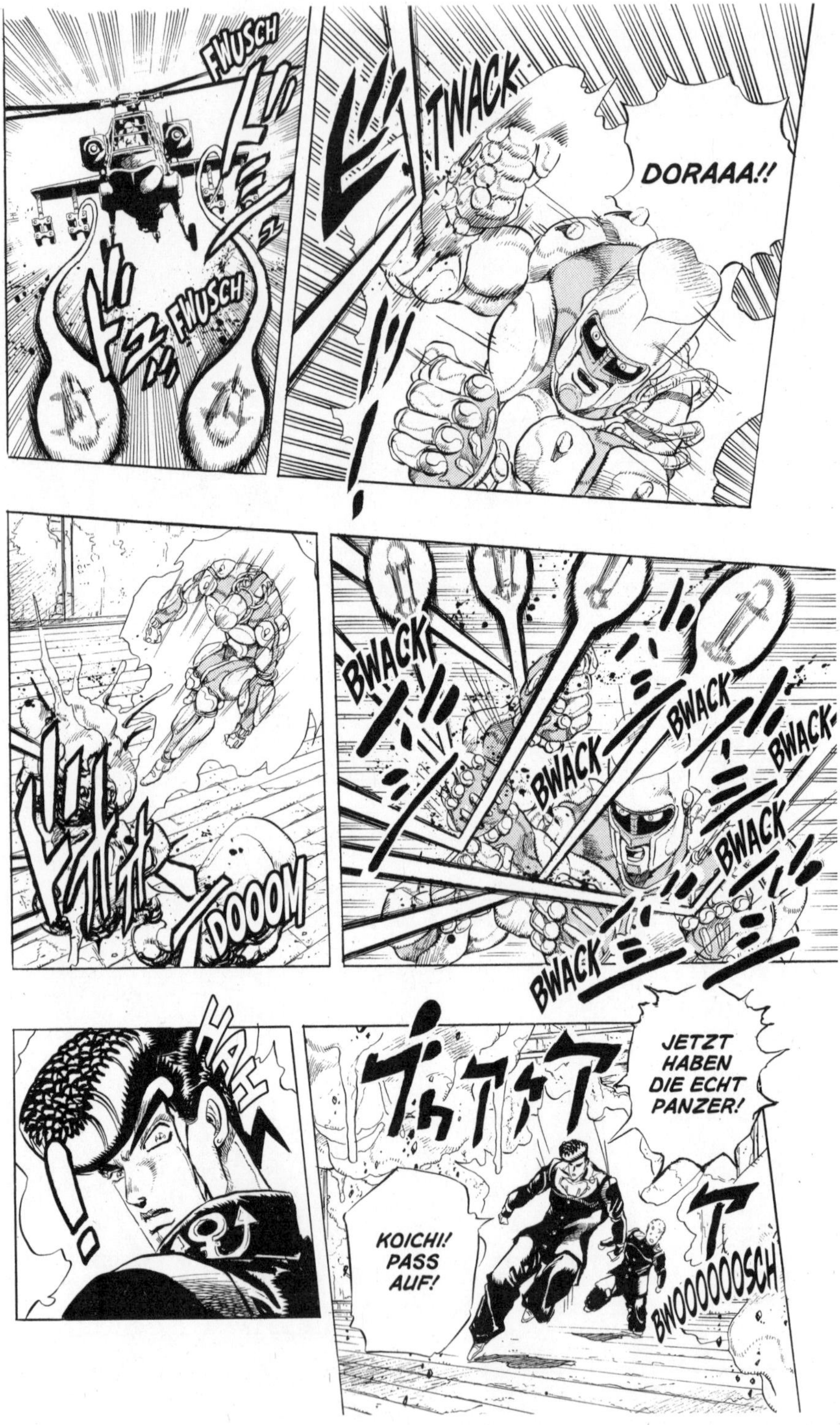
DORAAA!!
TWACK
FWUSCH
FWUSCH
BWACK
BWACK
BWACK
BWACK-
BWACK
BWACK
DOOOM
JETZT HABEN DIE ECHT PANZER!
KOICHI! PASS AUF!
BWOOOOOOSCH
HAH

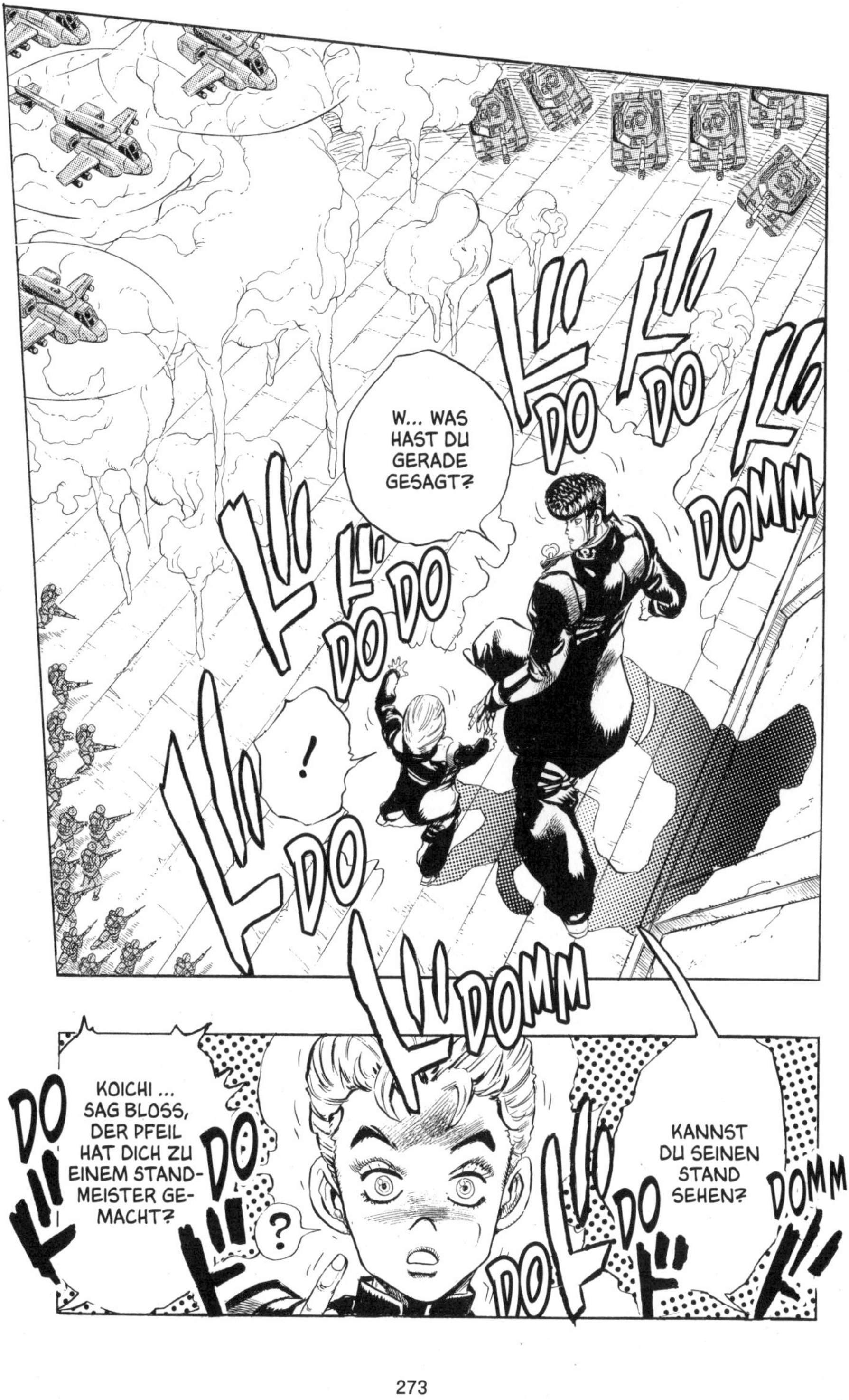

DO DO DOMM
W... WAS HAST DU GERADE GESAGT?
DO DO DO
!
DO
DOMM
KANNST DU SEINEN STAND SEHEN?
DOMM
DO DO
?
DO
KOICHI ... SAG BLOSS, DER PFEIL HAT DICH ZU EINEM STAND-MEISTER GE-MACHT?
DO

JOJO'S BIZARRE ADVENTURE PART 4

DIAMOND IS UNBREAKABLE

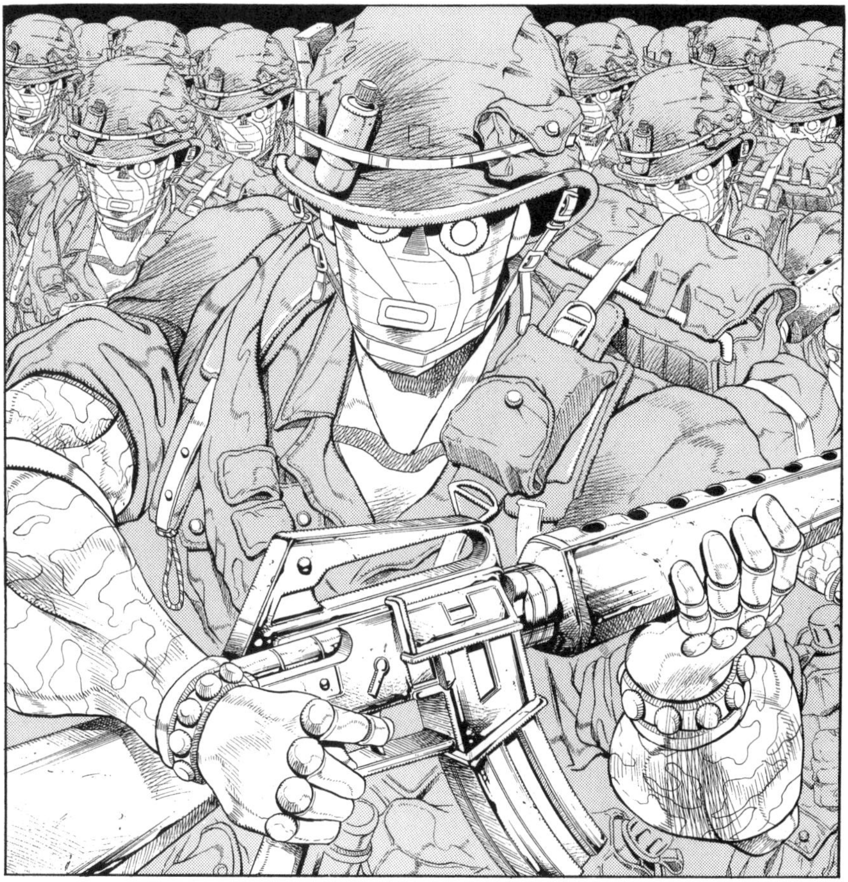

Die Nijimura-Brüder: Teil 6

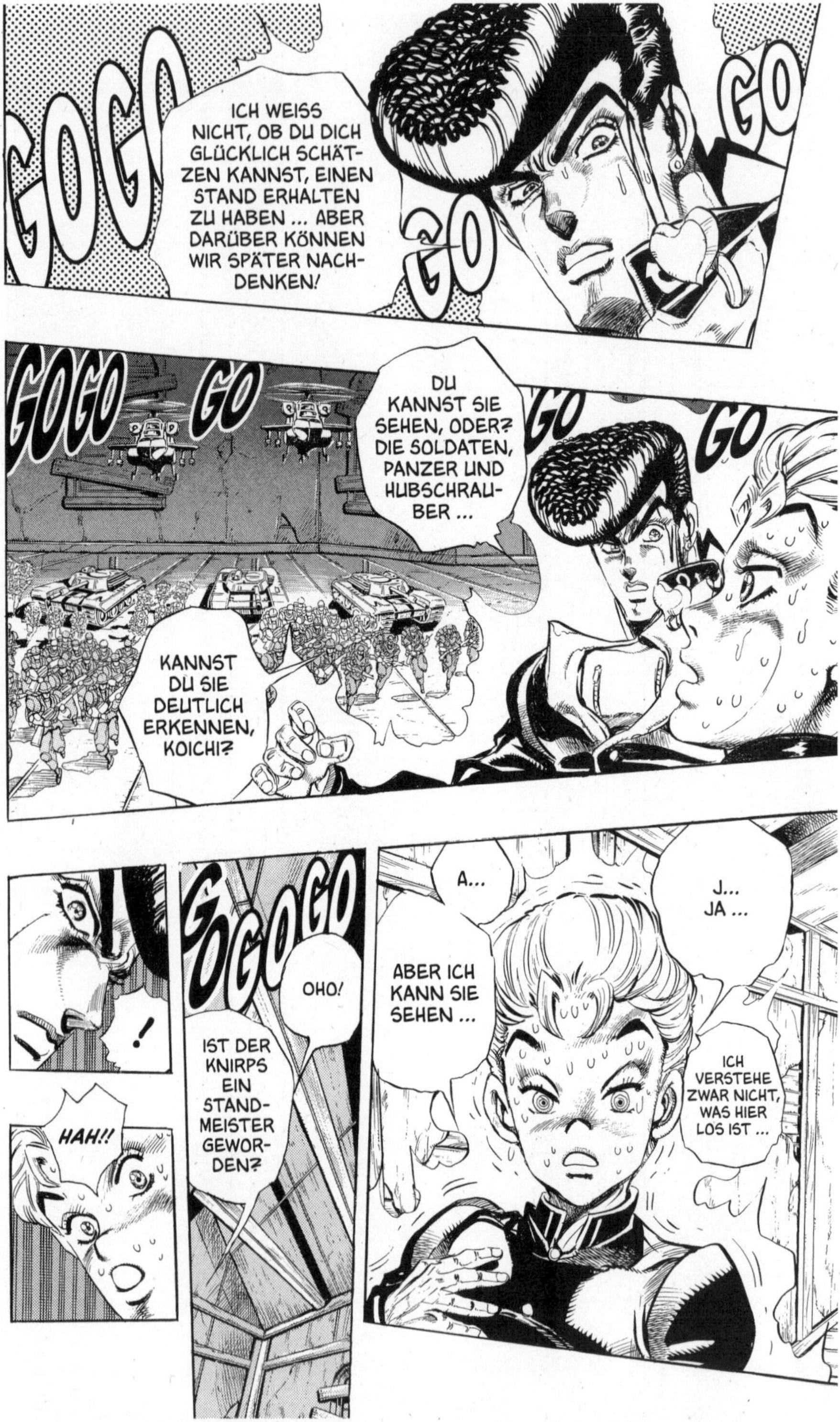
GOGO
GOGO
ICH WEISS NICHT, OB DU DICH GLÜCKLICH SCHÄTZEN KANNST, EINEN STAND ERHALTEN ZU HABEN ... ABER DARÜBER KÖNNEN WIR SPÄTER NACHDENKEN!
GO GO
GOGO GO
DU KANNST SIE SEHEN, ODER? DIE SOLDATEN, PANZER UND HUBSCHRAUBER ...
KANNST DU SIE DEUTLICH ERKENNEN, KOICHI?
J... JA ...
ICH VERSTEHE ZWAR NICHT, WAS HIER LOS IST ...
A...
ABER ICH KANN SIE SEHEN ...
GOGOGO
OHO!
IST DER KNIRPS EIN STANDMEISTER GEWORDEN?
!
HAH!!

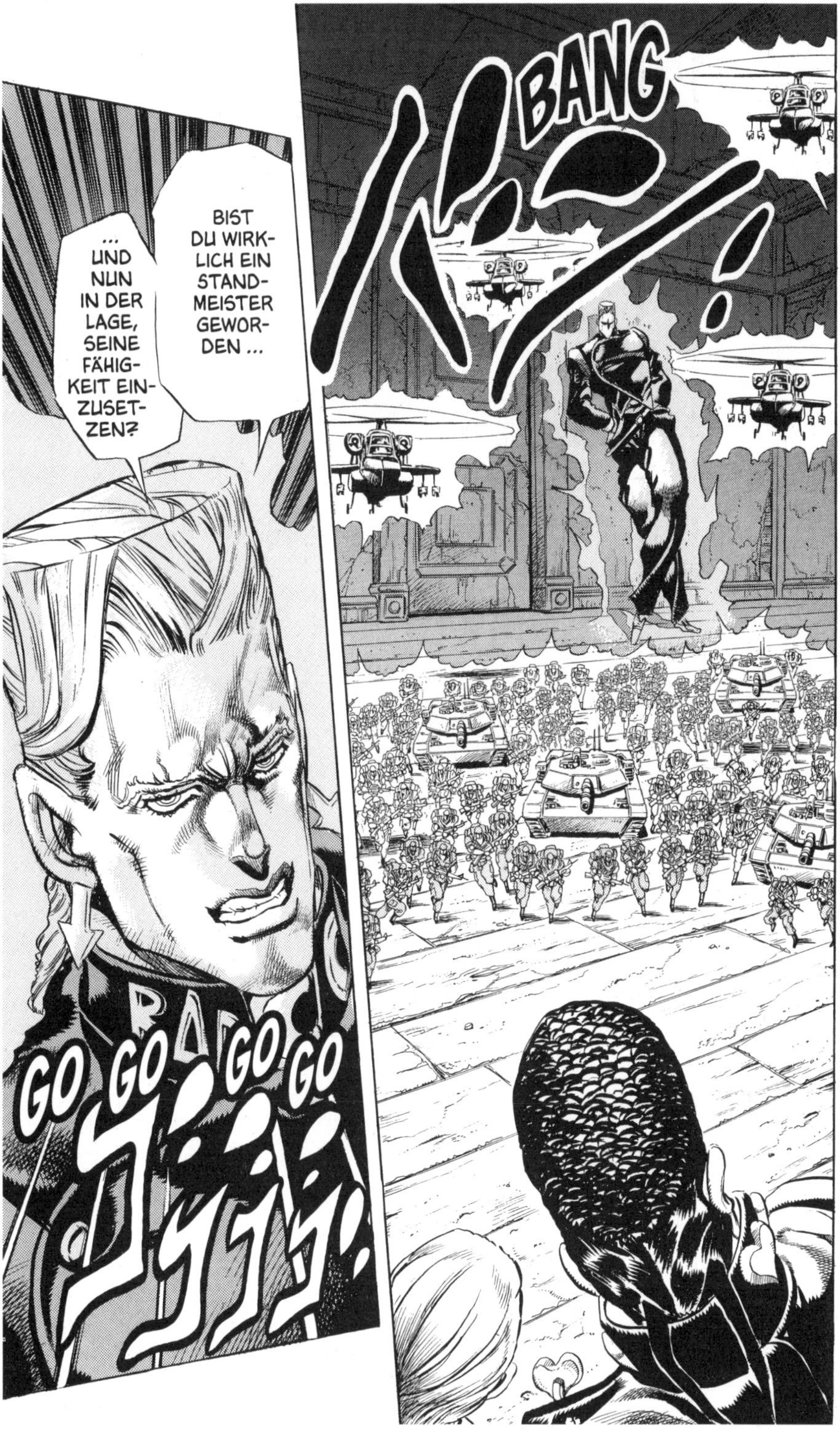
BANG
BIST DU WIRKLICH EIN STANDMEISTER GEWORDEN ...
... UND NUN IN DER LAGE, SEINE FÄHIGKEIT EINZUSETZEN?
GO GO GO GO

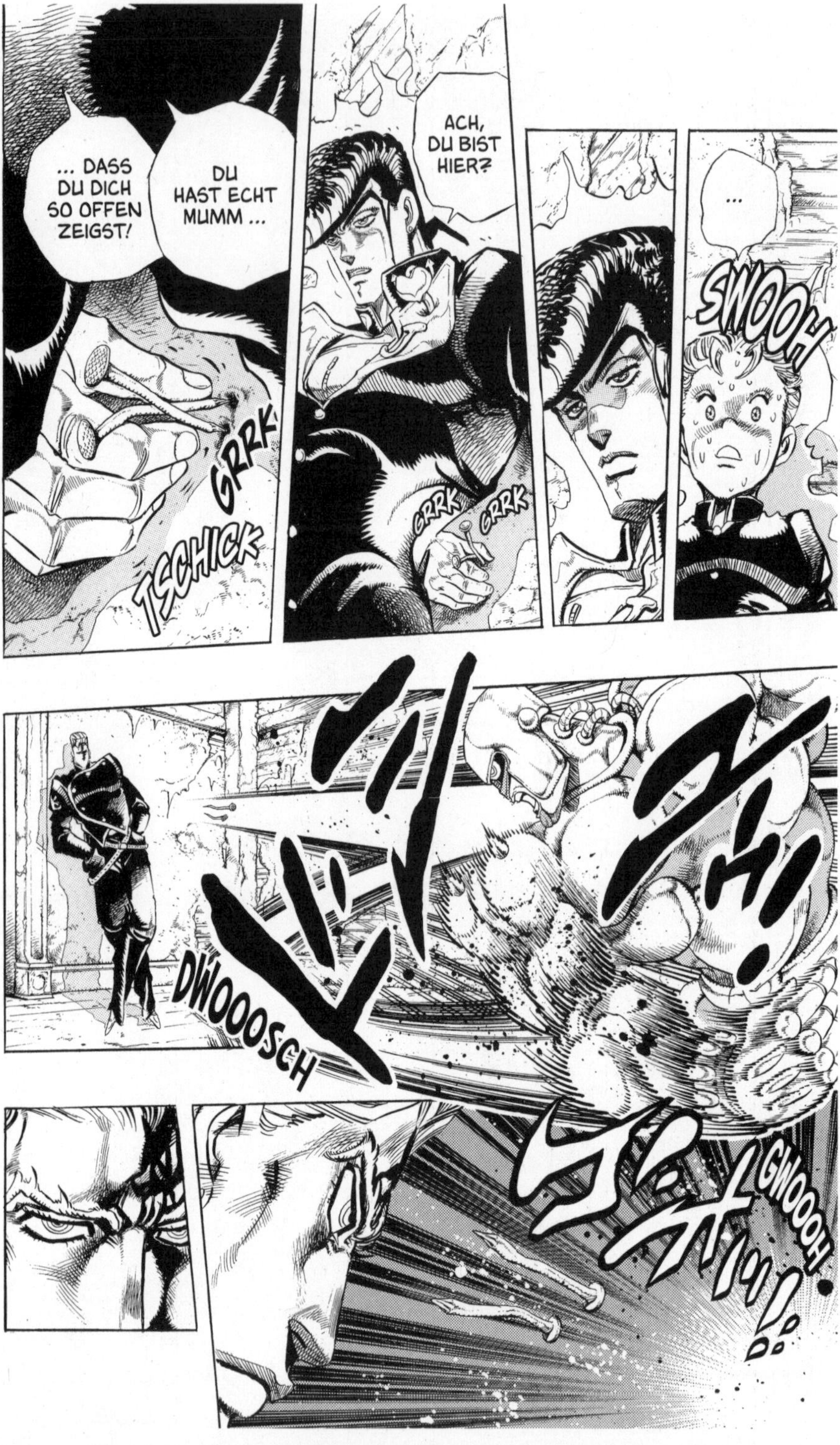
...
SWOOH
ACH, DU BIST HIER?
GRRK
GRRK
DU HAST ECHT MUMM ...
... DASS DU DICH SO OFFEN ZEIGST!
GRRK
TSCHICK
DWOOOOSCH
GWOOOH

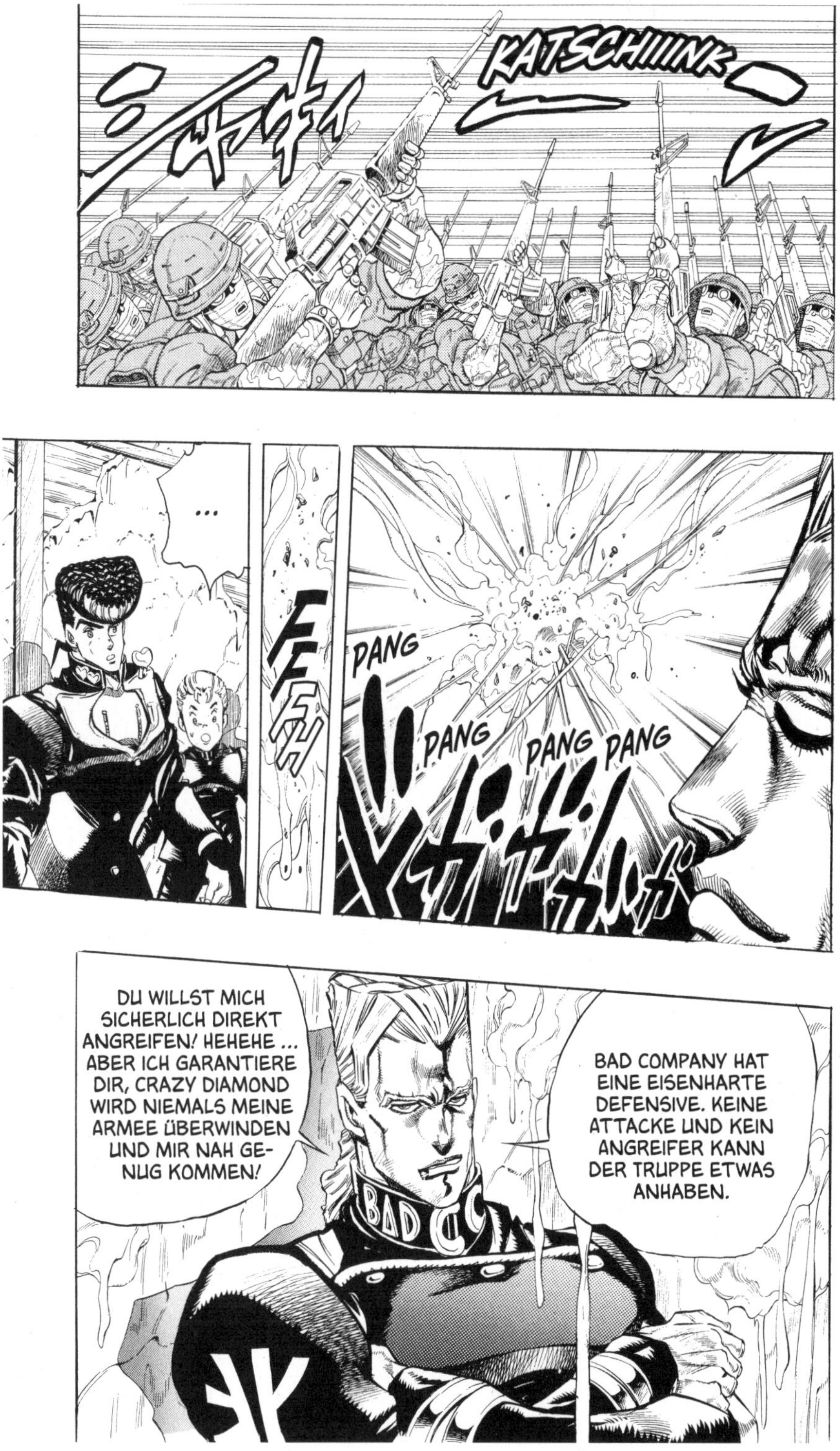
KATSCHIIIINK
...
FFFH
PANG
PANG
PANG PANG
PANG
BAD COMPANY HAT EINE EISENHARTE DEFENSIVE. KEINE ATTACKE UND KEIN ANGREIFER KANN DER TRUPPE ETWAS ANHABEN.
DU WILLST MICH SICHERLICH DIREKT ANGREIFEN! HEHEHE ... ABER ICH GARANTIERE DIR, CRAZY DIAMOND WIRD NIEMALS MEINE ARMEE ÜBERWINDEN UND MIR NAH GENUG KOMMEN!

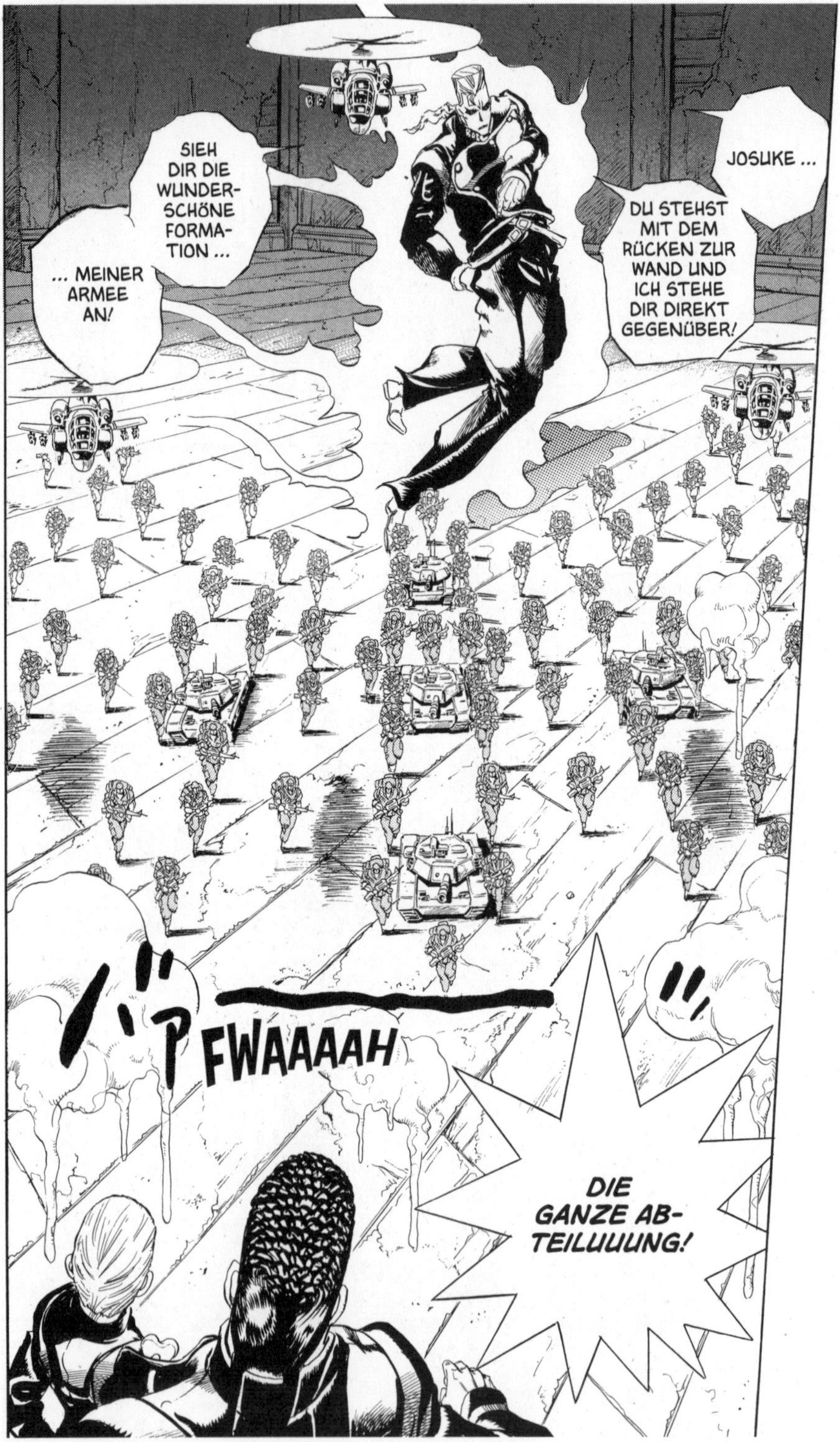
JOSUKE ...
DU STEHST MIT DEM RÜCKEN ZUR WAND UND ICH STEHE DIR DIREKT GEGENÜBER!
SIEH DIR DIE WUNDERSCHÖNE FORMATION ...
... MEINER ARMEE AN!
バァ
FWAAAAH
DIE GANZE ABTEILUUUNG!

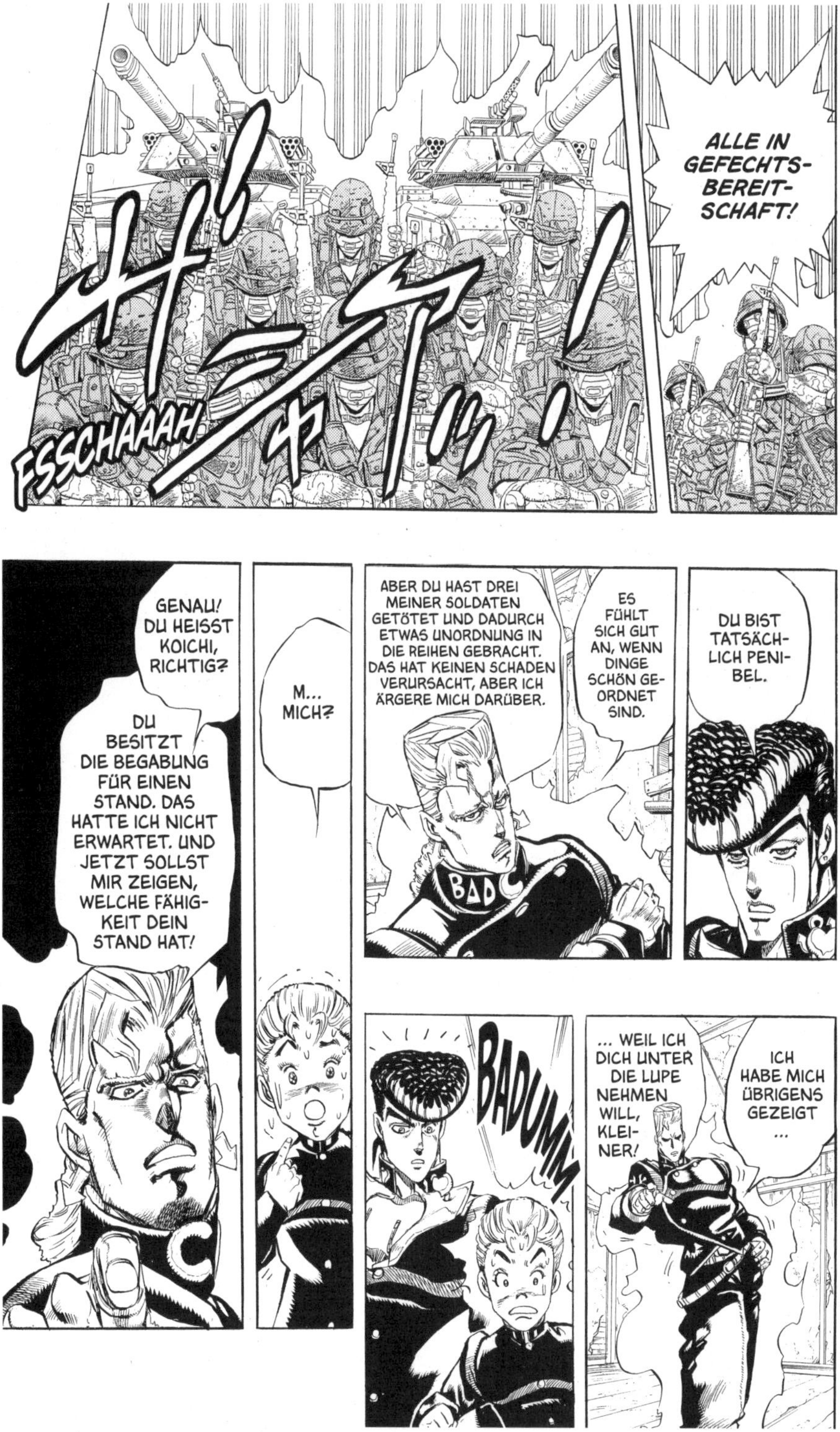
ALLE IN GEFECHTS-BEREIT-SCHAFT!
FSSCHAAAH
DU BIST TATSÄCH-LICH PENI-BEL.
ES FÜHLT SICH GUT AN, WENN DINGE SCHÖN GE-ORDNET SIND.
ABER DU HAST DREI MEINER SOLDATEN GETÖTET UND DADURCH ETWAS UNORDNUNG IN DIE REIHEN GEBRACHT. DAS HAT KEINEN SCHADEN VERURSACHT, ABER ICH ÄRGERE MICH DARÜBER.
ICH HABE MICH ÜBRIGENS GEZEIGT ...
... WEIL ICH DICH UNTER DIE LUPE NEHMEN WILL, KLEINER!
BADUMM
M... MICH?
GENAU! DU HEISST KOICHI, RICHTIG?
DU BESITZT DIE BEGABUNG FÜR EINEN STAND. DAS HATTE ICH NICHT ERWARTET. UND JETZT SOLLST MIR ZEIGEN, WELCHE FÄHIG-KEIT DEIN STAND HAT!

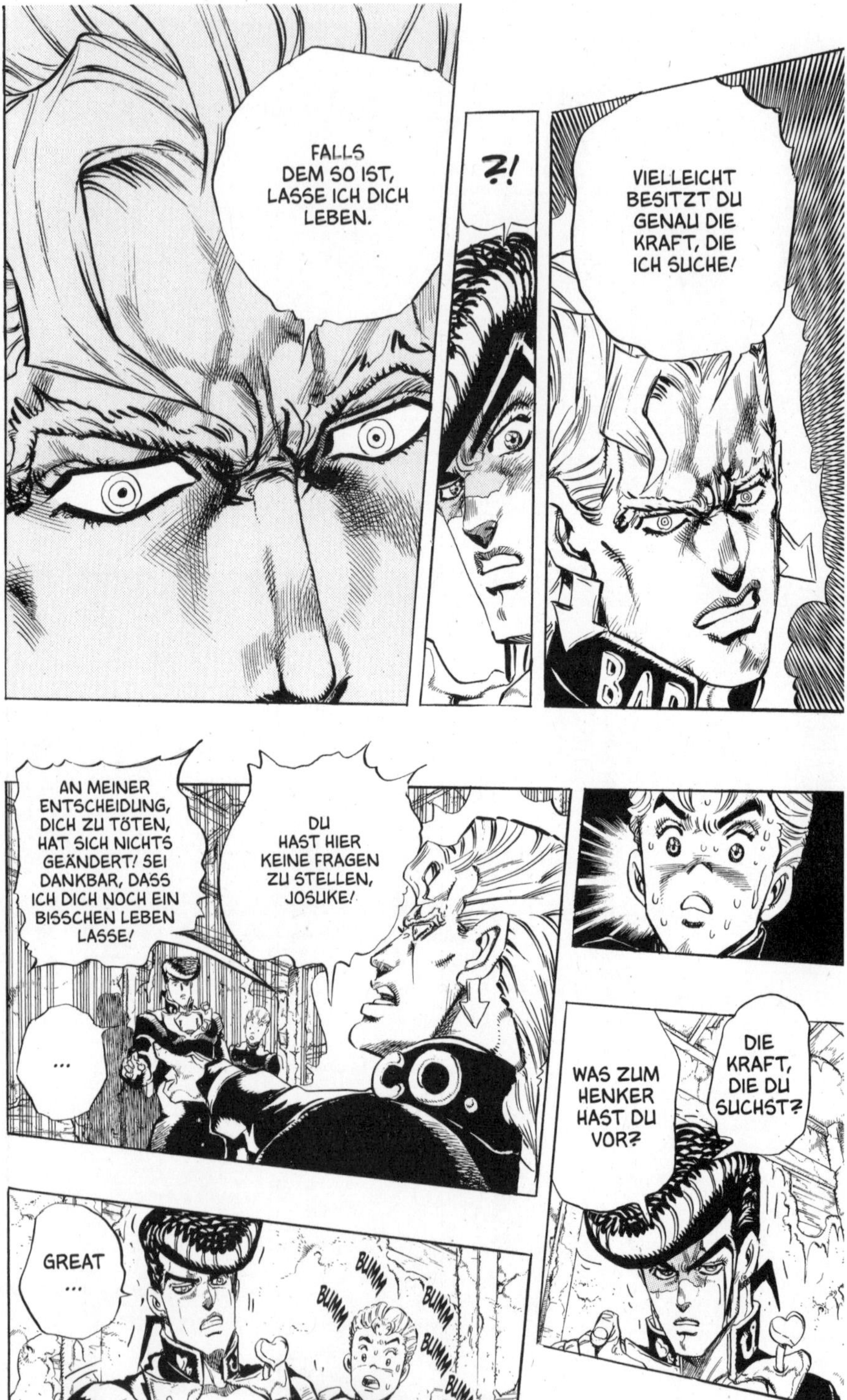

VIELLEICHT BESITZT DU GENAU DIE KRAFT, DIE ICH SUCHE!
?!
FALLS DEM SO IST, LASSE ICH DICH LEBEN.
BAD
DIE KRAFT, DIE DU SUCHST?
WAS ZUM HENKER HAST DU VOR?
DU HAST HIER KEINE FRAGEN ZU STELLEN, JOSUKE!
AN MEINER ENTSCHEIDUNG, DICH ZU TÖTEN, HAT SICH NICHTS GEÄNDERT! SEI DANKBAR, DASS ICH DICH NOCH EIN BISSCHEN LEBEN LASSE!
...
GREAT ...
BUMM BUMM BUMM BUMM BUMM BUMM

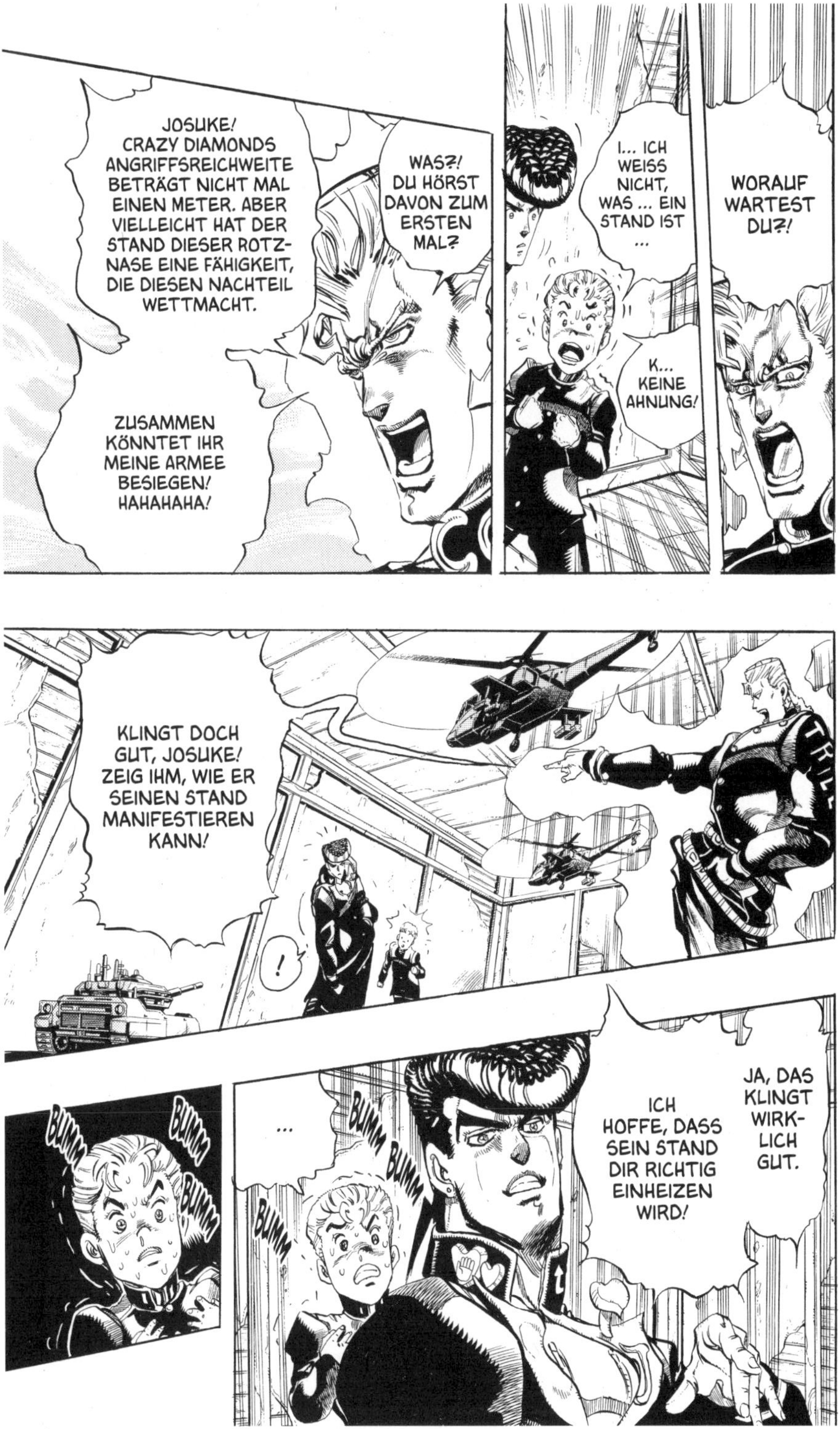

JOSUKE! CRAZY DIAMONDS ANGRIFFSREICHWEITE BETRÄGT NICHT MAL EINEN METER. ABER VIELLEICHT HAT DER STAND DIESER ROTZNASE EINE FÄHIGKEIT, DIE DIESEN NACHTEIL WETTMACHT.
ZUSAMMEN KÖNNTET IHR MEINE ARMEE BESIEGEN! HAHAHAHA!
WAS?! DU HÖRST DAVON ZUM ERSTEN MAL?
I... ICH WEISS NICHT, WAS ... EIN STAND IST ...
K... KEINE AHNUNG!
WORAUF WARTEST DU?!
KLINGT DOCH GUT, JOSUKE! ZEIG IHM, WIE ER SEINEN STAND MANIFESTIEREN KANN!
!
BUMM BUMM BUMM
...
BUMM BUMM BUMM
JA, DAS KLINGT WIRKLICH GUT.
ICH HOFFE, DASS SEIN STAND DIR RICHTIG EINHEIZEN WIRD!

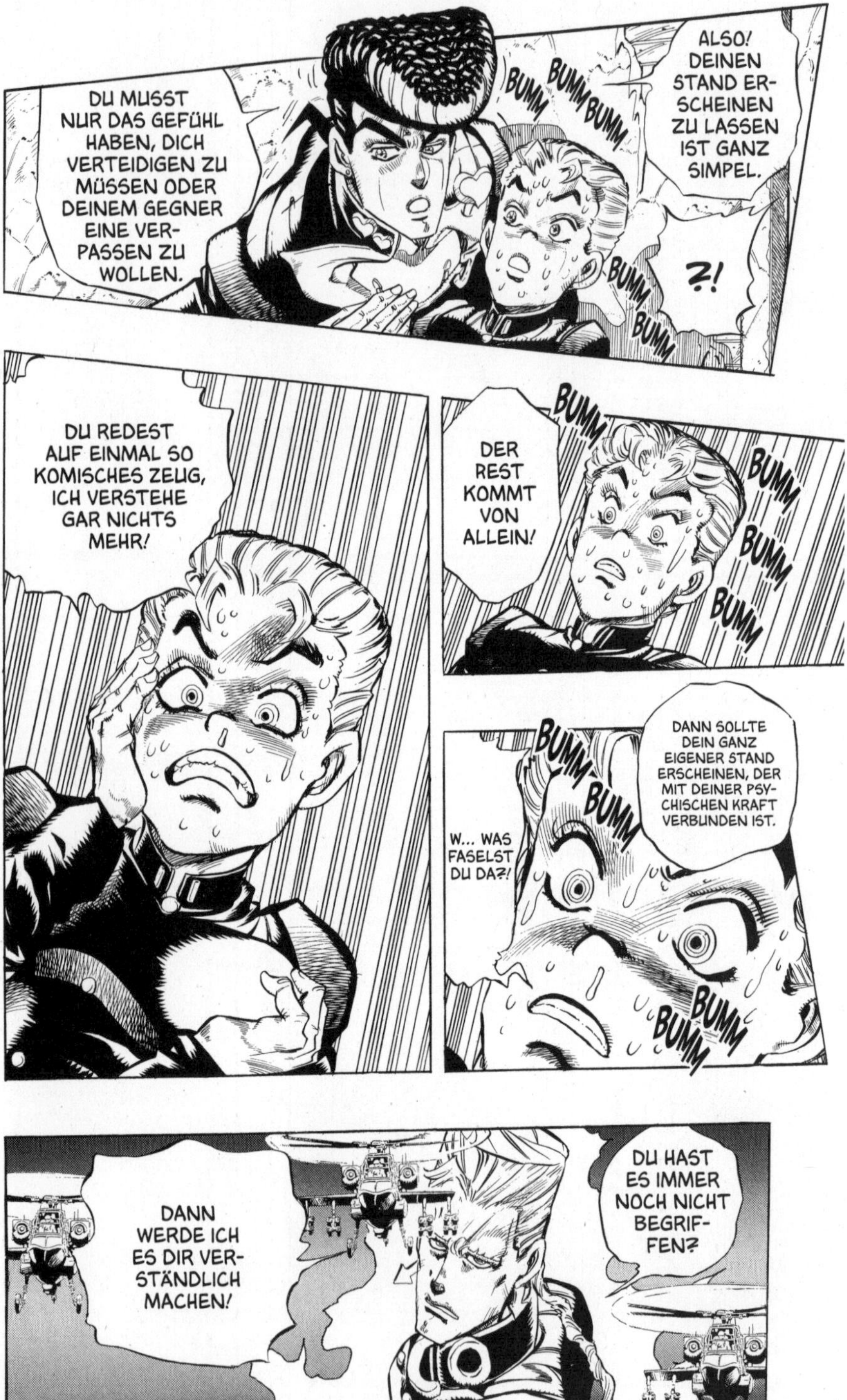
ALSO! DEINEN STAND ERSCHEINEN ZU LASSEN IST GANZ SIMPEL.
BUMM BUMM BUMM
DU MUSST NUR DAS GEFÜHL HABEN, DICH VERTEIDIGEN ZU MÜSSEN ODER DEINEM GEGNER EINE VERPASSEN ZU WOLLEN.
?!
BUMM BUMM
DER REST KOMMT VON ALLEIN!
BUMM BUMM BUMM BUMM
DANN SOLLTE DEIN GANZ EIGENER STAND ERSCHEINEN, DER MIT DEINER PSYCHISCHEN KRAFT VERBUNDEN IST.
W... WAS FASELST DU DA?!
BUMM BUMM BUMM BUMM
DU REDEST AUF EINMAL SO KOMISCHES ZEUG, ICH VERSTEHE GAR NICHTS MEHR!
DU HAST ES IMMER NOCH NICHT BEGRIFFEN?
DANN WERDE ICH ES DIR VERSTÄNDLICH MACHEN!

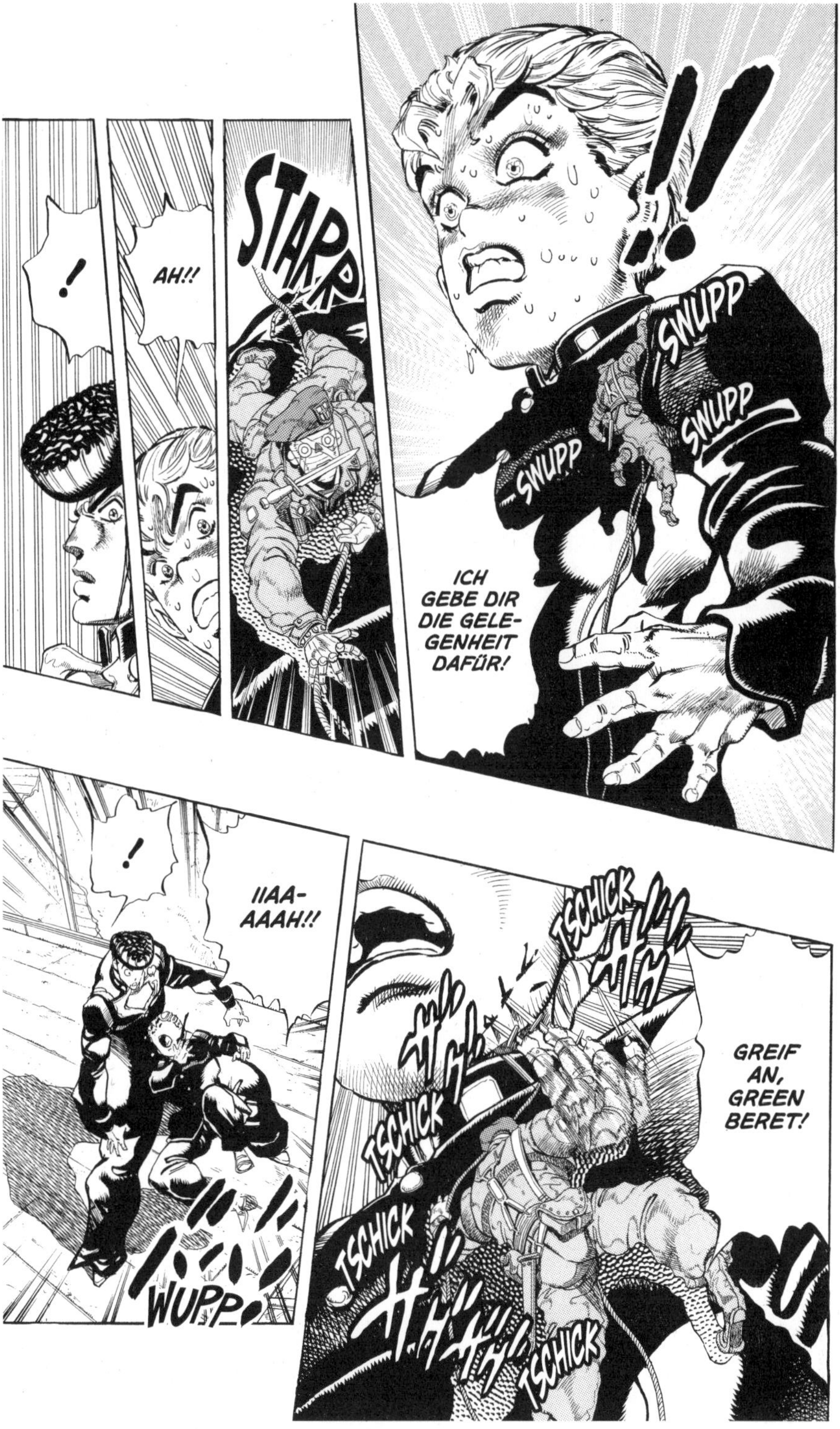

SWUPP
SWUPP
SWUPP
ICH GEBE DIR DIE GELE-GENHEIT DAFÜR!
STARR
AH!!
!
GREIF AN, GREEN BERET!
TSCHICK
TSCHICK
TSCHICK
TSCHICK
IIAA-AAAH!!
!
WUPP

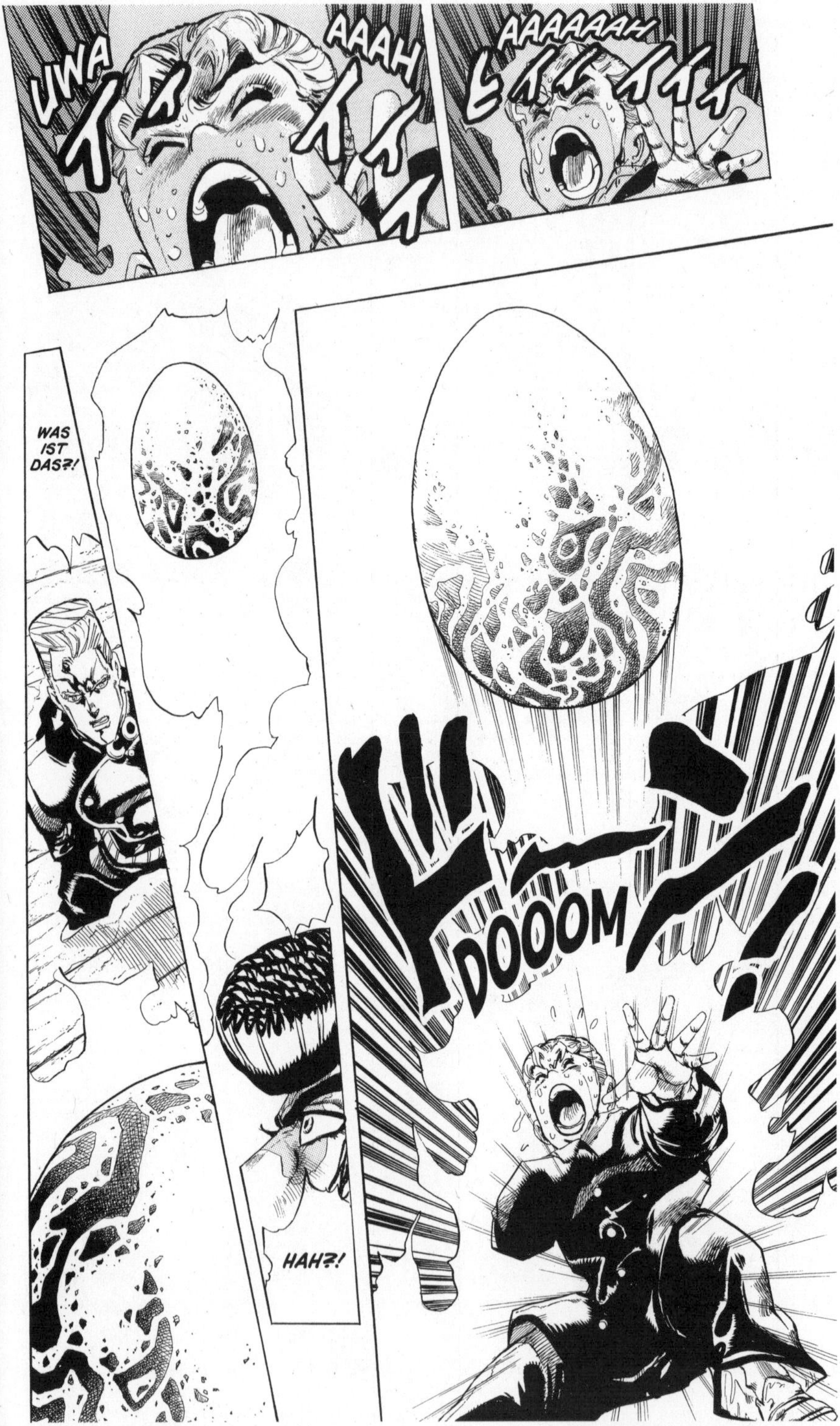
AAAAAAH
UWA
AAAH
DOOOM
HAH?!
WAS IST DAS?!

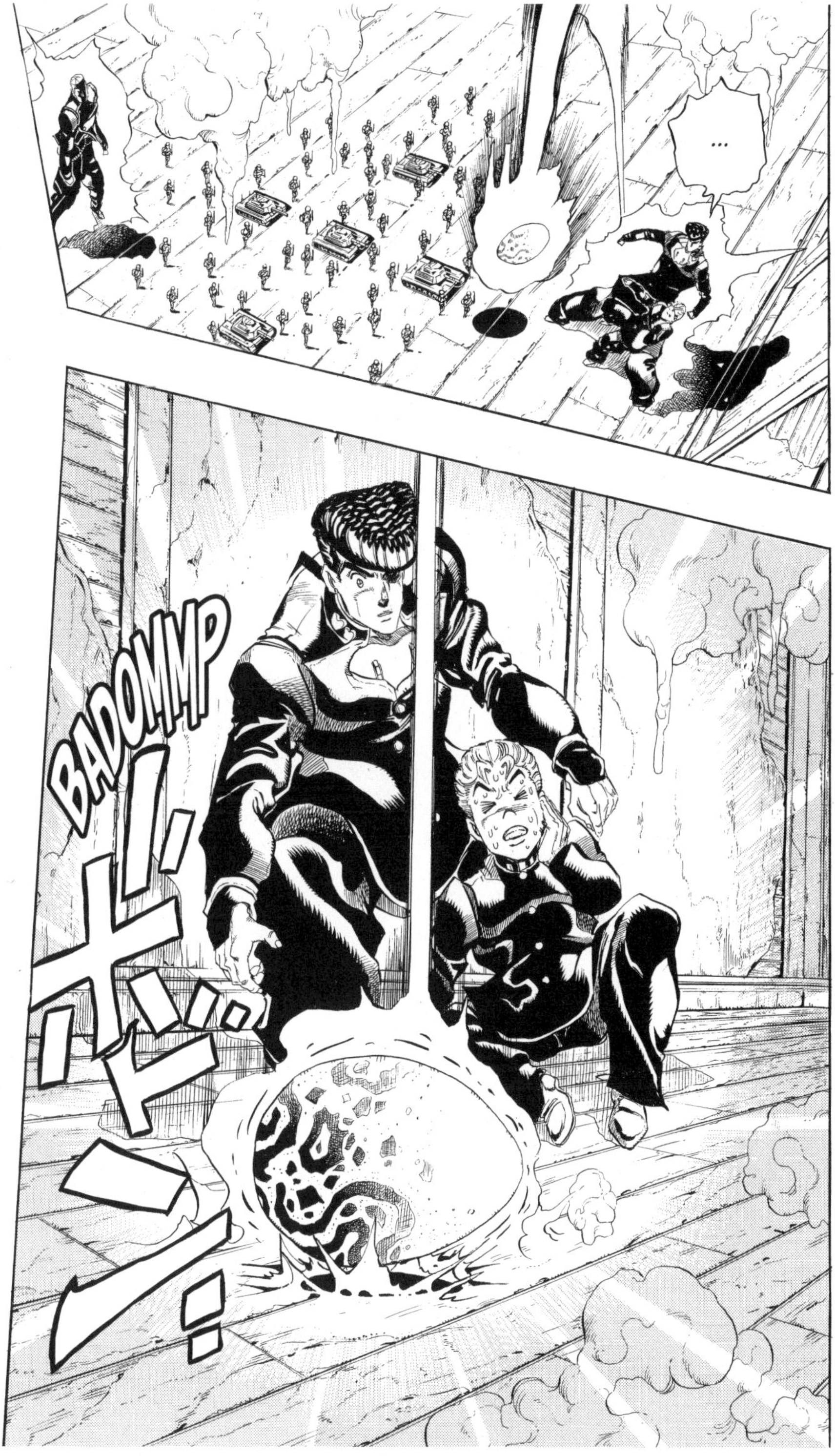
...
BADOMMP

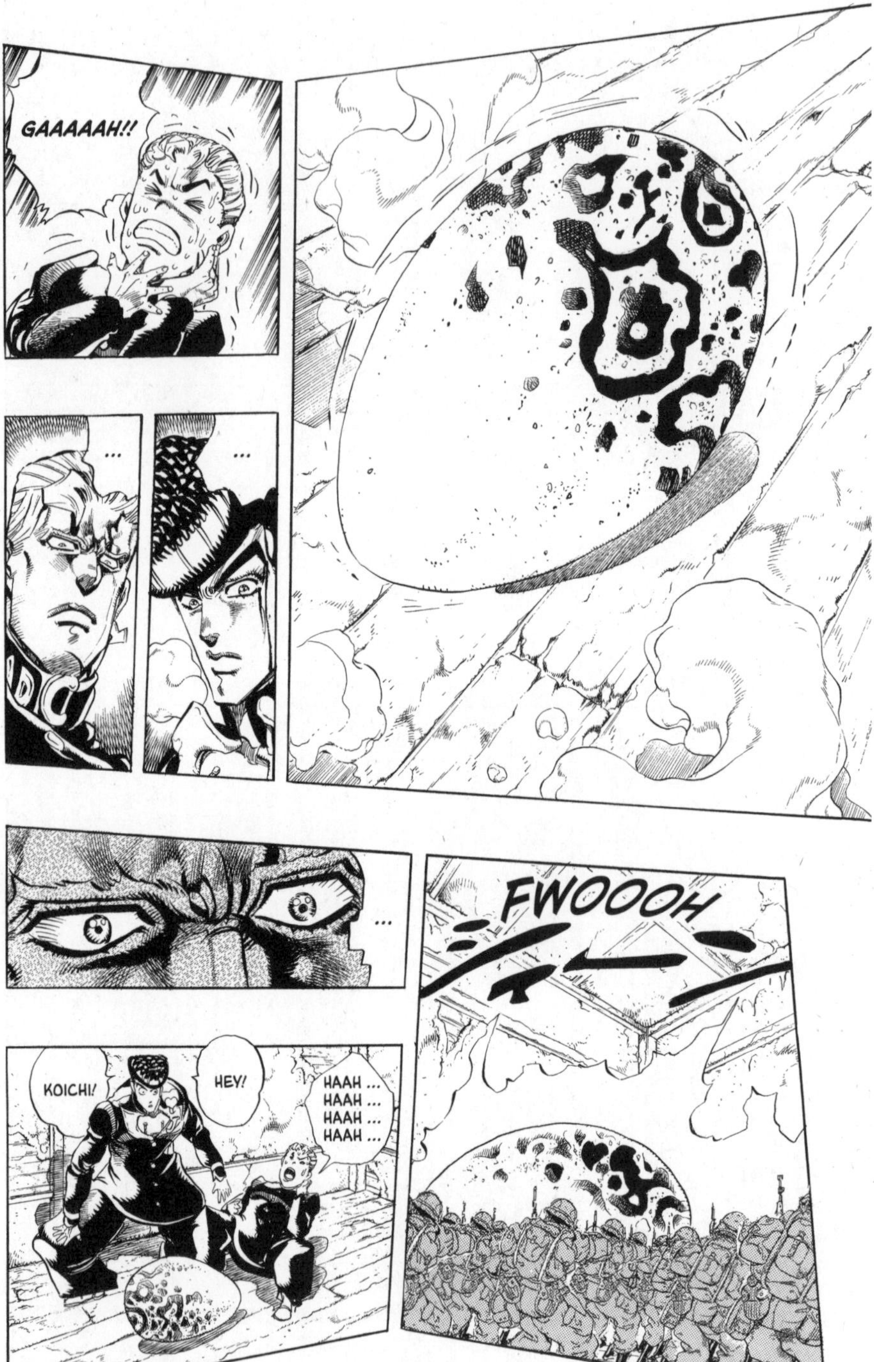
GAAAAAH!!
...
...
...
FWOOOH
HEY!
KOICHI!
HAAH ...
HAAH ...
HAAH ...
HAAH ...

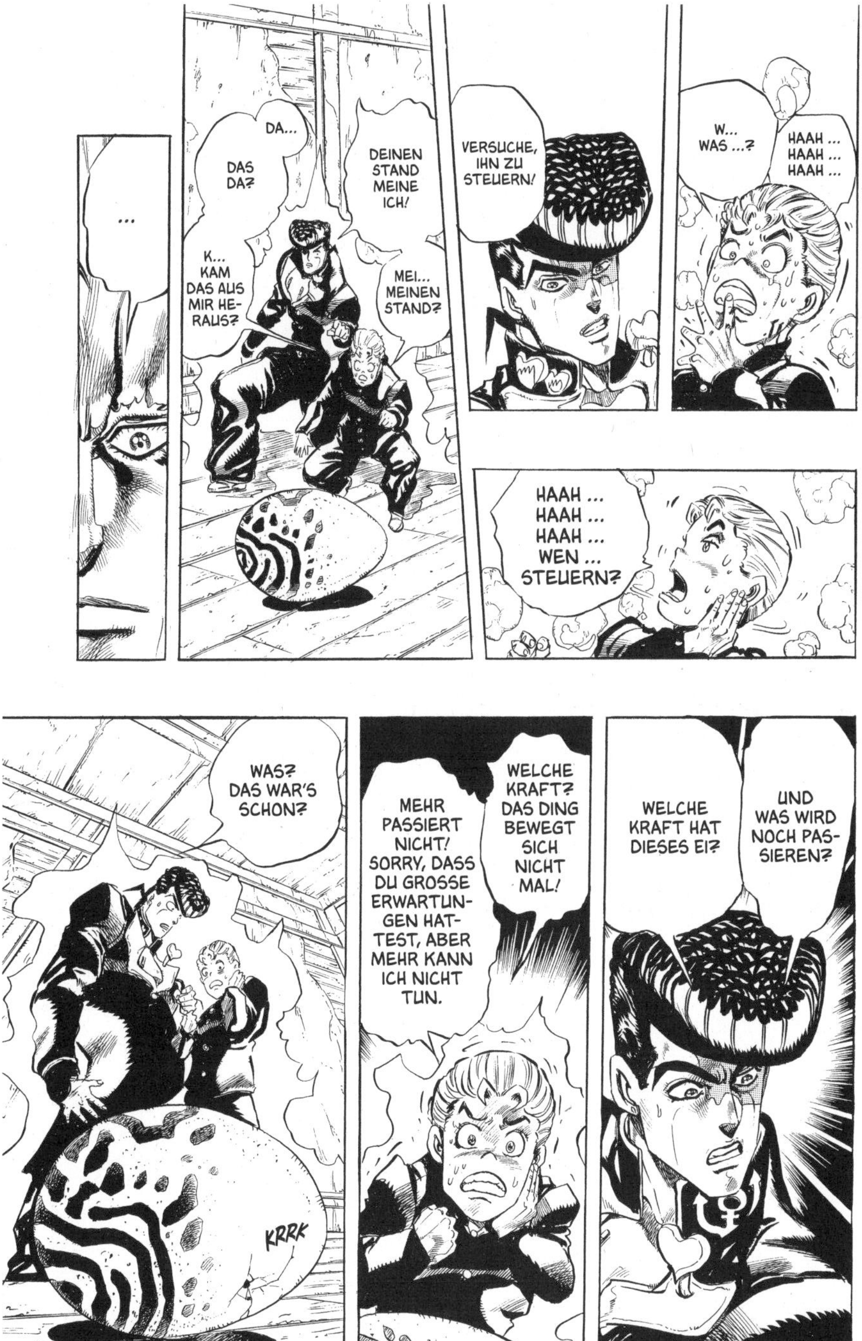
HAAH ... HAAH ... HAAH ...
W... WAS ...?
VERSUCHE, IHN ZU STEUERN!
HAAH ... HAAH ... HAAH ... WEN ... STEUERN?
DA...
DAS DA?
DEINEN STAND MEINE ICH!
MEI... MEINEN STAND?
K... KAM DAS AUS MIR HERAUS?
...
UND WAS WIRD NOCH PASSIEREN?
WELCHE KRAFT HAT DIESES EI?
WELCHE KRAFT? DAS DING BEWEGT SICH NICHT MAL!
MEHR PASSIERT NICHT! SORRY, DASS DU GROSSE ERWARTUNGEN HATTEST, ABER MEHR KANN ICH NICHT TUN.
WAS? DAS WAR'S SCHON?
KRRK

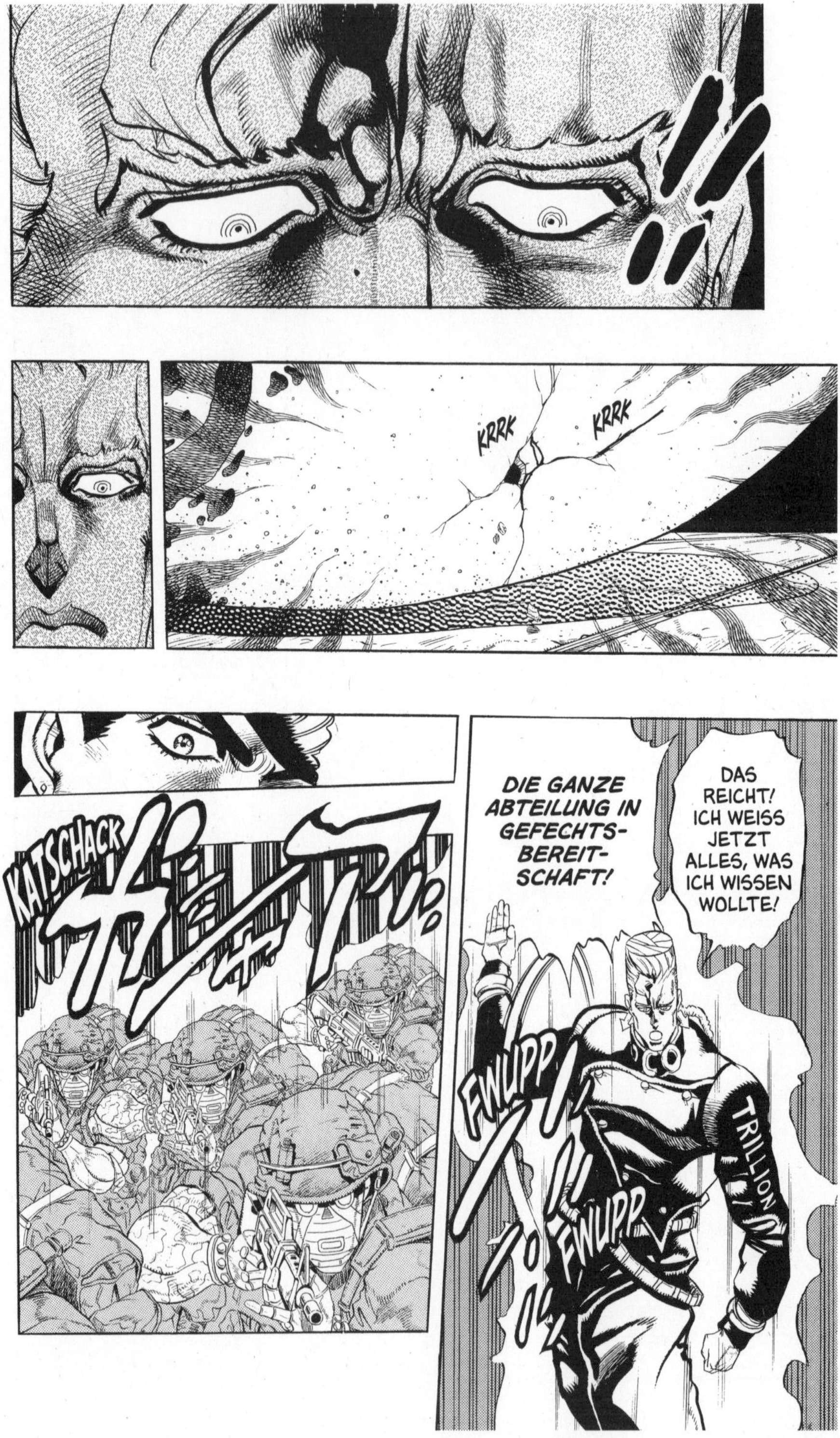
KRRK
KRRK
DAS REICHT! ICH WEISS JETZT ALLES, WAS ICH WISSEN WOLLTE!
DIE GANZE ABTEILUNG IN GEFECHTS-BEREIT-SCHAFT!
FWUPP
FWUPP
TRILLION
KATSCHACK

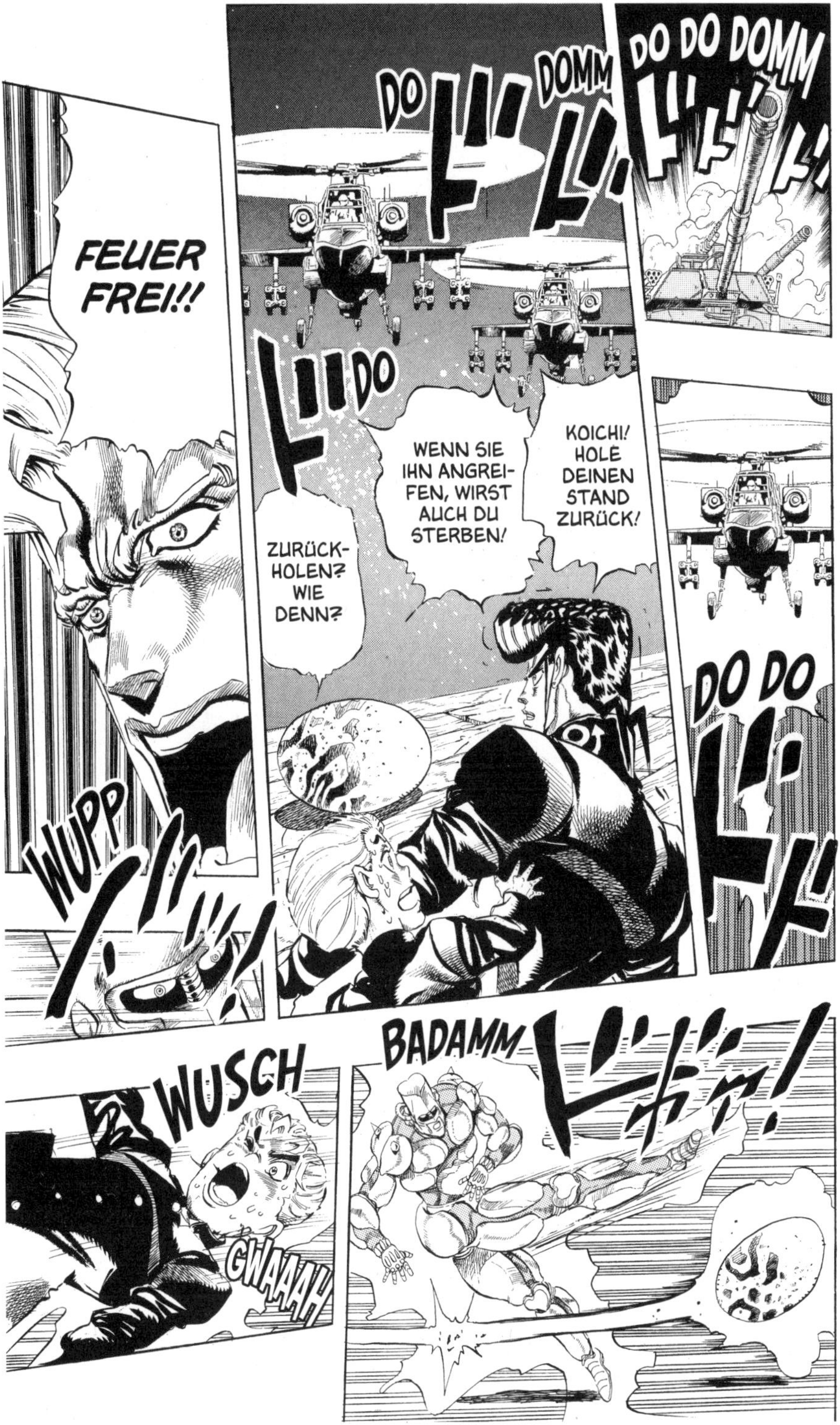
DO DO DOMM
DO
DOMM
DO
KOICHI! HOLE DEINEN STAND ZURÜCK!
WENN SIE IHN ANGREIFEN, WIRST AUCH DU STERBEN!
ZURÜCKHOLEN? WIE DENN?
DO DO
FEUER FREI!!
WUPP
BADAMM
WUSCH
GWAAAH

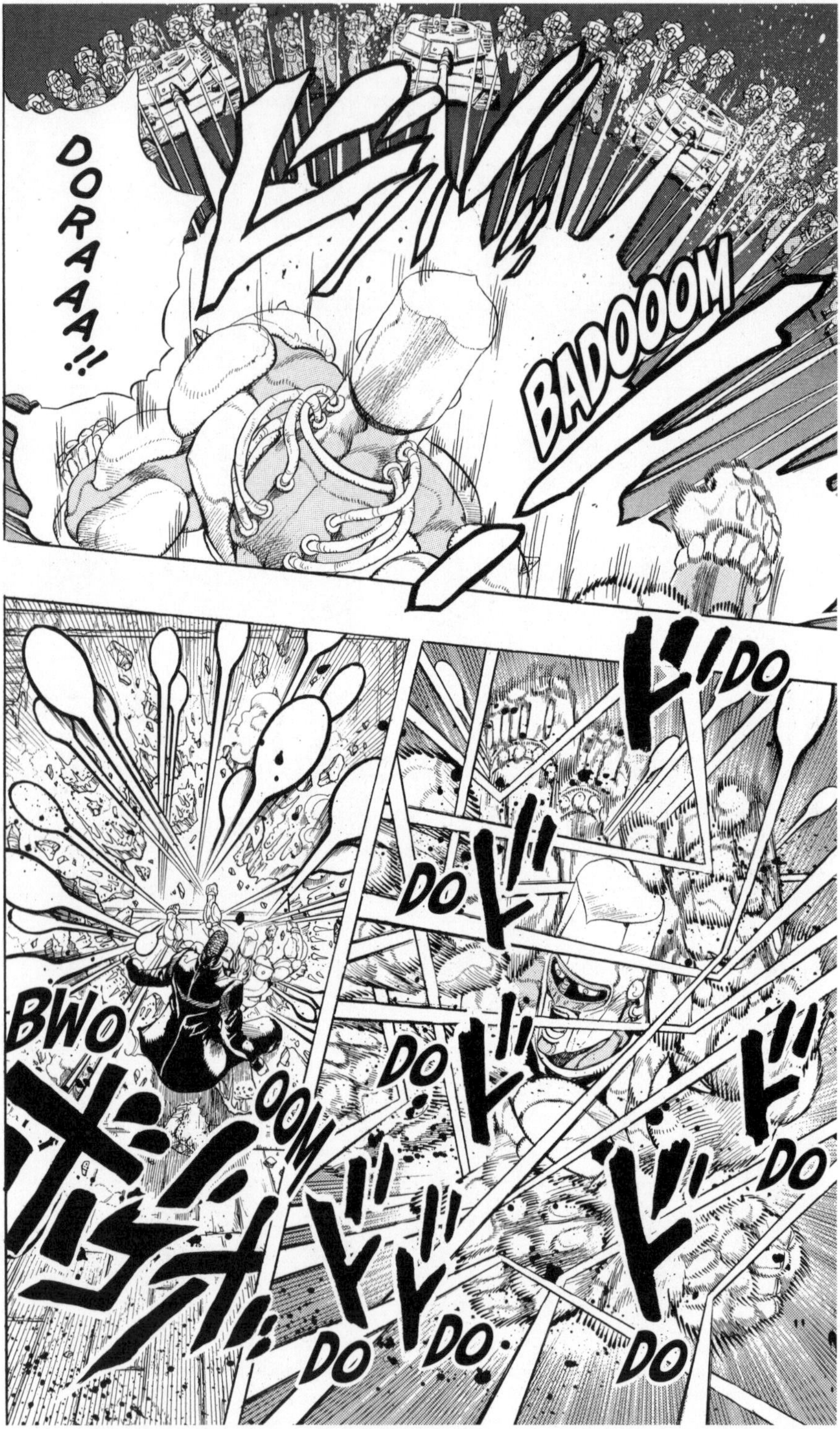
DORAAAA!!
BADOOOM
ド DO
DO ド
DO ド
ド DO
DO
DO
DO
BWOOOM

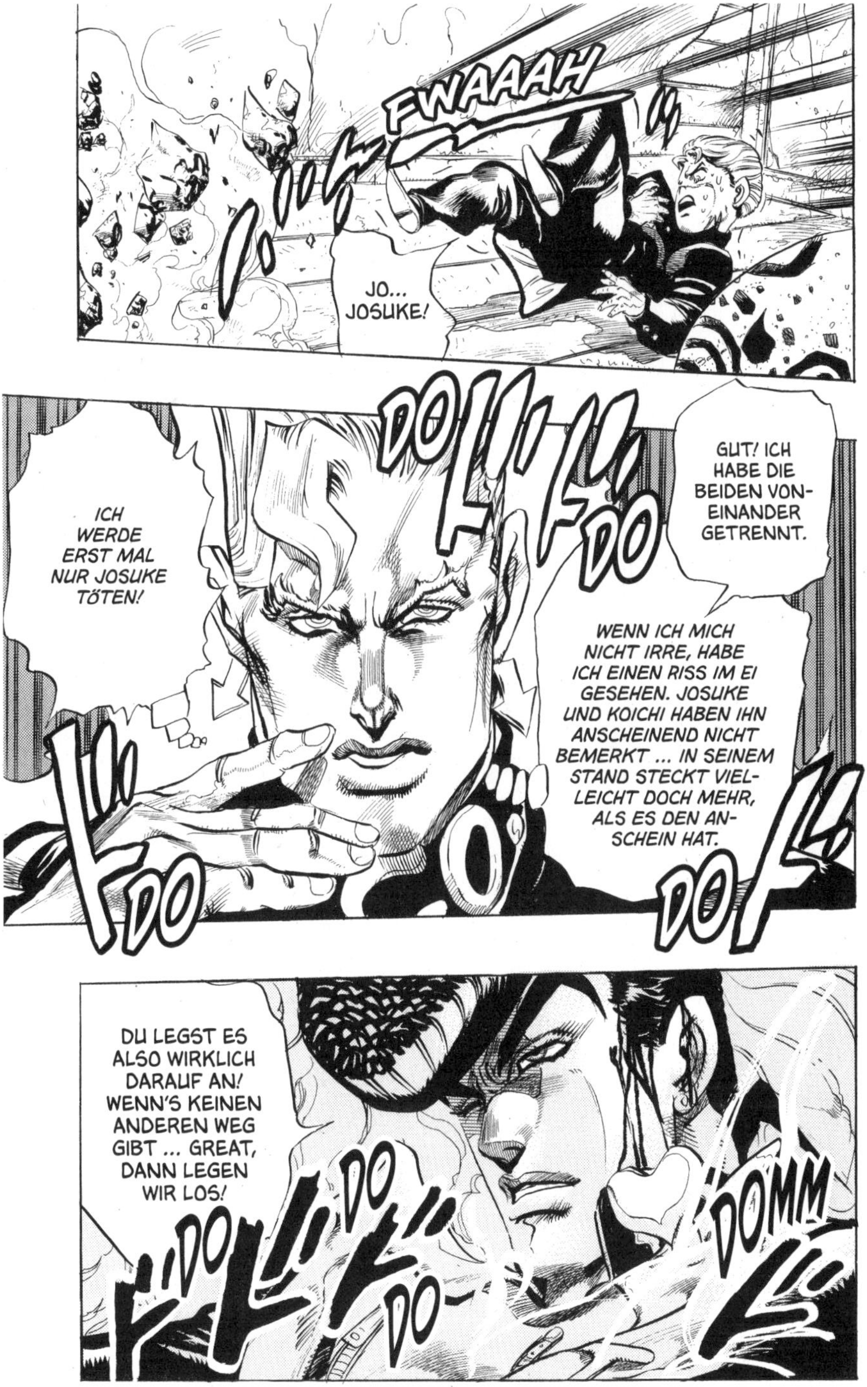

JoJo's Bizarre Adventure Part 04 Band 01 – ENDE

Nachwort

Die Hauptfigur Josuke Higashikata ist diese Art von Charakter, die ich am liebsten zeichne. Er ist ein Freigeist und sein Humor bleibt stets in Maßen, was ihm einen taffen Eindruck verleiht. Ich mag auch die Melancholie, die bei ihm zu Hause herrscht.

Als ich mich damals mit meinem Ansprechpartner in der Redaktion traf, sagte ich ihm, dass Josuke eine „Schmalztolle" im Stil der 50er Jahre bekommen soll. Darauf antwortete er: „Würde das nicht etwas altmodisch wirken?" In der Welt der Manga bewegt man sich im Comedy-Genre, wenn Schmalztollen und Schuluniformen ins Spiel kommen. Aber ich fand, dass diese Frisur im Jahr 1999 originell wirken würde. Josuke Higashikata, der großen Wert auf seine Haare legt, schien wie dafür gemacht, als Hauptcharakter die Stadt Morioh zu beschützen.

„Stardust Crusaders", der dritte Part von „JoJo", handelt von einer Reise von Tokyo nach Ägypten, und die Gegner, die während dieser Reise auftauchen, sollten die Protagonisten ständig verfolgen und sie attackieren. Diesmal wollte ich den Feind so darstellen, dass er wie eine Spinne geduldig wartet und den Helden in seine Falle laufen lässt.

Für mich war es also selbstverständlich, dass der Schauplatz für „Diamond is Unbreakable" eine Stadt ist. Ich wollte, dass die Leserschaft sich fühlt, als würde sie selbst dort leben. „Wenn ich die Straße hinunterlaufe und um die Ecke gehe, ist dort der Bäcker." – So in der Art. Mir fiel das Zeichnen leichter, wenn ich mir meine Heimatstadt Sendai in der Präfektur Miyagi vorstellte, in der ich während meiner Kindheit gelebt hatte.

Die Felder und Wälder, in denen ich als Kind gespielt hatte und Fahrrad fahren war, wurden in den späten 70er Jahren und den 80ern schlagartig für Baumaßnahmen erschlossen.

Viele neue Orte entstanden außerhalb Sendais. Die Straßen, Häuser und Gärten waren funkelnagelneu und alle schienen glücklich darüber. Aber damals habe ich gehört, dass sich in den Bergen alte Gräber befanden, dass es dort spuke und gefährlich war, dass in den Bunkern aus dem Zweiten Weltkrieg Menschen ermordet worden waren und dass im Sumpf Leichen von Selbstmördern lagen. Diese Stellen wurden geebnet oder zugeschüttet und dort entstanden neue Orte. Ich habe mich gefragt, wohin die Geister wohl gegangen sein mögen. Und ich stellte mir vor, dass diese neuen Orte auf den ersten Blick friedlich und schön erschienen, aber die Realität vielleicht anders aussah.

Die Stadt Morioh basiert auf diesem Gedanken. Morioh ist der zentrale Schauplatz von „Diamond is Unbreakable“. Die Stadt steht auch symbolisch für Kritik an zerstörter Heimat und Nostalgie im Namen von Stadtentwicklung. Und man kann nie wissen, was die friedvollen und glücklich aussehenden Menschen in ihren Häusern wirklich treiben. Dieses Gefühl passt zu den Menschen in Morioh.

In der zweiten Hälfte von „Diamond is Unbreakable“ taucht ein Mörder auf, welcher der eigentliche Antagonist dieses Parts ist. Über ihn werde ich in einem späteren Nachwort noch einmal sprechen.

Wie dem auch sei – von allen „JoJo"-Parts hat „Diamond is Unbreakable" für den meisten Gesprächsstoff in meiner Familie und unter Freunden gesorgt. Sie hatten große Freude damit und es fielen schon Sätze wie: „Er war die Vorlage für den Charakter, oder?", „Benutze nicht meinen Namen!" und „Du hast meinen Spruch geklaut!" Ich kann mich noch erinnern, welch großen Spaß es mir gemacht hat, mein Lieblingsessen, Mode sowie verschiedene Geschäfte zu zeichnen. In diesem Part fiel es mir schwer, mich zu bremsen und nicht meine eigenen Interessen zu sehr mit einfließen zu lassen, damit nicht die gruselige Atmosphäre ruiniert wird.

Wenn ich die Gelegenheit hätte, würde ich noch mehr Orte zeichnen, die ich vorher nicht gezeigt habe, und ich würde weitere Charaktere zeichnen, um ein noch detaillierteres Morioh zu erschaffen. Eigentlich will ich die Charaktere nicht allzu sehr ins Herz schließen, aber ich mag sie nun mal. Die Bewohner Moriohs, dieser kleinen Stadt auf dem Weg ins 21. Jahrhundert!

Hirohiko Araki

SKETCH
JOJO'S BIZARRE ADVENTURE
PART 4 Diamond is Unbreakable

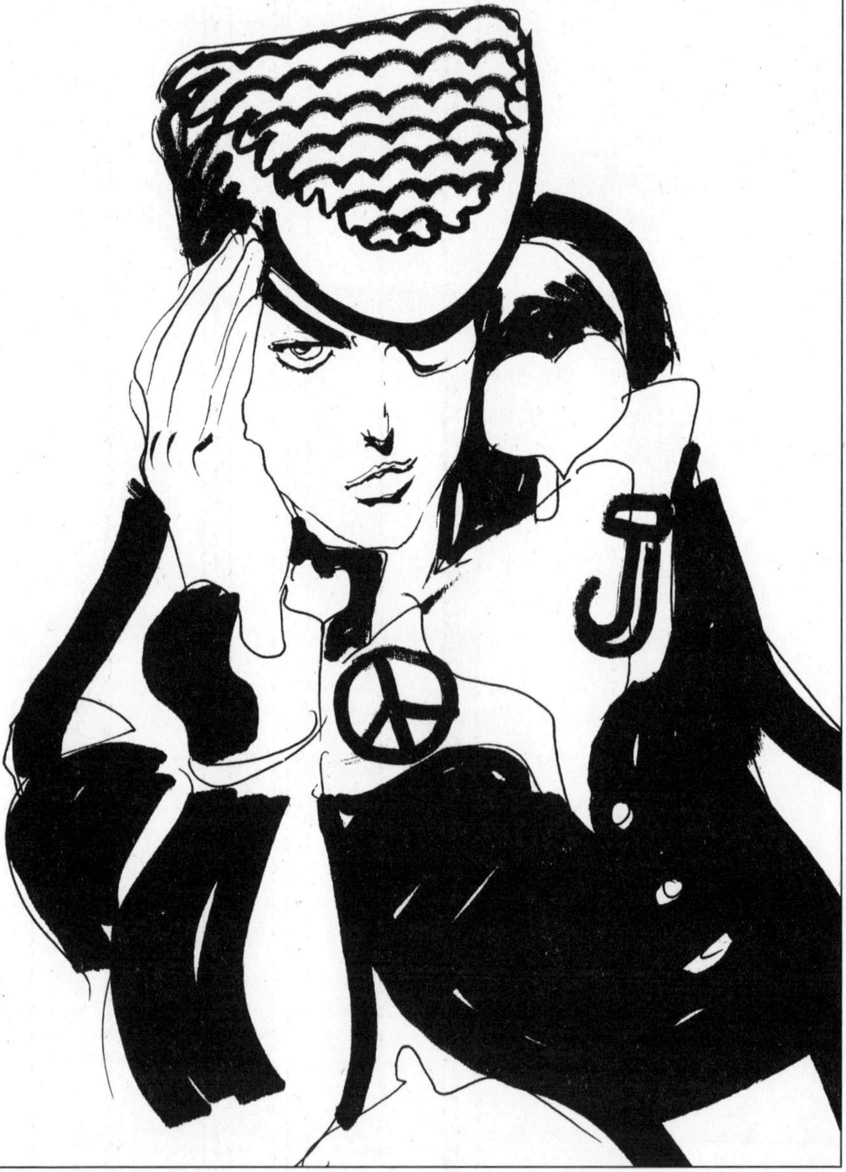

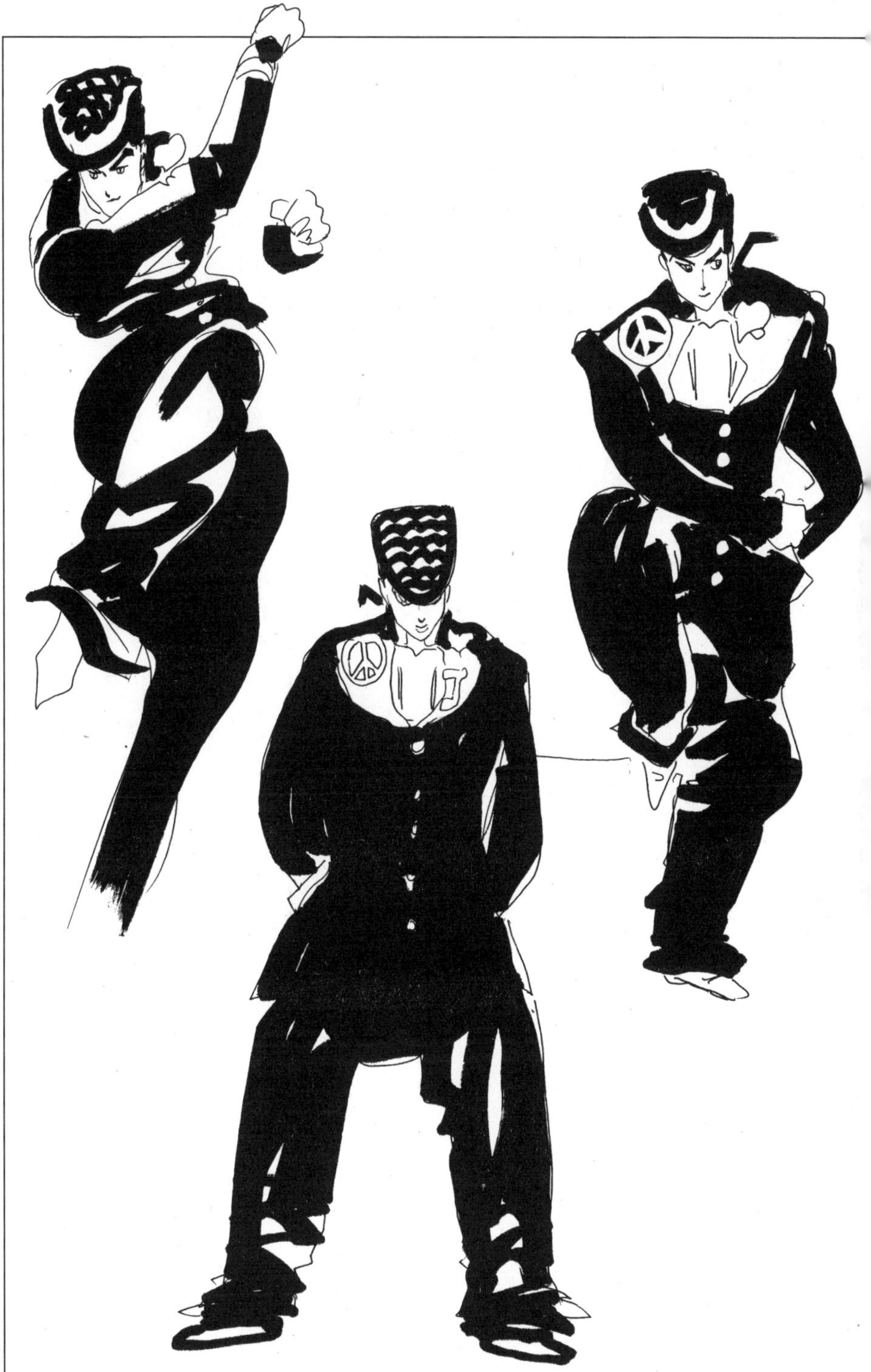

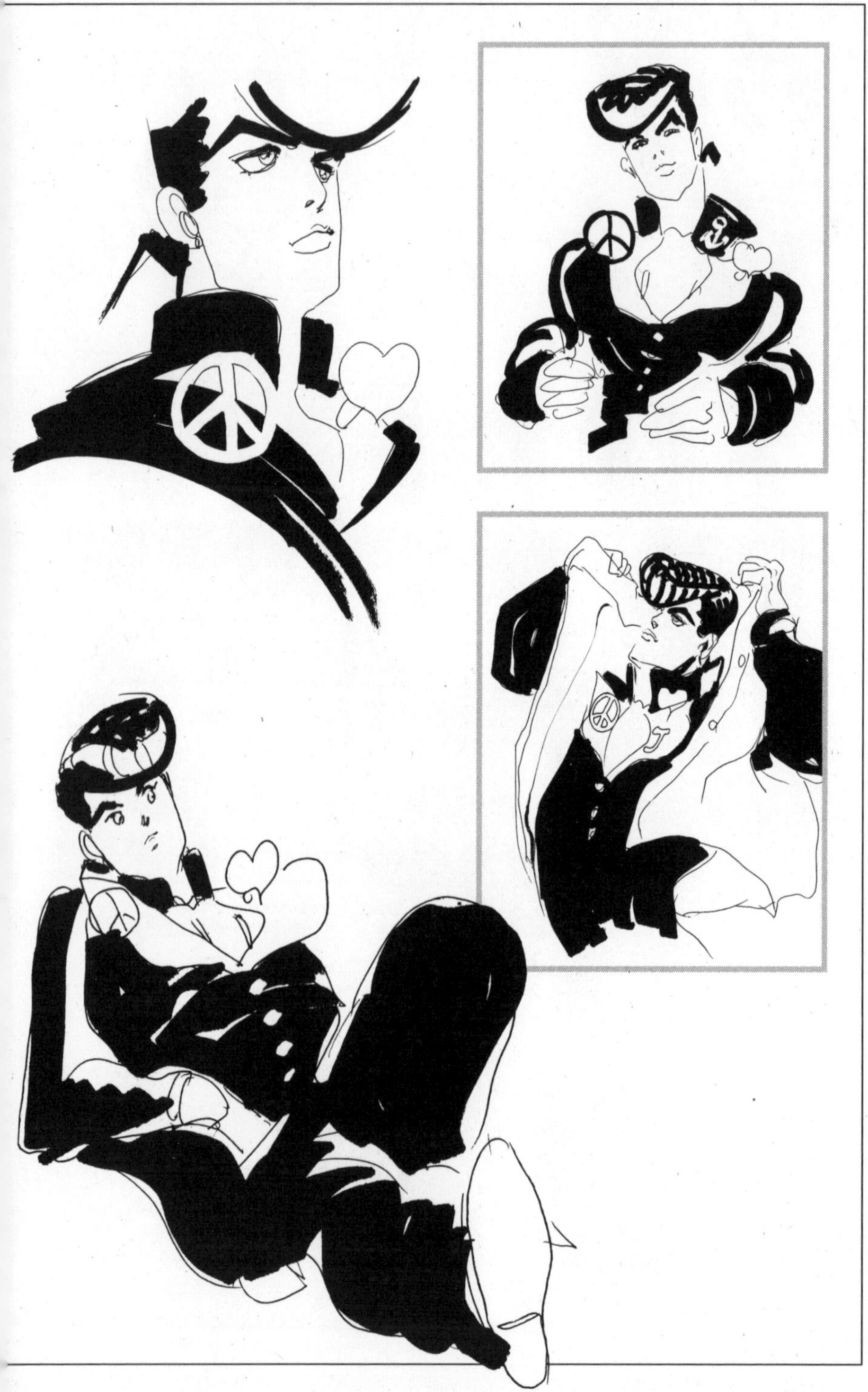

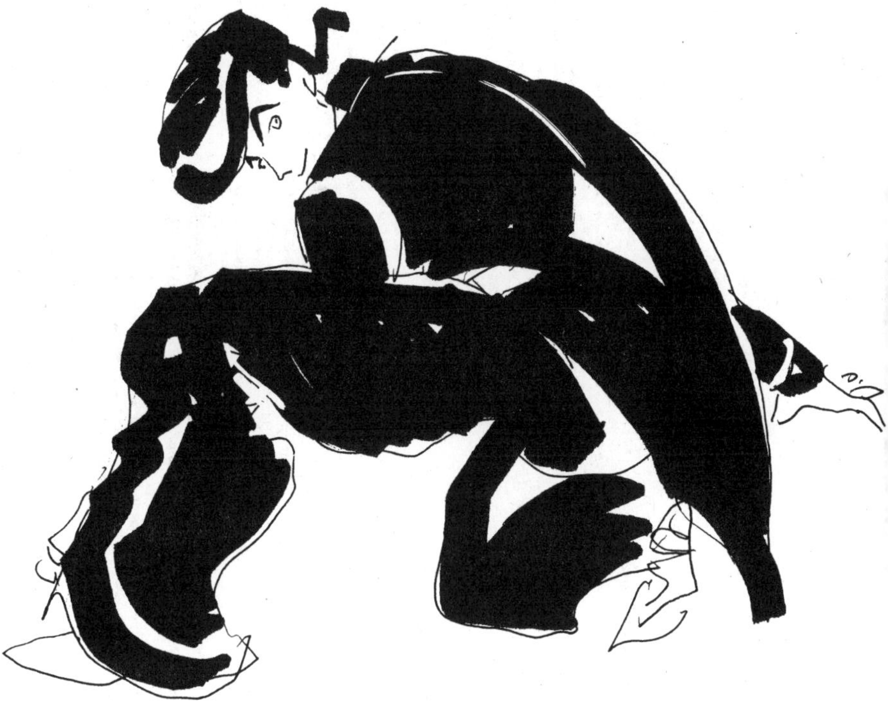

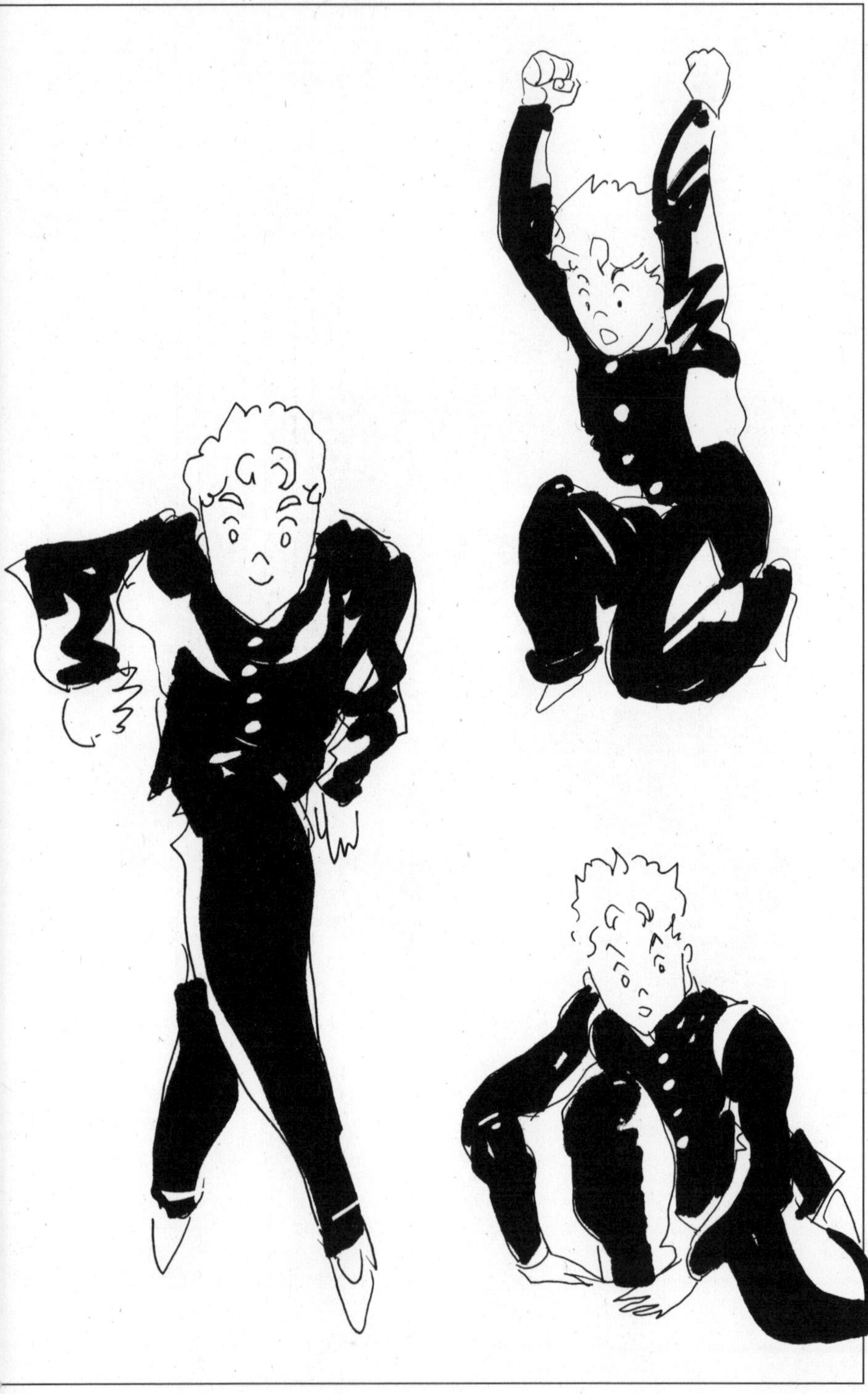

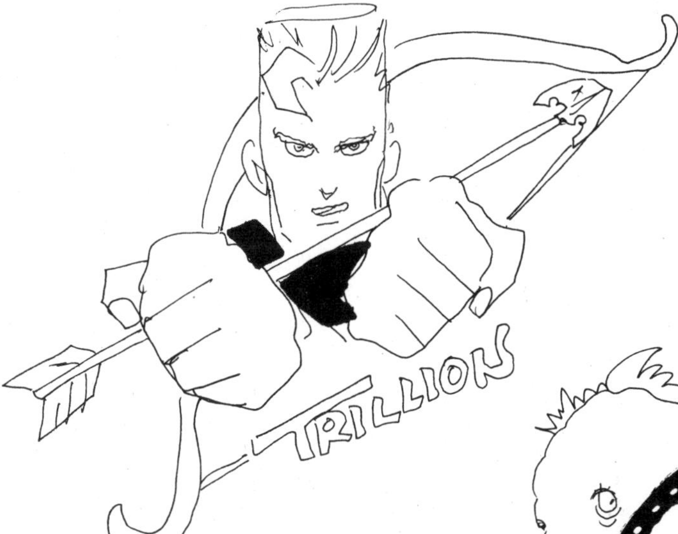

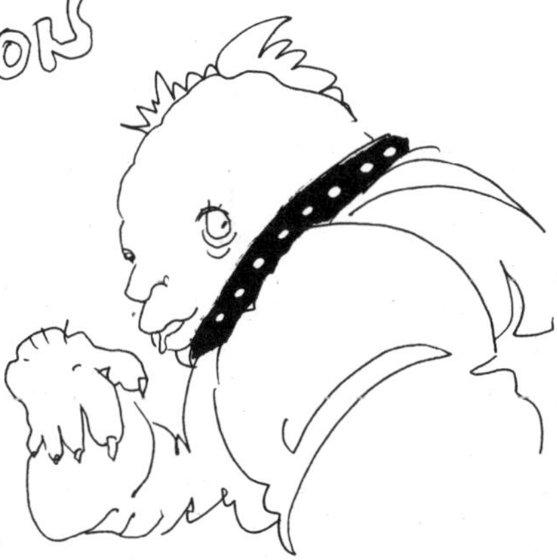

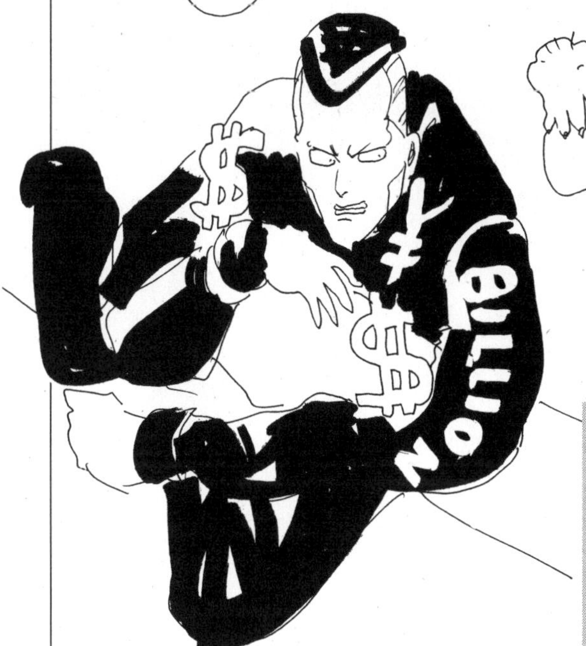

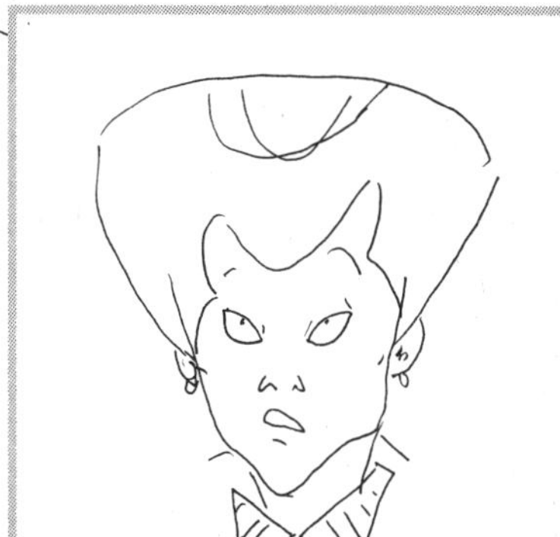

SKETCH

JOJO'S BIZARRE ADVENTURE
PART 4 Diamond is Unbreakable

Der Inhalt dieses Bandes
erschien zuerst im Weekly Shonen Jump,
Ausgabe 27 bis 41 des Jahres 1992.

(Dieser Sammelband wurde vom Verlag Shueisha unter dem Label
Jump Comics ursprünglich in zwei Einzelbänden im November 1992
und Januar 1993 publiziert.)

STOPP!

STOPP! DIES IST DIE LETZTE SEITE!

JOJO'S BIZARRE ADVENTURE ist ein Manga, und einen japanischen Comic liest man von hinten nach vorne. Auch die Lesereihenfolge der Bilder und Sprechblasen auf den Seiten ist anders als gewohnt: von rechts oben nach links unten.

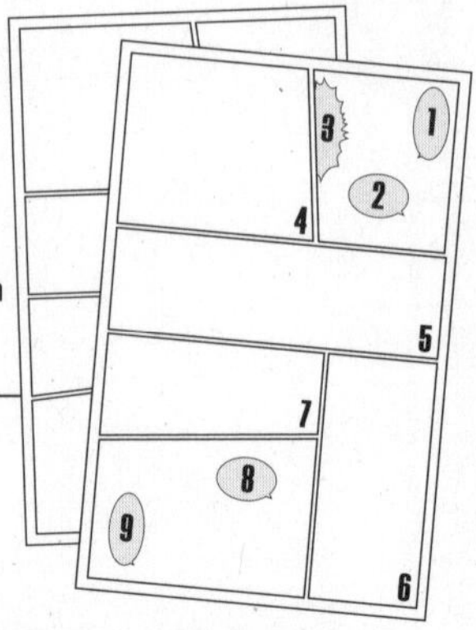

JOJO'S BIZARRE ADVENTURE PART 4

DIAMOND IS UNBREAKABLE 01

von

Hirohiko Araki

1. Auflage, 2024

Deutsche Ausgabe/German Edition

Verlagsleitung: Andreas Mergenthaler & Luciana Bawidamann

Aus dem Japanischen von Sascha Mandler

First published in Japan in 1986 by SHUEISHA Inc., Tokyo.

German translation rights in Germany, Austria and German-speaking Switzerland arranged by SHUEISHA Inc. through VME PLB SAS, France.

Programmleitung: Alexandra Grimsehl

Redaktion & Lektorat: Alexandra Grimsehl

Korrektorat: Beatrice Tavares

Grafik/Produktionsleitung: Elke Epple

Layout und Lettering: Manga Cult, Datagrafix GSP GmbH, Berlin

Original Cover Design: Editorial Ivrea+Javier Heredia

Druck: GGP Media GmbH, Pößneck

Print-ISBN: 978-3-7573-0287-0

www.manga-cult.de | Juni 2024